Monetäre Sanktionen im deutschen Rechtssystem

Europäische Hochschulschriften

Publications Universitaires Européennes
European University Studies

Reihe II
Rechtswissenschaft

Série II Series II
Droit
Law

Bd./Vol. 3327

PETER LANG
Frankfurt am Main · Berlin · Bern · Bruxelles · New York · Oxford · Wien

Elske Fehl

Monetäre Sanktionen im deutschen Rechtssystem

PETER LANG
Europäischer Verlag der Wissenschaften

Die Deutsche Bibliothek - CIP-Einheitsaufnahme

Fehl, Elske

Monetäre Sanktionen im deutschen Rechtssystem / Elske Fehl.
- Frankfurt am Main ; Berlin ; Bern ; Bruxelles ; New York ; Oxford ;
Wien : Lang, 2002
(Europäische Hochschulschriften : Reihe 2,
Rechtswissenschaft ; Bd. 3327)
Zugl.: Passau, Univ., Diss., 2001
ISBN 3-631-38913-2

D 739
ISSN 0531-7312
ISBN 3-631-38913-2

www.peterlang.de

Für Mama und Willi

Vorwort

Die vorliegende Arbeit wurde im Sommersemester 2001 von der Juristischen Fakultät der Universität Passau als Dissertation angenommen.

Für seine wertvolle Unterstützung meiner Arbeit gebührt meinem verehrten Doktorvater, Herrn Professor Dr. Bernhard Haffke, mein größter Dank. Ohne seine engagierte Betreuung, im Rahmen derer er mir immer mit Rat und Tat zur Seite stand, hätte ich dieses Vorhaben nicht verwirklichen können.

Mein Dank gilt auch Herrn Professor Dr. Werner Beulke für die zügige Erstellung des Zweitgutachtens, sowie dem Vorsitzenden des Prüfungsausschusses, Herrn Professor Dr. Dirk Heckmann für seine freundliche organisatorische Unterstützung.

Weiterhin möchte ich an dieser Stelle den Mitarbeitern des Lehrstuhls Prof. Dr. Streng an der Friedrich-Alexander-Universität Erlangen meinen Dank dafür aussprechen, daß mir die Nutzung des kriminologischen Handapparates in überaus freundlicher und kooperativer Weise ermöglicht wurde.

Nicht zuletzt möchte ich mich bei all jenen bedanken, die mir während der Entstehung der Arbeit freundschaftlich beigestanden und mich in meinem Vorhaben bestärkt haben; insbesondere sei dabei Frau Dr. Ann-Marie Kappeler erwähnt, die mir zahlreiche wertvolle Hinweise und Anregungen für meine Arbeit gegeben hat.

Besonderer Dank gilt meiner Mutter und meinem Stiefvater, ohne deren großzügige Hilfe und Unterstützung in allen Belangen dieses Vorhaben nicht möglich gewesen wäre. Ihnen ist diese Arbeit in aufrichtiger Dankbarkeit gewidmet.

Nürnberg, im September 2001

Elske Fehl

Inhaltsverzeichnis

Einleitung

Das gesamte deutsche Rechtssystem ist durchzogen von Rechtsfolgen und Sanktionen, die im Abfluß finanzieller Mittel bestehen. Dabei handelt es sich nicht nur um die Geldstrafe des Strafrechts und die Buß- und Ordnungsgelder des Nebenstrafrechts, sondern auch um weniger augenfällige Erscheinungen, wie z.B. die nicht unerheblich ins Gewicht fallenden privatrechtlichen Vertrags- und Vereinsstrafen oder finanzielle Ausgleichsleistungen im Rahmen der Wiedergutmachung bzw. des Täter-Opfer-Ausgleichs. Zum Teil können diese „versteckten" monetären Sanktionen erhebliche Summen ausmachen, so insbesondere im Bereich des Wirtschaftsrecht (Kartellrechtsverstöße etc.), des Bundesligafußballs oder des Berufsrechts.

Zu Beginn dieser Arbeit soll zunächst die strafrechtliche Geldstrafe umfassend dargestellt werden, da diese gewissermaßen den „Prototyp" der monetären Sanktion im geltenden deutschen Recht bildet. Dabei wird sowohl auf ihre historische Entwicklung wie auch auf die Ausgestaltung der Geldstrafe im geltenden Recht mit ihren Vor- und Nachteilen eingegangen.

Der zweite Teil der Arbeit besteht in einem Überblick über die Palette der finanziellen Sanktionen im System des geltenden deutschen Rechts, die in ihrer rechtlichen Konstruktion dargestellt werden. Neben der Bedeutung der einzelnen Sanktionsformen im System wird dabei auch der jeweilige Unterschied zu der vorher behandelten Geldstrafe herausgearbeitet.

Ein Anspruch auf Vollständigkeit wird nicht erhoben; insbesondere im Bereich des öffentlichen Rechts bzw. des Verwaltungsrechts existiert eine solche Vielzahl strafbewehrter Vorschriften auf den Ebenen des Landes- und des Kommunalrechts, daß eine umfassende Behandlung im Rahmen dieser Arbeit nicht möglich ist[1].

Da die Sanktionierung bestimmter Verhaltensweisen mit Mitteln des Zivilrechts nach Auffassung der Verfasserin eine besonders bemerkenswerte Erscheinung ist, werden die sich in diesem Bereich bietenden Möglichkeiten recht umfassend behandelt. Spezielles Augenmerk wird dabei auf die eher „versteckten" Sanktionen gerichtet, da diese wegen des auffälligen Mißverhältnisses zwischen ihren teilweise enormen finanziellen Auswirkungen einerseits und der geringen ihnen zuteil werdenden Aufmerksamkeit im öffentlichen Bewußtsein andererseits besonders interessant und erörternswert erscheinen.

Im dritten Teil erfolgen schließlich einige Anmerkungen zur Reform des strafrechtlichen Sanktionensystems. Dabei wird auf Vorschläge aus jüngerer Zeit zur Änderung und Ergänzung des Strafinstrumentariums eingegangen. Obwohl die meisten dieser alternativen Sanktionen nicht fiskalischer Natur sind, stehen sie dennoch insofern mit dem Thema der Arbeit im Zusammenhang, als sie die Geldstrafe als Hauptsanktion im deutschen Strafrecht ergänzen bzw. ablösen sollen, und können solche Vorschläge deshalb in diesem Kontext nicht unerwähnt bleiben.

---

[1] Obwohl sie in jüngster Zeit aus aktuellem Anlaß kurzzeitig in den Blickpunkt des öffentlichen Interesses geraten sind, wird auf finanzielle Sanktionen, die auf der Grundlage des Parteiengesetzes verhängt werden, aus oben genannten Gründen nicht eingegangen.

Teil 1: Die Geldstrafe

I. Einleitung

Im Sanktionensystem des geltenden deutschen Strafrechts ist die Geldstrafe nach § 40 StGB als Hauptstrafe ausgestaltet. Dies gilt nicht nur in bezug auf ihren Status als allein zu verhängende Sanktion in Abgrenzung zu der eine andere Strafe ergänzenden Nebenstrafe[2], sondern auch hinsichtlich der Häufigkeit ihrer Anwendung[3]. So hielt die Geldstrafe in den 80er und 90er Jahren unter den Gesamtverurteilungen einen Anteil von zwischen 81,1 % (1984) und 83,9 % (1993)[4].

Diese Vormachtstellung ist Produkt einer geschichtlichen Entwicklung, die sich im Laufe der Zeit von einer breiten Palette heutzutage martialisch anmutender körperlicher Strafen über Freiheitsstrafe zugunsten der Geldstrafe als in der Mehrzahl der Fälle verhängte Sanktion verschoben hat.

Im System des geltenden deutschen Strafrechts wird die Geldstrafe nahezu einhellig als die mildeste aller Strafen und deshalb als angemessene Reaktion auf weniger gravierende Delikte betrachtet[5]. Nur vereinzelt wird die Ansicht vertreten, eine Geldstrafe könne auch ein größeres Strafübel beinhalten als eine Freiheitsstrafe[6]. Dabei wird die Geldstrafe mit einer sehr kurzen Freiheitsstrafe verglichen und in Frage gestellt, daß letztere zwingend als schärfere Sanktion empfunden werden muß[7]. Bruns merkt an, daß die Geldstrafe im Vergleich zur Freiheitsstrafe kein Minus, sondern ein Aliud darstellt, räumt aber ein, daß die Freiheitsstrafe als die schwerwiegendere Sanktion aufgefaßt werden kann[8].

---

[2] Hauptstrafen des deutschen Strafrechts im formellen Sinne sind die Freiheitsstrafe nach §§ 38 f. StGB und die Geldstrafe nach §§ 40 ff. StGB, als Nebenstrafe existiert das Fahrverbot gemäß § 44 StGB, welches bei Bedarf in Kombination mit einer Hauptstrafe ausgesprochen werden kann; Streng, Grundlagen, S. 44. Die systematische Einordnung der durch das Gesetz zur Bekämpfung der organisierten Kriminalität eingeführten Vermögensstrafe des § 43 a StGB ist indes nicht ganz eindeutig, da sie nicht unter die Überschrift „Nebenstrafen" gestellt wurde, ihrer Konstruktion nach einer solchen jedoch nahekommt, vgl. dazu S. 87. Die Geldstrafe ist auch dann als Hauptstrafe anzusehen, wenn sie gemäß § 41 neben der Freiheitsstrafe verhängt wird, was bei einer (beabsichtigten) Bereicherung des Täters möglich ist; Lackner, StGB 1995, § 40, Rn. 1 mit Hinweis auf RGSt 52, S. 342; vgl. hierzu auch S. 48.

[3] Grebing in Jescheck/Grebing, S. 40; Jescheck, Würtenberger-FS, S. 258; Mitsch, S. 304; Kaiser, Kriminologie 1996, § 93, Rn. 35/36; Eisenberg, 1990, § 33, Rn. 1

[4] Quelle: Statistisches Bundesamt, Fachserie 10 (Rechtspflege), Reihe 1 (Ausgewählte Zahlen für die Rechtspflege), 1987-1996, Tab. 3.3.1 und 3.3.2, bzw. Reihe 3 (Strafverfolgung), 1987-1996, Tab. 3.1 und 3.3; vgl. für die Jahre 1970-1987 Tabelle mit Prozentangaben bei Eisenberg 1990, § 36, Rn. 4 (Tab. 22)

[5] Zipf, ZStW 1974, S. 513; Lackner, StGB 1995, § 40, Rn. 1; Mitsch, S. 304; vgl. auch interessantes Beispiel bei Händel, S. 205, der für das Verhältnis von Freiheits- zu Geldstrafe bei Trunkenheitsdelikten im Verkehr einen Zeitungsartikel zitiert (Schwarzwälder Bote vom 28.2.1970: „Zwischen Milde und Strenge"), in dem die regelmäßige Verhängung einer Geldstrafe als mild und das Aussprechen einer in gewissen Fällen angemessenen (zur Bewährung ausgesetzten) Freiheitsstrafe als streng angesehen wird.

[6] Knoche, S. 198/199, der die Auffassung, die kurze Freiheitsstrafe sei im Vergleich zur Geldstrafe die schärfere Sanktion, als apodiktische Behauptung bezeichnet, die dem großen Feld der irrationalen Meinungen zugerechnet werden muß. Gemäßigter äußerte Traeger bereits im Jahre 1911, daß die Geldstrafe nicht per se gegenüber der Freiheitsstrafe als die mildere Strafart angesehen werden kann, sondern dies nur dann zutreffend ist, wenn ihre Wirkung sogar hinter der einer eintägigen Haft zurückbleibt; vgl. Traeger, S. 247.

[7] vgl. Knoche, S. 198

[8] Bruns, Strafzumessung, S. 77; interessant in diesem Zusammenhang auch die sogenannte Stellenwert- oder Stufentheorie Horns, nach der bei der Strafzumessung zunächst in einer ersten Stufe ein schuldangemessenes Strafquantum in den Maßstäben der Freiheitsstrafe festgelegt und erst in einem zweiten Schritt unter Berücksichtigung der relativen Strafzwecke die Art der Strafe bestimmt wird, SK-Horn, § 46, Rn. 33 ff.; vgl. dazu auch unten S. 38, Fn. 302 sowie S. 41, Fn. 337.

Der Gesetzgeber jedenfalls ist von der Prämisse ausgegangen, daß kurzzeitige Freiheitsstrafen kriminalpolitisch wenig wünschenswert sind, da ihnen zwar ein erheblicher Stigmatisierungs-, aber keinerlei Resozialisierungseffekt zukommt, und hat deshalb die bevorzugte Anwendung von Geldstrafen gegenüber Freiheitsstrafen mit einer Dauer von weniger als sechs Monaten in § 47 Abs. 1 StGB angeordnet[9]. Durch diese Regelung wurde die vormals dominante Freiheitsstrafe[10] im Bereich der leichten und mittleren Kriminalität zur ultima ratio[11].

Diese Entwicklung ist nicht nur für die Betroffenen günstig, sondern auch für den Staat, dem auf diese Art und Weise in doppelter Hinsicht ein finanzieller Vorteil entsteht: Mit der Abnahme der zu verbüßenden Freiheitsstrafen verringern sich einerseits die Kosten für zur Verfügung zu stellende Haftplätze, andererseits erzielt der Fiskus nicht unerhebliche Einnahmen durch die Eintreibung der verhängten Geldstrafen[12]. So ergibt sich nach einer „eher vorsichtigen Hochrechnung" Kilchlings für das Jahr 1991 bei Zugrundelegung der mittleren Tagessatzanzahl und –höhe aus 521.291 verhängten Geldstrafen immerhin eine geschätzte Geldstrafengesamtsumme von rund 748 Millionen DM[13].

Um ihre Stellung im heutigen Sanktionensystem genauer beleuchten zu können, soll zunächst ein historischer Abriß über die Entwicklung der Geldstrafe gegeben werden.

II. Historische Entwicklung der Geldstrafe

1. Von der germanischen Zeit bis zum Frankenreich

Bereits in der frühen germanischen Zeit gab es Ansätze eines Strafwesens, welches die Übertragung von Gütern und Vermögenswerten zum Gegenstand hatte. Auch wenn man von einem Strafwesen im heutigen Sinne deshalb nicht sprechen kann, weil die Sanktionierung von Untaten in Ermangelung einer solchen nicht in staatlicher oder sonstiger obrigkeitlicher Hand lag, bildete sich aus der Rache im Rahmen des Fehdewesens eine Praxis der Sühneleistung[14].

Unter dem Begriff der Fehde ist die offene Kampfansage der Sippe des Opfers bzw. des Geschädigten an die Sippe des Täters zu verstehen, die darauf gerichtet ist, ihr eine äquivalente Einbuße zuzufügen[15]. Zweck dieser Rache war dabei aber nicht notwendigerweise die Zufügung körperlichen Übels, sondern sind auch Demütigungen anderer Art möglich gewesen, wie z.B. die Übertragung von erheblichen Vermögenswerten in Form von Waffen oder

---

[9] § 47 StGB wurde durch das am 1.1.1975 in Kraft getretene 2. Strafrechtsreformgesetz eingeführt, beruht jedoch auf dem § 14 StGB aF, der bereits seit dem 1. StrRG vom 1.4.1970 den Vorrang der Geldstrafe vor der kurzen Freiheitsstrafe zur Regel erklärt hatte. Vgl. zum Anwendungsbereich der Geldstrafe ausführlich unten S. 46 ff.

[10] So war das Verhältnis von Freiheits- zu Geldstrafen noch im Jahre 1882 (als die Verurteilungen erstmalig für das gesamte Deutsche Reich statistisch erfaßt wurden) ca. 75 % zu 25 %; Zahlen nach Grebing in Jescheck/Grebing, S. 32 bzw. Albrecht in Jescheck/Grebing, S. 169.

[11] Zum Begriff der „Verteidigung der Rechtsordnung" und der gesetzgeberischen Intention vgl. BGHSt 24, S. 40 ff.; zur Verfassungsmäßigkeit des § 14 Abs. I StGB aF, der dem heutigen § 47 Abs. I StGB entspricht, vgl. BVerfGE 28, S. 386 ff.

[12] vgl. auch Rusche/Kirchheimer, S. 35: „...und die ganze Gesellschaft, vertreten durch den Staat, trägt keine Kosten für den Strafvollzug, sondern erhält im Gegensatz dazu eine Gegenleistung als Ersatz des ihr zugefügten Schadens." Verwiesen wird auch auf die charakteristischen Argumente von Michaud, La Question des peines, Paris 1875, 2. Aufl., S. 182 und 224.

[13] Kilchling, S. 699, Fn. 504

[14] Grebing in Jescheck/Grebing, S. 18/19

[15] Rüping, Geschichte, Rn. 12

Vieh[16]. Über solche Sühneleistungen wurden vermehrt sogenannte Sühneverträge geschlossen, welche im Laufe der Zeit immer größere Bedeutung erlangten[17]. Mit zunehmendem Einfluß der Kirche wurde schließlich in der fränkischen Zeit ein Sühnezwang festgelegt, der das Fehdewesen auslöschen sollte[18] und dazu führte, daß sich die Leistung von Gütern zur Regelsanktion entwickelte[19].

In den Volksrechten des 6. Jahrhunderts (leges barbarorum)[20], die auf der erstarkten Macht der königlichen Gewalt und der Kirche gründeten[21], ist ein sog. Kompositionensystem[22] entstanden, das als ein „System der festen Bußen" bezeichnet werden kann[23]. Im wesentlichen sind in diesen vielfach kasuistisch orientierten[24] „Bußkatalogen"[25] zwei Arten von Leistungen zu unterscheiden: Während die Buße und das Wergeld als Schadensersatz bzw. als eine Art Privatstrafe an den Verletzten selbst oder seine Angehörigen zu entrichten waren[26], mußte das sogenannte „Friedensgeld" (fredus) an die Obrigkeit[27] abgeführt werden[28].

Teilweise wird in Letzterem bereits eine reine Geldstrafe gesehen[29], was aber wohl angesichts der damals vorhandenen Strukturen etwas verfrüht sein dürfte[30]. Zutreffend ist jedoch festzustellen, daß mit der Abgabe von Friedensgeldern, bzw. in der späten Karolingerzeit auch von Teilen oder sogar der ganzen Buße, an die öffentliche Gewalt die Entwicklung hin zu einem mit dem heutigen System vergleichbaren öffentlichen Strafrecht eingeläutet worden ist[31].

Mit der Entwicklung der Königsgerichtsbarkeit hielt der Gedanke Einzug, daß die Verbrechensverfolgung Staatsaufgabe ist. Innerhalb der Bevölkerung fand jedoch weiterhin die Ahndung strafbarer Handlungen durch Eigeninitiative statt. So konnte sich die Offizialmaxime zwar noch nicht als allgemein anerkannt durchsetzen, aber es bildeten sich neben dem volksrechtlichen Parteiprozeß zwei Phänomene heraus: die amtliche Verbrechensverfolgung und das Rügeverfahren, bei dem ein unbescholtener Bürger als Rügegeschworener ausgewählt und zu den Vorkommnissen in seinem Heimatbezirk befragt wurde. Äußerte er sich über eine (angeblich) vorgefallene Missetat, so galt dies als Klage, und der des Verbrechens Bezichtigte wurde vorgeladen und mußte sich durch Eid reinigen, wenn er unbescholten und frei war bzw. dem Gottesurteil unterziehen, wenn er unfrei oder sein Leumund nicht einwandfrei war[32].

---

[16] Schmidt, Geschichte, S. 24
[17] Grebing in Jescheck/Grebing, S. 19
[18] So äußerte Langobardenkönig Rothari, er habe darum alle Wundbußen erhöht, damit die Langobarden eher zum Abstehen von der Fehde bewogen würden; ohne Quellenangabe zitiert bei Best, S. 10.
[19] Schmidt, Geschichte, S. 25; Grebing in Jescheck/Grebing, S. 19
[20] Rüping, Geschichte, Rn. 27; Günther, Abt. I, S. 173
[21] Rauh, S. 8; Rüping, Geschichte, Rn. 27
[22] Das Wort stammt von „compositio" für die Buße als Streitbeilegung; vgl. Rüping, Geschichte, Rn. 30.
[23] Grebing in Jescheck/Grebing, S. 19 mit Hinweis auf v. Ihering, von dem die Bezeichnung als „System der festen Bußen" stammt: v. Ihering, Geist des römischen Rechts I, S. 137, zitiert nach Günther, Abt. I, S. 164, wo das Zitat allerdings als „System der festen Preise" wiedergegeben wird.
[24] Rüping, Geschichte, Rn. 31 mit Beispiel aus Tit. 55 der Lex Alamannorum, zitiert nach Schott, 2. Auflage 1993, S. 133
[25] Schmidt, Geschichte, S. 25
[26] Rauh, S. 8; Grebing in Jescheck/Grebing, S. 19; Planitz-Eckhardt, S. 110
[27] an den König oder die Gemeinde, vgl. Grebing in Jescheck/Grebing, S. 19
[28] Grebing in Jescheck/Grebing, S. 19; Schmidt, Geschichte, S. 25
[29] Planitz-Eckhardt, S. 110
[30] so bereits Schmidt, Geschichte, S. 25 und Grebing in Jescheck/Grebing, S. 19
[31] Günther, Abt. I, S. 164; Schmidt, Geschichte, S. 25; Grebing in Jescheck/Grebing, S. 19, mit Verweis auf Wilda, Wilhelm Eduard, Geschichte des deutschen Strafrechts, Band 1: Das Strafrecht der Germanen, 1842, S. 270 f.
[32] Schmidt, Geschichte, S. 44

Durch diese Entwicklung der staatlichen Strafverfolgung vollzog sich ein allmählicher Wandel in der Auffassung darüber, wer als der Geschädigte einer Straftat anzusehen sei. Dabei ist in dieser Hinsicht langsam eine Verlagerung von dem Opfer der Tat zum Staat als abstrakt geschädigtes Gemeinwesen hin zu beobachten. Zunächst bezog sich dies allerdings noch eher auf den König, der durch die Verletzung seiner Gesetze als persönlich geschädigt betrachtet wurde und deshalb der Empfänger der Ausgleichsleistung sein mußte[33].

2. Das Mittelalter

Das Kompositionensystem regional festgelegter Bußen und Friedensgelder war auch im Mittelalter zunächst noch vorherrschend[34]. Durch die Landfriedensgesetzgebung gewann jedoch das öffentliche Strafrecht immer mehr an Bedeutung[35]. Dabei standen die peinlichen Strafen an Haut und Haar, also Leibesstrafen, zunehmend im Vordergrund. Dies hängt damit zusammen, daß im Mittelalter ganze Bevölkerungsschichten in die wirtschaftliche Unfreiheit abgestiegen sind und deshalb finanzielle Leistungen schlichtweg nicht mehr aufbringen konnten[36].

Die an den Geschädigten zu leistenden Bußen verwandelten sich in sogenannte Brüche, die bei leichten Delikten und Ordnungswidrigkeiten[37] an die Obrigkeit zu leisten waren[38] und eine Schadensersatzpflicht unberührt ließen bzw. neben diese traten[39].

Die Entwicklung von der Sühneleistung zur Geldstrafe ist mit diesem Schritt als vollzogen zu betrachten[40]. Es hat sich dadurch eine klare Trennung zwischen privatrechtlicher Wiedergutmachung und staatlicher Strafverfolgung herauskristallisiert, wie sie dem geltenden deutschen Strafrecht noch heute zugrunde liegt[41].

War in der fränkischen Zeit noch der König Empfänger des Friedensgeldes gewesen, so verlagerte sich die Leistung im Mittelalter immer mehr auf die einzelnen Inhaber der gräflichen Gerichtsbarkeit, also im Regelfall die Landesherren[42]. Dies korrespondiert mit der Entwicklung zahlreicher einzelner Stadt- und Landrechte, die im 12. Jahrhundert entstanden. Darin war die Geldstrafe als eigenständige Sanktion für den Bereich der Kleinkriminalität und Ordnungsverstöße anzutreffen und stellte eine beliebte städtische Einnahmequelle dar[43]. Durch die Möglichkeit der Ablösung[44] bzw. Umwandlung peinlicher, also körperlicher Strafen in eine Vermögensleistung konnte der Gewinn für die Städte[45] bzw. Landesherrn[46] noch erhöht werden[47].

---

33 vgl. dazu Foucault, S. 63 ff.
34 Grebing in Jescheck/Grebing, S. 20; His, Strafrecht, S. 586
35 Planitz-Eckhardt, S. 226
36 Rüping, Geschichte, Rn. 76
37 Schmidt, Geschichte, S. 57
38 Grebing in Jescheck/Grebing, S. 20
39 Planitz-Eckhardt, S. 227
40 His, Strafrecht, S. 611; Schmidt, Geschichte, S. 56; Grebing in Jescheck/Grebing, S. 20
41 Zu der zunehmenden Kritik an diesem Umstand vgl. die Ausführungen über die Wiederbelebung der Wiedergutmachung im 2. und 3. Teil der Arbeit, vgl. S. 144 ff. sowie S. 173 ff.
42 His, Strafrecht, S. 612
43 Rauh, S. 10, der unter Verweis auf Zedermann, Die Einnahmequellen der deutschen Städte im Mittelalter (Diss. Würzburg 1911), Kap. VI, 1. Abschn., feststellt, daß der Ertrag aus den Geldstrafen einen nicht unerheblichen Anteil der städtischen Einnahmen ausmachte; ebenso Grebing in Jescheck/Grebing, S. 20.
44 Köstlin, Geschichte, S. 191
45 His, Strafrecht, S. 613
46 In den meisten Fällen geht die Brüche an den Inhaber der gräflichen Gerichtsbarkeit, in aller Regel also an den jeweiligen Landesherrn, vgl. His, Strafrecht, S. 612.
47 Grebing in Jescheck/Grebing, S. 20; Rauh, S. 10

An den Sockelbeträgen der Brüche änderte sich jedoch nicht viel, es ist sogar zu beobachten, daß sich gewisse Grundzahlen unverändert durch Jahrhunderte hindurchziehen[48]. Abstufungen ergeben sich dabei aus dem Stand des Täters, aber auch aus der Stellung des Herrn oder Beamten, dessen Gebot verletzt wurde oder des Richters, der über das Vergehen das Urteil zu fällen hatte[49]. Im größten Teil Deutschlands hatte auch die Schwere des Vergehens Einfluß auf die Höhe der zu zahlenden Brüche, häufig standen dafür aber nur zwei oder drei verschiedene Beträge zur Auswahl[50].

Mit der Weiterentwicklung des peinlichen Strafrechts staatlicher Natur, die durch den Erlaß verschiedener Gottes- und Landfrieden erheblich forciert worden ist, schwand jedoch die Bedeutung des städtischen Brüchewesens, indem dieses immer mehr auf die Ahndung geringfügiger Delikte reduziert wurde[51]. Dieser Prozeß spiegelt die Stärkung der Königsmacht wider, die mit der einsetzenden Zentralisierung einherging.

3. Der Beginn der Rezeption

Der Begriff der Rezeption bezeichnet die Übernahme des römischen und kirchlichen Rechts in das deutsche Rechtssystem[52]. Nährboden für diese sich langsam anbahnende Entwicklung war das partikularisierte Rechtssystem des hohen Mittelalters, das aus einer Vielzahl von regional gültigen Normen des geschriebenen, vielmehr aber noch des Gewohnheitsrechtes, bestand[53]. Begünstigt durch das willkürliche Wirken von Laienrichtern und Schöffen, deren Ermessen nur durch wenige geschriebene Grundsätze eingegrenzt war, zeichnete sich in der Strafrechtspflege eine große Rechtsunsicherheit ab[54].

Die Zunahme der obrigkeitlichen peinlichen Strafen führte dazu, daß sich der Gedanke der gerechten Strafe immer mehr im Bewußtsein der Bevölkerung festsetzte und zu einem Anliegen wurde. Es tauchte die Forderung auf, die zugefügte Pein dürfe nicht größer sein als die „Verschuldung". Außerdem solle die Strafe nicht dem Bestrafer nützen, sondern dem „gemeinen Nutz" dienen[55]. General- und Spezialprävention wurden als Strafzwecke ebenso erkannt wie die Notwendigkeit, den Unschuldigen mit allen Mitteln vor Strafe zu schützen[56].

Hält man sich vor Augen, daß es dabei um peinliche Strafen, also um Leibesstrafen geht, die im Einzelfall grausamen Ausmaßes sein konnten, so erscheint diese Entwicklung ebenso verständlich wie notwendig. Langsam begann deshalb das römische Recht, sich in der Fortbildung des Gewohnheitsrechts auszuwirken.
Gegen Ende des 11. Jahrhunderts hatte in Oberitalien die Wiederentdeckung des von Justinian (530-33) zusammengestellten, antiken römischen Rechts begonnen und durch in Italien, speziell in Bologna, ausgebildete deutsche Studenten seinen Weg über die Alpen gefunden[57]. Allerdings handelte es sich dabei weniger um das Strafrecht der Digesten, als um das daran vollzogene Werk der zeitgenössischen spätmittelalterlichen italienischen Juristen[58]. Im Zuge

---

48 His, Strafrecht, S. 614
49 His, Strafrecht, S. 614/615
50 His, Karolina, S. 98 f.
51 Schmidt, Geschichte, S. 59
52 Deutsches Rechtslexikon, Band 3, S. 146
53 Köstlin, Geschichte, S.190 ff.
54 Köstlin, Geschichte, S. 192
55 Schmidt, Geschichte, S. 114 mit Verweis auf Ausführungen Schwarzenbergs
56 Schmidt, Geschichte, aaO
57 Deutsches Rechtslexikon, Band 3, S. 146/147
58 Schmidt, Geschichte, S. 108

dieser Entwicklung leisteten auch deutsche Universitäten der Rezeption Vorschub, indem sie die Bildung und Lehre einer romanistischen Rechtswissenschaft maßgeblich förderten[59]. Die Rezeption der italienischen Wissenschaft erfolgte dabei unter bedeutender und selbständiger Fortbildung derselben[60].

Die Verschmelzung des deutschen Gewohnheitsrechtes mit dem römischen Recht war nicht mehr aufzuhalten und gipfelte im Jahre 1495 in der Bestimmung, das als oberstes Gericht des Heiligen Römischen Reiches deutscher Nation neu errichtete Reichskammergericht habe nach des Reiches gemeinen Rechten zu richten, soweit nicht ehrbare Gewohnheiten vorgebracht würden, nach denen vorzugehen ist. Bald schon mündete diese Entwicklung in einer Geltungsvermutung für das römische Recht in seiner modernisierten Fassung[61].

4. Bamberger Halsgerichtsordnung und Carolina

Speziell im Bereich des Strafrechts ist der Rezeptionsvorgang durch einen einheitlichen Rechtssetzungsakt maßgeblich voran gebracht worden[62]. Der Bambergische Hofrichter Freiherr Johann von Schwarzenberg schuf im Jahre 1507 die Bamberger Halsgerichtsordnung (Constitutio Criminalis Bambergensis, abgekürzt CCB)[63], die im wesentlichen die Grundlage für die im gesamten Reichsgebiet gültige spätere peinliche Halsgerichtsordnung Kaiser Karls V. aus dem Jahre 1532 (Constitutio Criminalis Carolina, abgekürzt CCC) bildete[64].

Wie der Name bereits sagt, war in der CCC als *peinliche* Gerichtsordnung für die hier zu betrachtende Geldstrafe nur wenig Raum. Grund dafür mag die Abgrenzung des öffentlichen Charakters der Strafrechtspflege im Gegensatz zum überkommenen Bußensystem gewesen sein, ebenso die Mißstände in dem fiskalisch mißbrauchten Strafwesen früherer Zeiten[65].

Nach der Carolina war eine Geldstrafe lediglich als „bürgerliche“ Strafe bzw. Schadensersatz an den Geschädigten zu leisten[66]. Das Sanktionengefüge der Carolina basierte auf den absoluten Strafen an Leib und Leben. Durch grausame Strafen wie qualifizierte Todesstrafen oder Verstümmelungen sollte ein Abschreckungseffekt erzielt werden, was sogar in einigen Strafbestimmungen ausdrücklich erwähnt wurde. So enthielt z.B. Art. 130 CCC die Formulierung „zu merer forcht andern“ oder Art. 137 CCC „umb grösser forcht willen“[67].

Noch prägender als der Präventionsgedanke war für die Strafen der Carolina jedoch das Talionsprinzip. Auf der Suche nach einem gerechten Strafmaß setzte sich die Idee der Wiedervergeltung durch, so daß dem Täter das widerfahren sollte, was er dem Opfer angetan hatte[68]. In

---

[59] Köstlin, Geschichte, S. 194

[60] Schmidt, Geschichte, S. 108 mit Verweis auf Wieacker, Franz: Privatrechtsgeschichte der Neuzeit von 1952

[61] Deutsches Rechtslexikon, Band 3, S. 147

[62] Schmidt, Geschichte, S. 109

[63] Schwarzenberg hatte als Quellen die Werke italienischer Strafrechtler herangezogen, insbesondere des Albertus Gandinus, des Angelus Aretinus und des Bartolus, und diese kombiniert mit dem Klagespiegel, einer Bambergischen Landgerichtsordnung von 1503, der Nürnberger und Wormser Stadtrechtsreformation und verschiedenen Reichsgesetzen sowie der bambergischen Gerichtspraxis, vgl. Planitz-Eckhardt, S. 259.

[64] Die Übernahme erfolgte zunächst fast wortwörtlich, dann wurden einige kleinere Änderungen vorgenommen, siehe Planitz-Eckhardt, S. 259; vgl. auch Schmidt, Geschichte, S. 109.

[65] Grebing in Jescheck/Grebing, S. 20 mit Verweis auf Holzhauer, Sp. 1470. Auch der Sitte der Erledigung von Strafen durch Zahlung von Geldbußen wurde in der Carolina scharf entgegen getreten, vgl. Rauh, S. 11.

[66] Art. 157, 158 bzw. 107, 111, 113, 166 CCC; vgl.Grebing in Jescheck/Grebing, S. 21; Holzhauer, Sp. 1470/71

[67] Günther, Abt. I, S. 286, der aber ausdrücklich nicht die Schlußfolgerung zuläßt, daß eine allgemein durchgeführte Abschreckungstheorie zutreffend ist.

[68] vgl. dazu ausführlich Günther, Abt. I, S. 287 ff.

Art. 68 CCC kommt dies deutlich zum Ausdruck, wenn bestimmt wird, daß derjenige, der einen anderen durch eine falsche Aussage einer peinlichen Strafe zuführen wollte, eben diese Strafe selber zu erleiden hat.

Es ist jedoch bekannt, daß die absoluten Strafen der CCC sehr bald in relative Sanktionen umgewandelt wurden, die dem Ermessen des Richters unterlagen, der die Befugnis zur Schärfung oder Milderung der Strafe innehatte. Das im Gesetz festgelegte Strafmaß erfüllte lediglich noch die Funktion der „Normalstrafe" bei Fällen durchschnittlicher Schwere[69].

Obwohl der Schwerpunkt der von der Carolina vorgesehenen Sanktionen auf der Leibesstrafe lag, konnte die Leistung von Geld als Sanktion nicht völlig aus dem Strafensystem verdrängt werden. Aus dem Talionsgedanken ergab sich nämlich auch, daß für Delikte, die aus Gewinnsucht begangen wurden, in der CCC Geldstrafen angedroht wurden, wie z.B. für Diebstahl (Art. 157, 158 CCC) oder Münzfälschung gewisser Art (Art. 111 CCC). Außerdem erhielt sich die Geldstrafe auf dem Umweg über Nebengesetze, hauptsächlich die Polizeiordnungen[70], einen größeren Anwendungsbereich[71]. Zudem verfestigte sich eine Praxis, nach der peinliche Strafen auf dem Gnadenwege gemildert wurden, was im Endeffekt wiederum auf eine Geldstrafe hinauslief[72].

In der Gesamtschau ergibt sich ein Bild, nach dem die Geldstrafe, obwohl sie durch die Carolina erheblich eingeschränkt bzw. weitgehend abgeschafft werden sollte[73], tatsächlich in so großer Anzahl und in solchen Höhen verhängt wurde, daß ihre Anwendung als exzessiv bezeichnet werden kann[74]. Dies führte sogar dazu, daß in den Polizeiordnungen eigens Vorschriften zur Ahndung der Verhängung von überhöhten Geldstrafen eingeführt wurden[75].

Ihre Ursache hatte diese Entwicklung in der Struktur der Strafgerichtsbarkeit, die als verläßliche Einnahmequelle geschätzt und teilweise sogar an Beamte zu Pacht und Lehen vergeben wurde. Da auch die Richter an öffentlichen Gerichten hinsichtlich ihres Gehaltes häufig auf die Eingänge an Gerichtsgefällen verwiesen wurden, nimmt die Entstehung einer ausufernden Geldstrafenpraxis nicht Wunder[76].

5. Aufklärung

Durch die Bewegung der Aufklärung wurde das Strafrecht vom Gedanken des Naturrechts durchdrungen und das Sanktionensystem auf der Grundlage des Vernunftrechts reformiert[77]. Folter und Todesstrafe wurden abgeschafft bzw. eingeschränkt[78], und die Strafe als solche verfolgte nicht mehr den Zweck, Gott zu rächen, sondern stellte die Reaktion der Gemeinschaft auf einen vorangegangenen Normverstoß dar, zu dem ein Bezug bestehen sollte[79]. Aus

[69]Schaffstein in Schroeder, CCC, S. 30 f.
[70]Ausführlich dazu Segall, Geschichte und Strafrecht der Reichspolizeiordnungen 1530, 1548 und 1577 aus dem Jahre 1914.
[71]Grebing in Jescheck/Grebing, S. 21
[72]Holzhauer, Sp. 1471/1472
[73]Lt. Holzhauer, Sp. 1470 bestand die Neuerung der Carolina negativ in dem Ausschluß von Wergeld, Buße und Geldstrafe.
[74]Grebing in Jescheck/Grebing, S. 21 nach Holzhauer, Sp. 1472
[75]Holzhauer, Sp. 1472
[76]mit Verweis auf Holzhauer, Sp. 1472 bezeichnet Grebing in Jescheck/Grebing, S. 21 dieses Phänomen als Entwicklung der Strafgerichtsbarkeit zu regelrechter Pfründe.
[77]Rüping, Geschichte, Rn. 192
[78]Fischl, S. 158/159
[79]Rüping, Geschichte, Rn. 204

diesem Grund war die Geldstrafe fast ausschließlich für Delikte, die aus Gewinnsucht begangen wurden, anzuwenden[80].

Insgesamt gesehen büßte die Geldstrafe trotz ihrer der Aufklärungsphilosophie entsprechenden gemäßigten Strafwirkung und ihrer guten Abstufbarkeit zugunsten der sich in dieser Zeit neu entwickelnden Freiheitsstrafe an Bedeutung ein[81]. Obwohl die Normen der CCC formell weiterhin Geltung beanspruchten, änderte sich nämlich die Strafpraxis dahingehend, daß die in der Vorschrift angegebene Strafe nicht mehr die Regel, sondern die Ausnahme darstellte, und im Normalfall mildernde Umstände angenommen wurden. So verdrängte die Freiheitsstrafe als Milderung der Leibesstrafen mit Beginn des Aufklärungszeitalters letztere fast vollständig aus der Praxis[82].

Hintergrund dieser Entwicklung war das Aufweichen des Talionsgedankens. Die spiegelnden Strafen des Mittelalters mit ihren grausamen Qualifikationen der Todesstrafe verschwanden, und es geriet sogar die Berechtigung der Todesstrafe als solcher in die Diskussion[83].

Gegen Ende des 17. Jahrhunderts legte der Hallenser Jurist Christian Thomasius (1655-1728) mit verschiedenen Schriften[84] den Grundstein für eine gründliche Revision des geltenden überkommenen Rechts, das „vor den Richterstuhl der Vernunft gezogen" und worüber „fürchterlich Musterung" gehalten werden sollte[85].

Diese Gedanken setzten sich zunächst vornehmlich im Ausland fort, so in Frankreich bei Montesquieu, der in seinem Hauptwerk „Esprit des lois" von 1748 neben der Gewaltenteilung auch eine sich in der Proportionalität von Verbrechen und Strafe äußernde Humanisierungstendenz begründete, und Voltaire (1694-1778), der sich nicht nur gegen die Todesstrafe und Folter richtete, sondern auch Religionsdelikte straffrei stellen wollte[86].

In Italien verfaßt Cesare Beccaria (1738-1794) sein Buch „Dei delitti e delle pene" (1764), das in alle Kultursprachen übersetzt wurde, und machte so die kriminalpolitischen Reformgedanken der französischen Aufklärung zum geistigen Gemeingut der zivilisierten Welt[87].

In Deutschland bzw. seinen Partikularstaaten, die sich mittlerweile gebildet hatten, wurden die neuen Ideen unterschiedlich aufgenommen. Während Preußens König Friedrich der Große sich bereits vor den Veröffentlichungen Montesquieus und Beccarias mit der Straftheorie befaßt und im Zuge seiner Überlegungen die Folter abgeschafft hatte[88], waren in den meisten Gebieten die Richter an überkommene Gesetzeswerke mit harten Strafdrohungen gefesselt. Es wurde deswegen die Lehre vom Naturrecht entwickelt, das dem Richter die Freiheit vom

---

[80]Fischl, S. 159, 242; Rüping, Geschichte, Rn. 213
[81]Grebing in Jescheck/Grebing, S. 23; Planitz-Eckhardt, S. 305
[82]Schaffstein in Schroeder, S. 31
[83]Insbesondere Beccaria spricht sich für die Unzulässigkeit der Todesstrafe aus, vgl. mit Nachweis Rüping, Geschichte, Rn. 210 f.
[84]z.B. „An haeresis sit crimen" von 1697, in der die Ketzerei als Verbrechen abgelehnt wird, „De crimine magiae" von 1701, das sich gegen die Hexenprozesse richtete und „De origine ac progressu processus inquistorii contra sagas" von 1717, wo es um die Entartungen der Inquisitionsprozesse ging.
[85]Schmidt, Geschichte, S. 212
[86]vgl. mit Nachweisen Schmidt, Geschichte, S. 217
[87]ausführlich dazu Schmidt, Geschichte, S. 218 f.
[88]Bereits vier Tage nach seinem Amtsantritt schaffte Friedrich der Große am 3. Juni 1740 durch eine Kabinettordre die Folter ab. Darin noch enthaltene Ausnahmetatbestände wurden mit weiteren Kabinettordres vom 27. Juni, 4. August 1754 und 18. November 1756 beseitigt, vgl. Schmidt, Geschichte, S. 269 f. sowie Rüping, Geschichte, Rn. 240.

Zwang veralteter Gesetze zugunsten der von der Vernunft erarbeiteten Grundsätzen des „richtigen Rechts“ zusprach[89].

Im Laufe des 19. Jahrhunderts forcierte die politische Entwicklung in allen deutschen Territorialstaaten die Kodifikation des materiellen Strafrechts. Geprägt wurden all die neu entstehenden Gesetzeswerke von dem Gedanken der Humanisierung des Strafrechts und dem Grundsatz „nulla poene sine lege“. Die qualifizierte Todesstrafe fand sich deshalb dort praktisch überhaupt nicht mehr[90].

Bei der Strafzumessung wurde der Aspekt der Generalprävention wichtiger, der seinen Ausdruck zuweilen in dem öffentlichen Vollzug der Strafe fand. Ein gewisser Zusammenhang zwischen Delikt und Strafe war also noch immer gegeben und auch durchaus erwünscht. So konnten Geldstrafen beispielsweise die Reaktion auf Straftaten aus Habgier und Zwangsarbeit auf solche aus Müßiggang sein[91].

Trotz des Aufkeimens der Freiheitsstrafe fand hinsichtlich der Geldstrafe eine in Ansehung ihres eingeschränkten Gebrauches erstaunlich ausgeprägte und lebhafte Diskussion unter den Strafrechtstheoretikern über die Ausgestaltung derselben statt[92]. Nachdem bereits Montesquieu und nach ihm nahezu die gesamte Aufklärungsphilosophie sich für eine kräftige Anwendung der Geldstrafe auf solche Delikte ausgesprochen hatte, die aus Gewinnsucht oder Geiz begangen werden, ist diese Empfehlung im 18. und 19. Jahrhundert häufig aufgegriffen worden[93]. Bereits Ende des 18. Jahrhunderts wurden dabei konkrete Vorschläge zur Ausgestaltung der Geldstrafe gemacht; so forderten z.B. Filangieri und Wieland 1780 bzw. 1783 die Bemessung der Geldstrafe nicht nach festen Summen, sondern unter Berücksichtigung der wirtschaftlichen Verhältnisse des Täters[94]. Auch der Gedanke der Gewährung von Zahlungsfristen läßt sich bis zu Filangieri zurückverfolgen[95].

All dies konnte jedoch nichts an der Tatsache ändern, daß sich der Anwendungsbereich der Geldstrafe auf Bagatelldelikte beschränkte[96]. Auch in dem von Friedrich II. geschaffenen Preußischen Allgemeinen Landrecht von 1794, dem umfassendsten Kodifikationsversuch der Aufklärungszeit[97], wurde zwar die Geldstrafe erstmalig auch für Vergehen angedroht und war nicht nur auf Übertretungen begrenzt, konnte aber die Freiheitsstrafe nicht aus ihrer Vormachtstellung verdrängen[98].

6. Das preußische StGB von 1851

Der französische Code pénal aus dem Jahre 1810 räumte der Geldstrafe erstmalig eine größere Bedeutung ein, indem sie neben der Freiheitsstrafe und der Aberkennung bürgerlicher Eh-

---

[89]Schmidt, Geschichte, S. 222 f.

[90]Lediglich im Strafgesetzbuch Hannovers vom 8. August 1840 fand sich noch das Schleifen zur Richtstätte auf einer Kuhhaut, wurde aber nie praktiziert, vgl. Schmidt, Geschichte, S. 313.

[91]Rüping, Geschichte, Rn. 213

[92]vgl. Fischl, S. 242 f. mwN

[93]Fischl, S. 242

[94]Fischl, S. 242 mit Verweis auf Gaetano Filangieri, La scienza della legislazione, 1.-4. Band, 1780/85 in der Übersetzung von Münter, Frankfurt und Leipzig 1794, sowie Ernst Karl Wieland, Geist der peinlichen Gesetze. II Bände, Leipzig 1783, § 326.

[95]Fischl, S. 242 mit Verweis auf Filangieri (Fn. 94), Band III, Kap. 32

[96]Grebing in Jescheck/Grebing, S. 22

[97]so Rüping, Geschichte, Rn. 242

[98]Schmidt, Geschichte, S. 251; Grebing in Jescheck/Grebing, S. 23

renrechte als eine der bei Vergehen möglichen Strafen ausgestaltet wurde[99]. Durch diesen Vorstoß begünstigt fand die Geldstrafe auch in den Partikulargesetzen des deutschen Raumes immer mehr Anwendung, wobei diese Entwicklung aber nur sehr zögerlich ihren Lauf nahm[100].

Einen großen Schritt auf dem Weg der Geldstrafe zur zahlenmäßig bedeutsamsten Sanktion der Neuzeit stellte das preußische StGB von 1851 dar, in dem die Geldstrafe als Hauptstrafe ausgestaltet ist[101]. Noch bedeutsamer wird diese Tatsache vor dem Hintergrund, daß dieses Regelwerk die maßgebliche Vorlage für das erste einheitliche Strafgesetzbuch des deutschen Reiches (RStGB) von 1871 bildet[102]. In der 1882 begonnenen Reichsstatistik läßt sich für dieses Jahr immerhin schon bei Verbrechen und Vergehen ein Verhältnis von 25,3 % Geldstrafen im Vergleich zu 74,7 % Freiheitsstrafen feststellen[103].

Die Entstehungsgeschichte des Preußischen StGB von 1851 ist symptomatisch für die politischen und gesellschaftlichen Veränderungen des 19. Jahrhunderts. Obwohl das Preußische Allgemeine Landrecht von 1794 auch bereits einen großen Schritt in der Strafrechtsdogmatik markiert hatte, war es doch noch ein Regelwerk, das auf einen absolutistischen Polizeistaat zugeschnitten war. Die Erstarkung des Bürgertums und die damit einhergehende Schwächung des Monarchen führte im Zusammenspiel mit dem revolutionären Aktionismus, dessen Geist aus dem europäischen Ausland herüber wehte, zu dem immer lauter werdenden Ruf nach einem konstitutionellen Staatswesen[104]. Beide Faktoren begünstigten sich gegenseitig dergestalt, daß die Angst vor revolutionären Unruhen die Polizei zu rigorosem Durchgreifen bei den geringsten Anzeichen aufrührerischer Tätigkeit veranlaßte, was wiederum die Kluft zwischen der absoluten Staatsführung und der Bevölkerung noch zu vergrößern vermochte. Die Unruhen und Gärungen im politischen Raum, die eine Strafrechtsreform unerläßlich machten, erschwerten diese jedoch gleichzeitig auch, so daß die bereits im Jahre 1801 begonnenen Reformbemühungen ihren endgültigen Abschluß erst 1851 im Preußischen StGB finden konnten[105].

Einschneidende Veränderungen in der Strafrechtspflege in der Mitte des 19. Jahrhunderts zeichneten sich bereits in der Frankfurter Paulskirchenverfassung von 1848/49 ab. Obwohl sie niemals rechtliche Geltung erlangte[106], markierte die Paulskirchenverfassung als erstes grundlegendes Gesetzeswerk für einen deutschen Bundesstaat mit ihrem umfassenden Grundrechtskatalog einen Meilenstein in der deutschen Rechtsgeschichte.

Der vom Bildungs- und Besitzbürgertum ausgehende Liberalismus hatte zu einer veränderten Sichtweise des Verhältnisses von Bürger und Staat geführt, die sich auf die Freiheit des Individuums gründete[107]. Diese Gedanken wirkten sich auch auf die Strafrechtspflege aus, indem sie zu der Forderung der Abschaffung der Todesstrafe führten[108].

---

[99]Teufel/Pradel, Landesbericht Frankreich in Jescheck/Grebing, S. 411 ff.

[100]vgl. Grebing in Jescheck/Grebing, S. 23, Fn. 30 mit Hinweisen auf einzelne Bestimmungen

[101]Holzhauer, Sp. 1473

[102]Rüping, Geschichte, Rn. 284

[103]Grebing in Jescheck/Grebing, S. 32; Zahlen bei Albrecht in Jescheck/Grebing, S. 169

[104]Schmidt, Geschichte, S. 314 f.

[105]ausführlich zu den Reformverhandlungen Schmidt, Geschichte, S. 317 ff.

[106]Ideelle Bedeutung kam den Bestimmungen der Paulskirchenverfassung aber deswegen zu, weil ihre Prinzipien in späteren Verfassungsurkunden der Länder zur Durchführung gelangten, vgl. Rüping, Geschichte, Rn. 296.

[107]Limbach, S. 3

[108]Desweiteren wurden durch die Paulskirchenverfassung die entehrenden Strafen (Pranger, Brandmarkung, öffentliche Züchtigung) abgeschafft; vgl. Rüping, Geschichte, Rn. 296.

Die liberale Idee ging von der Lern- und Entwicklungsfähigkeit des Menschen aus, dem deswegen die Chance gegeben werden müsse, sich nach einer Straftat zu bessern und in der Gesellschaft zu bewähren. Als Ursache für straffälliges Verhalten wurde in liberalen Kreisen verbreitet mangelnde Erziehung und Bildung angesehen, so daß ein Recht auf Besserung schon deswegen gewährt werden muß, weil für diesen Mangel niemand etwas kann[109]. Der Staat stelle außerdem ein Zweckgebilde zum Nutzen des Individuums dar[110], und kann deshalb nicht dazu berechtigt sein, seinen Angehörigen das natürlichste und grundlegendste aller Rechte, nämlich das Recht auf Leben, abzuerkennen; im Gegenteil muß er die Existenz des Individuums garantieren[111].

Obwohl nicht unumstritten, wurde die Forderung nach Abschaffung der Todesstrafe schließlich als Verbot derselben ausgestaltet und in § 139 FRV statuiert: „Die Todesstrafe, ausgenommen, wo das Kriegsrecht sie vorschreibt, oder das Seerecht im Falle von Meutereien sie zuläßt, ...(ist) abgeschafft."

Die in der Paulskirchenverfassung erkennbare Tendenz weg von grausamen Strafen an Leib und Leben hatte sich in der Praxis bereits vorher gezeigt. So wurden z.B. von den zwischen 1818 und 1838 in Preußen insgesamt verhängten 485 Todesurteilen nur 147 vom König bestätigt und konnten so zur Vollstreckung gelangen[112]. Der Weg für die den Gedanken des Humanismus und Liberalismus besser entsprechenden Strafarten wie die Freiheits- oder Geldstrafe war mit diesen gesetzgeberischen Reformschritten geebnet worden.

7. Bis zum Ersten Weltkrieg

Das erste einheitliche Strafgesetz für das deutsche Reichsgebiet entstand 1871 mit dem RStGB, das im wesentlichen auf dem Preußischen StGB von 1851 beruhte[113]. Hatte noch das Preußische StGB in seinem § 18 bestimmt, daß bei einer Wahlmöglichkeit des Gesetzes zwischen Freiheitsstrafe und Geldbuße in den milderen Fällen auf Geldbuße zu erkennen sei, findet sich im RStGB keine entsprechende Regelung[114]. Es sieht jedoch für geringfügige Delikte die Geldstrafe als alleinige Hauptstrafe vor und ermöglicht auch bei schwereren Taten ihre alternative oder kumulative Anwendung neben der Freiheitsstrafe[115]. Die Geldstrafe war hier in einem geringeren Umfang vorgesehen als im Preußischen StGB[116], jedoch in einer größeren Ausdehnung, als sie in den anderen deutschen Strafgesetzen enthalten war[117]. Auch im RStGB war aber nach wie vor die vorrangig anzuwendende Sanktion die Freiheitsstrafe.

Schon gegen Ende des 19. Jahrhunderts geriet jedoch die Gefängnisstrafe als „Rückgrat" des damaligen Strafensystems[118], insbesondere in bezug auf die kurzfristigen Freiheitsstrafen, in das Kreuzfeuer der Kritik[119].

---

[109]Limbach, S. 21
[110]ähnlich auch bei Rüping, Geschichte, Rn. 293, der sich dabei auf Johann Heinrich Gottlob v. Justi bezieht
[111]Diese Argumentation kam vom äußersten linken Flügel, vgl. Limbach, S. 21.
[112]Limbach, S. 17
[113]Das Preußische StGB bildete die Grundlage für das Strafgesetz des Norddeutschen Bundes, das 1870 vorgelegt und durch Beitritt der süddeutschen Staaten zum RStGB wurde; Rüping, Geschichte, Rn. 284.
[114]Traeger, S. 243
[115]Mayer, S. 140 mit Übersicht der Tatbestände in Fn. 60-62; Traeger, S. 243
[116]auch hierzu mit §§-Angaben Mayer, S. 140, Fn. 64
[117]Mayer, S. 140
[118]Grebing in Jescheck/Grebing, S. 28, Zitat nach Friedrich Oetker, Strafen und sichernde Maßnahmen nach dem Vorentwurf zu einem deutschen Strafgesetzbuch, 1910; vgl. auch Ebermayer, S. 269, der die Freiheitsstrafen als Mittelpunkt des Strafensystems bezeichnet.
[119]siehe z.B. Fuld, S. 444 ff.

Vorreiter dieser Bewegung war der Marburger Professor Franz von Liszt, der die Worte prägte: „Unsre gesamte heutige Strafrechtspflege beruht fast ausschließlich auf der kurzzeitigen Freiheitsstrafe. Daraus ergibt sich unmittelbar der weitere Schluß: wenn die kurzzeitige Freiheitsstrafe nichts taugt, ist unsre ganze heutige Strafrechtspflege nichts wert."[120]

Die Forderung nach einer Strafrechtsreform wurde immer lauter, wobei jedoch der sogenannte „Schulenstreit" den Juristenstand in zwei Lager spaltete.

Auf der einen Seite stand als Vertreter der „modernen Schule" v. Liszt mit der Grundidee der Prävention und Sicherung, die er durch das Strafsystem flankierende sichernde Maßnahmen verwirklichen wollte. So verlangte er für den Trinker ein Wirtshausverbot und die Einweisung in eine Trinkerheilanstalt, für Jugendliche Erziehungsmaßregeln, für den Arbeitsscheuen das Arbeitshaus sowie für Geisteskranke die Heilanstalt. Dabei wollte er Strafe und Sicherungsmaßnahme nicht als gegensätzliche Rechtsinstitute verstehen, sondern betrachtete sie als zwei sich schneidende Kreise[121]. Mittelpunkt und hauptsächlicher Strafzweck war dabei nach der Auffassung v. Liszts die Spezialprävention. Das generalpräventive Moment bildet quasi einen angenehmen Nebeneffekt bzw. eine Reflexwirkung, darf aber nicht als Zweck des Strafens angesehen werden, da es nicht angeht, den willensunfreien Menschen zu bestrafen, um damit das Wohlverhalten anderer zu fördern[122]. Die Ansicht v. Liszts betrachtete nämlich das Verbrechen in umfassendem Sinne soziologisch und den Menschen determiniert durch äußere Einflüsse[123].

Die Gegenansicht der „klassischen Schule" mit ihren Hauptvertretern Binding und v. Birkmeyer erblickte in diesen Bestrebungen einen Rückfall in den Polizeistaat des 19. Jahrhunderts. Sie sahen das Wesen der Strafe in der gerechten Vergeltung, durch die das erschütterte Gleichgewicht der Rechtsordnung wiederhergestellt wird. Eine Lockerung der Vorgaben bei der Strafzumessung, die von der modernen Schule zum Zwecke der bestmöglichen Anpassung an den jeweiligen Täter und seine Eigenschaften gefordert wurden, und der damit verbundene größere Spielraum bei der Straffindung erschien den Vertretern der klassischen Schule als eine gefährliche Preisgabe der rechtsstaatlichen Errungenschaften der jüngsten Vergangenheit[124]. Die indeterministische Theorie sah allein den freien und spontanen verbrecherischen Willen als Ursache für Straftaten an und konnte deshalb mit der soziologischen Betrachtungsweise v. Liszts und seiner Anhänger nicht viel anfangen. Konsequenz aus dieser Einstellung war die Forderung nach einer Verschärfung der Strafdrohungen, um einer Rückfälligkeit vorzubeugen[125].

In diesem Punkt wird besonders der Gegensatz zu dem Denken der Gegenansicht deutlich, die aus der Tatsache, daß auch unter denjenigen, die eine hohe Strafe bereits am eigenen Leib erfahren hatten, die Rückfallquoten sehr hoch waren, folgerten, daß dem Faktor der Strafandrohung nur eine geringe Bedeutung beizumessen ist[126].

Welche der Folgerungen, die man aus einer großen Zahl der Wiederholungstäter hinsichtlich der Strafandrohung und ihrer Höhe ziehen kann, richtig ist, konnte und kann aufgrund von Beweisschwierigkeiten wohl nicht endgültig entschieden werden. Es läßt sich nicht verläßlich feststellen, wie der Täter sich bei einer anderen Strafzumessung bzw. –androhung verhalten

[120] v. Liszt, ZStW 1889, S. 742
[121] vgl. ausführlich zu den Ansichten v. Liszts Schmidt, Geschichte, S. 357 ff.
[122] Holzhauer, S. 183
[123] Rüping, Geschichte, Rn. 313
[124] Schmidt, Geschichte, S. 387
[125] Holzhauer, S. 181
[126] Holzhauer, S. 181

hätte. Auch der Betroffene selber wird hierüber nicht mit letzter Sicherheit Aufklärung geben können, so daß die Wahrheit schwerlich herauszufinden ist.

Obwohl der Streit zwischen diesen Grundpositionen noch nicht beigelegt war, bestand nach der Jahrhundertwende in beiden Lagern die Überzeugung, daß eine Reform des RStGB notwendig war[127]. Einen wichtigen Grund hierfür bildete die Einsicht, daß das bloße Wegsperren von Straftätern im Sinne der hauptsächlich angewandten Freiheitsstrafe im Interesse der Gesellschaft nicht sinnvoll sein kann.

Diese Erkenntnis war aber so neu nicht mehr: Die Ersetzung der kurzfristigen Freiheitsstrafen war schon ein Thema auf dem ersten Internationalen Gefängniskongreß in London im Jahre 1872 gewesen[128]. Aus unbekannter Feder stammt eine sogar noch früher entstandene Schrift aus dem Jahre 1782, in der die Nutzlosigkeit der kurzzeitigen Freiheitsstrafe angeprangert und das Zuchthaus als Pflanzschule von Verbrechern aufgefaßt wird[129].

Neben der in den Gefängnissen befürchteten „Ausbildung“ an sich zu bessernder Personen zu Gewohnheitsverbrechern wurde von den Gegnern der kurzen Freiheitsstrafe vor allem geltend gemacht, daß diese keines der von der modernen Zwecktheorie geforderten Ziele der Besserung, Abschreckung oder Unschädlichmachung erreichen kann[130]. V. Liszt belegte dies durch Fakten, die er der Reichskriminalstatistik entnahm[131].

Obwohl der Mißstand im System der Strafarten und der sich daraus ergebende Handlungsbedarf nahezu einhellig erkannt wurde, bestand weder über die Definition der kurzzeitigen Freiheitsstrafe noch über deren Ersatzmöglichkeiten Einigkeit. So richtete die Kritik v. Liszts sich beispielsweise gegen Freiheitsstrafen von weniger als sechs Wochen Dauer[132] und wollte diese durch Geldstrafe oder bedingte Verurteilung[133] ersetzen[134]. Ganz anders dagegen der häufig als Begründer des Kreuzzuges gegen die kurze Freiheitsstrafe angeführte Mittelstädt, der in seiner Abhandlung „Gegen die Freiheitsstrafen“ aus dem Jahre 1879 diese zwar kritisierte, jedoch an ihre Stelle wesentlich härtere Sanktionen zur besseren Abschreckung setzen wollte[135].

Um die Jahrhundertwende festigte sich immer mehr die Auffassung, daß die Geldstrafe das geeignete Mittel zur Bekämpfung der kurzfristigen Freiheitsstrafe darstellt, und wurde ihre

---

[127]So veröffentlichten Franz v. Liszt und Wilhelm Kahl in der Deutschen Juristenzeitung Band 7, S. 301 eine Erklärung vom 1. Juli 1902, in der sie die Möglichkeit und die Notwendigkeit der praktischen Reformarbeit unter Zurückstellung des Schulenstreits betonten; vgl. auch Schmidt, Geschichte, S. 394.

[128]„Is it possible to replace short imprisonments and the nonpayment of fines by forced labour without privation of liberty?“, vgl. v. Liszt, Aufsätze, S. 358. Interessant ist diese Fragestellung auch deswegen, weil in Großbritannien der Ansatz der „freiwilligen“ Arbeit anstelle kurzer Freiheitsstrafen weiter verfolgt und teilweise verwirklicht worden ist („community service“), im Gegensatz zum deutschen Strafrecht, in dem gemeinnützige Arbeit als Ersatz für nicht bezahlte Geldstrafen keine große Rolle spielt, siehe auch unten 3. Teil, S. 159 ff.; vgl. ausführlich zu diesem Thema Feuerhelm, Stellung und Ausgestaltung der gemeinnützigen Arbeit im Strafrecht, KrimZ 22.

[129]Fischl, S. 135/136 erwähnt die fragliche Schrift ohne weiteren Nachweis seiner diesbezüglichen Kenntnisse.

[130]Heilborn, S. 10

[131]v. Liszt, ZStW 1889, S. 739 ff.; Heilborn, S. 11

[132]Die Meinungen variieren von einem Monat über sechs Wochen bis zu drei Monaten als Höchstgrenze für das Vorliegen einer kurzzeitigen Freiheitsstrafe, vgl. Ebermayer, S. 279.

[133]Die damals diskutierte bedingte Verurteilung entspricht in etwa der heutigen Strafaussetzung zur Bewährung.

[134]v. Liszt, Aufsätze, S. 360 ff.

[135]vgl. Grebing in Jescheck/Grebing, S. 29, insbesondere Fußnote 57

Konstruktion deshalb zum Gegenstand zahlreicher Beratungen[136]. So wurde z.B. auf dem 29. Deutschen Juristentag im Jahr 1908 die Frage erörtert, welches Strafmittelsystem sich für das künftige Strafgesetzbuch empfiehlt. Dabei wurde davon ausgegangen, daß es dem „allgemeinen Wunsch“ entspreche, eine ausgiebigere Anwendung der Geldstrafe herbeizuführen[137]. Die Auffassungen darüber, wie weit diese Ausdehnung des Anwendungsbereichs des Geldstrafe im Sanktionensystem der Zukunft gehen sollte, divergierten jedoch nicht unerheblich. So erkannte Wulffen bereits 1904 in der Geldstrafe die Hauptstrafe der Zukunft[138], während Ebermayer im Jahre 1908 noch die Freiheitsstrafe auch für das zu schaffende Strafinstrumentarium als Mittelpunkt desselben ausgestaltet sehen wollte[139]. Er wollte die Geldstrafe zur ausschließlichen Strafe für Übertretungen und Vergehen machen und dem Richter darüber hinaus die Möglichkeit einräumen, wahlweise auch bei schwereren Straffällen auf Geldstrafe zu erkennen, soweit die Tat nicht aus ehrloser, verwerflicher Gesinnung begangen worden ist[140].

Einen konkreteren Vorschlag machte 1911 Traeger, der anregte, die Geldstrafe wahlweise neben der Freiheitsstrafe anzuordnen, wenn das für das Vergehen angedrohte Mindestmaß der Freiheitsstrafe weniger als einen Monat Gefängnis oder sechs Wochen Haft beträgt[141]. Ein verbreiterter Konsens konnte darin gesehen werden, daß die Ausdehnung der Geldstrafe insbesondere in Hinblick auf die Zurückdrängung kurzfristiger Freiheitsstrafen wünschenswert sei[142], so daß insofern der Anwendungsbereich bereits durch diese Zielsetzung begrenzt war.

Auch in der Strafpraxis der Gerichte änderte sich die Strafzumessung um die Jahrhundertwende zugunsten der Geldstrafe, so daß ihr Anteil an den Gesamtverurteilungen seit 1882 von 25,3 % auf 52,5 % im Jahre 1913 kontinuierlich anstieg[143]. Bemerkenswert ist dabei, daß diese Entwicklung sich so dynamisch und in recht großen Dimensionen vollzog, obwohl der gesetzliche Rahmen des RStGB sich nicht änderte. Danach wurde der Geldstrafe nämlich eigentlich nur ein recht geringer Spielraum eingeräumt, indem sie bei Verbrechen und schweren Vergehen überhaupt nicht und bei leichteren Vergehen nur alternativ mit Freiheitsstrafen im Falle des Vorliegens mildernder Umstände angedroht wurde.

Über die Hintertür der Anwendung nicht nur als Haupt-, sondern auch als Neben- oder Ersatzstrafe fand die Geldstrafe jedoch ihren Weg in das Sanktionensystem des deutschen

---

[136]So wurde z.B. im Rahmen der zweiten Landesversammlung der Internationalen criminalistischen Vereinigung, Gruppe „Deutsches Reich“ am 25./26.3.1891 in Halle beschlossen: „Die Geldstrafe soll im Strafgesetzbuch in extensiver und intensiver Beziehung eine Erweiterung erfahren durch Ausdehnung ihrer Zulässigkeit auf mehr Delicte, und durch Erhöhung des zulässigen Höchstbetrages.“; vgl. Appelius, S. 1. Auf dem 23. Deutschen Juristentag 1895 stellten sich die Mitglieder die Frage: „Empfiehlt sich hinsichtlich der Geldstrafe a) die Zulassung und Begünstigung des freiwilligen Abverdienens derselben? b) die Androhung des erzwungenen Abverdienens in einer Anstalt (Arbeitshaus) für den Fall, daß der Mangel guten Willens zur Tilgung der Strafe festgestellt ist?“. Auch die Literatur über die Geldstrafe und ihre Reform nahm um die Jahrhundertwende beträchtlich zu, vgl. Gutmann, S. 147, Fn.1; siehe weiter Traeger, S. 241 ff.; Mohr, S. 32 ff.

[137]Ebermayer, S. 291; auch Traeger, S. 242 gibt an, die Ausdehnung und Vertiefung der Geldstrafe werde zu den wichtigsten Reformforderungen gezählt.

[138]Wulffen, ArchKrim 1904, S. 108 ff.

[139]Ebermayer, S. 269

[140]Ebermayer, S. 291

[141]Traeger, S. 327; das damalige RStGB kannte verschiedene, abgestufte Arten der Freiheitsstrafe, nämlich Zuchthaus, Gefängnis, Haft (einfache und geschärfte) sowie Festungshaft, siehe dazu Ebermayer, S. 269 ff.

[142]Ebermayer, S. 291; Traeger, S.250; ähnlich auch bereits im Jahre 1890 Rosenfeld, Strafmittel, S. 308 f.

[143]Albrecht in Jescheck/Grebing, S. 169; vgl. auch Schmidt, Geschichte, S. 403/404; interessant auch die Arbeit Bests, der für den Zeitraum von 1882 bis 1928 den Wandel in der Anwendung der Hauptstrafarten untersucht. Dabei geht er speziell von der Frage des Verhältnisses zwischen Geld- und Freiheitsstrafe bei der alternativen Anwendbarkeit beider Strafarten aus, da er die Entscheidung zwischen beiden für besonders aussagekräftig in bezug auf die Gerichtspraxis bzw. die dahinter stehende Rechtsauffassung erachtet, und differenziert nach den verschiedenen Delikten, vgl. Best, S. 21 ff.

Rechtssystems, in dem sie in der Gesamtschau in einer Vielzahl von Vorschriften des (Neben)-Strafrechts entweder fakultativ oder alternativ angedroht wurde[144]. Dabei reichte die Bandbreite von einer Strafe in Höhe von 6 Reichsmark für Abweichungen von den Einmaischungs-Tageszeiten nach § 62 des Gesetzes betreffend die Besteuerung des Branntweins vom 8.7.1868 über 2.000 Reichsmark, die für die vorsätzliche Verwendung weißen oder gelben Phosphors zur Herstellung von Zündwaren nach § 2 I des Gesetzes betreffend Phosphorzündwaren vom 10.5.1903 verhängt werden konnten, bis zu einem Höchstbetrag von 400.000,- Reichsmark bei dem wiederholten Rückfall der Defraudation einer ihrem Betrage nach nicht feststellbaren Steuer nach dem Zigarettensteuergesetz vom 3.6.1906[145].

Im Zusammenhang mit diesem Phänomen der großen Zahl der nebenstrafrechtlich in mannigfaltigen Regelungswerken angeordneten Geldstrafen stellte sich die dringende Frage, wohin die in nicht unerheblichen Dimensionen anfallenden Einnahmen aus diesen Vorschriften fließen sollten. Im RStGB fand sich zu diesem Thema keine explizite Regelung.

Obwohl verschiedentlich vorgeschlagen wurde, die Geldstrafen zu einem einheitlichen und wohltätigen Zwecke, wie z.B. der Einrichtung von „Besserungsanstalten für die verwahrloste Jugend" zu verwenden, um die Gefahr des „Fiskalisierens" auszuschließen[146], profitierten von den Strafbeträgen die verschiedensten Nutznießer. So flossen die erzielten Einnahmen in die Kasse des Staates, welchem das erkennende Gericht erster Instanz oder die Behörde angehörte, von der die Strafe verhängt worden ist[147]. Hatte in erster Instanz das Reichsgericht, ein deutsches Konsulargericht oder ein Konsul entschieden, so floß die Strafe an die Reichskasse. Bei Entscheidungen einer Kommunalbehörde erhielt die Gemeinde den Strafbetrag[148]. Teilweise wurde spezialgesetzlich eine andere Institution als Begünstigte bestimmt, wenn diese mit den verletzten Vorschriften in Zusammenhang stand, wie etwa die Seemannskasse gemäß § 132 der Seemannsordnung vom 2.6.1902 oder nach § 146 Abs. II der Gewerbeordnung vom 26.7.1900 diejenige Hilfskasse, welcher der zu Unrecht beschäftigte oder sonst verbotswidrig behandelte Arbeiter angehört[149].

Nur am Rande zu erwähnen sind dagegen Regelungen, die eine Geldstrafe zugunsten des Verletzten kannten[150], wie z.B. Art. 151 der Internationalen Übereinkunft betreffend Maßregeln gegen Pest, Cholera und Gelbfieber vom 3.12.1903[151].

Hinter der vorstehend beschriebenen Tendenz in der Urteilsfindung hin zu einer breiten Anwendung monetärer Sanktionen läßt sich ein veränderter Blickwinkel vermuten, demzufolge bei der Strafzumessung nicht mehr das „Ganze der Kriminalität" und das „Ganze der gesetzlichen strafrechtlichen Wertungen" im Mittelpunkt stand, sondern der Einzelfall für sich isoliert betrachtet wurde[152]. Dafür spricht auch die Tatsache, daß die Geldstrafe statistischen Untersuchungen zufolge im Laufe der Zeit immer mehr auch bei kriminalistisch bedeutsamen Delik-

[144]siehe umfassenden Überblick über alle eine Geldstrafe enthaltenden Bestimmungen aus dem Jahre 1909 bei Gutmann, S. 14-61.
[145]vgl. Gutmann, S. 15, 34, 38
[146]Gutmann, S. 85, Fn. 3 unter Verweis auf Mittelstaedt und Binding
[147]Ausdrücklich wird dies z.B. angeordnet in § 18 Abs. II des Gesetzes betreffend die Wechselstempelsteuer vom 10.6.1869, § 27 Abs. I des Schaumweinsteuergesetzes vom 9.5.1902, § 17 Abs. III des Gesetzes betreffend die Statistik des Warenverkehrs usw. vom 7.2.1906 oder in § 51 Abs. II des Erbschaftssteuergesetzes vom 3.6.1906.
[148]Gutmann, S. 86
[149]mit weiteren Beispielen Gutmann, S. 86 f.
[150]siehe zur Frage der Umleitung der Geldstrafe an das Opfer unten S. 77 ff.
[151]RGBl. 1907, S. 425 ff.
[152]Schmidt, Geschichte, S. 403

ten Anwendung fand[153]. In Kombination mit wachsender richterlicher Freiheit bei der Festsetzung der Strafhöhe war die Geldstrafe ein probates und anpassungsfähigeres Mittel zur einzelfallorientierten Reaktion, als dies die Freiheitsstrafe darstellen konnte.

Kehrseite der immer milder werdenden Straffindungspraxis war jedoch der Trend, auch bei der Bemessung der Freiheitsstrafe zu immer kürzeren Zeiträumen zu gelangen[154]. Daß auch diese Form der Bestrafung keineswegs der Idealsanktion entspricht, war aber mittlerweile allgemein anerkannt, so daß auch diese Strafpraxis in der Öffentlichkeit keine Zustimmung fand. Es war nicht mehr von der Hand zu weisen, daß sich an den gesetzlichen Rahmenbedingungen etwas ändern mußte. Durch die vehemente Kritik an der kurzzeitigen Freiheitsstrafe als solcher wurde also der Trend zur Milderung bei der Strafzumessung noch forciert und die Notwendigkeit einer Reform der Strafrechts und seines Sanktionengefüges dringlicher.

8. Die Entwürfe der Jahre 1909-1919

Wie oben bereits anhand konkreter Prozentwerte aufgezeigt, avancierte die Geldstrafe nach der Jahrhundertwende relativ schnell zur zahlenmäßigen Hauptsanktion der Judikative[155]. Auch diese verstärkte Anwendung der finanziellen Sanktionierung von Delikten beruhte aber immer noch auf der gesetzlichen Grundlage des alten RStGB von 1871[156].

Am 16. Juli 1902, also zwei Wochen nach dem Aufruf v. Liszts und Kahls zur lagerübergreifenden Zusammenarbeit an der praktischen Reform[157], berief Staatssekretär Dr. Nieberding vom Reichsjustizamt eine Expertenkommission aus acht Professoren ein, die den unterschiedlichsten Schulen anhingen[158]. Das Komitee stellte sich die umfangreiche Aufgabe, eine rechtsvergleichende Darstellung aller in Frage kommenden Materien zu geben und unter kritischer Würdigung der Ergebnisse dieser Arbeit Vorschläge für die deutsche Gesetzgebung auszuarbeiten. Unter Mitarbeit von 50 Strafrechtslehrern konnte das 16-bändige Werk mit dem Titel „Vergleichende Darstellung des Deutschen und Ausländischen Strafrechts" bereits im Jahre 1909 vorgelegt werden.

Seit dem 1. Mai 1906 arbeitete parallel dazu eine aus fünf hochrangigen Praktikern bestehende Kommission in 117 Sitzungen einen „Vorentwurf zu einem neuen deutschen Strafgesetzbuch" aus, der im Herbst 1909 mit zweibändiger Begründung veröffentlicht wurde. Dieser Vorentwurf enthielt sanktionstechnisch einige Zugeständnisse an die moderne Schule, indem er das Strafensystem durch sichernde Maßnahmen ergänzen wollte[159]. Außerdem wurde die

[153] vgl. Schmidt, Geschichte, S. 403 mit Verweis auf Untersuchungen Exners

[154] Schmidt, Geschichte, S. 404

[155] siehe oben S. 19

[156] vgl. mit Erklärungsansätzen Stapenhorst, S. 23 ff.

[157] siehe oben Fußnote 127

[158] Für die klassische Schule standen v. Birkmeyer, Wach und Kahl, für die soziologische Schule v. Liszt, v. Lilenthal und Seuffert, der vor dem ersten Treffen starb und durch v. Hippel ersetzt wurde, und für die vermittelnde Ansicht van Calker und Frank, vgl. Schmidt, Geschichte, S. 394 f.

[159] § 42 E 1909: Aus dem Preußischen Strafgesetzbuch hat der Entwurf die Bestimmung übernommen, nach der wegen Landstreichens, Bettelns im Rückfall oder unter erschwerenden Umständen, strafbaren Mißbrauchs der Armenpflege, sowie wegen gewerbsmäßiger Unzucht verurteilte Personen in dem Urteil neben der in verschärfter Haft bestehenden Strafe der Landespolizeibehörde überwiesen werden können. Diese erhält dadurch die Befugnis, die verurteilte Person bis zu zwei Jahren in ein Arbeitshaus unterzubringen oder zu gemeinnützigen Arbeiten zu verwenden, vgl. Begründung AT E 1909, S. 147 ff. § 42 E 1909 lautet: „Ist eine strafbare Handlung auf Liederlichkeit oder Arbeitsscheu zurückzuführen, und ist für sie eine mindestens vierwöchige Gefängnis- oder Haftstrafe verwirkt, so kann in dem im Gesetz besonders bestimmten Fällen das Gericht neben der Strafe oder, wenn die Strafe drei Monate nicht übersteigt, an ihrer Stelle auf Unterbringung

Strafzumessungsfreiheit des Richters erweitert und ihm ein Milderungsrecht in besonders leichten Fällen zuerkannt.

Bei der Geldstrafe wurde eine verbesserte Anpassung an die jeweiligen Vermögensverhältnisse[160] des Täters vorgesehen, um ihren Strafcharakter besser zu betonen[161]. Außerdem war erstmals die Möglichkeit einer Fristverlängerung oder einer Teilzahlungsgenehmigung vorgesehen[162].

Obwohl der Vorentwurf hinsichtlich einiger Punkte kritisiert wurde, betrachtete man ihn doch allgemein als brauchbare Grundlage für das weitere gesetzgeberische Vorgehen. Der sogenannte „Gegenentwurf", den die Professoren Kahl, Goldschmidt, v. Lilienthal und v. Liszt im Jahre 1911 veröffentlichten, sollte deshalb auch weniger eine antithetische Arbeit als eine Weiterentwicklung des Vorentwurfs von 1909 darstellen[163].

Die Sicherungsstrafe des Vorentwurfs wurde darin durch eine Sicherungsverwahrung auf unbestimmte Dauer ersetzt und die Nebengesetze teilweise eingearbeitet[164]. Ansonsten wurden im wesentlichen die Bestimmungen des Vorentwurfs modifiziert, im Grundsatz aber beibehalten. Insbesondere hinsichtlich der Geldstrafe erfolgte gegenüber dem E 1909 keine nennenswerte Änderung.

Auch die Regierung arbeitete derweil an der Reform weiter: Vom 4. April 1911 bis zum 27. September 1913 tagte eine neue Kommission aus 16 Mitgliedern, die hauptsächlich aus hochrangigen Juristen der Praxis bestand und als Ergebnis ihrer Arbeit den sogenannten „Kommissions-Entwurf" vorlegte. Bevor dieser jedoch veröffentlicht wurde, brach der erste Weltkrieg aus. Er verzögerte die Reformarbeiten nicht nur, sondern machte durch die mit sich gebrachten Umwälzungen sozialer und politischer Art eine erneute Revision notwendig[165]. Auch diese Umarbeitung durch eine vierköpfige Kommission konnte jedoch nicht abgeschlossen werden, da sie durch den politischen Zusammenbruch und die Novemberrevolution von 1918 unterbrochen wurde.

---

des arbeitsfähigen Verurteilten in ein Arbeitshaus auf die Dauer von sechs Monaten bis zu drei Jahren erkennen, falls diese Maßregel erforderlich erscheint, um den Verurteilten wieder an ein gesetzmäßiges und arbeitsames Leben zu gewöhnen (...). § 43 E 1909: „Ist eine strafbare Handlung auf Trunkenheit zurückzuführen, so kann das Gericht neben der Strafe dem Verurteilten den Besuch der Wirtshäuser auf die Dauer bis zu einem Jahr verbieten. Ist Trunksucht festgestellt, so kann das Gericht neben einer mindestens zweiwöchigen Gefängnis- oder Haftstrafe die Unterbringung des Verurteilten in eine Trinkerheilanstalt bis zu seiner Heilung, jedoch höchstens auf die Dauer von zwei Jahren anordnen, falls diese Maßregel erforderlich erscheint, um den Verurteilten wieder an ein gesetzmäßiges und geordnetes Leben zu gewöhnen (...)".

[160]Vermögensverhältnisse waren nach der Begründung AT E 1909, S. 115 „alles, was die wirtschaftliche Gesamtlage des Verurteilten zu beeinflussen geeignet ist, also, abgesehen von dem Stande des Aktiv- und Passivvermögens, sowie der Höhe und der Art des Einkommens, namentlich auch die Familienverhältnisse, Erwerbsfähigkeit, Erwerbsaussichten, Ortsverhältnisse usw."

[161]§ 30 S. 2 E 1909; dabei wird ausdrücklich auf die diesbezüglichen Forderungen der Internationalen Kriminalistischen Vereinigung (Beschluß II der Jahresversammlung der IKV von 1891, in ihren Mitteilungen 3, S. 265) und des Deutschen Juristentages (Verhandlungen 27. DJT 3, S. 223 ff.) hingewiesen, Begründung AT E 1909, S. 111, Fn. 2; vgl. umfassend zu dem Vorentwurf und seiner Entstehung Schmidt, Geschichte, S. 395 f.

[162]§ 31 S. 1 E 1909; unter anderem sollte diese Regelung auch den Anwendungsbereich der Geldstrafe vergrößern, indem Bedenken gegen die finanzielle Leistungsfähigkeit des Täters nun nicht mehr zu dem Rückgriff auf eine andere Strafart führen mußte. Andererseits wird auch betont, daß eine zu leichtfertige Anwendung der neuen Regelung zur Verminderung der Strafwirkung der Geldstrafe führen könnte und deshalb vermieden werden muß, Begründung AT E 1909, S. 115 ff.

[163]Vorwort des GE 1911, S III; zur Konzeption des Gegenentwurfs Schmidt,Geschichte, S. 396 f. (§329).

[164]vgl. dazu Vorwort GE 1911, S. V

[165]Arnold, S. 2, zum Ganzen sehr aufschlußreich Schmidt, Geschichte, S. 397 f.

Die veränderten staatlichen Bedingungen des Reichs und der Länder führten zu der Erstellung eines neuen Entwurfs[166], der am 21. November 1919 fertiggestellt und zusammen mit dem Kommissionsentwurf von 1913 und einer erläuternden Denkschrift veröffentlicht wurde[167]. Er hielt sich weitgehend an die Vorgaben des Kommissionsentwurfs von 1913 und verwies mit dem Gegenentwurf von 1911 die Übertretungen in ein besonderes Buch. Als Strafe für diese Übertretungen war nunmehr ausschließlich die Geldstrafe vorgesehen[168]. Zur Vermeidung der kurzfristigen Freiheitsstrafen sollten der Verweis, die bedingte Strafaussetzung und die vermehrte Anwendung der Geldstrafe eingesetzt werden. Bei wahlweiser Androhung von Geld- und Freiheitsstrafen sollte die Geldstrafe dann vorrangig sein, wenn der in Frage kommende Strafzweck in concreto auch durch sie allein erreicht werden konnte[169].

Diese Regelung stellte einen entscheidenden Schritt zur Verbesserung des Sanktionensystems bzw. seiner Anpassung an die Bedürfnisse der Praxis, die sich bis dato herauskristallisiert hatten, dar. Jedoch wurde der Entwurf von 1919 trotz aller seiner Errungenschaften nicht als Regierungsentwurf herausgegeben.

9. Der Radbruch`sche Entwurf

Obwohl er in Deutschland nicht in das Gesetzgebungsverfahren gelangte, fand der E 19 im benachbarten Österreich sehr große Beachtung und gab Anlaß zu einem Gegenentwurf zum Allgemeinen Teil des Ersten Buches von dieser Seite. Dieser wiederum bildete die Grundlage einer fruchtbaren Zusammenarbeit beider Nationen an der Strafrechtsreform, die im 1922 vorgelegten Entwurf des Reichsjustizministers Gustav Radbruchs gipfelte. Darin wurde die gänzliche Abschaffung der Todesstrafe sowie der ehrverletzenden Sanktionen festgelegt und so dem Resozialisierungsgedanken ein hoher Stellenwert eingeräumt[170].

Auch der Radbruch`sche Entwurf konnte jedoch nicht in seiner ursprünglichen Form verwirklicht werden. Aufgrund der starken Inanspruchnahme der Reichsregierung durch Ruhreinbruch und Währungszusammenbruch beriet dieselbe erst im Jahre 1924 über den Gesetzesvorschlag und legte ihn schließlich unter Änderungen im Jahre 1925 als „amtlichen Entwurf eines Allgemeinen[171] Deutschen Strafgesetzbuchs“ dem Reichsrat vor[172]. Auch hier wurden wiederum so erhebliche Veränderungen vorgenommen, daß es sich de facto um einen neuen Entwurf[173] handelte, der am 14. Mai 1927 dem Reichstag zugeleitet wurde. Als „Grundlinien der Reform“ wurde im wesentlichen die Zweispurigkeit der Verbrechensbekämpfungsmittel aus Strafen und sichernden Maßnahmen beibehalten[174].

Wie unten noch genauer dargestellt wird, konnte aber auch dieses Gesetzesvorhaben nicht realisiert werden. Obwohl die Bemühungen um eine sinnvolle und den Bedürfnissen der Zeit

[166]im folgenden E 19 genannt
[167]Arnold, S. 2
[168]Schmidt, Geschichte, S. 398
[169]Denkschrift zu E 1919, S. 60
[170]E Radbruch, Bemerkungen IV, S. 52 ff.; vgl. auch Schmidt, Geschichte, S. 406
[171]In der Bezeichnung als Entwurf eines *allgemeinen* deutschen Strafgesetzbuches sollte dabei die österreichische Mitarbeit ebenso zum Ausdruck gebracht werden wie die deutsch-österreichische Strafrechtsangleichung, vgl. Schmidt, Geschichte, S. 406.
[172]Arnold, S. 3
[173]im folgenden E 27 genannt
[174]Der 8. Abschnitt (§§ 55-64) heißt sogar schon „Maßregeln der Besserung und Sicherung“ und umfaßt gemäß § 55 die Unterbringung in einer Heil- oder Pflegeanstalt, die Unterbringung in einer Trinkerheilanstalt oder in einer Erziehungsanstalt, die Unterbringung in einem Arbeitshaus, die Sicherungsverwahrung, die Schutzaufsicht und die Reichsverweisung; vgl. auch Schmidt, Geschichte, S. 407.

angepaßten Reform des Strafrechts mit den verschiedenen Entwürfen eine kontinuierliche Verbesserung erfahren hatten und mehr als brauchbare Ansätze boten, galt also de facto noch immer das überholte RStGB von 1871.

10. Die Geldstrafengesetze der zwanziger Jahre

Einen legislativen (Teil-)Erfolg konnte die stetig an Einfluß gewinnende Reformbewegung erst mit der Geldstrafengesetzgebung der zwanziger Jahre für sich verbuchen.

Das „Gesetz zur Erweiterung des Anwendungsgebietes der Geldstrafe und zur Einschränkung der kurzen Freiheitsstrafe“ wurde am 21. Dezember 1921 kurzfristig erlassen[175], um den wichtigsten Reformforderungen vorgreifend stattzugeben[176]. Anlaß für dieses schnelle Vorgehen war die Tatsache, daß während des ersten Weltkrieges wegen der vermehrten Anwendung von Wehrstrafrecht der Geldstrafenanteil mit 29 % der Gesamtverurteilungen unerwünschterweise wieder auf das Niveau von 1886 gesunken war[177].

Als wichtigste Neuerung brachte das Gesetz die Festlegung einer Umwandlungsnorm für Freiheitsstrafen unter drei Monaten in Geldstrafen[178]. Diese Regelung fand ihren Niederschlag im sog. „neuen“ Geldstrafengesetz vom 27. April 1923[179] als § 27 b StGB[180] und wurde ergänzt durch das Gesetz über Vermögensstrafen und Bußen vom 13. Oktober 1923[181], die dazugehörige Verordnung vom 23. November 1923[182] und die Verordnung über Vermögensstrafen und Bußen vom 6. Februar 1924[183].

Der neue § 27 b StGB lautete: „Ist für ein Vergehen oder für eine Übertretung, für die an sich eine Geldstrafe überhaupt nicht oder nur neben Freiheitsstrafen zulässig ist, Freiheitsstrafe von weniger als 3 Monaten verwirkt, so ist an Stelle der Freiheitsstrafe auf Geldstrafe (§§ 27, 27 a) zu erkennen, wenn der Strafzweck durch eine Geldstrafe erreicht werden kann.“ Absatz II bestimmte, daß die Vorschriften des Militärstrafgesetzbuches unberührt bleiben.

Durch diese Regelung wurde der Geldstrafe zumindest für den Bereich der leichten Kriminalität der gesetzliche Stellenwert eingeräumt, der ihr in der Praxis schon lange zugedacht worden war. Sofern der Strafzweck durch sie erreicht werden kann, sollte die Geldstrafe nach dem neuen § 27 b StGB alle kurzzeitigen Freiheitsstrafen ablösen[184].

Zwar wurde die neue Sanktionsmöglichkeit ihre Bedeutung etwas abwertend als „Ersatzgeldstrafe“ bezeichnet[185], aber bildete sie zusammen mit den anderen Ausgestaltungen der Geldstrafe als Haupt-, Neben- oder Ersatzstrafe ein System dar, das „geeignet und darauf berech-

[175]RGBl. II, S. 1604 f.
[176]Dahinter stand die Befürchtung, die angestrebten Änderungen könnten sich auf unbestimmte Zeit hinauszögern, vgl. Fleischer, S. 7; auch Kleber, S. 1.
[177]Grebing in Jescheck/Grebing, S. 33; Albrecht in Jescheck/Grebing, S. 169
[178]Fleischer, S. 7
[179]RGBl. I, S. 254
[180]Grebing in Jescheck/Grebing, S. 34; Fleischer, S. 7
[181]RGBl. I, S. 943 ff.
[182]RGBl. I, S. 1117 ff.
[183]RGBl. I, S. 44
[184]Kleber, S. 2
[185]kritisch zu dieser Bezeichnung auch Kleber, S. 46 f., der sie als irreführend empfindet und statt dessen in Anlehnung an Gerland, JW 1932, S. 403, den Begriff der „Wandelgeldstrafe“ vorschlägt.

net (ist), die Geldstrafe als das vorzüglichste Strafmittel für Vergehen und Übertretungen in den Mittelpunkt unserer ganzen Kriminalpolitik zu stellen“[186].

Es ist mit der herrschenden Ansicht davon auszugehen, daß die Geldstrafe nach § 27 b StGB ihrer Rechtsnatur nach nicht eine Ersatzstrafe[187], sondern eine vollwertige Hauptstrafe darstellte[188]. Gestützt wurde diese Ansicht auf den Wortlaut der damals neu eingefügten §§ 29 IV und 78 StGB, wo auch die verwirkte Freiheitsstrafe als Ersatzstrafe bezeichnet wurde, ohne daß dies den Rechtscharakter einer Hauptstrafe beeinträchtigen sollte[189]. Die Geldstrafe nach § 27 b StGB wurde wie jede andere Geldstrafe des Strafgesetzbuches als Hauptstrafe verhängt und vollstreckt, auch hinsichtlich der Verjährung und der Tilgung im Strafregister galten die Regelungen der Geldstrafe. Die an sich verwirkte Freiheitsstrafe wurde dagegen jeglicher Bedeutung entkleidet[190].

Eine einschneidende neue Errungenschaft war auch die Berücksichtigung der wirtschaftlichen Verhältnisse des Täters bei der Strafzumessung, die im neuen § 27 c Abs. 1 StGB verankert war[191]. Mit der Schaffung der Möglichkeiten zur Ratenzahlung und Einräumung von Zahlungsfristen sowie der Tilgung durch freie Arbeit wurden die wesentlichen Ziele der Reformbewegung hinsichtlich der Geldstrafe durch diese Gesetzgebung verwirklicht[192].

Auch in der Gerichtspraxis wirkte sich die Reform spürbar aus. Der Anteil der Geldstrafen an den gesamten Verurteilungen stieg auf einen Höchststand von 65,6 % im Jahre 1923[193]. Bereits im nächsten Jahr trat jedoch wieder eine gegenläufige Entwicklung ein, der Anteil der Geldstrafen ging auf 52,5 % der Gesamtverurteilungen zurück. Seine Ursache dürfte dieses Phänomen in der Inflation des Jahres 1923 haben, das sich durch die Einlegung von Rechtsmitteln in Erwartung der Milderung der Strafhöhe aufgrund der Geldentwertung in der Statistik des Folgejahres auswirkte. Die dagegen eingeführte Verordnung vom 6. Februar 1924[194], nach der die Höhe der Geldstrafen der Inflation angepaßt wurde, konnte sich erst in den Zahlen der Statistik von 1925 bemerkbar machen, wo wieder ein Anstieg auf 53,9 % Geldstrafen zu verzeichnen war[195]. Diese Entwicklung setzte sich kontinuierlich bis 1929 fort, wo ein Anteil von 59,6 % erreicht wurde, 1930 erfolgte ein leichter Rückgang auf 59,1 %, danach ein recht rapides Abrutschen auf 56,7 % im Jahre 1931 und gar nur 50,7 % anno 1932[196].

Um festzustellen, ob die Zunahme des Geldstrafenanteils an den Gesamtverurteilungen seit 1921 mit der Einführung der Regelung des § 27 b StGB durch das Gesetz zur Erweiterung des Anwendungsgebiets der Geldstrafe und zur Einschränkung der kurzen Freiheitsstrafe vom 21.12.1921[197] in Zusammenhang stand, wurden diesbezüglich getrennte Erhebungen durchgeführt. Bei allen zu Geldstrafe verurteilten Erwachsenen kam § 27 b StGB dabei im Jahre 1922 in 29,9 % der Fälle zur Anwendung[198], dann gibt es erst wieder Zahlen für 1925, wo sich der

---

[186]Kleber, S. 2
[187]so sieht es aber Reuß, S. 147, der das Problem der Rechtsnatur der Geld- und der Freiheitsstrafe des § 27 b StGB im Rahmen der Gesamtstrafenbildung behandelt.
[188]Die Ersatzstrafe ist vielmehr die Freiheitsstrafe, die nur dann verhängt wird, wenn die an erster Stelle verhängte Geldstrafe nicht vollstreckt werden kann, vgl. Hellwig, S. 1725.
[189]Kleber, S. 45
[190]Kleber, S. 46
[191]vgl. Fleischer, S. 7
[192]Grebing in Jescheck/Grebing, S. 34
[193]Albrecht in Jescheck/Grebing, S. 169
[194]RGBl. I, S. 44
[195]Stapenhorst, S. 41 ff.
[196]Zahlen nach Stapenhorst, S. 42
[197]RGBl. I, S. 1604
[198]veröffentlicht in den Drucksachen des Reichstags 1920/23, Nr. 6035

Anteil nur noch auf 14,1 % belief[199]. In den Folgejahren sank der Anteil dann sogar weiter über 13,3 % 1926 und 12,1 % 1927 auf 11,1 % im Jahre 1928. Ab 1929 ging es dann wieder bergauf, 11,6 % in diesem Kalenderjahr wurden gefolgt von 12,0 % im darauffolgenden und schließlich 13,1 % im Jahr 1931.

In seiner ausführlichen Untersuchung kommt Stapenhorst anhand dieser Zahlen und ihrem Verhältnis zu den kurzen Gefängnisstrafen zu dem Ergebnis, daß der hohe Anteil der Geldstrafen, der in den frühen zwanziger Jahren zu beobachten war, nur zum Teil auf der durch § 27 b StGB geschaffenen Umwandlungsmöglichkeit beruht[200]. Deshalb ist als Motiv dieser Gerichtspraxis zu erahnen, daß es weniger darauf ankam, Geldstrafen anstelle von Gefängnisstrafen auszusprechen, als darauf, überhaupt Geldstrafen zu verhängen[201].

11. Die Strafrechtsreform in der untergehenden Weimarer Republik

Die Geldstrafengesetze hatten zwar die vordringlichsten Forderungen der Reformbewegung hinsichtlich der Geldstrafe zunächst erfüllt, die Arbeit an der großen Strafrechtsreform ging jedoch weiter.

Der oben erwähnte Reformentwurf von 1927 (E 27) erreichte den Reichstag in seiner III. Wahlperiode. Die parlamentarische Arbeit stand jedoch unter dem Schatten der Zerrissenheit der beteiligten Parteien, welche ihren Ursprung in der sich zu diesem Zeitpunkt bereits abzeichnenden Unsicherheit der politischen Verhältnisse hatte. Anläßlich der Auflösung des Reichstags am 31. März 1928 wurde zwar mit verfassungsändernder Mehrheit das Reichsgesetz zur Fortsetzung der Strafrechtsreform beschlossen[202], aber auch die vom neuen Reichstag in den Jahren 1928 bis 1930 in 143 Sitzungen durchgeführte erste und zweite Lesung konnten nichts daran ändern, daß im Juli 1930 der Reichstag in seiner IV. Wahlperiode aufgelöst wurde, diesmal ohne daß Wilhelm Kahl ein Überleitungsgesetz erwirken konnte[203].

Obwohl in der V. Wahlperiode erneut ein Reformentwurf eingebracht wurde, kristallisierte sich bei dessen Beratungen immer deutlicher heraus, daß mit einer erfolgreichen Durchführung der Totalreform nicht mehr zu rechnen war. Zu groß war bereits der Widerstand der nationalsozialistischen Parlamentsmitglieder, so daß schließlich mit dem Ende der Weimarer Republik durch die Ereignisse der Jahres 1933 auch die Strafrechtsreform in ihren ursprünglichen Bestrebungen ein (vorläufiges) Ende fand[204].

12. Das Dritte Reich

Der Entwurf von 1927 bildete zwar die Grundlage für einen Referentenentwurf, den der Justizminister Franz Gürtner im Reichsjustizministerium aufstellen ließ und welcher wiederum neben der im Herbst 1933 veröffentlichten Druckschrift des (damals noch bestehenden) Preußischen Justizministers „Nationalsozialistisches Strafrecht" den Beratungen der amtlichen

---

[199] Zahlen für die Jahre 1925-1931 veröffentlicht in der Reichskriminalstatistik 1930, S. 44-51
[200] Stapenhorst, S. 44
[201] so auch Stapenhorst, S. 44 mit Verweis auf Werner Pitschel, der dies bereits im Jahre 1929 in seinem Werk „Die Praxis der Wahl der Geldstrafe" schlußfolgerte.
[202] Maßgeblich ging diese Initiative auf Wilhelm Kahl zurück, vgl. Schmidt, Geschichte, S. 407.
[203] Schmidt, Geschichte, S. 407
[204] In dieser Entwicklung sieht Schmidt den Niedergang der deutschen Strafrechtspflege; Geschichte, S. 408.

Strafrechtskommission zugrunde lag, die am 3. November 1933 ihre Arbeit aufnahm, aber auch der daraus resultierende Entwurf von 1936 wurde nicht einmal veröffentlicht.

Schließlich erfolgte im Juni 1938 (wohl in veränderter Form) die Vorlage beim Kabinett, im Dezember 1939 sollte der Text des „Deutschen Strafgesetzbuchs" in seiner endgültigen Form vom Vorsitzenden des Ministerrats für die Reichsverteidigung unterzeichnet werden, was aber nie geschah[205]. Dies dürfte darauf zurückzuführen sein, daß der Entwurf in der amtlichen Strafrechtskommission unter der Führung Eduard Kohlrauschs, der zwar nicht als offizieller Vorsitzender, aber als unbestrittener geistiger Führer derselben fungierte, in höchst rechtsstaatlichen Bahnen geblieben war, so daß er im Endeffekt für die nationalsozialistischen Machthaber nicht akzeptabel war[206].

Hatte noch der Entwurf aus dem Jahre 1927 in seiner Begründung betont, die zahlenmäßige Bedeutung der Geldstrafe fördern und steigern zu wollen[207], sollte die Geldstrafe in dem nationalsozialistischen Entwurf von 1936 bzw. 1938 beschränkt werden auf leichte Straftaten und kumulative Anwendung bei Fällen von Gewinnsucht[208], eine Umwandlungsmöglichkeit war nur bei der (neuen) Sanktion Haft unter drei Monaten vorgesehen[209].

Hintergrund dieser Bestrebungen war die Ansicht, die Geldstrafe stelle eine zu milde Sanktion dar, deren Anwendungsbereich auf Fälle der leichten Kriminalität beschränkt sein sollte[210]. Überhaupt wurde die Strafrechtserneuerung der Weimarer Zeit als eine Schwäche gegenüber dem Verbrecher angesehen[211], die Geldstrafengesetze als „Verweichlichung" der Strafrechtspflege bezeichnet[212]. Den hinter dieser Auffassung stehenden Geist vermag ein Zitat des Ministerialrates Rietzsch am anschaulichsten widerzuspiegeln, das in den Beratungen der Strafrechtskommission gefallen ist[213]: „Sie (die Geldstrafe, Anm. der Verf.) ist leider in den letzten Jahren in den Mittelpunkt des gesamten Strafensystems gerückt. Diese Entwicklung muß durch das künftige Strafgesetzbuch unterbrochen werden. Die Geldstrafe erscheint uns heute als ein unsympathisches, wenig würdiges Strafmittel, als ein Notbehelf; sie wird künftig weit sparsamer als bisher anzudrohen und zu verwenden sein."

Der Entwurf für die Reform des Strafgesetzbuches sah die Umwandlung in eine Geldstrafe nur bei Haft unter drei Monaten vor[214]. Um eine größtmögliche Effektivität und Opfergleichheit bei der Geldstrafe gewährleisten zu können, wurde jedoch auch erstmals die Übernahme des skandinavischen Tagessatzsystems vorgeschlagen[215]. Daß es sich hierbei aber keineswegs um nationalsozialistisches Gedankengut handelt, wird erstens anhand der Tatsache deutlich, daß in den skandinavischen Ländern ein solches System bereits zu diesem Zeitpunkt Gesetzeswirklichkeit war und zweitens daran, daß Vorschläge in diese Richtung bereits damals

[205] Schmidt, Geschichte, S. 450

[206] Schmidt betrachtet Kohlrausch deshalb als „getreuen Eckart der Rechtsidee", der dafür gesorgt hat, daß „die Kontinuität echter Strafrechtswissenschaft nicht abgerissen ist"; vgl. Geschichte, S. 451.

[207] Dies führt der E 1936 auf eine „verfehlte Einstellung gegenüber dem Verbrecher" zurück, Begründung E 1936, S. 43.

[208] § 42 E 1936

[209] § 43 E 1936; dies galt auch nur, wenn die Gesinnung des Täters nicht die Verhängung einer Freiheitsstrafe erforderte; vgl. auch Grebing in Jescheck/Grebing, S. 35

[210] Grebing in Jescheck/Grebing, S. 35

[211] Stapenhorst, S. 63

[212] Schwarz, S. 193; zustimmend Ginsberg, S. 298 ff.

[213] Rietzsch/Gürtner, S. 143

[214] Fleischer, S. 9; Grebing in Jescheck/Grebing, S. 35

[215] § 41 E 1936, Begründung S. 44; Rietzsch/Gürtner, S. 144/145

auch auf deutschem Boden nicht neu waren. So schlug Glauning z.B. bereits im Jahre 1905 eine Orientierung der Geldstrafenhöhe am Tageseinkommen des Täters vor[216].

Obwohl sich unter der nationalsozialistischen Herrschaft eine umfassende Strafrechtsreform auch nicht durchsetzen konnte, änderten sich jedoch einzelne Strafvorschriften und die Gegebenheiten der Urteilspraxis entsprechend den Vorstellungen der Machthaber. Vordringliches Ziel der Strafe waren nach nationalsozialistischer Anschauung die Verwirklichung der Generalprävention und die Durchsetzung der Staatsautorität. In der Praxis sollten diese Ziele erreicht werden durch die Erweiterung der Strafbarkeit einerseits und die Auflockerung der gesetzlichen Tatbestände andererseits[217].

Im Jahre 1935 fiel das Analogieverbot und es konnte gemäß § 2 des StGB neuer Fassung jede Tat bestraft werden, „die das Gesetz für strafbar erklärt oder die nach dem Grundgedanken eines Strafgesetzes und nach gesundem Volksempfinden Bestrafung verdient".

Daneben beinhaltete auch das Sonderstrafrecht generalklauselartige Strafbestimmungen, wie z.B. nach § 5 I Nr. 1 der Kriegssonderstrafrechtsverordnung) derjenige bestraft werden konnte, der „öffentlich den Willen des deutschen oder verbündeten Volkes zur wehrhaften Selbstbehauptung zu lähmen oder zu zersetzen sucht".

Der radikale Vorschlag des berühmt-berüchtigten Richters am Volksgerichtshof Roland Freisler, den gesamten Besonderen Teil des Strafgesetzbuchs zugunsten eines Zentraltatbestandes aufzugeben und den Verstoß gegen alles, „was die Volksgemeinschaft von einem ordentlichen Volksgenossen verlangt", als strafwürdig und strafbar anzusehen, setzte sich glücklicherweise nicht durch[218].

Aufgrund der veränderten Gerichtspraxis im Führerstaat sank aber der Anteil der Geldstrafen an der Zahl der Gesamtverurteilungen seit 1930 von 67 % auf einen Tiefstand von 53,1 % im Jahre 1940[219]. Im Jahre 1941 machten die Geldstrafen nur noch 47,6 % der Gesamtverurteilungen aus, 1942 nurmehr 41,2 % und im ersten Halbjahr 1943 belief sich ihr Anteil lediglich auf 35,1 %[220].

In der Sondersituation des Dritten Reichs kommen verschiedene Umstände in Betracht, die als Erklärung für diesen Verlauf der Geldstrafenentwicklung fungieren könnten. Zum einen dürften die Amnestien[221], die Hitler ausgerufen hat, zu einer Verringerung des Geldstrafenanteils an den Gesamtverurteilungen beigetragen haben, indem durch sie geringfügige Delikte, die den Anwendungsbereich der Geldstrafe bilden, nicht verfolgt wurden bzw. ein Straferlaß erfolgte[222].

Ein weiterer Grund für das Absinken des Geldstrafenanteils an den Gesamtverurteilungen könnte die weitgehende Zuweisung von Strafverfahren an die zahlreichen im Dritten Reich

[216]Glauning, S. 283 ff.
[217]Stapenhorst, S. 64
[218]vgl. Rüping, Geschichte, Rn. 345, 349
[219]Albrecht in Jescheck/Grebing, S. 175
[220]Angaben nach Stapenhorst, S. 66
[221]Zunächst wäre die sog. „Hitleramnestie" zu nennen, die durch das Gesetz über die Gewährung von Straffreiheit vom 7. August 1934, RGBl. I, S. 769, in Kraft trat. Darauf folgte durch Gesetz vom 23. April 1936, RGBl. I, S. 378 die sog. „Rheinlandamnestie", dann per Gesetz vom 30. April 1938, RGBl. I, S. 433 die sog. „Großdeutschlandamnestie" und schließlich der Gnadenerlaß des Führers und Reichskanzlers für die Zivilbevölkerung vom 9. September 1939, RGBl. I, S. 1753.
[222]Stapenhorst, S. 67 ff.

eingerichteten Sondergerichte gewesen sein, die zu einer strengen Strafpraxis neigten, was zwangsläufig die Geldstrafe gegenüber der Freiheitsstrafe benachteiligen mußte.

Einen ähnlichen Effekt dürfte man der Kriegskriminalität, also der Vergehen und Verbrechen gegen Kriegsgesetze, zumessen. Auch hier wurden strenge Strafen angewandt, so daß sich das Verhältnis der Sanktionen und ihrer Anwendung zu Ungunsten der Geldstrafe verschieben mußte[223]. Die nationalsozialistischen Machthaber hatten es also hinsichtlich der Zurückdrängung der Geldstrafe wie auch in bezug auf andere Bereiche der Strafrechtspflege geschafft, ihre Ziele weitgehend durchzusetzen[224], bis 1945 der Unrechtsstaat des Führers durch die Alliierten zerschlagen wurde.

III. Die Entwicklung der Geldstrafe seit dem Zweiten Weltkrieg

1. Die Nachkriegsjahre

Die alliierten Siegermächte begannen bald nach ihrer Machtübernahme mit der Umgestaltung des nationalsozialistischen Rechts. Zunächst waren die Bemühungen dabei vordringlich auf die Abschaffung solcher Vorschriften konzentriert, die eindeutig und ausschließlich dem faschistischen Unrechtsstaat zuzuschreiben waren. So ordnete das Kontrollratsgesetz Nr. 1 vom 20. September 1945 die Unwirksamkeit der politischen „Reichsgrundgesetze" des Nazi-Regimes an, wie sie etwa das Ermächtigungsgesetz, das die Alleinherrschaft der NSDAP sichernde Gesetz gegen die Neubildung von Parteien oder das Gesetz über die Geheime Staatspolizei darstellten[225].

Das Kontrollratsgesetz Nr. 11 vom 30. Januar 1946 beschäftigte sich ausdrücklich mit dem Gebiet des Strafrechts. Auch dieses Gesetz war aber hauptsächlich dazu bestimmt, negativ zu wirken, d.h. alte Bestimmungen aufzuheben. So wurden darin z.B. die Kastration (§ 42 k StGB) und die Strafbestimmungen der §§ 80 ff. StGB zum Landes- und Hochverrat abgeschafft, sowie Nebenstrafrecht, wie etwa die „Volksschädlingsverordnung" oder das „Gesetz über Verhängung und Vollzug der Todesstrafe", das die rückwirkende Anwendung der Todesstrafe durch Erhängen ermöglicht hatte[226].

Eine umfassende Reform des deutschen Strafrechts durch die Alliierten sollte im Jahre 1947 durch das Kontrollratsgesetz Nr. 55 vom 20. Juli 1947 eingeleitet werden. Aber auch diesem Gesetz kam wiederum im Wesentlichen eine reinigende Bedeutung in Hinblick auf die nationalsozialistischen Strafbestimmungen zu. Es wurden alle Vorschriften abgeschafft, die die Todesstrafe eingeführt hatten (und deshalb bereits durch Art. IV Ziff. 8 des Militärregierungsgesetzes Nr. 1 außer Kraft gesetzt worden waren), außerdem solche, die das Bestehen des Volksgerichtshofes voraussetzten und anderweitig faktisch hinfällig gewordene Regelungen[227].

---

[223]Stapenhorst, S. 70

[224]So wurde z.B. per Gesetz 1933 die rückwirkende Anwendung der Todesstrafe ermöglicht und durch die Strafprozeßnovelle von 1935 das Verbot der reformatio in peius aufgehoben, sowie das Reichsgericht von der Bindung an frühere Urteile und der Beweiserhebungspflicht befreit; vgl. Rüping, Geschichte, Rn. 343, 351.

[225]Etzel, S. 82

[226]Etzel, S. 85 f.

[227]Etzel, S. 130

Die fortgeführte Planung einer Strafrechtsreform beinhaltete vor allem das Ziel der Rückgängigmachung sowohl der von den Nazis eingeführten Strafschärfungen als auch der Ausdehnung der Versuchsstrafbarkeit[228]. Die unter deutscher Mitarbeit -vornehmlich Professor Schönkes[229] und Prof. Kohlrauschs[230]- erfolgende Arbeit an einer umfassenden Reform des deutschen Strafrechts war jedoch nicht von Erfolg gekrönt. Grund dafür waren die zunehmenden Differenzen in den zuständigen Gremien, die sich etwa ab April/Mai 1947 zeigten. Ursache für das Auseinanderrücken der Alliierten könnte dabei die gescheiterte russische Außenministerkonferenz vom 10. März bis zum 24. April 1947 gewesen sein, die zu keiner Einigung über wichtige wirtschaftliche Fragen wie z.B. Art und Menge der zu leistenden Reparationen führen konnte. Als Konsequenz des Scheiterns der Konferenz legten die Amerikaner fünf Wochen später den sog. Marshall-Plan vor und damit den Grundstein für das Auseinanderdriften der Siegermächte und ihrer Vorstellungen über den Umgang mit dem besiegten Deutschland.

Die endgültige Bereinigung des deutschen Rechtssystems von den Auswüchsen der Naziherrschaft blieb somit faktisch den Deutschen selbst überlassen[231]. Auf diese Art und Weise wurde erneut eine rege Diskussion um die Neugestaltung des Strafrechts in deutschen Juristenkreisen entfacht. Die hier im Mittelpunkt der Betrachtungen stehende Geldstrafe konnte dabei verständlicherweise in den Wirren der Nachkriegszeit nicht zuletzt aufgrund der wachsenden Inflation keine große Rolle spielen.

In der Diskussion wurde zu diesem Thema auf die Gefährdung des Grundsatzes der Opfergleichheit hingewiesen, der zu Zeiten des blühenden Schwarzhandels und der mangelnden Geldwertstabilität noch weniger zu realisieren ist, als dies ohnehin schon der Fall ist[232]. Erst nach der Währungsreform und der damit eintretenden Normalisierung der Zustände und Finanzen im Lande wurde die Diskussion um die Geldstrafe wieder aufgenommen[233].

Anknüpfungspunkt war dabei die Reformbewegung der zwanziger Jahre, die kurzfristige Freiheitsstrafe sollte bekämpft werden[234]. Zu diesem Zweck wurde vielfach die Geldstrafe als probates Mittel angesehen und ihre Ausgestaltung zur besseren Wahrung der Opfergleichheit diskutiert, wobei sowohl auf das skandinavische Tagessatzsystem verwiesen wurde[235], das sich im Entwurf Gürtners[236] und schon früher bei Glauning[237] gefunden hatte, als auch auf die

---

[228]Etzel, S. 196

[229]Dieser legte offensichtlich einen eigenen Reformentwurf vor, der auf der Bad Pyrmonter Sitzung vom 28. März 1946 behandelt wurde; vgl. Etzel, S. 171.

[230]Obwohl er auf die Gestaltung des NS-Rechtssystems Einfluß gehabt und Schriften verfaßt hatte wie z.B. „Rasseverrat im Ausland“ (1938) oder „Die Strafbarkeit der Umgehung des Blutsschutzgesetzes“ (1941), wirkte er bei der von den Alliierten intendierten Strafrechtsreform sowohl an maßgeblicher Stelle auf deutscher Seite als Mitglied des Juristischen Prüfungsausschusses als auch bei den Arbeiten des „Criminal Code Committee“ der Alliierten mit; vgl. Etzel, S. 171 f.

[231]Etzel, S. 203 f.

[232]Buchwald führt das Beispiel eines Mannes an, der in der Zigarettenfabrik Zigarren stiehlt und zur Finanzierung der Geldstrafe wiederum Tabakwaren zum Zwecke des Weiterverkaufs entwendet, sowie das einer älteren Dame, die gegen Entgelt Kriminellen Unterschlupf gewährt, wodurch sie ebenfalls eine für eben dieses Verhalten ergangene Geldstrafe abzuleisten in der Lage ist; vgl. Buchwald, S. 212 f. Zwar ist das Phänomen der Refinanzierung der Geldstrafe durch ein dem bestraften Verhalten entsprechendes Vorgehen keine auf die Nachkriegszeit beschränkte Erscheinung (vgl. das unten im Rahmen der Nachteile der Geldstrafe noch zu diskutierende Problem der „Beschaffungskriminalität“, S. 75 f.), jedoch bietet diese Zeit aufgrund der wirtschaftlich und sozial zerrütteten Verhältnisse einen besonders guten Nährboden bzw. eine große Bandbreite solcher Betätigungen.

[233]Fleischer, S. 9

[234]Grebing in Jescheck/Grebing, S. 36

[235]Würtenberger, S. 25

[236]vgl. oben Fn. 215

Vorschläge v. Liszts, der die Geldstrafe der Gerechtigkeit halber nach Bruchteilen der „direkten Steuern" bemessen wollte[238].

Durch die weitreichenden Umwälzungen dieser Zeit bedingt waren jedoch die Veränderungsbestrebungen der frühen Nachkriegszeit von sehr grundsätzlicher Natur, so daß sie sich nicht auf die Geldstrafe und deren Ausgestaltung beschränkten, sondern grundlegende Diskussionen über das Sanktionensystem geführt wurden[239]. Die Strafaussetzung zur Bewährung wurde dabei ebenso gefordert[240] wie die Befreiung des Strafrechts vom breiten Gebiet des Nebenstrafrechts[241].

Für die unmittelbaren Nachkriegsjahre scheint es keine Strafstatistiken zu geben, so daß die nominelle Bedeutung der Geldstrafe für diesen Zeitraum kaum auszumachen ist. Aufgrund der oben bereits angesprochenen Währungsunsicherheit und der wirtschaftlichen Umstände dürfte ihr allerdings keine besonders bedeutende Rolle zugekommen sein. Schließlich beschäftigte sich die alliierte Strafgerichtsbarkeit hauptsächlich mit der Bereinigung von Kriegsunrecht bzw. Verfahren gegen Kriegsverbrecher, in denen aufgrund der schwerwiegenden Natur der zu verurteilenden Taten die Geldstrafe keine adäquate Reaktion darstellte.

Zahlenmaterial zur Anwendungshäufigkeit der Geldstrafe existiert erst wieder ab dem Jahre 1955, in dem die Geldstrafe an den Gesamtverurteilungen einen Anteil von 48,2 % hält. Nach einem leichten Anstieg im Jahr 1956 auf 48,6 % fällt ihr Anteil 1957 wieder auf 47,9 %, in den Jahren 1958 und 1959 sogar auf 47,7 %. 1960 erfolgt dann ein kleiner Sprung nach oben, die Geldstrafe macht in diesem Jahr 49,4 % aller Verurteilungen aus, die Folgejahre sind von Schwankungen gekennzeichnet, die allerdings nur geringfügig ausfallen (1961: 48,8 %, 1962: 49,3 %, 1963: 49,7 % und 1964: 49,4 %)[242].

2. Die Geldstrafe in der Strafrechtsreform bzw. derenVorbereitung

Bereits im Jahre 1952 wurde die Wiederaufnahme der Arbeit an der Strafrechtsreform angekündigt und 1954 tatsächlich von der Großen Strafrechtskommission[243] begonnen.

---

[237]siehe oben Fn. 216

[238]Hartung, S. 107

[239]vgl. z.B. das aussagekräftige Zitat Eberhard Schmidts aus der Eröffnungsansprache auf der Tagung der Arbeitsgemeinschaft zur Reform des Strafvollzuges, ZStW, S. 2: „Es ist kein Wunder, daß wir nach all den politischen Erschütterungen und Zusammenbrüchen, die uns zwei gründlichst verlorene Weltkriege beschert haben, in kriminalpolitischer Hinsicht wieder von vorn anfangen müssen." Dabei knüpft Schmidt an die Forderungen v. Liszts an, wenn er sagt: „70 Jahre nach dem Marburger Programm können wir den Kampf gegen die kurzzeitige Freiheitsstrafe wieder aufnehmen."

[240]Würtenberger, S. 82 ff.

[241]Schmidt, ZStW, S. 2; aber auch die gegenläufige Ansicht wurde vertreten, z.B. von Hellmuth v. Weber, der die Aufnahme aller möglichen aus dem Nebenstrafrecht bekannten Sonderstrafen wie Fahrverbot, Berufsverbot u.ä. in das Strafgesetz empfiehlt, S. 153 ff.

[242]alle Zahlen nach Stapenhorst, S. 87

[243]Die Große Strafrechtskommission setzte sich wie folgt zusammen: Als Vorsitzender fungierte Bundesminister a.D. Dr. Neumayer, Mitglieder waren die Bundestagsabgeordneten Rechtsanwältin Dr. Diemer-Nicolaus von der FDP, Rechtsanwalt Rehs von der SPD und Oberkirchenrätin Dr. Schwarzhaupt von der CDU/CSU, aus der Lehre die Professoren Bockelmann aus Göttingen, Gallas aus Heidelberg, Jescheck aus Freiburg i. Br., Lange aus Köln, Sieverts aus Hamburg und Welzel aus Bonn, weiterhin Ministerialdirigent Dr. Rösch aus Bayern, Generalstaatsanwalt Dr. Dünnebier aus Bremen, Oberstaatsanwalt Fritz aus Hessen, Ministerialrat Simon aus Nordrhein-Westfalen, sowie Landgerichtspräsident Dr. Voll und Oberstaatsanwalt Dr. Bader vom Strafrechtsausschuß des Deutschen Richterbundes und Rechtsanwalt Prof. Dr. Dahs vom Strafrechtsausschuß der Deutschen Rechtsanwaltskammern, außerdem Senatspräsident Dr. Baldus vom BGH, Generalbundesanwalt Dr. h.c. Güde, Bundesanwalt Fränkel (Generalbundesanwalt beim BGH), Bundesrichterin Dr.

Ein Hauptanliegen der Strafrechtsreform lag darin, „ein Einwirkungssystem von Deliktsfolgen auf den Rechtsbrecher zu schaffen, das zugleich den kriminalpolitischen Zweckmäßigkeitsanforderungen gerecht wird und den rechtsstaatlichen Garantien unserer Verfassung voll Rechnung trägt"[244]. Im Brennpunkt der Diskussion stand dabei wieder die Eindämmung der kurzzeitigen Freiheitsstrafe, die weitgehend als kontraproduktiv angesehen wurde.

Der auf den Verhandlungen der Großen Strafrechtskommission beruhende Regierungsentwurf von 1962 (E 1962) wollte aber die kurze Freiheitsstrafe nicht abschaffen, sondern lediglich zurückdrängen, da sie trotz aller Nachteile als ein notwendiges Übel erachtet wurde[245]. Als Mittel zu diesem Zweck sollte hauptsächlich die Geldstrafe dienen, daneben wurde zusätzlich als eine neue Form der kurzzeitigen Freiheitsstrafe die Strafhaft konzipiert, die als Zwischenstufe von Geld- und Gefängnisstrafe im unteren Bereich der Kriminalität fungieren sollte[246].

Die Ausgestaltung der Geldstrafe war dabei nach dem Tagessatzsystem geplant. Das Mindestmaß eines Tagessatzes sollte unter Berücksichtigung besonders schlechter wirtschaftlicher Verhältnisse bei 2,- DM liegen, das Höchstmaß bei 500,- DM[247]. Bei der Bestimmung der Höhe des Tagessatzes sollte der Richter „die persönlichen und wirtschaftlichen Verhältnisse des Täters berücksichtigen". Auf die genauere Bestimmung eines Tagessatzes, etwa als denjenigen Geldbetrag, „dessen Einbuße dem Täter aufgrund seiner erzielbaren Einkünfte, seines verwertbaren Vermögens und seines tatsächlichen Lebenszuschnitts unter Berücksichtigung seiner Unterhalts- und sonstigen Zahlungsverpflichtungen sowie seiner persönlichen Verhältnisse bei äußerster Sparsamkeit im Durchschnitt täglich zuzumuten ist", wurde wegen der daraus resultierenden Einengung des richterlichen pflichtgebundenen Ermessens und der darauf beruhenden Schwierigkeiten für das Verfahren der Gerichte verzichtet[248].

Unabhängig von der Verhängung einer Geld- oder Freiheitsstrafe war im E 1962 der Verfall des Entgelts oder Gewinns der Tat in § 109 vorgesehen, so daß diesen Komponenten bei der Bemessung der Geldstrafe kein Einfluß mehr zugestanden wurde[249].

Nicht zuletzt wegen seiner halbherzigen Vorgehensweise hinsichtlich der Einschränkung der kurzen Freiheitsstrafe sah sich der E 1962 bald großer Kritik ausgesetzt[250]. Diese Gegenbewegung gipfelte in der Schaffung des Alternativ-Entwurfes eines Strafgesetzbuches – Allgemeiner Teil aus dem Jahre 1966 (AE)[251].
Darin wurde die Konstruktion der Strafhaft abgelehnt und als Hauptstrafen Freiheitsstrafe ab sechs Monaten, Geldstrafe und Fahrverbot vorgesehen[252]. Die kurze Freiheitsstrafe unter ei-

---

Koffka aus Berlin, Senatspräsident Dr. Schäfer aus Frankfurt a.M. und Kammergerichtspräsident i.R. Dr. Skott aus Berlin.

[244] Zipf, ZStW 1965, S. 526

[245] Heinitz, ZStW 70, S. 9

[246] E 1962, Begründung, S. 165 ff.

[247] E 1962, Begründung, S. 170

[248] E 1962, Begründung, S. 171

[249] Im § 27 II des damals geltenden StGB war die Abschöpfung des aus der Tat Erlangten durch die Geldstrafe vorgeschrieben, vgl. E 1962, Begründung, S. 172.

[250] vgl. insbesondere die von Jürgen Baumann herausgegebenen Veröffentlichungen: „Kleine Streitschriften zur Strafrechtsreform" aus dem Jahre 1965, „Mißlingt die Strafrechtsreform?" von 1969 oder „Weitere Streitschriften zur Strafrechtsreform", ebenfalls 1969

[251] Dieser Entwurf wurde vorgelegt von Jürgen Baumann aus Tübingen, Anne-Eva Brauneck aus Gießen, Ernst-Walter Hanack aus Heidelberg, Arthur Kaufmann aus Saarbrücken, Ulrich Klug aus Köln, Ernst-Joachim Lampe aus Mainz, Theodor Lenckner aus Münster, Werner Maihofer aus Saarbrücken, Peter Noll aus Mainz, Claus Roxin aus Göttingen, Rudolf Schmitt aus Freiburg, Hans Schultz aus Bern, Günter Stratenwerth aus Basel und Walter Stree aus Münster.

[252] §§ 36 ff., 49 ff., 55 AE. Interessant ist dieser Vorschlag deswegen, weil in jüngster Zeit wieder verstärkt die Forderung laut wird, das Fahrverbot müsse zu einer strafrechtlichen Hauptstrafe ausgestaltet werden, und

nem halben Jahr wäre damit abgeschafft und die Geldstrafe die Hauptsanktion für den Bereich der leichten und mittleren Kriminalität geworden[253].

Ausgestaltet werden sollte die Geldstrafe nach dem AE als Laufzeitgeldstrafe, d.h. ähnlich der Freiheitsstrafe wirkt sie über einen längeren Zeitraum und beschränkt so die Konsumfreiheit und den Lebensstandard des Betroffenen[254]. Mit dieser Konstruktion sollte dem breiten Anwendungsbereich der künftigen Geldstrafe insofern Rechnung getragen werden, als sie ein angemessenes Strafübel auch für Delikte der mittelschweren Kriminalität darstellt[255].

Ihre Verwirklichung fand die lange angestrebte Strafrechtsreform dann endgültig in zwei dicht aufeinanderfolgenden Strafrechtsreformgesetzen im Jahre 1969[256]. Diese enthielten sowohl Regelungen aus dem E 1962 als auch Elemente des Alternativentwurfs. So ist z.B. das Tagessatzsystem des E 1962 nach skandinavischem Vorbild übernommen worden, nicht aber die Strafhaft als neue Form der Freiheitsstrafe. Zur Klarstellung des Verhältnisses von kurzer Freiheitsstrafe und Geldstrafe wurde mit § 14 Abs. 1 eine sog. ultima-ratio-Klausel eingeführt, die den Vorrang der Geldstrafe gegenüber Freiheitsstrafen von weniger als sechs Monaten Dauer normierte.

Mag auch den radikalen Reformern, die eine vollständige Abschaffung der kurzzeitigen Freiheitsstrafe gefordert hatten, diese Regelung wie ein Kompromiß und als solcher nicht ausreichend vorgekommen sein, so stellte sie doch einen wichtigen Reformschritt dar, der als Wende in der Kriminalpolitik bezeichnet wurde, die der Ersetzung der Leibes- und Lebensstrafen durch die Freiheitsstrafe gleichzuachten ist[257]. Das Ermessen des Richters bei der Wahl der Strafe ist dahingehend eingeschränkt worden[258], daß auf Freiheitsstrafe unter sechs Monaten nur erkannt werden durfte, wenn besondere Umstände, die in der Tat oder der Persönlichkeit des Täters liegen, dies zur Einwirkung auf den Täter oder zur Verteidigung der Rechtsordnung unerläßlich machten.

Daß diese Formel wenig greifbar scheint, hat zwar zu heftiger Kritik an ihrem Wortlaut geführt[259], aber dennoch hat die ultima-ratio-Klausel ihren Zweck erfüllt und die Ersetzung der kurzen Freiheitsstrafe durch die Geldstrafe vorangetrieben. Von 1969 bis 1970 sprang der Anteil der Geldstrafe an den Gesamtverurteilungen von 70 % auf 83,9 %[260]. In diesem Bereich pendelte er sich in den folgenden Jahren etwa ein[261].

Die Entwicklung des Geldstrafenanteils war nicht zuletzt Anlaß für das Handeln des Gesetzgebers bei den Strafrechtsreformgesetzen. In den Jahren davor hatte nämlich die Geldstrafe zunehmend an Boden verloren und schließlich im Jahre 1967 ein Tief von nur 60,6 % zu ver-

---

zwar möglichst ohne dabei auf Delikte im Zusammenhang mit dem Straßenverkehr beschränkt zu sein, vgl. dazu unten S. 152 ff. und ausführlich Fehl, S. 379.

253 Bei Verkehrsdelikten auch das Fahrverbot bzw. eine Kombination aus beiden Strafen.

254 Dieses Geldstrafenmodell wurde deshalb auch als „Freiheitsstrafe in Freiheit" bezeichnet, vgl. Grebing in Jescheck/Grebing, S. 39, Fn. 108; vgl. auch Baumann, Beschränkung des Lebensstandards anstatt kurzfristiger Freiheitsstrafe, 1968.

255 vgl. Baumann, Entwurf, S. 45

256 1. Strafrechtsreformgesetz (StrRG) vom 25.6.1969, BGBl. I, S. 645; 2. StrRG vom 4.7.1969, BGBl. I, S. 717

257 Jescheck, Gallas-FS, S. 40

258 Kaiser, E., S. 610

259 Teilweise wird sogar festgestellt, die Floskel „zur Verteidigung der Rechtsordnung" sei verfassungswidrig, da sie keinen der Strafzwecke in hinreichender und genügend erkennbarer und bestimmter Weise verdeutlicht, vgl. Knoche, S. 201.

260 Albrecht in Jescheck/Grebing, S. 175

261 Höchstwert 83,8 % im Jahre 1973; Tiefstand 82,4 % im darauffolgenden Jahr (1974); vgl. Albrecht in Jescheck/Grebing, S. 175.

zeichnen gehabt[262]. Korrespondierend dazu erhöhte sich der Anteil der kurzen Freiheitsstrafen von 11 % auf knappe 13 %[263], was zu einer Überlastung der Justizvollzugsanstalten führte. Ein Urteil des OLG Hamm aus dem Jahre 1967 trieb den Notstand auf die Spitze, indem es die Belegung von Einzelzellen mit drei Häftlingen für verfassungswidrig erklärte[264]. Überfüllte Strafanstalten führten daraufhin in Nordrhein-Westfalen sogar zu einem Vollzugsstop für Freiheitsstrafen unter drei Monaten[265]. Eine Eindämmung der Flut der kurzfristigen Freiheitsstrafen war also dringend notwendig und die Geldstrafe dafür ein probates Mittel.

3. Die Geldstrafe in ihrer Entwicklung bis zur heutigen Strafpraxis

Seit dem Höchststand von 83,9 % im Jahre 1970, in dem sich erstmals das 1. Strafrechtsreformgesetz statistisch auswirken konnte, hielt sich der Geldstrafenanteil an den Gesamtverurteilungen bis 1977 bei 83,1 % bis 83,6 %, abgesehen von einem „Ausreißer“ im Jahre 1974, wo er auf 82,4 % absank[266]. In den Jahren 1978 bis 1981 fiel die Marke von 82,6 % über 82,4 % (1979 und 1980) auf 82,0 %, und von 1982 bis 1987 sogar unter 82 % auf Werte zwischen 81,1 % (1984) und 81,8 % (1986). Ab 1988 stieg der Geldstrafenanteil dann kontinuierlich von 82,1 % bis zum Jahre 1993 wieder an, in dem der Höchststand von 83,9 % erreicht wurde. Seit diesem Zeitpunkt ist wiederum ein Gefälle zu beobachten: von 83,4 % im Jahre 1994 über 83,0 % 1995 und schließlich wieder unter 83 %, nämlich 82,2 % im Kalenderjahr 1996[267]. Im Jahre 1997 wurde sogar die 82%-Marke erstmals seit 1987 wieder unterboten, der Geldstrafenanteil sank auf 81,7 % der Gesamtverurteilungen[268].

Nimmt der prozentuale Anteil der Geldstrafen an den Gesamtverurteilungen ab, so geschieht dies natürlich zugunsten der Freiheitsstrafen[269]. Dennoch können sich Befürchtungen, die kurze Freiheitsstrafe könne wieder an Boden gewinnen, nicht bestätigen. Vergleicht man für die Jahre 1994-1997, in denen der Geldstrafenanteil rückläufig ist, deren Werte mit denen der kurzen Freiheitsstrafen unter sechs Monaten, so stellt sich heraus, daß beide abnehmen[270].

Was zu einer Erhöhung des Freiheitsstrafenanteils[271] geführt hat, ist die Zunahme der Freiheitsstrafen von mehr als einem Jahr Dauer, die aus der Strafstatistik ersichtlich ist[272]. So

---

[262] Albrecht in Jescheck/Grebing, S. 175

[263] vgl. ebenfalls Albrecht in Jescheck/Grebing, S. 175

[264] OLG Hamm, NJW 1967, S. 2024

[265] vgl. Grebing in Jescheck/Grebing, S. 39, Fn. 110

[266] siehe Tabelle 22 bei Eisenberg 1995, § 36, Rn. 4

[267] Quellen: Für die Jahre 1980-1986: Statistisches Bundesamt, Fachserie 10, Reihe 1, Tab. 3.7, Jahrgänge 1981-1986; für 1987-1996: Statistisches Bundesamt, Fachserie 10, Reihe 1, Tab. 3.3.1 und 3.3.2, Jahrgänge 1987-1996

[268] Statistisches Bundesamt, Fachserie 10, Reihe 1, Tab. 3.3.1 und 3.3.2, Jahrgang 1997

[269] Da die Freiheits- und die Geldstrafe die einzigen beiden Hauptstrafen des deutschen Strafrechts darstellen, beinhaltet die Aufstellung der Gesamtverurteilungen lediglich solche zu Freiheits- oder Geldstrafen. Ein Ansteigen des Anteils der Freiheitsstrafe muß daher einen Rückgang der Geldstrafe bedingen und vice versa.

[270] Lediglich im Jahre 1995 hat sich der Anteil der Freiheitsstrafen unter sechs Monaten Dauer von 39,5 % auf 39,6 % erhöht, um danach schließlich 1997 sogar auf 38,8 % abzurutschen, was immerhin fast 10 % weniger ist als noch im Jahr 1980 (48,0 %).

[271] Von 1993 bis 1997 nahm der Prozentsatz der Freiheitsstrafen insgesamt an den Gesamtverurteilungen immerhin von 16,1 % auf 18,3 % zu; vgl. Statistisches Bundesamt, Fachserie 10, Reihe 1, Tab. 3.3.1 und 3.3.2, Jahrgänge 1993-1997.

[272] So stieg die Zahl der Freiheitsstrafen von 1-2 Jahren von 1993 auf 1994 von 12,6 % auf 13,6 % aller Freiheitsstrafen an, wo sie bis 1996 blieb. 1997 erfolgte eine leichte Zunahme auf 13,7 %. Auch bei den anderen längerfristigen Freiheitsstrafen ist von 1993 bis 1997 ein Ansteigen zu beobachten: 2-3 Jahre von 3,15 % auf 3,70 %; 3-5 Jahre von 2,26 % auf 2,60 %; 5-10 Jahre von 0,98 % auf 1,18 %; vgl. Statistisches Bundesamt, Fachserie 10, Reihe 1, 1996 bzw. 1997, Tab. 3.3.1

vermehrte sich beispielsweise der Anteil der Freiheitsstrafen zwischen einem und zwei Jahren im Zeitraum von 1993 bis 1997 um mehr als einen Prozentpunkt im Verhältnis zu den insgesamt verhängten Freiheitsstrafen[273], der Anteil an den Gesamtverurteilungen nahm um knappe 0,5 % zu[274]. Verhältnismäßig gesehen ist bei den Freiheitsstrafengruppen bis zu 10 Jahren Dauer[275] eine ähnliche Entwicklung, also ein kontinuierliches Ansteigen ihres Anteils, zu verzeichnen[276].

Die Anzahl der verhängten Freiheitsstrafen über 10 Jahre ist jedoch so gering, daß bei der Betrachtung des prozentualen Verhältnisses zu den jeweiligen Gesamtverurteilungen und den insgesamt ausgesprochenen Freiheitsstrafen keine nennenswerten bzw. meßbaren Veränderungen ersichtlich werden. Vergleicht man aber die absoluten Zahlen, so stellt sich heraus, daß bei der lebenslänglichen Haftstrafe von 1993 bis 1997 eine kontinuierliche Steigerung stattgefunden hat[277]. Bei Haftstrafen im Bereich von 10-15 Jahren tritt seit 1992 im Jahre 1997 erstmals wieder ein Rückgang auf[278].

Aus der genaueren Betrachtung der Zahlen ergibt sich also, daß die Verhältnisverschiebung zwischen Geld- und Freiheitsstrafe nicht auf ein Ansteigen der kurzfristigen, sondern der längerfristigen Haftstrafen zurückzuführen ist. Ein Wiederaufleben der kurzen Freiheitsstrafe muß folglich nicht befürchtet werden.

IV. Die Ausgestaltung der Geldstrafe im geltenden Recht

1. Bemessung der Geldstrafe

Die Geldstrafe ist im geltenden Recht nach dem aus Skandinavien übernommenen Tagessatzsystem ausgestaltet, § 40 Abs. I, Satz 1 StGB. Das bedeutet, daß sich die Strafzumessung in zwei Abschnitte einteilt:

Zunächst wird die Anzahl der Tagessätze festgelegt, die sich nach dem Schuldgehalt der Tat bemißt. Dieser Vorgang ist insofern mit der Strafzumessung bei der Freiheitsstrafe vergleichbar, als er den Zeitraum festlegt, innerhalb dessen der Täter die ihm auferlegte Einschränkung hinnehmen muß[279]. In einem zweiten Schritt wird dann unter Berücksichtigung des Einkommens des Delinquenten die Höhe der einzelnen Tagessätze festgelegt, § 40 Abs. II StGB.

---

[273] Im Jahre 1993 betrug der Anteil der Freiheitsstrafen von 1-2 Jahren an allen verhängten Freiheitsstrafen 12,56 %, im Jahr 1997 bereits 13,68 %.

[274] Von den Gesamtverurteilungen machte die 1-2jährige Freiheitsstrafe 1993 2,02 % aus, im Jahre 1997 waren es dagegen 2,51 %.

[275] Die Statistik nimmt diese Einteilung folgendermaßen vor: Freiheitsstrafen von unter 6 Monaten, von 6 Monaten, von 6-9 Monaten, von 9 Monaten bis zu einem Jahr, 1-2 Jahre, 2-3 Jahre, 3-5 Jahre, 5-10 Jahre, 10-15 Jahre und lebenslänglich.

[276] Ausnahme ist die Abnahme des Anteils der Freiheitsstrafen von 3-5 Jahren von 1994 auf 1995 um 0,08 % im Verhältnis zu den insgesamt verhängten Freiheitsstrafen bzw. um 0,01 % der Gesamtverurteilungen. Bei den Freiheitsstrafen von 5-10 Jahren war von 1996 auf 1997 eine Stagnation zu verzeichnen, der Anteil an den insgesamt verhängten Freiheitsstrafen blieb bei 1,18 %.

[277] Wurden im Jahre 1993 noch 72 Personen zu lebenslanger Haft verurteilt, so waren es im Jahre 1997 bereits 122.

[278] 1993: 143 Verurteilte, 1994: 163, 1995: 175, 1996: 187, 1997: 178

[279] Mitsch, S. 309; Zipf, ZStW 1974, S. 517

Durch dieses Verfahren soll dem Grundsatz der Opfergleichheit Rechnung getragen werden[280], indem weniger begüterten und gutsituierten Delinquenten im Verhältnis gleich schwere Einbußen auferlegt werden.

Aber aus dieser Vorgehensweise ergeben sich in der Praxis auch diverse Probleme, wie beispielsweise die Eruierung des tatsächlichen Nettoeinkommens, welche insbesondere bei Selbständigen schwierig ist, die Anrechnung von Verpflichtungen[281] oder die Zumessung bei einkommenslosen Personen wie Studenten oder Hausfrauen[282]. Auf diese Schwierigkeiten wird im Folgenden noch einzugehen sein.

a) Entwicklung des Tagessatzsystems im deutschen Recht

Bis zur Einführung des Tagessatzsystems durch das 2. StrRG von 1975 wurde die Geldstrafe in Form einer bestimmten Geldsumme festgesetzt[283]. Ursprünglich waren die Beträge dabei in ihrer absoluten Höhe gesetzlich festgelegt, es entbrannte jedoch schon bald ein Streit über die Frage, ob das Gericht zu einer Berücksichtigung der wirtschaftlichen Verhältnisse des Täters berechtigt oder sogar verpflichtet sein sollte[284]. Es kristallisierte sich dabei die Auffassung heraus, daß im Kampf gegen die kurzfristigen Freiheitsstrafen die Geldstrafe nur dann eine ernstzunehmende Strafalternative darstellt, wenn sie dem Grundsatz der Opfergleichheit genügt, d.h. für alle Täter gleich fühlbar ist.[285]

Auch dieser Gedanke war keineswegs erst eine Errungenschaft des ausklingenden 19. Jahrhunderts, sondern bereits 1751 in Frölich von Frölichsburgs Kommentar zur peinlichen Halsgerichtsordnung Karls des V. angeklungen, wo es heißt: „die Gelt-Straff (muß) nach Proportion des Delinquenten habenden Vermögem ausgefällt" werden[286].

In der Praxis des RStGB und auch den Nachfolgegesetzen dürfte in der Regel eine Berücksichtigung der Vermögensverhältnisse des Täters stattgefunden haben[287]. Trotz - oder gerade wegen - dieser Vorgehensweise der Gerichte wuchs immer mehr das Bedürfnis nach einer gesetzlichen Regelung der Orientierung der Geldstrafenhöhe an den Täterverhältnissen.

Lange war die Frage der Ausgestaltung einer solchen Normierung Gegenstand zahlreicher und intensiver Diskussionen in der Fachwelt[288]. So sehr darüber Einigkeit bestand, daß die Strafzumessung die wirtschaftliche Leistungsfähigkeit des Verurteilten in Anschlag zu bringen hat, so weit klafften jedoch auch die Ansichten darüber auseinander, wie dies zu bewerkstelligen sei.

Der früheste konkrete Ansatz dürfte dabei auf den „Montesquieu Italiens" Filangieri zurückgehen, der zur Zeit der Aufklärung die Bemessung der Geldstrafe nach Vermögensbruchteilen vorschlug.

---

[280] E 1962, Begründung, S. 170; Dreher/Tröndle, § 40, Rn. 5
[281] detailliert Grebing in Jescheck/Grebing, S. 108 ff.; knapper Mitsch, S. 309
[282] Dreher/Tröndle, § 40, Rn. 8 ff.; sehr ausführlich Grebing in Jescheck/Grebing, S. 103 ff. mwN
[283] Dies ging noch auf die Regelung aus dem RStGB von 1871 zurück; vgl. Grebing in Jescheck/Grebing, S. 72.
[284] Mit Überblick zum damaligen Streitstand Rauh (1912), S. 16
[285] Grebing in Jescheck/Grebing, S. 72
[286] Frölich de Frölichsburg, S. 175
[287] Dies stellt für die Praxis auch Rauh fest (1912), S. 16/17
[288] Grebing in Jescheck/Grebing, S. 73, bzw. S. 1247 ff. für den internationalen Rahmen, in dem das Thema auch vielfach besprochen wurde.

In der Folge stieß dieser Ansatz jedoch deswegen auf große Kritik, weil er zu sehr in die Nähe der als überholt angesehenen Vermögenskonfiskation rückte. In der Diskussion des ausklingenden 19. Jahrhunderts hatte man bereits als richtigen Anknüpfungspunkt für die Staffelung der Geldstrafe das Einkommen des Täters in Abgrenzung zu dessen Vermögen erkannt[289]. Aus diesem Grund fand die „moderne" Idee der quotisierenden Anpassung der Geldstrafe an das Einkommen des Täters, also die „Verurteilung zu Bruchteilen des Einkommens" oder „nach Quoten des Jahreseinkommens" in dieser Zeit recht viele Befürworter[290].

Fließend ist der Übergang von diesem Modell zur Bemessung der Geldstrafe nach Steuerquoten, wie sie v. Liszt[291] und Rosenfeld[292] vorgeschlagen haben. Danach sollte als Berechnungsgrundlage der unschwer festzustellende jährliche Gesamtbetrag der zu zahlenden Steuer dienen, und der Richter innerhalb dessen nach Zehnteln oder Zwölfteln des Steuersatzes die Geldstrafe bemessen, so daß aufgrund der automatischen Anpassung der zu zahlenden Summe an das Einkommen immer eine Strafe anfällt, die weder zu gering ist noch die Leistungsgrenzen des Schuldners übersteigt[293]. Um etwaige technische Bedenken auszuschalten, sollten an der entsprechenden Gesetzgebung Steuerfachleute beratend teilhaben[294].

Hinsichtlich der Abwicklung noch weiter ging ein Vorschlag Krohnes bei den Verhandlungen zum 29. Deutschen Juristentag im Jahre 1908, wonach die Geldstrafe nach Anteilen der Monatssteuer bemessen und vierteljährlich von den Steuerkassen mit den Steuern eingezogen werden sollte[295]. Für solche Delinquenten, die nicht zur Steuer veranlagt werden, sah Krohne ebenso wie v. Liszt[296] die Festlegung eines fingierten Mindeststeuersatzes vor[297].

Obwohl der Ansatz der Bemessung der Geldstrafe nach Steuerquoten wegen des enthaltenen Faktors der Progression und der persönlichen Verhältnisse des Delinquenten auch 1950 noch vereinzelt vertreten wurde[298], konnte er sich letztlich nicht durchsetzten, weil ein so hohes Maß an Fiskalität in der Strafrechtspflege nicht erwünscht war[299].

Ein anderer Vorschlag ging dahin, der Richter solle zunächst innerhalb des vorgesehenen Strafrahmens nach Tatschwere und Schuld einen Durchschnittssatz der Geldstrafe festlegen und dann im Einzelfall nach den wirtschaftlichen Verhältnissen des Täters die endgültige Bemessung vornehmen[300].

---

[289]vgl. mit weiteren Hinweisen Grebing in Jescheck/Grebing, S. 74
[290]Mittelstaedt, S. 63; v. Lilienthal, S. 80 f.; Ebermayer, S. 292
[291]v. Liszt, Aufsätze, S. 407 f.
[292]Rosenfeld, IKV, S. 135 ff.; Strafmittel, S. 310, wo er Quoten von 1/10 bis zu 40/10 des Jahressteuerbetrages vorschlägt.
[293]v. Liszt, Aufsätze, S. 408
[294]v. Liszt, Aufsätze, S. 408
[295]Krohne, S. 230
[296]v. Liszt, Aufsätze, S. 408
[297]Krohne S. 230
[298]Hartung, Sp. 105, der dieser Bemessungsart deshalb den Vorzug geben will, weil in den Steuertarifen soziale Rücksichten auf den Familienstand und andere besondere Belastungen eingebaut sind. Er gibt allerdings auch zu bedenken, daß aufgrund der fortschreitenden Progression der Steuer Personen mit höherem Einkommen eine nach Steuersätzen zu bemessende Geldstrafe härter zu spüren bekommen könnten als Angehörige der niedrigeren Einkommensstufen. Dies wiege jedoch die sich aus der Progression ergebenden Vorteile nicht auf und könne außerdem durch entsprechende einzubauende Sicherungen vermieden werden.
[299]Grebing in Jescheck/Grebing, S. 75, Fn. 288
[300]Mohr, S. 45 f.

Noch weniger dezidiert wäre wohl die Bildung verschiedener Vermögens- und Einkommensklassen von statten gegangen, wie sie von Friedrich Oetker als Vermittlungsvorschlag in die Diskussion gebracht wurde[301].

In eine andere Richtung geht die Anregung Friedmanns, das Problem der Geldstrafe vom Ausgangspunkt der Freiheitsstrafe her zu lösen. Dabei soll die Freiheitsstrafe die Grundstrafe der Geldstrafe bilden, und nach einem gemäß den wirtschaftlichen Verhältnissen des Täters festzusetzenden Umrechnungsmaßstab für jeden Straftag die Geldstrafe verhängt werden[302]. Da diese Vorgehensweise jedoch die der Geldstrafe zugedachte Selbständigkeit im Sanktionensystem zunichte machen würde, konnte sie sich nicht durchsetzen, obwohl sie gewissermaßen ein „umgekehrtes Tagessatzsystem" darstellt[303].

Den Charakter eines Kompromißvorschlags trägt die Forderung, die schließlich von einer recht großen Anzahl an Diskussionsteilnehmern gestellt wurde und als kleinsten gemeinsamen Nenner eine gesetzliche Generalklausel zur Berücksichtigung der wirtschaftlichen Verhältnisse des Täters etablieren wollte[304]. Diesem Verlangen wurde auch in den Entschließungen der 3. Jahresversammlung der Internationalen Kriminalistischen Vereinigung 1891[305] und des 22. Deutschen Juristentages 1892[306] Ausdruck verliehen.

Obwohl - wie oben bereits erwähnt – das Tagessatzsystem schon 1905 recht dezidiert von Glauning vorgeschlagen worden war[307] und in der Fachwelt durchaus Befürworter gefunden hatte[308], wurde im Geldstrafengesetz von 1921 lediglich die Minimalforderung umgesetzt, eine generalklauselartige Berücksichtigung der Einkommensverhältnisse des Täters zu normieren[309].

1936 fand sich das Tagesbußensystem im Entwurf Gürtners[310], und in der Strafrechtsreformarbeit der Nachkriegszeit setzte sich dieses Modell ohne Schwierigkeiten durch. Es bildete die Regelungsgrundlage für die Geldstrafe im E 1962 und wurde ohne weitere Grundsatzdiskussion in das 2. StrRG übernommen. Abgesehen von dem AE Baumanns[311] und dessen Mitstreitern stellte im Rahmen der Beratungen der Großen Strafrechtskommission kaum einer das Tagessatzsystem in Frage[312], so daß dieses Modell mit großer Mehrheit angenommen wurde[313].

---

301 Oetker, S. 189 ff.; hilfsweise schlägt auch Rauh dies vor, S. 82 mit dem Hinweis auf die fünf Geldstrafengruppen des Tessiner StGB von 1816.

302 Friedmann, S. 98 f. Dieser Ansatz ist der sogenannten Stellenwert- oder Stufentheorie Horns nicht unähnlich, nach der bei der Strafzumessung in einem ersten Schritt ein in den Maßstäben der Freiheitsstrafe ausgedrücktes, abstraktes Strafquantum festgesetzt wird, welches dem verschuldeten Unrecht entspricht, und danach in einem zweiten Schritt u.a. die Art der Strafe auch unter Berücksichtigung relativer Strafzwecke bestimmt wird; vgl dazu SK-Horn, § 46, Rn. 33 ff., siehe auch oben S. 6, Fn. 8 sowie unten S. 41, Fn. 337.

303 Grebing in Jescheck/Grebing, S. 75

304 Mohr, S. 45; vgl. mit weiteren Nachweisen Grebing in Jescheck/Grebing, S. 76, Fn. 293.

305 Mitteilungen der Internationalen Kriminalistischen Vereinigung (IKV) 3 (1892), II, S. 265

306 Verhandlungen des 22. DJT (1893), Band IV, S. 368 ff.

307 Glauning, S. 283 f.

308 Rauh, S. 77 ff.; Traeger, S. 328

309 § 27 c StGB der damaligen Fassung

310 § 41 E 1936

311 vgl. zum Laufzeitmodell des AE unten Fn. 318 ff.

312 Ein entschiedener Gegner des Tagessatzsystems scheint lediglich der Vertreter des bayerischen Justizministeriums Ministerialrat Dr. Rösch gewesen zu sein, vgl. Niederschriften über die Sitzungen der Großen Strafrechtskommission, 1. Band (Grundsatzfragen), 1.-13. Sitzung, Bonn 1956, S. 158 ff.; Bedenken äußern ferner Mezger, aaO, S. 165 f., Staff, aaO, S. 169 und Bockelmann, aaO, S. 167.

313 vgl. Diskussion in Niederschriften über die Sitzungen der Großen Strafrechtskommission, 1. Band, S. 155 ff. sowie Beschlußfassung mit 13 zu 4 Stimmen, S. 211 f.; ferner Grebing, ZStW, S. 1051, Fn. 6.

Die Hauptgründe für die Abschaffung des hergebrachten Geldsummensystems lagen in seiner Undurchsichtigkeit bezüglich des Schuld- und Unrechtsgehalts der Tat, sowie in der unsozialen Strafzumessung, die unbemittelten Tätern oft viel zu hohe Strafen auferlegte, was unweigerlich zur Vollstreckung der Ersatzfreiheitsstrafe und damit zu dem Vollzug einer unsinnigen kurzzeitigen Freiheitsstrafe führte, während wohlhabende Delinquenten häufig eine so geringe Strafe bekamen, daß sie keinerlei Strafübel dadurch empfinden konnten[314]. Mit der Einführung des Tagessatzsystems nach skandinavischem Vorbild sollte also dem Grundsatz der Opfergleichheit Rechnung getragen werden[315].

Einziges konkret vorgeschlagenes Gegenmodell zum Tagesbußensystem war Baumanns Laufzeitgeldstrafe, wie sie z.B. im Alternativentwurf von 1966 vorgesehen war[316]. Den wesentlichen Unterschied zum Tagessatzsystem bildet die Tatsache, daß die Laufzeitgeldstrafe nicht als Gesamtsumme zu zahlen ist, sondern in Tages-, Wochen- oder Monatssätzen verhängt wird. Das Mindestmaß sollte dabei ein Tagessatz, die Höchstgrenze 24 Monatssätze sein[317].

Als Argument für sein Modell führte Baumann an, es nehme die ohnehin bereits vielfach praktizierte Gewährung von Ratenzahlungen und damit ein Bedürfnis der Praxis auf[318]. Das Strafübel ergibt sich aus der lange andauernden, aber tragbaren Belastung und besteht in einer Beschränkung des Lebensstandards, die durchaus den Charakter eines Denkzettels hat, da Geld als „geronnene Freiheit" betrachtet werden kann[319]. So verstanden stellt die Laufzeitgeldstrafe eine Art „Freiheitsstrafe in Freiheit" dar, die anstelle der körperlichen die Konsumfreiheit einschränkt[320].

In der Reformdiskussion ist die Laufzeitgeldstrafe jedoch überwiegend auf Kritik gestoßen und als unpraktikabel abgelehnt worden, da sie einen ungeheuren bürokratischen Aufwand erfordere[321]. Außerdem könne die Ablehnung der Bezahlung als Gesamtsumme als Schikane empfunden werden und somit ebenso resozialisierungsfeindlich wirken, wie es ebenfalls hinsichtlich der zeitweiligen Beschränkung des Lebensstandards auf das Existenzminimum befürchtet wurde[322].

Obwohl im Endeffekt auch die Laufzeitgeldstrafe auf dem Prinzip der Tagesbußen beruht und dabei die Gewährung von Ratenzahlungen zur Pflicht erhebt[323], ist sie in ihrer Konzeption nach Baumann als „Freiheitsstrafe in Freiheit" deswegen verfehlt, weil sie der Geldstrafe die ihr zugedachte Bedeutung als eigenständige Sanktion und aliud zur Freiheitsstrafe nimmt[324] und so in gewisser Weise dem gewünschten Prozeß der Ersetzung der (kurzen) Freiheitsstrafe durch die Geldstrafe -zumindest rechtsdogmatisch gesehen- entgegenwirkt. Da auch in der Ausgestaltung der Geldstrafe nach dem Tagessatzsystem die Gewährung von Zahlungserleichterungen in Form von Ratenzahlungen bei Bedarf möglich, aber nicht obligatorisch ist,

---

[314]Grebing in Jescheck/Grebing, S. 79
[315]so auch im Referat Fränkels, Niederschriften über die Sitzungen der Großen Strafrechtskommission, Band 1, S. 156
[316]§ 49 AE; vgl. dazu auch Grebing in Jescheck/Grebing, S. 82 ff.
[317]§ 49 I AE
[318]Begründung/ Vorbemerkung zu §§ 49-54 AE
[319]vgl. dazu ausführlich Baumann, Lebensstandard, S. 29 ff.
[320]Baumann, Lebensstandard, S. 38
[321]Zipf, ZStW 1974, S. 517; Lackner, JZ 1967, S. 518; Jescheck, ZStW, S. 69; Schmidt, MDR, S. 630
[322]Tröndle, ZStW, S. 581 f.; vgl. auch Grebing in Jescheck/Grebing, S. 83
[323]so Grebing in Jescheck/Grebing, S. 81
[324]Grebing in Jescheck/Grebing, S. 84

erweist sich dieses System in der Gesamtschau als flexibler und damit zur Strafzumessung bei Geldstrafen geeigneter als eine Laufzeitgeldstrafe[325].

b) Bemessung der Geldstrafe nach dem Tagessatzsystem

Wie oben unter a) bereits angesprochen, gliedert sich die Zumessung der Geldstrafe in zwei Schritte: Die Anzahl der Tagessätze wird nach dem verwirklichten Unrecht der Tat und der Schuld des Täters bestimmt, die Höhe des einzelnen Tagessatzes erst danach auf der Grundlage des Einkommens des Täters.

aa) Anzahl der Tagessätze

Unter Berücksichtigung des Unrechts- und Schuldgehalts der Tat wird die Anzahl der Tagessätze festgelegt, wobei die normalen Strafzumessungsregeln nach § 46 StGB gelten[326]. Hinsichtlich der Anwendung des § 46 StGB ist jedoch bei der Zumessung der Geldstrafe eine konstruktionsbedingte Besonderheit zu beachten: Die in § 46 Abs. II StGB aufgeführten wirtschaftlichen Verhältnisse des Täters müssen bei der Bestimmung der Tagessatzanzahl grundsätzlich unberücksichtigt bleiben, sie spielen erst und nur bei der Bemessung der Tagessatzhöhe ein Rolle[327], da insoweit der § 40 Abs. I, Satz 1 dem § 46 Abs. II StGB als speziellere Vorschrift vorgeht[328]. Dasselbe gilt für die persönlichen Verhältnisse des Täters, soweit sie Einfluß auf die finanzielle Belastbarkeit des zu Verurteilenden haben[329].

Diese Einschränkung führt zu nicht unerheblichen Abgrenzungsproblemen bei der Frage, welche Gesichtspunkte bei der Geldstrafenzumessung an welcher Stelle zu berücksichtigen sind[330]. Es sind nämlich Fälle denkbar, in denen die persönlichen und wirtschaftlichen Verhältnisse des Täters von Einfluß auf den Schuld- und Unrechtsgehalt der Tat sind, wie z.B. ein Diebstahl aus wirtschaftlicher Not[331]. Nach herrschender Ansicht sollen deshalb die persönlichen und wirtschaftlichen Verhältnisse des Täters auch bei der Festlegung der Tagessatzanzahl ausnahmsweise berücksichtigt werden, wenn ihnen für das Maß des Unrechts und der Schuld unmittelbare Bedeutung zukommt[332].

Bei der Bestimmung der Tagessatzanzahl können der überwiegenden Meinung zufolge auch präventive Gesichtspunkte eine Rolle spielen[333]. Die gesetzliche Mindestzahl der Tagessätze, die auch bei Vorliegen besonderer Strafmilderungsgründe nicht unterschritten werden darf[334], liegt bei fünf Tagessätzen, § 40 I S. 2 StGB. Die Höchstzahl beträgt gemäß derselben Vorschrift 360 Tagessätze, wobei allerdings eine Ausnahme gesetzlich bestimmt werden kann. Außerdem kommt eine Milderung auf drei Viertel (in der Regel also 270 Tagessätze) gemäß § 49 I StGB in Betracht, etwa für Beihilfe oder versuchte Beteiligung. Im Falle einer Gesamts-

[325] so auch Grebing in Jescheck/Grebing, S. 84
[326] Lackner, StGB 1997, § 40, Rn. 5
[327] Lackner, StGB 1999, § 40, Rn. 5
[328] Grebing in Jescheck/Grebing, S. 96
[329] Dreher/Tröndle, § 40, Rn. 4; vgl. auch Bems, S. 60, Fn. 159 mit zahlreichen Nachweisen aus Rechtsprechung und Literatur.
[330] Vgl. zur Frage der Berücksichtigung von unmittelbaren Folgekosten der Tat unten S. 46, Fn.397; es ist strittig, ob diese überhaupt, und wenn ja, bei welchem Bemessungsschritt diese zu berücksichtigen sind.
[331] Grebing in Jescheck/Grebing, S. 96
[332] Grebing in Jescheck/Grebing, S. 96; Schönke/Schröder/Stree, § 40, Rn. 4; Bems, S. 61
[333] Schönke/Schröder/Stree, § 40, Rn. 2; nicht ganz unstreitig, vgl. Lackner, StGB 1997, § 40, Rn. 5
[334] Schönke/Schröder/Stree, § 40, Rn. 3

trafenbildung kann sich das Höchstmaß allerdings auch auf 720 Tagessätze erhöhen, § 54 Abs. II StGB.

Bei der Festsetzung der Tagessatzanzahl besteht ein Zusammenhang mit der korrespondierenden Ersatzfreiheitsstrafe. Dies ergibt sich bereits daraus, daß gemäß § 43 StGB ein Tagessatz einem Tag Ersatzfreiheitsstrafe entspricht, so daß die Tagessatzanzahl nicht höher sein darf als eine das Schuldmaß nicht übersteigende Freiheitsstrafe[335]. Nach verbreiteter und wohl herrschender Ansicht hat der Richter deshalb zu erwägen, welche Freiheitsstrafe zur Ahndung der Tat unter Berücksichtigung präventiver Gesichtspunkte angemessen wäre und daran die Tagessatzzahl zu orientieren[336].

Dieser Ansatz geht im wesentlichen auf Horn zurück, der im Rahmen seiner „Stellenwert-„ oder „Stufentheorie" für die Strafzumessung vorschlägt, zunächst in einer ersten Stufe ein dem Schuld- und Unrechtsgehalt der Tat entsprechendes abstraktes Strafquantum in den Maßstäben der Freiheitsstrafe festzusetzen, um dann in einem zweiten Schritt unter Berücksichtigung auch der relativen Strafzwecke die Strafart zu bestimmen[337]. Er führt an, der Richter werde sich über die richtige Zahl der Tagessätze am ehesten dadurch Klarheit verschaffen, daß er die hypothetische Überlegung anstellt, wieviele Tage Freiheitsstrafe die abzuurteilende Tat konkret „wert" wäre[338]. So könne man im Rahmen des Tagessatzsystems dem Grundsatz der Opfergleichheit gerecht werden, indem bei gleicher Schuld arme und reiche Täter gleich schwer bestraft werden[339]. Diese Vorgehensweise wurde auch vom BGH bestätigt, der in einem Urteil aus dem Jahre 1976 ausdrücklich das Ausgehen von einer hypothetischen Freiheitsstrafe guthieß und dabei auf die Ausführungen Horns verwies[340].

Die Gegenansicht negiert den Zusammenhang zwischen Tagessatzanzahl und Ersatzfreiheitsstrafe[341], da im Unterschied zur „Ersatzgeldstrafe" des alten § 27 b StGB (a.F.) die heutige Geldstrafe eine selbständige und primär zu verhängende Hauptstrafe, und keine „umgewandelte Freiheitsstrafe" mehr ist[342]. Deshalb fordern die Vertreter dieser Meinung ein vom Gedanken der (Ersatz-)Freiheitsstrafe losgelöstes „Strafzumessungsdenken in Tagessätzen"[343], ohne daß eine hypothetische Freiheitsstrafe dabei eine entscheidende Rolle spielt[344].

Eine weitere Gefahr bei der Bestimmung der Anzahl der Tagessätze besteht darin, daß der Richter –sei es aus alter Gewohnheit oder zur Überprüfung seiner Entscheidung anhand althergebrachter Maßstäbe- für die Strafzumessung der Geldstrafe doch von einer bestimmten Gesamtsumme ausgeht, um diese dann in zwei Teile aufzuspalten[345]. In einer solchen Praxis wurde gar das komplette Scheitern der Geldstrafenreform erblickt und deswegen die separate Festsetzung der Tagessatzhöhe in einem gesonderten Beschluß vorgeschlagen[346]. Dieser An-

[335] Grebing in Jescheck/Grebing, S. 97; Schönke/Schröder/Stree, § 40, Rn. 4
[336] Fleischer, S. 31; Schönke/Schröder/Stree, § 40, Rn. 4
[337] SK-Horn, § 46, Rn. 33 ff.; vgl. auch oben S. 6, Fn. 8 sowie S. 38, Fn. 302
[338] Horn, NJW, S. 625
[339] Horn, aaO
[340] BGH vom 30.11.1976, NJW 1977, S. 442
[341] Dreher/Tröndle, § 40, Rn. 4
[342] Grebing in Jescheck/Grebing, S. 97
[343] Grebing in Jescheck/Grebing, S. 98
[344] Dreher/Tröndle, Vor § 40, Rn. 3 aE
[345] Fleischer, S. 35; Dreher/Tröndle, Vor § 40, Rn. 3
[346] „(...) würde die Praxis weiterhin von der Endsumme ausgehen und diese in Tagessätze zerlegen, nur um dem Gesetz Genüge zu tun, so wäre die Geldstrafenreform bereits im Ansatz gescheitert", Zipf, ZStW 1974, S. 516.

satz war bereits um die Jahrhundertwende aufgekommen[347] und wurde auch in der Großen Strafrechtskommission ausführlich besprochen[348].

Obwohl diese Konstruktion eines separaten Beschlusses zur Höhe des Tagessatzes rechtsdogmatisch gut zur Struktur des Tagessatzsystems paßt, dürfte sie in der Praxis nicht realisierbar sein[349], da ein solches Vorgehen eine das summarische Verfahren belastende Formalie darstellen würde[350]. Befragungen in der Praxis ergaben gemischte Aussagen darüber, ob ein den obigen Ausführungen entsprechendes „Endsummendenken" die Strafzumessung beeinflußt[351], so daß diesbezüglich keine verbindliche Aussage getroffen werden kann. Meines Erachtens kann aber eine gewisse Orientierung an der sich ergebenden Gesamtsumme bei der Strafzumessung in der heutigen Gerichtspraxis nicht in Abrede gestellt werden. Erschwerend für die Akzeptanz des Tagessatzsystems in der Öffentlichkeit kommt jedenfalls hinzu, daß in der Berichterstattung über Geldstrafenurteile nach wie vor fast ausschließlich die Gesamtsumme angegeben wird, so daß im Bewußtsein der Bevölkerung das Tagessatzsystem nicht besonders präsent sein kann[352].

Insgesamt kann man sich schwer dem Eindruck verschließen, daß sich der hinter dem Tagessatzsystem stehende Gedanke in vielerlei Hinsicht so sehr den Gegebenheiten der Praxis angepaßt hat, daß es zu gewissen dogmatischen Brüchen gekommen ist. So steckt hinter der Bemessung der Geldstrafe nach Tagessätzen der Gedanke eines Strafleidens für einen gewissen Zeitraum, welcher der Idee der Laufzeitgeldstrafe gar nicht so unähnlich ist. Dies gilt umso mehr, wenn bei der Zumessung der Tagessatzanzahl von einer hypothetischen Freiheitsstrafe ausgegangen wird[353]. Trotzdem muß die Geldstrafe grundsätzlich als Gesamtsumme bezahlt werden, was allerdings idealerweise bei der Strafzumessung durch den Richter nicht berücksichtigt werden soll. Dafür ist wiederum die Gewährung von Ratenzahlungen möglich, die faktisch wiederum zu einer der Laufzeitgeldstrafe nahekommenden Situation führt.

Meines Erachtens ist jedoch eine Anpassung an die Gegebenheiten der Praxis nicht zwingend negativ zu bewerten, führen solche Vorgänge doch dazu, daß die Sanktionen effektiv angewandt werden können. Speziell für den hier angesprochenen Fall stellt sich zudem die Bemessung der Geldstrafe nach dem –wenn auch gegenüber seiner ursprünglichen Idee etwas modifizierten- Tagessatzsystem im Endeffekt flexibler dar als die Laufzeitgeldstrafe[354], weil die Gewährung von Ratenzahlungen nicht obligatorisch ist, sondern fakultativ bei Vorliegen gewisser Voraussetzungen im Einzelfall zugebilligt werden kann.

bb) Höhe der Tagessätze

Die Bestimmung der Höhe der einzelnen Tagessätze ist grundsätzlich keine Frage der Strafzumessung im Sinne des § 46 StGB[355]. In der Berücksichtigung der persönlichen und wirtschaftlichen Verhältnisse des Täters ist eher eine „situationsgebundene Strafanpassung"[356] zu

---

[347] Er findet sich bereits bei v. Lilienthal (1892), S. 81 und Glauning (1905), S. 283 f.
[348] vgl. Niederschriften der Beratungen der Großen Strafrechtskommission, Band 1, S. 176 ff.
[349] so auch Grebing in Jescheck/Grebing, S. 89
[350] Tröndle, ZStW, S. 588, Anm. 153
[351] Horn, JR, S. 95 ff.; Grebing in Jescheck/Grebing, S. 89 f.
[352] Frank, JA, S. 238; Grebing, ZStW, 1106 ff.; Fleischer, S. 38
[353] s.o. S. 41
[354] vgl. dazu oben S. 38 f.
[355] Fleischer, S. 35; Schaeffer, S. 46
[356] Zipf, ZStW 1965, S. 532; derselbe in Roxin/Stree/Zipf/Jung, S. 66

sehen, die der Überwindung der ungleichen Einkommensverhältnisse[357] und damit der Einhaltung des Grundsatzes der Opfergleichheit dient[358]. Diese Bemühung ist einer der Kernpunkte der Geldstrafenreform, ist sie doch darauf ausgelegt, „den Wohlhabenden und den Einkommensschwachen gleich hart zu treffen, also mehr soziale Gerechtigkeit anzustreben“[359].

Der Rahmen für die Tagessatzhöhe liegt gemäß § 40 Abs. II, S. 3 StGB zwischen 2,- DM und 10.000,- DM. Nach der Vorschrift des § 40 Abs. II, S. 2 StGB geht der Richter bei der Berücksichtigung der persönlichen und wirtschaftlichen Verhältnisse des Täters grundsätzlich von dem Nettoeinkommen aus, das der zu Verurteilende durchschnittlich an einem Tag hat oder haben könnte. Dieses sogenannte „Nettoeinkommensprinzip“ wurde in letzter Minute durch das EGStGB in das 2. StrRG eingebracht[360] und löste das bis dahin der Geldstrafenbemessung zugrunde liegende „Einbußeprinzip“ ab, das seit dem Beginn der Reform als Leitbild für den Tagessatz gedient hatte[361]. Danach war unter einem Tagessatz der als Bewertungseinheit gedachte Geldbetrag zu verstehen, dessen Einbuße dem Täter aufgrund seiner erzielbaren Einkünfte, seines verwertbaren Vermögens und seines tatsächlichen Lebenszuschnittes unter Berücksichtigung seiner Unterhaltsverpflichtungen sowie seiner persönlichen Verhältnisse im Durchschnitt zuzumuten ist[362]. Modellvorstellung für den Tagessatz war demnach die Einsparung, die der Täter im Durchschnitt bei bescheidener Lebensführung täglich erwirtschaften konnte[363].

Im Hinblick auf das 1:1-Umrechnungsverhältnis zwischen Tagessatzzahl und Ersatzfreiheitsstraftagen erschien dieser Ansatz jedoch zu mild, da die Ersatzfreiheitsstrafe in diesem Fall als wesentlich belastender empfunden werden mußte[364]. Außerdem wollte man ein numerisches Absinken des bisherigen Geldstrafenniveaus vermeiden, das zu einer Abschwächung der Strafwirkung der Geldstrafe führen könnte[365]. Da auch der Umrechnungsmaßstab von Tagessätzen zur Ersatzfreiheitsstrafe nicht wieder geändert werden sollte[366], entschied sich der Gesetzgeber recht kurzfristig für die Einführung des schärferen Nettoeinkommensprinzips[367] und die Anhebung der Höchstgrenze des Tagessatzes von 1.000,- auf 10.000,- DM[368].

Teilweise wird aber kritisiert, daß durch diesen Schritt der Geldstrafe Größenordnungen erschlossen wurden, die in keinem Verhältnis mehr zu Taten stehen, die zur unteren oder mittleren Kriminalität gehören; das Prinzip der Opfergleichheit lasse sich nicht schrankenlos, d.h. ohne Überschreitung absoluter, aus Verhältnismäßigkeit und Gerechtigkeit abzuleitender Grenzen, verwirklichen[369].

---

[357]Zipf, JuS, S. 139
[358]so auch Bems, S. 64
[359]Horstkotte, Bulletin, S. 1521 f.
[360]Tröndle, StGB 1997, § 40, Rn. 6; Bems, S. 64
[361]Dies war zwar nicht ausdrücklich in den Entwürfen niedergelegt, ergab sich aber aus den Materialien, vgl. Grebing in Jescheck/Grebing, S. 99
[362]Niederschriften der Großen Strafrechtskommission, Band I, S. 382 sowie Band IV, S. 244
[363]Lackner, StGB 1997, Vor § 40, Rn. 2
[364]Bems, S. 65 f.; Lackner, StGB 1997, Vor § 40, Rn. 2
[365]Grebing in Jescheck/Grebing, S. 99; Bems, S. 66
[366]so z.B. Tröndle, ZStW, S. 545; vgl. auch Lackner, StGB 1997, Vor § 40, Rn. 2 und Grebing in Jescheck/Grebing, S. 100
[367]Das Nettoeinkommensprinzip wurde im Sonderausschuß mit einem Stimmenverhältnis von 6:4 befürwortet und durch eine Änderung des § 40 Abs. II im EGStGB mit Gesetzeskraft versehen; vgl. Bems, S. 66 f.
[368]Dies wurde auch erst auf dem Umweg über das EGStGB eingeführt, vgl. BT-Drucksache 7/1261, S. 6.
[369]Lackner, StGB 1997, Vor § 40, Rn. 3

Dieses Argument ist jedoch dogmatisch nicht ganz sauber, da –wie oben dargestellt- die *Höhe* des Tagessatzes nichts mit dem Unrechtsgehalt bzw. der Schwere der Tat zu tun hat, sondern lediglich mit den wirtschaftlichen Verhältnissen des Täters. Die Anhebung des Höchsttagessatzes dient also bei korrekter Handhabung der Geldstrafenzumessung nach dem Tagessatzsystem nicht der Erweiterung des Anwendungsbereiches der Geldstrafe, sondern der Anpassung an extrem wohlhabende Täter, so daß von dem Höchstrahmen sicherlich nur ausnahmsweise Gebrauch gemacht werden dürfte. Deswegen ist jedoch seine Ausdehnung nicht als sinnlos zu bezeichnen, sondern ermöglicht sie größtmögliche Flexibilität zur Bemessung einer gerechten Strafsumme.

Das Nettoeinkommen im Sinne des § 40 Abs. II S. 2 StGB ist nach herrschender Ansicht nicht steuerrechtlich zu verstehen[370], sondern nach wirtschaftlicher Betrachtungsweise auszulegen[371]. Es umfaßt alle Einkünfte aus selbständiger und unselbständiger Arbeit, aus Kapital, Zinsen, Dividenden etc., Gewerbebetrieb, Land- und Forstwirtschaft, Vermietung, Verpachtung, ferner Renten, Versorgungsleistungen und Unterhaltsbezüge[372], nach Abzug der Steuer- und Sozialabgaben bzw. freiwilligen Versicherungsbeiträge, Werbungskosten, Betriebsausgaben und –verluste, sowie Beiträge zur Weiterversicherung bei Selbständigen[373]. Steuerfreibeträge und Lohnpfändungsfreigrenzen mindern das Nettoeinkommen ebensowenig wie steuerrechtliche „Abschreibungen", die keiner realen Einkommensminderung entsprechen[374]. Da zum Nettoeinkommen alles zählt, was dem Täter an Einkünften zufließt und wirtschaftlich gesehen seine Leistungsfähigkeit und seinen Lebenszuschnitt bestimmt[375], fallen darunter auch Natural- oder Sachbezüge[376], wie z.B. freie Kost und Logis oder Gebrauchsvorteile an einem Geschäftswagen[377].

Berücksichtigt werden darf dabei jedoch immer nur das Einkommen des Täters selbst, unerheblich ist, ob die Erwartung besteht, ein wohlhabenderer Dritter könne für den Verurteilten die Zahlung übernehmen[378]. Auf die viel diskutierte Frage, ob mit diesem Verhalten der Tatbestand der Strafvereitelung erfüllt ist, wird unten im Rahmen der Nachteile der Geldstrafe noch einzugehen sein.

Maßgeblich für die Bemessung der Tagessatzhöhe ist das durchschnittliche Nettoeinkommen des Täters zum Zeitpunkt der Verurteilung[379]. Dabei darf nicht eine wirtschaftliche „Momentaufnahme" zugrunde gelegt werden, sondern es muß ein repräsentativer Einkommenszeitraum gewählt[380] und durch Division das durchschnittliche Tageseinkommen ermittelt werden[381].

---

[370]so aber Rüth, S. 2; aA Lackner, StGB 1997, § 40, Rn. 7

[371]Tröndle, StGB 1997, § 40, Rn. 7; Horstkotte, Bulletin, S. 1522; Grebing in Jescheck/Grebing, S. 101, insb. Fn. 413; nach OLG Hamm, MDR 1983, S. 1043 dürfen steuerrechtliche Bemessungsmethoden nur insoweit herangezogen werden, als sie eine wirtschaftliche Betrachtungsweise zugrunde legen.

[372]vgl. dazu Frank, NJW, S. 2331 ff.

[373]Aufzählung nach Grebing in Jescheck/Grebing, S. 101

[374]Frank, JR, S. 31

[375]Frank, NJW, S. 2332

[376]eingehend Frank, MDR, S. 626 f.; Grebing in Jescheck/Grebing, S. 101

[377]Beispiele bei Tröndle, StGB 1997, § 40, Rn. 7

[378]Deshalb darf die Vermutung, der Arbeitgeber werde die Strafe bezahlen, nicht zu einer Erhöhung des Tagessatzes führen, vgl. Schönke/Schröder/Stree, § 40, Rn. 17. Bei Eheleuten kann jedoch z.B. das wesentlich höhere Einkommen des Mannes im Fall der Verurteilung der berufstätigen Ehefrau bedeutsam sein, vgl. Schönke/Schröder/Stree, § 40, Rn. 9.

[379]Grebing in Jescheck/Grebing, S. 101; Schönke/Schröder/Stree, § 40, Rn. 10

[380]Schönke/Schröder/Stree, § 40, Rn. 10

[381]Frank, MDR, S. 628 f.

Daraus ergeben sich Schwierigkeiten insbesondere bei Selbständigen sowie Personen, bei denen sich die Einkommenssituation nachhaltig ändert, wie z.B. bei Erwerbstätigen, die bald aus dem Arbeitsverhältnis ausscheiden oder Studenten bzw. Lehrlinge kurz vor dem Abschluß ihrer Ausbildung[382]. Von einer als sicher bevorstehenden Einkommensveränderung ist jedoch nicht ohne weiteres allein auszugehen, vielmehr ist in der Regel auch eine (Mit-)Bestimmung des durchschnittlichen Nettoeinkommens durch das bisherige Einkommen vorzunehmen[383].

Nicht ganz unproblematisch ist auch die Frage, inwieweit das Vermögen des Täters bei der Bemessung der Tagessatzhöhe in die Betrachtung eingestellt wird. Der Gesetzeswortlaut des § 40 Abs. II StGB deutet darauf hin, daß dieses nicht außen vor gelassen werden soll, da er dem Richter eine Schätzungsbefugnis hinsichtlich des Vermögens des zu Verurteilenden einräumt. Inwieweit eine Berücksichtigung des Tätervermögens stattfinden soll, wird im Gesetz allerdings offen gelassen. Als sicher kann dabei jedoch angesehen werden, daß nur solches Vermögen in Ansatz gebracht werden kann, das zur Zeit der Verurteilung (noch) vorhanden ist[384]. In Anbetracht der notwendigen Abgrenzung der Geldstrafe, der keinerlei konfiskatorische Wirkung zukommen soll[385], zur Vermögensstrafe nach § 43 a StGB dürfte eine eher vorsichtige Vorgehensweise bei der Vermögensberücksichtigung im Rahmen der Tagessatzbemessung geboten sein[386], die offensichtlich von den Gerichten in der Praxis auch geübt wird[387]. Da jedoch nach der gesetzgeberischen Wertung grundsätzlich das Vermögen als solches nicht Bewertungsgrundlage der Geldstrafenzumessung sein soll[388], dürfte es bei diesem Problemkreis eher im Ausnahmefall darum gehen, zu entscheiden, ob ein sehr vermögender Täter eben aufgrund seiner wirtschaftlich günstigen Vermögens- (nicht Einkommens-)lage auf die verhängte Geldstrafe weniger empfindlich reagiert als ein Verurteilter mit vergleichbarem Einkommen, aber ohne nennenswertes Vermögen, so daß zur Wahrung der Strafwirkung eine Berücksichtigung des Vermögenswertes notwendig wird[389].

Neben diesen Fällen der Abweichung vom Nettoeinkommen nach oben gibt es auch Fallgruppen, in denen sich die Frage stellt, ob ausnahmsweise eine Abweichung vom Nettoeinkommensprinzip nach unten zulässig ist, etwa wegen hoher Unterhaltsbelastungen. In diesem Punkt hat sich jetzt die wohl einhellige Ansicht herausgebildet[390], daß Unterhaltsverpflichtungen vollumfänglich mindernd zu Buche schlagen müssen, da sie den wirtschaftlichen Bewegungsspielraum ohne jeden Ausgleich einschränken[391]. Bei der Anrechnung kann dabei auf die RegUnterhV bzw. die unterhaltsrechtlichen Leitlinien der OLG zurückgegriffen werden[392], wobei jedoch nach herrschender Ansicht die Bemessung nach zur Verfügung stehenden konkreten Grundlagen den Vorrang haben muß[393]. Andere als Unterhaltsverbindlichkeiten dürfen nur dann mindernd veranschlagt werden, wenn sie keine Kosten der Lebenshaltung sind, die jedermann treffen, sondern den Lebenszuschnitt des Täters im Verhältnis zum Durchschnitt der Bezieher gleicher Einkommen fühlbar einschränken, und wenn ihre Berück-

[382] eingehend dazu Frank, MDR, S. 628 f.
[383] Schönke/Schröder/Stree, § 40, Rn. 10
[384] Schönke/Schröder/Stree, § 40, Rn. 12
[385] Frank, Diss., S. 139
[386] Schönke/Schröder/Stree, § 40, Rn. 12
[387] Tröndle, StGB 1997, § 40, Rn. 22
[388] Lackner, StGB 1997, § 40, Rn. 12
[389] Tröndle, StGB 1997, § 40, Rn. 22; Lackner, StGB 1997, § 40, Rn. 12
[390] Zunächst war wohl vereinzelt vertreten worden, nur außergewöhnlich hohe Unterhaltspflichten dürften berücksichtigt werden, vgl. Bems, S. 73; zu den Beratungen des Sonderausschusses in dieser Hinsicht auch Grebing in Jescheck/Grebing, S. 108, auch mit weiteren Nachweisen zur jetzt herrschenden Ansicht.
[391] Lackner, StGB 1997, § 40, Rn. 11
[392] zur diesbezüglichen Entwicklung aufschlußreich Grebing in Jescheck/Grebing, S. 109
[393] mit weiteren Nachweisen Lackner, StGB 1997, § 40, Rn. 11

sichtigung zur Vermeidung einer unbilligen Härte angezeigt ist[394]. Anzunehmen ist dies z.B. im Falle einer Körperbehinderung oder alters- bzw. krankheitsbedingter Mehrausgaben für die Haushaltsführung[395]. Bei anderen Zahlungsverpflichtungen wird im Einzelfall meistens darauf abgestellt, ob sie Ausfluß einer vernünftigen und vorausschauenden Lebensplanung (wie z.B. Ausbildungsvorsorge oder Altersversorgung, Bausparvertrag o.ä.) oder einer leichtsinnigen Lebensführung sind[396].

Ob Kosten, die sich als unmittelbare Folge der bestraften Tat darstellen, wie etwa Anwaltskosten oder Schadensersatzleistungen, bei der Festlegung der Tagessatzhöhe in Ansatz zu bringen sind, ist umstritten[397].

Im Falle einer Anrechnung stellt sich weiterhin die Frage, ob diese erst bei der Festsetzung der Tagessatzhöhe[398] oder bereits im Rahmen der Bestimmung der Zahl derselben erfolgen muß[399]. Auf diesen Aspekt des Verhältnisses von Wiedergutmachungsbemühungen des Täters zur strafrechtlichen Sanktion wird unten im Rahmen der Darstellungen zum Täter-Opfer-Ausgleich noch einzugehen sein[400].

2. Anwendungsbereich der Geldstrafe

Im besonderen Teil des StGB wird die Geldstrafe bei solchen Delikten angedroht, die der leichteren Kriminalität zuzurechnen sind. Aber auch Tatbestände, die schwerer wiegen und deren Strafdrohung keine Geldstrafe enthält, können in Ausnahmefällen gemäß § 47 Abs. 2 oder § 49 Abs. 2 StGB mit einer Geldstrafe geahndet werden, wenn der geringe Schuldgehalt der Tat dies im Einzelfall rechtfertigt[401].

In den Tatbeständen mit expliziter Geldstrafendrohung ist diese niemals als einzige Sanktion, sondern wahlweise neben der Freiheitsstrafe angedroht. Das Verhältnis zwischen diesen beiden Möglichkeiten regelt jedoch § 47 Abs. 1 StGB ganz klar zugunsten der Geldstrafe, indem letzterer der Vorrang gegenüber Freiheitsstrafen unter sechs Monaten eingeräumt wird[402]. Fehlt es an einer derartigen wahlweisen Sanktionsandrohung, ermöglicht § 47 Abs. II StGB die Verurteilung zur Geldstrafe in allen Fällen, in denen eine Freiheitsstrafe von sechs Monaten und darüber nicht in Betracht kommt und ihre Verhängung nicht ausnahmsweise über § 47 Abs. I StGB geboten ist[403].

Aber auch im Bereich der Freiheitsstrafe von sechs Monaten bis zu einem Jahr kann die ultima-ratio-Regelung des § 47 Abs. I StGB als grundlegender Leitsatz in die Strafzumessung

---

[394] für ausbildungsbedingte Kosten OLG Karlsruhe, NStZ 1988, S. 500

[395] Fleischer, S. 75; Schönke/Schröder/Stree, § 40, Rn. 15; Tröndle, StGB 1997, § 40, Rn. 21

[396] Tröndle, StGB 1997, § 40, Rn. 20; Lackner, StGB 1997, § 40, Rn. 11; Schönke/Schröder/Stree, § 40, Rn. 14a; Grebing will differenzierend danach vorgehen, ob den Ausgaben ein wirtschaftlicher Ausgleich gegenübersteht, ist dies nicht der Fall, sollen sie anzurechnen sein, Grebing in Jescheck/Grebing, S. 112 f.

[397] dagegen Tröndle, StGB 1997, § 40, Rn. 20; aA Schönke/Schröder/Stree, § 40, Rn. 14a; Grebing in Jescheck/Grebing, S. 113

[398] so Grebing in Jescheck/Grebing, S. 113

[399] Diese Ansicht bringt vor, die Wiedergutmachungsbemühungen des Täters stellen doch bereits eine Strafzumessungsfaktor im Sinne des § 46 StGB dar, der bei der Zumessung der Anzahl der Tagessätze berücksichtigt werden muß, Meyer, MDR 1976, S. 278. Zur Berücksichtigung von Strafzumessungsfaktoren bei der Festlegung der Tagessatzanzahl s.o. S. 40 ff.

[400] vgl. S. 144 ff. sowie S. 173 ff.

[401] vgl. dazu genauer Mitsch, S. 307

[402] sog. ultima-ratio-Klausel

[403] Grebing in Jescheck/Grebing, S. 64

einfließen, so daß in der Regel der Geldstrafe der Vorzug zu geben ist[404]. Diese gesetzliche Konstellation ist Ausfluß der kriminalpolitischen Vorgabe, daß der Geldstrafe gegenüber der kurzen Freiheitsstrafe von weniger als sechs Monaten der Vorzug zu geben ist, und diese für den Bereich der leichten Kriminalität die Regelstrafe darstellen soll[405].

In dieser Hinsicht spielt auch die Auslegung des Merkmals eine Rolle, wann die Freiheitsstrafe „zur Einwirkung auf den Täter oder zur Verteidigung der Rechtsordnung unerläßlich" ist. Das erste Kriterium ist dabei eindeutig auf die spezialpräventive Wirkung bezogen, so daß im Einzelfall entschieden werden muß, ob für die Besserung des Täters die nachhaltige und dauerhafte Einwirkung bzw. Beeinflussung und damit die Verhängung einer Freiheitsstrafe ausnahmsweise erforderlich ist[406]. Die voraussehbare Zahlungsunfähigkeit des Täters oder die Vermutung der Drittbezahlung der Geldstrafe ist jedoch kein Grund für die Verhängung einer Freiheitsstrafe[407].

Problematischer stellt sich hingegen die Auslegung des Begriffs der „Verteidigung der Rechtsordnung" dar. Deshalb war auch dieser unbestimmte Rechtsbegriff schon Gegenstand zahlreicher Erörterungen[408]. Nach seiner Einführung in den §§ 14 Abs. I und 23 Abs. III des StGB in der Fassung vom 1. 4. 1970 wurde die schwierige Eingrenzung dieses Merkmals bemängelt[409]. Der Gesetzgeber habe damit einen „beklagenswert schillernden"[410] Begriff geschaffen, unter dem „jeder Beteiligte sich etwas anderes vorstellen"[411] könne. Er sei wie eine „Ziehharmonika, auf der der Richter nach Belieben Vergeltungs- oder Resozialisierungsmusik machen" könne[412].

Da diese Kritikpunkte aber auf nahezu jeden unbestimmten Rechtsbegriff zutreffen, und deren Notwendigkeit in der Fachwelt allgemein anerkannt wird[413], folgten auch bald konstruktive Ansätze, den Terminus „zur Verteidigung der Rechtsordnung unerläßlich" mit Bedeutung zu füllen. Eine herrschende Ansicht kristallisierte sich dahingehend heraus, daß es dabei um den generalpräventiven Aspekt der Strafe gehen soll[414].

Die negative Abgrenzung ergibt, daß es auf eine umfassende Abwägung aller Strafzwecke nicht ankommt. Gesichtspunkte der Sühne für begangenes Unrecht, die Belange des Verletzten und für sich allein auch die Schwere der Schuld oder der Tatfolgen reichen nicht aus[415]. In positiver Hinsicht erfordert die „Verteidigung der Rechtsordnung" den Erhalt der generalpräventiven Wirksamkeit der Strafrechtsordnung durch gleichmäßigen, nicht zu schwächlichen Einsatz der strafrechtlichen Reaktionsmittel in einem Maße, daß die rechtliche Gesinnung der Bevölkerung nicht erschüttert wird[416]. Die hinter der gesamten Strafrechtspflege stehende Rechtsbewährungsidee schlägt also ausnahmsweise dann auf den einzelnen Strafzumessungsvorgang durch, wenn eine ernste Gefahr für das Funktionieren der staatlichen Rechtspflege, insbesondere für ihr Ernstgenommenwerden bei der Bevölkerung und die Erhaltung der

---

[404]Zipf, ZStW 1974, S. 513
[405]Grebing in Jescheck/Grebing, S. 64
[406]Grebing in Jescheck/Grebing, S. 64
[407]Lackner, StGB 1997, § 47, Rn. 3
[408]vgl. z.B. die Dissertationen Jüttings und Hohmanns aus den Jahren 1973 bzw. 1974.
[409]Sehr anschauliche Beispiele werden bei Jütting genannt, S. 51.
[410]Quack, S. 30
[411]Eickhoff, S. 272
[412]Baumann, DRiZ, S. 6
[413]vgl. dazu Jütting, S. 52
[414]Zipf, Bruns-FS, S. 217; Grebing in Jescheck/Grebing, S. 65
[415]Lackner, StGB 1997, § 47, Rn. 4
[416]Lackner, StGB 1997, § 47, Rn. 5

rechtlichen Gesinnung der Staatsbürger, dies unbedingt erfordert[417]. In der Praxis kann das z.B. zutreffen, wenn der Täter aus ungewöhnlicher Rechtsfeindschaft, Gleichgültigkeit oder Brutalität heraus handelt, oder wenn die Tat einen erheblichen Nachahmungseffekt auf andere befürchten läßt[418]. Die Entscheidung für die Notwendigkeit einer Freiheitsstrafe soll dabei nach der gesetzgeberischen Intention ganz klar die Ausnahme bilden und bedarf sowohl einer umfassenden Gesamtwürdigung von Tat und Täter als auch einer sorgfältigen materiell-rechtlichen Begründung[419].

Ebenfalls nur in Ausnahmefällen kann gemäß § 41 StGB die kumulative Verhängung von Geld- und Freiheitsstrafe erfolgen. Voraussetzung dafür ist, daß der Täter sich durch die Tat bereichert oder dies wenigstens versucht hat, und keine Vermögensstrafe nach § 43 a StGB gegen ihn ergangen ist. Hintergrund dieser Regelung ist die Überlegung, daß auf bestimmte Täter wie z.B. Wirtschaftskriminelle die Geldstrafe als Zufügung eines wirtschaftlichen Übels besonderen Eindruck macht[420].

Die durch § 41 eröffnete Möglichkeit der Kumulation von Geld- und Freiheitsstrafe ist jedoch sehr umstritten:

Teilweise wird darin eine Strafrahmenerweiterung gesehen, die als solche mit dem Grundsatz kollidiert, daß die tatbestandliche Strafrahmenobergrenze verbindlich die Obergrenze möglicher Tatschuld und entsprechender Strafe markiert[421].

Andere verweisen auf die dahingehende Gerichtspraxis, daß zur Vermeidung der Tatschuldüberschreitung die Geldstrafe auf die Freiheitsstrafe gewissermaßen angerechnet wird und beklagen, daß der Täter sich so von einem Teil der Freiheitsstrafe freikaufen kann[422]. Insbesondere bei solchen Delinquenten, die sich durch eine extrem selbstsüchtige und eigennützige Handlungsweise auszeichnen, und auf die deshalb das Merkmal der (versuchten) Bereicherung des § 41 StGB Anwendung findet, scheint eine solche Privilegierung widersinnig[423]. Außerdem wird in der Regelung des § 41 StGB ein Ansatz des überkommenen Taliónsgedanken im Sinne spiegelnder Strafen erblickt und ihr überdies die Existenzberechtigung abgesprochen, da für eine tatsächlich erlangte Bereicherung die Gewinnabschöpfung durch Verfall (§ 73 StGB) einschlägig ist, und bei nur versuchter Bereicherung diese Absicht über § 46 Abs. 2 StGB als Strafzumessungsfaktor berücksichtigt werden muß[424].

Weil der Vorschrift jedoch nach der Rechtsprechung des BGH Ausnahmecharakter zukommt[425], dürfte sich ihre Anwendung auf wenige Fälle beschränken, in denen die Voraussetzungen des § 43 a StGB nicht erfüllt sind, es aber dennoch sinnvoll erscheint, den Täter nicht nur an der Freiheit, sondern auch am Vermögen zu strafen. Insbesondere ist dabei die sogenannte „white-collar"-Kriminalität als Zielgruppe zu nennen, bei der erhebliche Gewinne erzielt werden[426]. Da außerdem durch § 41 StGB keine Erweiterung des Strafrahmens erfolgt, sondern nur innerhalb der schuldangemessenen Strafe eine täter- und tatangemessenere

[417]so die Zusammenfassung Zipfs in Bruns-FS, S. 216
[418]Lackner, StGB 1997, § 47, Rn. 5
[419]Lackner, StGB 1997, § 47, Rn. 6/7
[420]BT-Drucksache V/4095, S. 21 f.
[421]Streng, Grundlagen, S. 55
[422]Mitsch, S. 307
[423]Mitsch, aaO mit Verweis auf Schönke/Schröder/Stree, § 41, Rn. 6 und LK-Tröndle, § 41, Rn. 2
[424]Grebing in Jescheck/Grebing, S. 70
[425]BGHSt 26, S. 325 vom 24.06.1980, 5 StR 161/80; Lackner, 1999, § 41, Rn. 1
[426]Tröndle, StGB 1997, § 41, Rn. 4

Strafartreaktion ermöglicht wird[427], dürften die vorgebrachten Bedenken den Nutzen der Möglichkeit des § 41 StGB im Einzelfall nicht aufwiegen können.

Hinsichtlich der Anwendungshäufigkeit liegt der Schwerpunkt der Geldstrafe –wie oben bereits angesprochen- im Bereich der Vergehen, bei denen sie im Normalfall wahlweise neben der Freiheitsstrafe explizit angedroht wird. Auch bei Verbrechen und Vergehen, bei denen die Geldstrafe nicht als primäre Sanktion vorgesehen ist, kann diese auf dem Wege der Strafmilderung nach § 49 Abs. II StGB Anwendung finden, wenn eine solche nach dem gerichtlichen Ermessen erfolgen darf, wie dies z.B. im Falle der tätigen Reue möglich ist.

Ferner kommt eine obligatorische oder fakultative Strafmilderung hin zur Geldstrafe nach § 49 Abs. I Nr. 3 StGB in Betracht, wenn sich das erhöhte Mindestmaß der Freiheitsstrafe auf weniger als sechs Monate ermäßigt und gemäß § 47 Abs. II StGB im Einzelfall eine Freiheitsstrafe von sechs Monaten oder mehr nicht unerläßlich ist[428]. Durch die Möglichkeiten des § 49 StGB erweitert sich daher der Anwendungsbereich der Geldstrafe nicht nur in numerischer Hinsicht, sondern eröffnet sich dieser auch eine Gruppe recht gravierender Delikte, für die sie als Regelsanktion eigentlich nicht vorgesehen ist[429].

Eine absolute Vormachtstellung kommt der Geldstrafe mit einem Anteil von über 90 % im Bereich des Verkehrsstrafrechts zu[430], sie bildet hier sozusagen die „Normalstrafe des sozialintegrierten Durchschnitts-bürgers"[431]. Auch bei den Eigentumsdelikten spielt die Geldstrafe eine große Rolle, jedenfalls auf dem Gebiet der Massenkriminalität, also bei Bagatellfällen und Ersttaten. Sie ist hier mit einer Anwendungshäufigkeit von mehr als 70 % die praktisch bedeutendste Sanktion[432].

Das Nebenstrafrecht bietet von jeher ein weites Feld für die monetäre Sanktionierung unerwünschten Verhaltens. Obwohl ein Großteil dieser Verstöße heute unter das Ordnungswidrigkeitenrecht gefaßt und entsprechend mit einer Geldbuße geahndet werden, gibt es nach wie vor eine Reihe von Tatbeständen, die wegen der Schwere des Delikts oder der Bedeutung des zu schützenden Rechtsguts wahlweise Freiheits- oder Geldstrafe androhen. Der Anteil der Geldstrafe, die übrigens auch hier nach dem Tagessatzsystem verhängt wird, beträgt in diesem Bereich mehr als 90 %[433].

Insgesamt läßt sich demnach festhalten, daß die Geldstrafe die Rolle, die ihr der Gesetzgeber als Ergebnis einer langen Reformdiskussion zugedacht hat, auch tatsächlich ausfüllt, indem sie im Bereich des leichten und unteren mittelschweren Kriminalität ebenso die Regelsanktion darstellt wie auf dem Gebiet des Nebenstrafrechts. In dieser Hinsicht waren also die Bestrebungen bezüglich der Neustrukturierung des Sanktionensystems von Erfolg gekrönt. Nichtsdestotrotz gibt es in Hinblick auf Einzelaspekte des Geldstrafenwesens Kritikpunkte bzw. Verbesserungsvorschläge, die in der Fachwelt diskutiert und im Folgenden an verschiedenen Stellen aufgegriffen werden.

---

[427] Tröndle, StGB 1997, § 41, Rn. 4a
[428] Schönke/Schröder/Stree, § 49, Rn. 4
[429] Statistisch schlägt sich dies allerdings nicht besonders auffallend nieder, vgl. Albrecht in Jescheck/Grebing, S. 175 ff.
[430] Grebing in Jescheck/Grebing, S. 67
[431] Kaiser, VuG, S. 99
[432] Grebing in Jescheck/Grebing, S. 67
[433] Grebing in Jescheck/Grebing, S. 68

3. Geldstrafe auf Bewährung?

Nach geltendem Recht ist eine Aussetzung der Geldstrafe zur Bewährung nicht möglich. Diskutiert wurde diese Möglichkeit aber schon um die Jahrhundertwende[434]. Insbesondere v. Liszt forderte im Rahmen seines Kreuzzuges gegen die kurzzeitige Freiheitsstrafe die bedingte Verurteilung auch bei der Geldstrafe[435], wobei er an die aus England bekannte Form der Friedensbürgschaft anknüpfen wollte, bei der sich der Friedensstörer mit einer bestimmten Geldsumme für die zukünftige Wahrung des Friedens verbürgen muß. Mit der Zahlung der verwirkten Bürgschaftssumme findet nach englischem Recht nicht nur die erneute, sondern auch die ursprüngliche Friedensstörung ihre (teilweise) Sühne[436]. Die überwiegende Ansicht dieser Zeit lehnte eine solche Konstruktion jedoch ab[437].

Auch bei den Beratungen der Großen Strafrechtskommission kam die Frage der Aussetzung der Geldstrafe zur Bewährung zur Sprache[438].

Dafür spricht das Argument, die zu einer Geldstrafe verurteilten Personen dürften gegenüber denjenigen, die mit einer Freiheitsstrafe belegt wurden, nicht durch die fehlende Möglichkeit der Bewährung benachteiligt werden. Der Bewährungszweck sollte außerdem in einem präventiv orientierten Strafrechtssystem im Vordergrund stehen, so daß einer selbständigen Hauptstrafe die Möglichkeit ihrer Aussetzung zur Bewährung zugeordnet werden muß[439]. Desweiteren wurden die positiven Erfahrungen aus der Praxis mit der gnadenweisen Aussetzung der Geldstrafe angeführt[440].

Obwohl die Meinungen relativ ausgewogen waren[441], konnten sich die Gegner der bedingten Geldstrafe durchsetzen. In der Beschlußfassung der Kommission blieb die zur Bewährung ausgesetzte Geldstrafe deswegen unberücksichtigt[442]. Als Begründung wurde die zu sichernde generalpräventive Wirkung ebenso angeführt wie das Argument, anders als beim Vollzug der Freiheitsstrafe seien bei der Vollstreckung der Geldstrafe keine schädlichen Nebenwirkungen zu besorgen[443].

Mit ähnlicher Begründung wurden diese Beschlüsse im E 1962 übernommen[444]. Im 1. StrRG entschied sich der Gesetzgeber endgültig gegen die Strafaussetzung zur Bewährung, weil man befürchtete, diese Form der Geldstrafe würde nicht ernst genommen werden[445].

Nach Abschluß der Strafrechtsreform äußerte sich kaum mehr jemand zu der Frage der Geldstrafe auf Bewährung[446]. Lediglich vereinzelt wurde moniert, die Möglichkeiten der Erleichte-

---

[434] vgl. Mitt. IKV 3 aus dem Jahre 1892, mwN Rosenfeld, IKV, S. 216 ff.
[435] v. Liszt, ZStW 1890, S. 75; Anträge in Mitt. IKV 3, S. 220
[436] Rosenfeld, Mitt. IKV 3, S. 219
[437] vgl. Übersicht bei Rosenfeld, IKV, S. 217
[438] Niederschriften über die Sitzungen der Großen Strafrechtskommission, Band 1, S. 191 f. bzw. 367
[439] Grebing in Jescheck/Grebing, S. 1311
[440] Niederschriften über die Sitzungen der Großen Strafrechtskommission, Band 1, S. 191
[441] vgl. Grebing in Jescheck/Grebing, S. 130 mit zahlreichen Nachweisen; anderer Ansicht allerdings Zipf, der von durchweg mehr oder minder ablehnenden Stellungnahmen spricht, ZStW 1965, S. 559.
[442] Niederschriften der GrStrK, Beschlüsse, Band 3, S. 350
[443] Rösch, Niederschriften der GrStrK, Band 1, S. 191; Jescheck, ebenda, S. 200
[444] E 1962, Begründung, S. 197 (zu § 71)
[445] BT-Drucksache V/4094, S. 10; in den Gnadenordnungen der Länder gibt es jedoch die (zahlenmäßig unbedeutende) Möglichkeit der gnadenweisen Aussetzung der Geldstrafe zur Bewährung, vgl. Grebing in Jescheck/Grebing, S. 131 mit Verweis auf Schätzler, Handbuch des Gnadenrechts, 1976.
[446] Grebing in Jescheck/Grebing, S. 132

rung bei der Geldstrafe[447] stellten keinen ausreichenden Ausgleich für die Tatsache dar, daß bei Vollstreckung der Ersatzfreiheitsstrafe, auf die § 56 StGB ebenfalls keine Anwendung findet, der zu einer an sich milderen Sanktion verurteilte Geldstrafenschuldner ohne die Bewährungsmöglichkeit schlechter gestellt ist als der zur Freiheitsstrafe Verurteilte[448]. Es wurde des weiteren auf den Charakter der Geldstrafe als eigenständige Sanktion hingewiesen, der für die Aussetzungsmöglichkeit spreche[449].

Unter dem Gesichtspunkt der Opferentschädigung gerieten Überlegungen hinsichtlich einer Aussetzung der Geldstrafe zur Bewährung in den 90er Jahren wieder in die Diskussion. So wurde auf dem 59. Deutschen Juristentag 1992 der Beschluß gefaßt, daß diese Alternative in Betracht gezogen werden darf, wenn sie den Vorrang der Entschädigung des Verletzten ermöglichen kann und hierzu die Möglichkeiten der Verwarnung mit Strafvorbehalt nicht ausreichen[450].

Der Verwarnung mit Strafvorbehalt, die durch das 2. StrRG als § 59 StGB eingeführt wurde[451], kann ähnliche Wirkung wie einer zur Bewährung ausgesetzten Geldstrafe zukommen[452]. Maßgeblicher Unterschied ist allerdings, daß bei der Verwarnung mit Strafvorbehalt anders als bei der Bewährungsaussetzung noch keine Verurteilung vorliegt, und deshalb auch keine Eintragung in das Führungszeugnis erfolgt[453]. Der Täter kann sich also als nicht vorbestraft bezeichnen[454]. Auch dieses Institut hat jedoch in der Strafpraxis keine nennenswerte Bedeutung erlangt[455]. Dabei ist allerdings zu bedenken, daß dies der Konstruktion des § 59 StGB als Ausnahmeregelung entspricht[456].

Konkret diskutiert wurde die Aussetzung der Geldstrafe zur Bewährung in neuerer Zeit wieder im Rahmen der Beratungen der vom Bundesministerium der Justiz eingesetzten Kommission zur Reform des strafrechtlichen Sanktionensystems, die im März 2000 abgeschlossen

---

[447] gemeint sind hier die Verwarnung mit Strafvorbehalt nach § 59 StGB, die Einstellung nach § 153 a StPO, die Zahlungserleichterungen gemäß §§ 42 StGB und 459 a StPO sowie das Absehen von der Vollstreckung nach § 459 f StPO. Auf diese Möglichkeiten wird später noch einzugehen sein, vgl. unten S. 53 ff.

[448] Schönke/Schröder/Stree, § 56, Rn. 10

[449] So Grebing, ZStW, S. 1114 f., der in seiner rechtsvergleichenden Untersuchung aus dem Jahre 1978 zu dem Ergebnis gelangt, daß in etwa der Hälfte der untersuchten Länder das System der Aussetzung zur Bewährung neben der Freiheits- auch die Geldstrafe umfaßt, namentlich sind dies Belgien, Frankreich, Italien und die Niederlande als Länder des romanischen Rechtskreises, Dänemark, Norwegen und Finnland als Länder des nordischen Rechtskreises sowie Österreich, Japan und Ungarn, vgl. Grebing in Jescheck/Grebing, S. 1310/1311. Obwohl demnach zwei annähernd gleichstarke Lager für und gegen die Aussetzung der Geldstrafe zur Bewährung sprechen, betont Grebing seine eigene positive Haltung hinsichtlich dieser Möglichkeit, vgl. Grebing in Jescheck/Grebing, S. 1312 f.

[450] Beschlüsse des 59. DJT, mitgeteilt in NJW 1992, S. 3016 ff., 3022. Es darf dabei jedoch nicht übersehen werden, daß der Vorschlag, die Aussetzung der Geldstrafe zur Bewährung in Verbindung mit Auflagen und Weisungen solle zugelassen werden ebenso mit großer Mehrheit angelehnt wurde wie die zweite Alternative, ebensolches Vorgehen lediglich zu „ermöglichen".

[451] vgl. ausführlich unten zur Verwarnung mit Strafvorbehalt S. 53 ff.

[452] Mitsch, S. 308; Streng bezeichnet die Verwarnung mit Strafvorbehalt als „eine Art unvollkommene Geldstrafe", Grundlagen, S. 59; Baumann nannte die Verwarnung mit Strafvorbehalt eine „kleine Strafaussetzung zur Bewährung", JZ 80, S. 465.

[453] Streng, Grundlagen, S. 59

[454] Mitsch, S. 308

[455] vgl. Prozentangaben bei Dreher/Tröndle, Vor § 59, Rn. 2, siehe auch ausführlicher unten S. 53, Fn. 474

[456] Lackner, Vor § 59, Rn. 1; vgl. auch BT-Drucksache V/4095, S. 25; vgl. dazu auch unten S. 53

wurden[457]. Die Mehrheit der Kommissionsmitglieder sprach sich jedoch gegen eine Aussetzung der Geldstrafe zur Bewährung aus[458].

Zur Begründung wurde angeführt, es bestehe kein Regelungsbedarf in dieser Richtung, da die Fälle, in denen eine Geldstrafe zur Bewährung ausgesetzt werden könne, ebenso eine Verwarnung mit Strafvorbehalt nach § 59 StGB oder eine Einstellung nach §§ 153, 153 a StPO in Betracht kämen[459]. Außerdem sei damit zu rechnen, daß in den meisten Fällen die Geldstrafe wegen günstiger Sozialprognose zur Bewährung ausgesetzt werden müsse und dies somit zum Regelfall würde. Noch mehr als bei der Freiheitsstrafe bestünde dann die Gefahr, daß ein Großteil der Täter davon ausgeht, „ungestraft davon gekommen zu sein", weil sich für sie keine unmittelbar spürbaren Einbußen bzw. Einschränkungen ergeben. Dieses Phänomen könnte negative Auswirkungen auf das Rechtsbewußtsein der Bevölkerung haben und sich so in generalpräventiver Hinsicht kontraproduktiv auswirken[460].

Zudem würde eine Aussetzung von Geldstrafen zur Bewährung zu einer übermäßigen Belastung der Justiz führen, da der Umfang der Bewährungsaufsicht erheblich zunehmen und in den Verhandlungen um die Bewährungsaussetzung gekämpft würde[461].

Dies dürften auch die Gründe gewesen sein, warum in dem auf die Arbeit der Kommission folgenden Referentenentwurf des Bundesjustizministeriums für ein Gesetz zur Reform des Sanktionenrechts vom 08.12.2000[462] keine Regelung vorgeschlagen wurde, die eine Möglichkeit zur Aussetzung der Geldstrafe zur Bewährung eröffnet.

Die Stimmen, die sich für eine Aussetzung der Geldstrafe zur Bewährung aussprechen, sehen diesen Problemkreis häufig im Zusammenhang mit den Opferinteressen und führen an, daß durch die Bewährungsaussetzung der Geldstrafe die Anspruchskonkurrenz zwischen Opfer der Straftat und Staat als Geldstrafenschuldner aufgehoben werden könne. Außerdem würde so die Gefahr der wirtschaftlichen Überforderung des Täters vermieden werden, was wiederum die Resozialisierungschancen erhöht[463].

In Anbetracht der Tatsache, daß in der Mehrzahl der Fälle, in denen eine Aussetzung der Geldstrafe zur Bewährung in Betracht kommt, auch eine Verwarnung mit Strafvorbehalt zur Anwendung kommen könnte, halte ich die Geldstrafe zur Bewährung für überflüssig[464]. Daß die praktische Anwendung der Verwarnung mit Strafvorbehalt gering ist, spricht meines Erachtens nicht für die Schaffung der Möglichkeit der Bewährungsaussetzung von Geldstrafen, sondern gerade dafür, daß kein großer praktischer Bedarf für dieses Rechtsinstitut, welches einer zur Bewährung ausgesetzten Geldstrafe im Ergebnis nicht unähnlich ist, besteht. Außer-

---

457 vgl. dazu den ausführlichen Abschlußbericht der Kommission mit allen Beschlüssen, aus dem Internet zu laden über das Bundesministerium der Justiz unter http://www.bmj.bund.de; im Folgenden Abschlußbericht genannt.

458 vgl. Abschlußbericht, S. 94

459 Abschlußbericht, S. 94

460 Abschlußbericht, S. 95

461 so der Referent Generalstaatsanwalt a.D. Kintzi in seinem Referat zum Thema „Änderungen der Geldstrafe" im Rahmen der Beratungen der Kommission, vgl. Abschlußbericht, S. 85

462 aus dem Internet zu laden über das Bundesministerium der Justiz unter http://www.bmj.bund.de

463 Walther, S. 141

464 so auch Streng, ZStW, S. 844 für den Fall, daß die Verwarnung mit Strafvorbehalt angemessen ausgestaltet wird. Befürwortet wird von ihm allerdings die Möglichkeit einer Teilaussetzung der Geldstrafe zur Bewährung nach österreichischem Muster, wobei die Geldstrafe partiell durch eine Betreuungsweisung oder ähnliches zu ersetzen wäre. Dies ist den Vorschlägen der Kommission zur Reform des strafrechtlichen Sanktionensystems nicht unähnlich, die ein „Geldstrafen-Ersetzungsmodell" zum Gegenstand hatten; vgl. Abschlußbericht, S. 89 ff.

dem steht zu befürchten, daß der zu einer Geldstrafe auf Bewährung Verurteilte den Eindruck bekommt, „ungeschoren davon gekommen“ zu sein, was sowohl in spezial- wie auch in generalpräventiver Hinsicht wenig sinnvoll erscheint.

4. Die Geldstrafe und die Verwarnung mit Strafvorbehalt

Das Rechtsinstitut der Verwarnung mit Strafvorbehalt ist durch das 2. Strafrechtsreformgesetz vom 04.07.1969[465] in das StGB eingeführt worden (§§ 59 bis 59 c) und zum 01.01.1975 in Kraft getreten. Danach kann das Gericht in den Fällen, in denen eine Geldstrafe bis zu 180 Tagessätzen verwirkt wäre, neben dem Schuldspruch eine Verwarnung aussprechen und sich die Verurteilung zu einer bereits festzulegenden Geldstrafe vorbehalten.

Voraussetzung dafür ist, daß für den Täter eine günstige Sozialprognose auszustellen ist, besondere Umstände das Absehen von einer Verurteilung angezeigt erscheinen lassen und die Verteidigung der Rechtsordnung die Verurteilung nicht notwendig macht[466]. Durch Beschluß bestimmt das Gericht eine Bewährungszeit zwischen einem und drei Jahren, innerhalb derer der Verwarnte keine Straftaten begehen und auch nicht gegen eventuell nach § 59 a StGB erteilte Auflagen und Weisungen verstoßen darf. Tut er dies, wird er gemäß § 59 b iVm § 56 f StGB[467] zu der bereits im Voraus festgelegten Strafe verurteilt. Dabei bedarf es keiner mündlichen Verhandlung, sondern wird die Verurteilung durch das erkennende Gericht nach Anhörung der Staatsanwaltschaft und des Verwarnten per Beschluß ausgesprochen[468].

Die Rechtsnatur der Verwarnung mit Strafvorbehalt ist nicht eindeutig bestimmbar. Nach herrschender Ansicht handelt es sich um ein (maßnahmeähnliches[469]) Reaktionsmittel eigener Art[470]. Es wird angeführt, eine Strafe könne die Verwarnung mit Strafvorbehalt nicht sein, weil ihre Funktion gerade darin besteht, Strafe zu vermeiden[471]. Sie soll vielmehr durch Mißbilligung der Tat und Inpflichtnahme des Täters eine Besinnungswirkung für die Zukunft anstreben[472].

Vom Gesetzgeber wurde die Verwarnung mit Strafvorbehalt bewußt als Ausnahmeregelung ausgestaltet, indem sie zum einen an recht enge Voraussetzungen geknüpft (§ 59 Abs. I StGB) und zum anderen festgelegt wurde, daß ihre Anwendung regelmäßig auszuschließen ist, wenn der Täter in den letzten drei Jahren vor der Tat mit Strafvorbehalt verwarnt oder zu Strafe verurteilt worden ist (§ 59 Abs. II StGB)[473].

Dieser Ausnahmecharakter spiegelt sich auch in der praktischen Anwendung der Verwarnung mit Strafvorbehalt wider. Diese ist verschwindend gering, es betrug der Anteil der Verwarnten an der Gesamtzahl aller Verwarnten und Verurteilten in den Jahren 1990-1994 immer nur zwischen 0,52 % und 0,58 %[474]. Neben der restriktiven gesetzlichen Ausgestaltung dürfte dieses Phänomen zudem darin begründet liegen, daß in dem für die Verwarnung mit Strafvor-

---

[465]BGBl. I, S. 717
[466]vgl. § 59 Abs. I Nr. 1-3 StGB
[467]§ 59 b StGB verweist ausdrücklich auf § 56 f StGB, d.h. die Verurteilung hat in den Fällen zu erfolgen, denen eine Strafaussetzung zur Bewährung widerrufen werden muß.
[468]Tröndle/Fischer, StGB 2001, § 59 b, Rn. 1
[469]Lackner, StGB 1995, § 59, Rn. 2; Tröndle/Fischer, StGB 2001, § 59, Rn. 3
[470]vgl. statt vieler Wiss, S. 623 mwN
[471]Lackner, StGB 1995, § 59, Rn. 2
[472]Lackner, aaO
[473]vgl. Wiss, S. 622 mwN
[474]1990: 0,58 %, 1991: 0,59 %, 1992: 0,56 %, 1993: 0,52 % und 1994: 0,56 %; siehe Neumayer-Wagner, S. 74

behalt in Frage kommenden Bereich der Kleinkriminalität in großem Umfang die Möglichkeit der Einstellung des Verfahrens nach §§ 153, 153 a StPO praktiziert wird[475].

Kritisiert wird diese Tatsache besonders vehement von Baumann[476], der bereits in dem von ihm maßgeblich mitgestalteten Alternativ-Entwurf eines Strafgesetzbuchs von 1966 die Verwarnung mit Strafvorbehalt mit einem erheblich größeren Anwendungsbereich vorgesehen hatte. So sollte die in § 57 AE geregelte Verwarnung unter Strafvorbehalt die „erste Stufe strafrechtlicher Reaktion im Bereiche der sogenannten Massenkriminalität gegenüber Ersttätern" darstellen[477]. Diese Konstruktion ist im Gesetzgebungsverfahren nach Ansicht Baumanns bis zu der tatsächlich in Kraft getretenen Form der Verwarnung mit Strafvorbehalt „total verwässert" worden[478], so daß die diesem Institut im AE zugedachte Funktion, die erste Reaktion sozialer Verteidigung gegen Gelegenheitstäter zu bieten, völlig entwertet wurde[479].

Auch in neuerer Zeit wurden wieder Stimmen laut, die eine Erweiterung des Anwendungsbereichs der Verwarnung mit Strafvorbehalt fordern. So legte das Land Niedersachsen mit Datum vom 10.04.1995 dem Bundesrat den Entwurf eines Gesetzes zur Fortentwicklung des strafrechtlichen Sanktionensystems vor, das u.a. den Anwendungsbereich der Verwarnung mit Strafvorbehalt erweitern sollte[480]. Der Entwurf sah zu diesem Zweck eine Lockerung der Voraussetzungen vor, indem im Rahmen des § 59 Abs. I, Satz 1 Nr. 2 StGB besondere Umstände in der Tat oder der Persönlichkeit des Täters ausreichen und es außerdem genügen sollte, wenn das Absehen von einer Verurteilung „verantwortet" werden kann, es müßte also nicht mehr „angezeigt" sein[481]. Dieser Entwurf wurde vom Bundesrat jedoch abgelehnt[482], also gar nicht erst in den Bundestag eingebracht.

Auch die vom Bundesjustizministerium eingesetzte Kommission zur Reform des strafrechtlichen Sanktionensystems[483] befaßte sich im Rahmen ihrer Beratungen wieder mit der Frage der Erweiterung der Verwarnung mit Strafvorbehalt[484]. Sie sprach sich im Ergebnis für eine Ausdehnung aus, die im wesentlichen erreicht werden sollte durch die Umwandlung des § 59 StGB von einer „Kann-„ in eine „Muß-Vorschrift"[485] sowie die Änderung der „Würdigkeitsklausel" des § 59 Abs. I Nr. 2 StGB dahingehend, daß auf die Indizierung („...angezeigt ist...") verzichtet wird[486].

Die Kommission hielt eine daraus resultierende Beschränkung der Anwendung des § 153 a StPO für wünschenswert, da diese Möglichkeit der Verfahrenseinstellung ihrer Ansicht nach einen zu breiten Anwendungsbereich erlangt hat und auch in Fällen eingesetzt wird, in denen

[475]Wiss, S. 622, nach dem die Verwarnung mit Strafvorbehalt durch diese beiden Aspekte „praktisch zur Bedeutungslosigkeit verdammt wurde".
[476]vgl. u.a. JZ 80, S. 464 ff.
[477]Baumann, AE, S. 113
[478]Baumann, JZ 80, S. 465
[479]Baumann, AE, S. 210
[480]Bundesrats-Drucksache 204/95
[481]Bundesrats-Drucksache 204/95, S. 14
[482]Bundesrats-Plenar-Protokoll Nr. 685
[483]vgl. S. 52, insb. Fn. 457
[484]Das Thema wurde in der Kommissionssitzung am 20./21. April 1998 erörtert, vgl. Abschlußbericht, S. 38, Fn. 3.
[485]In der Literatur wird z.T. bereits nach der bestehenden Rechtslage davon ausgegangen, daß § 59 StGB wie eine „Muß-Vorschrift" gelesen werden muß, vgl. Schönke-Schröder/Stree, § 59, Rn. 16, der zur Begründung auch ein Urteil des OLG Celle, StV 88, S. 109 heranzieht. Darin wird festgestellt, daß bei Vorliegen der Voraussetzungen die Anwendung des § 59 StGB geboten sein, also der Entscheidungsspielraum des Gerichts reduziert sein kann; ähnlich auch Lackner, StGB 1997, § 59, Rn. 10.
[486]Abschlußbericht, S. 43

erhebliches kriminelles Unrecht im Raum steht, so daß eine Einstellung an sich nicht angemessen ist. Auch sei nicht auszuschließen, daß diese Möglichkeit mißbraucht werde, um rechtlich komplizierte Fragen nicht klären zu müssen[487]. Außerdem wird angeführt, das Vorgehen nach § 59 StGB biete gegenüber der Einstellung nach § 153 a StPO den Vorzug eines einwandfreien rechtsstaatlichen Verfahrens[488].

Eben dies dürfte jedoch gerade der Grund für die Bevorzugung der Einstellung nach § 153 a StPO in der Praxis sein: Aus der Sicht des Gerichts stellt letztere insofern die „ökonomischere" Lösung dar, als sie in jedem Falle die Hauptverhandlung erspart, während die Verwarnung stets eine richterliche Entscheidung (Urteil oder Strafbefehl) erfordert und auch im Laufe der Bewährungszeit nie ganz „vom Tisch" ist; bestenfalls ist „nur" ein Beschluß nach § 59 b Abs. II StGB notwendig, durch welchen im Falle des Wohlverhaltens des Täters festgestellt wird, daß es bei der Verwarnung sein Bewenden hat. Sind für die Dauer der Bewährungszeit nach § 59 a Abs. II StGB Auflagen oder Weisungen erteilt worden, müssen diese auch noch mit nicht unerheblichem Aufwand überwacht werden[489].

Daß die Praxis angesichts dieser Perspektiven lieber zu der Einstellung nach § 153 a StPO greift, mit der das Verfahren in aller Regel beendet ist, nimmt –insbesondere in Hinblick auf die Überlastung der Gerichte- nicht wunder. Dies allein darf jedoch nicht dazu führen, daß ein Rechtsinstitut, welches im Grundsatz für sinnvoll erachtet wird, ein kümmerliches Schattendasein führt. Es geht nicht an, daß das Sanktionensystem sich vorwiegend an den Bedürfnissen der Justiz und deren Interesse an geringem Arbeitsaufwand orientiert.

Nicht zuletzt deshalb wurden in dem auf den Kommissionsbeschlüssen beruhenden[490] Referentenentwurf des Bundesjustizministeriums für ein Gesetz zur Reform des Sanktionensystems vom 08.12.2000[491] auch trotz der hinsichtlich der praktischen Umsetzbarkeit angemeldeten Bedenken auf Vorschlag der Kommission folgende Änderungen vorgesehen: Die Regelung des § 59 Abs. I StGB wird von einer „Kann-„ in eine „Muß-Regelung" umgewandelt[492], die Würdigkeitsklausel des § 59 Abs. I, Satz 1 Nr. 2 StGB gelockert und der Regelausschluß nach § 59 Abs. II StGB bei Vorliegen einer Verwarnung oder Verurteilung in den letzten drei Jahren aufgehoben[493]. Außerdem soll die Höchstdauer der Bewährungszeit auf zwei Jahre begrenzt werden, um dem geringen Gewicht der erfaßten Straftaten Rechnung zu tragen, und die Erteilung von Auflagen und Weisungen aus dem (erweiterten) Katalog zur Regel gemacht werden[494].

Die Verwarnung mit Strafvorbehalt soll zudem eine Umbenennung in „Verurteilung mit Strafvorbehalt" erfahren, damit der betroffene Täter erkennt, daß mit ihr ein unrechtsbenen-

---

[487] Abschlußbericht, S. 42

[488] Abschlußbericht, S. 42

[489] Aufgrund dieser Vorzüge der Einstellung nach § 153 a StPO, auf deren Kosten eine Erweiterung des Anwendungsbereichs der Verwarnung mit Strafvorbehalt ginge, sprach sich der Korreferent Ministerialrat Dr. König vom Bayerischen Staatsministerium der Justiz bei den Beratungen der Kommission gegen eine Ausdehnung der Verwarnung mit Strafvorbehalt aus, vgl. Abschlußbericht, S. 40. Er hält den durch eine erweiterte Anwendung der Verwarnung mit Strafvorbehalt entstehenden Arbeitsanfall für nicht zu bewältigen, vgl. Abschlußbericht, S. 41.

[490] vgl. Begründung RefE, S. 31

[491] Aus dem Internet zu laden über das Bundesjustizministerium unter http://www.bmj.bund.de.; siehe oben S. 52, Fn. 462

[492] In der Begründung wird davon ausgegangen, daß es in der Literatur bereits der herrschenden Meinung entspreche, daß § 59 Abs. I StGB als Muß-Vorschrift zu verstehen ist, Begründung RefE, S. 32; vgl. zu der Literaturansicht oben S. 54, Fn. 485

[493] Begründung RefE, S. 32

[494] Begründung RefE, S. 33

nender Schuldspruch verbunden ist[495]. Es war nämlich der Eindruck entstanden, die Bedeutung einer Verwarnung sei dem Adressaten häufig unklar und daher die durch die Verwendung dieses Terminus` erstrebte zusätzliche Einwirkung nicht erzielbar[496].

Diese Änderungen sollen dazu führen, daß sich der Anwendungsbereich der Verwarnung bzw. Verurteilung mit Strafvorbehalt erweitert, auch wenn dies teilweise auf Kosten der Einstellung nach § 153 a StPO geht. Es ist jedoch nicht beabsichtigt –so wie dies u.a. im AE vorgeschlagen worden war[497]- den Ausbau zu einer Regelsanktion für Massendelinquenz zu ermöglichen[498].

Es bleibt abzuwarten, ob diese –recht moderaten- Änderungen Gesetz werden und, falls dies der Fall ist, ob dies in der Anwendungspraxis der Gerichte eine spürbare Veränderung der Handhabung dieses Rechtsinstituts herbeiführen kann. Der Erfolg oder Mißerfolg würde sich sicherlich erst nach einigen Jahren messen lassen, da eine gewisse Anlaufzeit einzukalkulieren ist. Gerade, wenn eine Neuerung mit erhöhtem Arbeits- und Kontrollaufwand verbunden ist, kommt es regelmäßig zu einer eher zögerlichen Zunahme der Anwendungshäufigkeit. Es erscheint jedoch wünschenswert, die Verwarnung mit Strafvorbehalt in solchen Fällen anzuwenden, in denen zwar eine Kriminalstrafe im eigentlichen Sinne nicht notwendig ist, jedoch gleichzeitig ein nicht unerhebliches kriminelles Unrecht im Raume steht, so daß die Einstellung nach § 153 a StPO deshalb ein falsches Signal setzen würde. Dem Einsatz in diesen Bereichen könnte die im Referentenentwurf vorgeschlagenen Regelung Vorschub leisten und erscheint deshalb –insbesondere auch in Hinblick auf ihre durch die Möglichkeit zahlreicher Auflagen und Weisungen vorhandene hohe Flexibilität- begrüßenswert.

5. Möglichkeiten der Zahlungserleichterung

Das deutsche Rechtssystem kennt eine Reihe von Möglichkeiten, um die Zahlungsmodalitäten der Geldstrafe zu entschärfen. Teilweise finden sich diese bereits im Bereich des gerichtlichen Verfahrens, teilweise greifen sie erst im Rahmen der Vollstreckung ein. An dieser Stelle soll zunächst auf die erstgenannten Rechtsinstitute eingegangen werden, der Vollstreckung der Geldstrafe ist im Folgenden ein eigenes Kapitel gewidmet.

Gemäß § 42 StGB steht dem Gericht die Möglichkeit zu, dem Verurteilten eine Zahlung der Geldstrafe in Raten zu gestatten, wenn ihm die Leistung des vollständigen Betrages nach den persönlichen oder wirtschaftlichen Verhältnissen nicht zuzumuten ist.

Wird von dieser Möglichkeit Gebrauch gemacht, so entspricht die Geldstrafe eigentlich der Laufzeitgeldstrafe des Baumannschen AE, welcher die Teilzahlung allerdings obligatorisch machen wollte[499]. Durch den mit der Ratenzahlung entstehenden Konsumverzichtszwang auf längere Dauer tritt ein „Laufzeiteffekt" ein[500], dem auch eine gewisse spezialpräventive Dimension anhaftet[501].

---

[495] Begründung RefE, S. 31
[496] so auch Referent Prof. Müller im Rahmen der Kommissionsberatungen, vgl. Abschlußbericht, S. 39.
[497] s.o. S. 54, insb. Fn. 477
[498] Abschlußbericht, S. 43
[499] siehe dazu die Ausführungen zur Konstruktion der Laufzeitgeldstrafe des AE, S. 43.
[500] Zipf, ZStW 1974, S. 517; Horn warnt sogar davor, mit der Ratenzahlungsgewährung „durch die Hintertür" das Laufzeitsystem in das Tagessatzsystem einzuführen, JZ, S. 287.
[501] Grebing in Jescheck/Grebing, S. 127

Der § 42 StGB ist in seiner heutigen Form seit dem 2. StrRG[502] von 1975 in Kraft. Eine ihrem Satz 1 entsprechende Regelung enthielt jedoch bereits der durch die GeldstrafenVO von 1924[503] eingeführte § 28 Abs. I Satz 1 StGB a.F. Bereits diese Vorschrift erlegte dem Gericht die Pflicht auf, unter den angegebenen Voraussetzungen Geldstrafen zu stunden oder Ratenzahlungen zu bewilligen. Obwohl diese Regelung zwingenden Charakter hatte, erlangte sie in der Praxis keine große Bedeutung[504], es wurden lediglich in ca. 30 % der Fälle Zahlungserleichterungen bewilligt[505].

Einen erheblichen Auftrieb erlebten die Stundungs- bzw. Ratenzahlungsgenehmigung des § 42 StGB durch die Einführung des Tagessatzsystems in Verbindung mit dem Nettoeinkommensprinzip[506]. In dem neuen Geldstrafensystem wird die Möglichkeit der Gewährung von Zahlungserleichterungen als „dritte Phase der Strafzumessung" angesehen[507]. Wie die Festsetzung der Höhe des Tagessatzes zählt aber auch dieser Akt nicht zur Strafzumessung im eigentlichen Sinne[508], da es hier nicht auf Unrechts- oder Schuldgehalt der Tat ankommt, sondern wiederum nur die persönlichen und wirtschaftlichen Verhältnisse des Täters entscheidend sind.

Zwischen den einzelnen drei Bemessungsakten muß daher streng differenziert werden, so daß keine der drei Entscheidungen eine der anderen beeinflussen darf[509]. Die Anwendung des § 42 StGB setzt deshalb voraus, daß die Festlegung der Anzahl und Höhe der Tagessätze bereits abgeschlossen ist[510]. Eine „Gesamtschau" der verhängten Geldstrafe unter Berücksichtigung aller drei Zumessungsakte kann also ebensowenig zulässig sein, wie die Ratenzahlungsbewilligung Einfluß auf die Tagessatzhöhe haben darf[511].

Im Unterschied zur Festsetzung der Tagessatzhöhe kommt es bei der Gewährung von Zahlungserleichterungen nicht auf die gerechte Anpassung der Geldstrafe an die Leistungsfähigkeit des Täters an, sondern auf dessen Liquidität zur sofortigen Zahlung[512]. Trotzdem kommt ihr aber sehr wohl eine große eigenständige Bedeutung zu, indem sie die Verhängung hoher Geldstrafen bei vermögenslosen Personen mit geringem Einkommen ermöglicht und so den Anwendungsbereich der Geldstrafe unter Zurückdrängung kürzerer Freiheitsstrafen auf das Ausmaß erweitert, das in der Strafrechtsreform dafür vorgesehen worden war[513].

Voraussetzung für die Anwendung des § 42 S. 1 StGB ist, daß dem Täter nach seinen persönlichen und wirtschaftlichen Verhältnissen nicht zuzumuten ist, die Geldstrafe sofort zu zahlen. Als Umkehrschluß ergibt sich daraus, daß eine Geldstrafe grundsätzlich mit Rechtskraft sofort und in voller Höhe fällig ist, wenn nicht Zahlungserleichterungen gewährt werden[514]. Liegen die Voraussetzungen des § 42 S. 1 StGB vor, so ist das Gericht zur Bewilligung von Stundung

---

[502] Gesetz vom 4.7.1969, BGBl. I, S. 717
[503] Verordnung über Vermögensstrafen und Bußen vom 6.2.1924, RGBl. I, S. 44
[504] Tröndle, ZStW, S. 554
[505] LK-Tröndle, § 42, Rn. 1
[506] LK-Tröndle, § 42, Rn. 1
[507] Horn, NJW, S. 628; Frank, JA, S. 240; Tröndle, StGB 1997, vor § 40, Rn. 2
[508] so auch Grebing in Jescheck/Grebing, S. 127
[509] Tröndle, StGB 1997, § 42, Rn. 2
[510] Lackner, StGB 1999, § 42, Rn. 2; LK-Tröndle, § 42, Rn. 3
[511] Grebing in Jescheck/Grebing, S. 127
[512] SK-Horn, § 42, Rn. 2
[513] LK-Tröndle, § 42, Rn. 1 aE
[514] LK-Tröndle, § 42, Rn. 5

oder Ratenzahlung verpflichtet[515]. Auch das Vorliegen der Merkmale des § 42 S. 1 StGB muß bereits von Amts wegen geprüft werden[516].

Persönliche Umstände sind dabei solche familiärer oder existentieller Art, wie z.B. Familiengröße, Krankheit, Alter oder Berufswechsel[517]. Aus wirtschaftlichen Gründen kann die Gewährung von Zahlungserleichterungen dann angezeigt sein, wenn der Täter die Geldstrafe nicht auf einmal aus seinen Einkünften und seinem Vermögen aufbringen kann[518]. Zu berücksichtigen sind dabei der Lebensbedarf des Täters einschließlich seiner Familie sowie sonstige Zahlungsverpflichtungen, zu denen auch die feste Verplanung des Einkommens für Anschaffungen und finanzielle Folgen der Tat selbst gehören[519].

Auf der anderen Seite muß das Gericht darauf achten, daß das Strafübel der Geldstrafe durch die Zahlungserleichterung nicht zu stark beeinträchtigt wird[520]. Dies kann auch durch die Bemessung der Raten geschehen, deren Zahlung immer noch eine fühlbare und lebensstandardbeschränkende Wirkung haben soll[521].

Ebenso wie die Höhe und die Fristen der zu gewährenden Raten steht die Frage im Ermessen des Gerichts, welche Art von Zahlungserleichterung gewährt werden soll. In der Praxis spielt dabei die Stundung der Geldstrafe mit einem Anteil von 1 % kaum eine Rolle, während Ratenzahlungen in 30 % der Geldstrafenverurteilungen gestattet werden[522].

Gerät der Verurteilte bei der Leistung der Raten in Verzug, so kann aufgrund einer gemäß § 42 S. 2 StGB eingefügten Verfallsklausel die sofortige Fälligkeit der gesamten Reststrafe eintreten, ohne daß dazu die Vergünstigung aufgehoben werden müßte; es bedarf hierzu lediglich eines Aktenvermerks[523]. In diesem Fall kann dann aber die Ratenzahlung nach der im folgenden zu besprechenden Vorschrift des § 459 a StPO durch die Vollstreckungsbehörde wiederum gewährt werden[524].

6. Vollstreckung der Geldstrafe

Die Geldstrafe wird nach den Vorschriften der §§ 449 ff. StPO vollstreckt. Zuständig für die Vollstreckung der Geldstrafe ist gemäß § 451 StPO die Staatsanwaltschaft. Grundsätzlich sind die Geschäfte dabei nach § 31 Abs. II, S. 1 RPflG dem Rechtspfleger übertragen. Voraussetzung für die Vollstreckung ist gemäß § 449 StPO die Rechtskraft des Strafurteils.

Bei der Geldstrafe ist grundsätzlich der gesamte Betrag sofort mit Rechtskraft des Urteils fällig[525]. Dieser wird mitsamt der Verfahrenskosten von der Vollstreckungsbehörde in einer Zahlungsaufforderung geltend gemacht und ist innerhalb von zwei Wochen zu bezahlen[526]. Ist aufgrund bestimmter Tatsachen erkennbar, daß der Verurteilte sich der Zahlung entziehen

[515]Lackner, StGB 1999, § 42, Rn. 3
[516]Schönke/Schröder/Stree, § 42, Rn. 3
[517]Schönke/Schröder/Stree, § 42, Rn. 2
[518]Lackner, StGB 1999, § 42, Rn. 2
[519]Grebing in Jescheck/Grebing, S. 128 f.
[520]LK-Tröndle, § 42, Rn. 6
[521]Grebing in Jescheck/Grebing, S. 129
[522]LK-Tröndle, § 42, Rn. 9
[523]§ 459 a Abs. III, S. 1 StPO; vgl. auch Tröndle, StGB 1997, § 42, Rn. 5
[524]§ 459 a Abs. III, S. 2 StPO; vgl. auch Grebing in Jescheck/Grebing, S. 129
[525]SK-Horn, § 40, Rn. 20
[526]Grebing in Jescheck/Grebing, S. 135

will, kann die Geldstrafe nach der Vorschrift des § 459 c Abs. I StPO bereits vor Ablauf der Zwei-Wochen-Frist beigetrieben werden. Bloßes Nichtbefolgen der Zahlungsaufforderung genügt hier jedoch nicht, es müssen darüber hinausgehende Anhaltspunkte für eine Entziehung vorliegen, wie z.B. häufiger Wohnungswechsel oder das Beiseiteschaffen von Vermögenswerten[527].

Grundsätzlich ist die Vollstreckung sowohl in das bewegliche als auch in das unbewegliche Vermögen zulässig. Da jedoch bei der Vollstreckung Rücksicht auf die persönlichen und wirtschaftlichen Verhältnisse des Betroffenen und seine Familie geübt werden muß, ist die Vollstreckung in bewegliche Sachen, insbesondere die Lohnpfändung, in der Praxis gegenüber der Immobiliarvollstreckung durch Zwangsverwaltung und –versteigerung vorrangig[528].

a) Gewährung von Zahlungserleichterungen nach § 459 a StPO

Auch in der Vollstreckungsphase besteht die Möglichkeit, gewisse Zahlungserleichterungen zu gewähren. Gemäß § 459 a StPO kann die Vollstreckungsbehörde dem Verurteilten eine Zahlungsfrist bewilligen oder die Ratenzahlung gestatten, wenn die sofortige Zahlung der Geldstrafe ihm nach seinen persönlichen oder wirtschaftlichen Verhältnissen nicht zuzumuten ist. Diese Vorschrift stellt quasi die Fortsetzung des § 42 StGB nach begonnener Vollstrekkung dar, allerdings mit dem Unterschied, daß bei § 459 a StPO das Vorliegen der in der Norm genannten Bewilligungsvoraussetzungen keine Pflicht zur Gewährung der Zahlungserleichterungen begründet[529]. Da § 459 a StPO direkt auf § 42 StGB verweist, sind die Voraussetzungen für die Gewährung der Zahlungserleichterungen mit den oben dargestellten identisch.

Nach Eintritt der Rechtskraft des Urteils entscheidet die Vollstreckungsbehörde auf Antrag[530] oder von Amts wegen über die Bewilligung von Ratenzahlung oder Stundung[531]. Dies bedeutet, daß statt des Staatsanwaltes der Rechtspfleger zuständig ist[532], was eine erhebliche Erleichterung gegenüber der früheren Rechtslage darstellt, nach der die im Urteil gewährten Zahlungserleichterungen nachträglich nur durch das Vollstreckungsgericht geändert oder aufgehoben werden konnten[533]. Liegen die Voraussetzungen des § 42 StGB zur Zeit der Vollstreckung vor, kann eine Erleichterung sogar dann gewährt werden, wenn das erkennende Gericht diese ausdrücklich abgelehnt hatte oder eine Verfallsklausel aufgrund Zahlungsverzugs wirksam wurde[534].

Da § 459 a StPO vollständig auf § 42 StGB verweist, kann auch die Vollstreckungsbehörde eine Verfallsklausel in ihre Bewilligung aufnehmen, die durch einen simplen Aktenvermerk die Zahlungserleichterung wieder aufzuheben vermag[535]. Die Aufhebung und Änderung der gerichtlichen sowie der vollstreckungsbehördlichen Entscheidung über die Zahlungserleichte-

---

[527] Kleinknecht/Meyer, § 459 c, Rn. 3

[528] Grebing in Jescheck/Grebing, S. 136

[529] Kleinknecht/Meyer, § 459 a, Rn. 3

[530] Wie auch bei § 42 StGB bedarf es eigentlich keines Antrages des Täters, stellt ein solcher aber den Regelfall dar, da die Vollstreckungsbehörde kaum von sich aus ohne einen Anstoß in dieser Richtung tätig werden dürfte, vgl. Grebing in Jescheck/Grebing, S. 138.

[531] Kleinknecht/Meyer, § 459 a, Rn. 1

[532] Die Zuständigkeit des Rechtspflegers ergibt sich aus § 31 Abs. II, S. 1 RPflG, vgl. Kleinknecht/Meyer, § 459 a, Rn. 1.

[533] Grebing in Jescheck/Grebing, S. 138, insb. Fn. 606

[534] Dreher/Tröndle, § 42, Rn. 5 aE; Grebing in Jescheck/Grebing, S. 138

[535] Kleinknecht/Meyer, § 459 a, Rn. 6

rung zum Nachteil des Verurteilten bedarf jedoch stets des Vorliegens neuer Tatsachen oder Beweismittel, die sich auf die Unzumutbarkeit der sofortigen Zahlung der Geldstrafe beziehen[536]. Dieses Verschlechterungsverbot ist in § 459 a Abs. II StPO geregelt und gilt jeweils im Verhältnis zu der vorausgegangenen Entscheidung[537].

Im Unterschied zu der gerichtlichen Entscheidung nach § 42 StGB erstreckt sich die nach § 459 a StPO durch die Vollstreckungsbehörde gewährte Zahlungserleichterung automatisch auch auf die Verfahrenskosten und kann sogar für diese allein bewilligt werden[538], wenn die Ergänzung der gerichtlichen Entscheidung geboten erscheint oder eine Geldstrafe nicht oder nicht mehr zu vollstrecken ist[539]. Dies gilt allerdings nur dann, wenn im Urteil überhaupt eine Geldstrafe verhängt worden ist[540].

- Exkurs -

An dieser Stelle soll ein kurzer Exkurs zu den eben angesprochenen Verfahrenskosten eingefügt werden, da auch diesen nicht unerhebliche Bedeutung für den Betroffenen zukommen kann.

Nach § 465 StPO hat der Angeklagte die Kosten des Verfahrens insoweit zu tragen, wie sie durch das Verfahren wegen einer Tat entstanden sind, wegen deren er verurteilt oder eine Maßregel der Besserung und Sicherung gegen ihn angeordnet wurde. § 465 Abs. I, Satz 2 StPO erweitert diese Kostentragungspflicht auf die Fälle, in denen der Angeklagte verwarnt wird oder das Gericht von Strafe absieht.

Der Begriff der Kosten umfaßt dabei alle Kosten der Staatskasse, die aus Anlaß des Strafverfahrens entstehen, das heißt die Gebühren und Auslagen der Strafverfolgungsbehörden und Gerichte[541]. Ausnahmsweise trägt die Staatskasse besondere Auslagen des Gerichts, wenn diese durch Untersuchungen zur Aufklärung bestimmter belastender oder entlastender Umstände entstanden sind, die zugunsten des Angeklagten ausgegangen sind, und es außerdem unbillig wäre, den Angeklagten damit zu belasten, § 465 Abs. II, Satz 1 StPO. Nach Ansicht des BGH sind damit nicht etwa nur die genau ausscheidbaren Auslagen gemeint, sondern alle durch die Untersuchung entstandenen Mehrkosten[542].

Seine eigenen Auslagen hat der Angeklagte im Falle der Verurteilung ebenfalls zu tragen. Nur wenn der Angeschuldigte freigesprochen, die Eröffnung der Hauptverhandlung abgelehnt oder das Verfahren eingestellt wird, fallen die notwendigen Auslagen des Angeschuldigten gemäß § 467 StPO der Staatskasse zur Last. Dazu gehören nach § 464 a Abs. II StPO eine Entschädigung für die entstandene Zeitversäumnis entsprechend einer Zeugenentschädigung sowie die Gebühren und Auslagen eines Rechtsanwalts, soweit sie nach § 91 Abs. II ZPO zu erstatten sind. Die Regelung des § 464 a StPO ist nicht abschließend, als notwendig sind allgemein die Auslagen anzusehen, die durch Verteidigungsmaßnahmen entstanden sind[543]. Ei-

[536] Grebing in Jescheck/Grebing, S. 139
[537] Kleinknecht/Meyer, § 459 a, Rn. 5
[538] § 459 a Abs. IV StPO; vgl. auch Grebing in Jescheck/Grebing, S. 139
[539] Kleinknecht/Meyer, § 459 a, Rn. 8
[540] KK/Fischer, § 459 a, Rn. 8; Kleinknecht/Meyer, § 459 a, Rn. 8
[541] Löwe-Rosenberg/Hilger, Vor § 464, Rn. 1
[542] BGHSt 25, S. 109 ff., 116
[543] Kleinknecht/Meyer, § 464 a, Rn. 5

nen allgemeinen Grundsatz, daß dem nicht verurteilten Angeklagten seine sämtlichen Auslagen erstattet werden müssen, gibt es nicht[544].

Die §§ 464 ff. StPO enthalten eine Ausnahme von dem Grundsatz, daß die Staatskasse die finanziellen Aufwendungen trägt, welche von den staatlichen Strafjustizorganen in Ausübung der Justizgewährungspflicht bei der Aufklärung und Verfolgung von Straftaten verursacht werden[545].

Obwohl der Grundsatz der Kostentragungspflicht des Verurteilten ein im deutschen Strafprozeßrecht fest verankertes Institut ist[546], ist die Grundlage dieser Aufbürdung von Verfahrenskosten jedoch nicht ganz unumstritten, da ein einheitliches Grundprinzip schwer erkennbar ist[547].

Früher wurde die Ansicht vertreten, Leitprinzip dieser gesetzlichen Regelungen sei das Verschuldensprinzip, der Verurteilte habe also deshalb die Kosten zu tragen, weil er sie verschuldet hat[548]. Als Leitprinzip scheidet jedoch der Verschuldensgrundsatz nach der heute herrschenden Ansicht aus, da die Kostentragungspflicht nicht konsequent an eine schuldhafte Verwirklichung eines Straftatbestandes geknüpft ist[549], und z.B. auch der schuldunfähige Verurteilte die Gerichtskosten zu tragen hat[550]. Es wird deshalb in Anlehnung an das Zivilprozeßrecht[551] überwiegend vom Veranlassungsprinzip ausgegangen[552]. Durch die Begehung der Tat habe der Verurteilte das Einschreiten des Staates und die damit verbundenen Kosten in objektiv zurechenbarer Weise veranlaßt[553]. Es wird jedoch auch eingeräumt, daß Einzelregelungen durchaus vom Gedanken des Verschuldensprinzips geprägt sind, so z.B. §§ 467 Abs. II und Abs. III StPO[554].

In der Praxis kann die Kostentragungspflicht eine nicht unerhebliche Belastung des Verurteilten darstellen, sogar die zu zahlende Geldstrafe übersteigen[555]. Nicht zuletzt deshalb ist die Kostentragungspflicht in der Literatur angegriffen worden:

Am weitesten geht dabei die Forderung Hassemers, der den Grundsatz der Kostentragung vollständig abschaffen möchte[556]. Er führt an, eine Rechtfertigung dieses Grundsatzes sei weder dem Verschuldens-, dem Veranlassungs- noch dem hilfsweise herangezogenen Billigkeitsprinzip zu entnehmen[557]. Hassemer sieht deshalb die Gefahr eines Verstoßes der Kostentragungspflicht gegen Art. 2 Abs. I GG, da für diese Regelung kein sachliches gesetzgeberisches Ziel vorliegt[558]. Die Kostentragungspflicht begründe eine Ungleichbehandlung der Straftäter, die nicht zu rechtfertigen ist, auch nicht durch fiskalische Interessen[559].

---

[544] BVerfG NJW 1985, S. 727 ff., 728
[545] Löwe-Rosenberg/Hilger, Vor § 464, Rn. 14
[546] Voßhans/Paul, S. 253
[547] Schmid, S. 210; Löwe-Rosenberg/Hilger, Vor § 464, Rn. 14
[548] Voßhans/Paul, S. 253
[549] Löwe-Rosenberg/Hilger, Vor § 464, Rn. 16; mit Beispielen Schmid, S. 210
[550] Voßhans/Paul, S. 253
[551] Voßhans/Paul, aaO
[552] Kleinknecht/Meyer, Vor § 464, Rn. 3; Löwe-Rosenberg/Hilger, Vor § 464, Rn. 15
[553] Voßhans/Paul, S. 253
[554] Kleinknecht/Meyer, Vor § 464, Rn. 3; Löwe-Rosenberg/Hilger, Vor § 464, Rn. 16
[555] Schmid, S. 209; Voßhans/Paul führen dies u.a. auf gestiegene Sachverständigenkosten und erhöhte Unterbringungskosten infolge stationärer Begutachtung zurück, S. 253.
[556] Hassemer, S. 671
[557] Hassemer, S. 658 ff.
[558] Hassemer, S. 668 f.
[559] vgl. thesenartige Zusammenfassung bei Hassemer, S. 671

Etwas gemäßigter schlägt Schmid vor, den Grundsatz dahingehend zu ändern, daß die Staatskasse die Kosten des Verfahrens trägt. Eine Kostentragungspflicht soll den Verurteilten dann treffen, wenn er die Kosten durch willkürliches oder mißbräuchliches Verhalten schuldhaft verursacht hat[560].

Von anderer Seite werden weniger grundlegende Änderungen der Kostentragungsregeln für den Verurteilten gefordert. Dabei soll der Kostentragungsgrundsatz beibehalten, aber mehr Befreiungsmöglichkeiten vorgesehen werden, für den Fall, daß die Kosten von Seiten des Gerichts verursacht werden[561].

Ein Umbruch im Kostenrecht ist jedoch hinsichtlich des Verurteilten und seiner Pflicht zur Kostentragung nicht zu erwarten. Meines Erachtens ist dies auch nicht erforderlich. Zwar ist nicht ganz von der Hand zu weisen, daß der Verurteilte –wie Schmid anführt[562]- für eine Leistung bezahlen muß, die er nicht nur nicht angefordert hat, sondern die zudem seinen Interessen zuwider läuft, jedoch hat er mit der Begehung der Straftat die Ursache für das Einschreiten des Staats und seiner Strafverfolgungsorgane gesetzt. Die Möglichkeit des § 465 Abs. II StPO, nach der Mehrkosten für Untersuchungen, die zugunsten des Angeklagten ausgehen, der Staatskasse aufzuerlegen, und die Erstreckung der Zahlungserleichterungen auf die Verfahrenskosten gemäß § 459 a StPO können die Folgen der Kostentragungspflicht in den extremsten Fällen entschärfen, so daß die Belastung des Verurteilten mit den Kosten des Verfahrens im Grundsatz nicht zu beanstanden ist.

\- **Exkurs Ende –**

Anders als § 42 StGB enthält § 459 a StPO den Aspekt der gefährdeten Wiedergutmachung in seinem Wortlaut. Die Zahlungserleichterungen sollen nach § 459 a Abs. I, S. 2 StPO nicht nur unter den in § 42 StGB genannten Voraussetzungen, sondern auch dann gewährt werden, wenn ohne die Bewilligung die Wiedergutmachung des durch die Straftat verursachten Schadens durch den Verurteilten erheblich gefährdet wäre. Eine solche Gefährdung ist bereits dann anzunehmen, wenn zwar kein endgültiger Ausfall der Forderung des Verletzten, aber eine nicht unerhebliche zeitliche Verzögerung zu besorgen ist[563]. In dieser Regelung sind Ansätze des im Strafrecht momentan besonders aktuellen Gedankens des Vorrangs der Wiedergutmachung gegenüber der staatlichen Strafe zu erkennen[564], der unten im Rahmen der Darstellungen zum Täter-Opfer-Ausgleich noch eingehender besprochen wird[565].

b) Absehen von der Vollstreckung nach § 459 d StPO

Gemäß § 459 d StPO kann das Gericht in Ausnahmefällen unter bestimmten Voraussetzungen das Absehen von der Vollstreckung der Geldstrafe anordnen, wenn neben letzterer auch eine Freiheitsstrafe ergangen ist und die Vollstreckung der Geldstrafe die Wiedereingliederung des Verurteilten erschweren würde. Nach § 459 d Abs. I, Nr. 1 StPO kommt dies in Frage, wenn beide Strafen in ein- und demselben Verfahren zusammentreffen; die Vorschrift des § 459 d

---

[560] Schmid, S. 211 f.
[561] vgl. z.B. Voßhans/Paul, S. 261; weitere Nachweise bei Löwe-Rosenberg/Hilger, Vor § 464, Rn. 24
[562] Schmid, S. 210
[563] KK/Fischer, § 459 a, Rn. 4; Kleinknecht/Meyer, § 459 a, Rn. 3
[564] so auch Eisenberg, 1995, § 33, Rn. 4
[565] vgl. unten S. 144 ff. sowie S. 173 ff.

Abs. I, Nr. 2 StPO erweitert den Anwendungsbereich auch auf solche Fälle, in denen Freiheits- und Geldstrafe in zwei verschiedenen Verfahren ausgesprochen wurden.

Normzweck des § 459 d StPO ist dabei die Wiedereingliederung des Täters, der durch eine zusätzliche Strafe in seiner Resozialisierung behindert werden könnte[566]. Voraussetzung ist, daß Wiedereingliederungsschwierigkeiten aufgrund nachträglich eingetretener oder bekannt gewordener Umstände zu erwarten sind[567]. In zeitlicher Hinsicht setzt die Anordnung voraus, daß die Freiheitsstrafe vollstreckt oder zur Bewährung ausgesetzt worden ist[568].

Ein Beschluß des Gerichts nach § 459 d StPO ist unwiderruflich sowie zeitlich unbegrenzt und führt praktisch zu einem Wegfall der Strafe, da gemäß § 459 e Abs. IV Satz 1 StPO auch die Vollstreckung der Ersatzfreiheitsstrafe ausgeschlossen ist[569]. Deshalb ist zuvor immer die Wirksamkeit der anderen Zahlungserleichterungen zu prüfen[570] und die Konzeption des § 459 d StPO als Ausnahmeregelung im Auge zu behalten[571]. Dies hat wiederum zur Folge, daß die Fälle der Anwendung dieser Vorschrift in der Praxis kaum ins Gewicht fallen[572].

c) Vollstreckung der Ersatzfreiheitsstrafe

Im Regelfall kommt nach dem oben Gesagten also ein Absehen von der Vollstreckung der Geldstrafe nach § 459 d StPO nicht in Betracht, und es wird bei Unbeitreibbarkeit der Geldstrafe[573] (trotz der Gewährung von Zahlungserleichterungen) gemäß §§ 43 StGB, 459 e StPO die Vollstreckung der Ersatzfreiheitsstrafe angeordnet.

Der Umrechnungsmaßstab beträgt dabei 1:1 im Verhältnis zwischen Tagessatz und Tagesanzahl der Ersatzfreiheitsstrafe, § 43 Satz 2 StGB. Dieses Verhältnis ist einer der umstrittensten Punkte hinsichtlich der Ersatzfreiheitsstrafe bzw. ihrer Ausgestaltung.

Es wird kritisiert, daß diese Regelung schuldstrafrechtlichen Bedenken unterliegt[574]. Entspricht nämlich die an sich verhängte Geldstrafe dem Unrecht der Tat, so muß die der Tagessatzanzahl entsprechende Ersatzfreiheitsstrafe über das Schuldmaß der Tat hinausgehen, da sie der Art nach ein Mehr an Übelszufügung gegenüber der milderen Geldstrafe darstellt[575]. Tröndle hält sogar die Verfassungswidrigkeit der Regelung des § 43 S. 2 StGB für möglich[576], da dem durch die 1:1-Umrechnung aus o.g. Gründen verletzten Schuldgrundsatz Verfassungsrang eingeräumt wird[577].

---

566 KK/Fischer, § 459 d, Rn. 3

567 Kleinknecht/Meyer, § 459 d, Rn. 4

568 KK/Fischer, § 459 d, Rn. 4; der Vollstreckung der Freiheitsstrafe steht dabei der Erlaß derselben gleich, vgl. Kleinknecht/Meyer, § 459 d, Rn. 5.

569 Heidelberger Kommentar StPO/Krehl, § 459 d, Rn. 5; Kleinknecht/Meyer, § 459 d, Rn. 2

570 Pfeiffer, StPO, § 459 d, Rn. 3

571 Löwe-Rosenberg, § 459 d, Rn. 9; Heidelberger Kommentar/Krehl, § 459 d, Rn. 1; OLG Hamm, JMBlNRW 1976, 107; aA Volckart, S. 496 ff.

572 vgl. KK/Fischer, § 459 d, Rn. 4; Kleinknecht/Meyer, § 459 d, Rn. 6; Pfeiffer, StPO 1999, § 459 d, Rn. 3. Eben diesen Umstand bemängelt Volckart, S. 499, wenn er beklagt, daß durch die restriktive Formel des außergewöhnlichen Ausnahmefalls der § 459 d aus der Praxis verdrängt worden ist. Da er die Absicht des Gesetzgebers in einer angemessenen Berücksichtigung des Resozialisierungszweckes erblickt, fordert Volckart, dem Absehen von der Vollstreckung der Geldstrafe einen realen Anwendungsbereich einzuräumen.

573 zu den Voraussetzungen der Unbeitreibbarkeit siehe unten S. 66

574 z.B. Schall, NStZ, S. 106; Jescheck, Würtenberger-FS, S. 269 f.; Grebing in Jescheck/Grebing, S. 149

575 Tröndle/Fischer, StGB 1999, § 43, Rn.4

576 Tröndle, JR, S. 163

577 BVerfG NJW 1967, S. 196

Aus der Praxis wird dagegen vorgebracht, es werde die Geldstrafe weitgehend nach dem Leitbild der hypothetischen (Ersatz-)Freiheitsstrafe bemessen, so daß die Anzahl der verhängten Tagessätze im Normalfall etwas unterhalb des Schuldniveaus liegt und die Ersatzfreiheitsstrafe nicht dem Schuldgrundsatz zuwiderläuft[578].

Dies mag vielleicht einerseits hinsichtlich der Bedenken gegen die Härte der Ersatzfreiheitsstrafe beruhigen, ist jedoch seinerseits in bezug auf den eigenständigen Charakter der Geldstrafe nicht ganz unproblematisch, da strittig ist, ob die Anzahl der Tagessätze mit einer hypothetischen Freiheitsstrafe verknüpft werden soll[579].

Weiterer Streitpunkt bei der Ersatzfreiheitsstrafe ist die Frage, ob § 57 StGB auf sie Anwendung finden soll, ob also eine Aussetzung zur Bewährung in Betracht kommt:

Dafür spricht der Charakter der Ersatzfreiheitsstrafe als eine echte Strafe im Gegensatz zu Beugemitteln wie z.B. der Erzwingungshaft zur Durchsetzung der Zahlung[580]. Es wird angeführt, der an sich mit der Geldstrafe als milderer Sanktion bestrafte Täter dürfe nicht schlechter gestellt werden, als derjenige, der aufgrund des größeren Unrechtsgehalts seiner Tat zu einer Freiheitsstrafe verurteilt wurde[581]. Deshalb geht die wohl überwiegende Ansicht in der Literatur von der Anwendbarkeit des § 57 StGB auf die Ersatzfreiheitsstrafe aus[582], was in Anbetracht der Auswirkungen einer kurzzeitigen Ersatzfreiheitsstrafe kriminalpolitisch –insbesondere hinsichtlich des Resozialisierungsgedankens- durchaus sinnvoll ist.

Auch die Rechtsprechung ist in dieser Frage uneinheitlich; es liegen für jede Ansicht verschiedene Urteile von Oberlandesgerichten vor[583], eine Entscheidung des BGH gibt es jedoch bislang nicht. Allerdings läßt sich innerhalb der obergerichtlichen Rechtsprechung eine Tendenz dahin erkennen, die Aussetzung der Ersatzfreiheitsstrafe zur Bewährung abzulehnen[584]. Als Argument für diese Ansicht wird angeführt, die §§ 459 a ff. StPO enthalten eine abschließende Regelung für die Vollstreckung der Geld- bzw. der Ersatzfreiheitsstrafe, in der eine Aussetzung zur Bewährung nicht vorgesehen ist[585]. Für eine analoge Anwendung bestehe kein Bedürfnis, da insbesondere der die Ersatzfreiheitsstrafe Verbüßende es selbst in der Hand hatte, keine Freiheitsstrafe verbüßen zu müssen, so daß von einer Schlechterstellung

---

[578]Mit diesem Argument stellt Grebing die Verfassungswidrigkeit des § 43 S. 2 StGB in Frage, obwohl er im Grunde den Umrechnungsmaßstab von 1:1 auch nicht befürwortet, Grebing in Jescheck/Grebing, S. 149, Fn. 662 und ZStW, S. 1069, Anm. 81.

[579]vgl. dazu die Ausführungen auf S. 41; keine Bedenken hinsichtlich des Umrechnungsmaßstabes des § 43 S. 2 StGB hat dagegen Horn, der die Tagessatzgeldstrafe und die Freiheitsstrafe „zeitquantitativ“ in Beziehung setzt und deshalb in der Änderung des Verhältnisses eine Preisgabe der Errungenschaften des Tagessatzsystems erblickt, JR, S. 100; vgl. auch oben S. 41 f.

[580]Tröndle/Fischer, StGB 1999, § 43, Rn. 3 und § 57, Rn. 2 a mit zahlreichen Nachweisen; in der neuesten Auflage (50. Auflage, 2001) vertritt jedoch der nunmehr bearbeitende Fischer die Ansicht, § 57 StGB sei auf Ersatzfreiheitsstrafen nicht anwendbar, vgl. Tröndle/Fischer, StGB 2001, § 57, Rn. 3.

[581]Tröndle/Fischer, StGB 1999, § 57, Rn. 2a

[582]vgl. Grebing in Jescheck/Grebing, S. 152 mwN

[583]Für die Anwendung des § 57 StGB auf Ersatzfreiheitsstrafen z.B. OLG Zweibrücken, NJW 1976, S. 155, OLG Düsseldorf NJW 1977, S. 308, OLG Hamm (4.StS), MDR 1976, S. 159, OLG Koblenz, MDR 1977, S. 423; gegen die Anwendbarkeit aber OLG Schleswig, OLGSt zu § 57 StGB, Nr.23, OLG Köln, OLGSt zu § 57 StGB, Nr. 7, OLG Hamm (3. StS), MDR 1977, S. 422, OLG Stuttgart, MDR 1986, S. 1043, OLG Celle, JR 1977, S. 121, OLG München, NJW 1977, S. 309, OLG Düsseldorf, NJW 1980, S. 250, OLG Oldenburg, MDR 1988, S. 1071, sowie aus neuerer Zeit ThürOLG Jena, StV 1999, S. 491 und OLG Hamm (2. StS), StV 1999, S. 495

[584]Vgl. dazu allein im StV 1999 vier Entscheidungen in diesem Sinne, als da wären: ThürOLG Jena, S. 491, OLG Hamm, S. 495, OLG Celle, S. 492 sowie OLG Bamberg, S. 493.

[585]dazu Tröndle/Fischer, StGB 2001, § 57, Rn. 3

gegenüber dem von vornherein zu einer Freiheitsstrafe Verurteilten nicht gesprochen werden kann[586].

Dagegen läßt sich jedoch anführen, daß es zu der Verbüßung einer Ersatzfreiheitsstrafe regelmäßig nur sehr bedingt "freiwillig" kommt. Zwar hat der Geldstrafenschuldner es theoretisch in der Hand, die Geldstrafe durch Zahlung zu begleichen, jedoch stellt sich vielen Verurteilten in der Praxis diese Frage nicht, da sie nicht über ausreichend Zahlungsmittel verfügen. Eine Abhilfemöglichkeit besteht in dieser Situation zwar nach dem Gesetz durch die Ableistung gemeinnütziger Arbeit im Sinne des Art. 293 EGStGB[587], jedoch sind die entsprechenden Angebote noch nicht so ausgeprägt vorhanden, daß dies eine ernstzunehmende Alternative darstellt, auf die der Geldstrafenschuldner regelmäßig verwiesen werden könnte.

Interessant ist in diesem Zusammenhang, in welchem Umfang die Vollstreckung von Ersatzfreiheitsstrafen überhaupt vorkommt:

Für das Jahr 1989 wurden in deutschen Justizvollzugsanstalten 30.141 Zugänge registriert, die eine Ersatzfreiheitsstrafe anzutreten hatten, das entspricht 5,98 % der in diesem Jahr fälligen Geldstrafen[588]. Im Jahre 1996 waren in Deutschlands Haftanstalten insgesamt 57.299 Zugänge aufgrund von Ersatzfreiheitsstrafen zu notieren, was im Verhältnis zu den in diesem Jahr verhängten 561.238 Geldstrafen 10,2 % ausmacht.

Nicht zuletzt wegen solcher Zahlen befürchten Gegner der kurzen Freiheitsstrafe, diese könne quasi durch die Hintertür der Ersatzfreiheitsstrafe und der Untersuchungshaft wieder eine an sich unerwünschte Bedeutung im deutschen Sanktionensystem erlangen[589].

Nach gegenläufiger Ansicht ist die Ersatzfreiheitsstrafe jedoch notwendiges Rückgrat[590] der Geldstrafe, die ohne dieses drohende Übel bei mittellosen Tätern entfallen müßte und daher an Strafwirkung einbüßen würde[591]. Weiteres Argument für den Erhalt der Ersatzfreiheitsstrafe sind die oben bereits dargestellte Möglichkeit des Absehens von der Vollstreckung der Geldstrafe in Härtefällen nach § 459 d StPO sowie die inzwischen in allen Bundesländern nach Maßgabe des § 293 EGStGB teilweise durch Rechtsverordnung[592], teilweise durch Gnadenregelung[593] geschaffene Alternative des Abverdienens der uneinbringlichen Geldstrafe durch die Verrichtung gemeinnütziger Arbeit[594].

Nicht zuletzt aufgrund dieser Möglichkeiten wird heutzutage kaum mehr die Abschaffung der Ersatzfreiheitsstrafe gefordert[595], obwohl verbreitet davon ausgegangen wird, daß diese in das durch die Strafrechtsreform verwirklichte Sanktionensystem der Konzeption nach nicht hin-

[586]ThürOLG, StV 1999, S. 491 f.
[587]vgl. zur gemeinnützigen Arbeit unten Fn. 592ff. bzw. ausführlich zur Frage der gemeinnützigen Arbeit als Hauptstrafe unten S. 159ff.
[588]Angaben bei Dreher/Tröndle, § 43, Rn. 1
[589]so z.B. Grebing in Jescheck/Grebing, S. 146
[590]Tröndle/Fischer, StGB 1999, § 43, Rn. 2
[591]Mitsch, S. 310
[592]z.B. Verordnung des Baden-Württembergischen Justizministeriums über die Tilgung uneinbringlicher Geldstrafen durch freie Arbeit vom 29. März 1983
[593]z.B. Schreiben des Bayerischen Staatsministeriums der Justiz vom 22. Dezember 1982 – 4321-II-6316/82
[594]vgl. zum Thema gemeinnützige Arbeit ausführlich Feuerhelm, DBH, S. 381 ff, 389. Siehe außerdem unten S. 159 ff. , wo diskutiert wird, ob die gemeinnützige Arbeit über den ihr de lege lata bei der Vollstreckung uneinbringlicher Geldstrafen zur Vermeidung der Ersatzfreiheitsstrafe eingeräumten (geringfügigen) Anwendungsbereich hinaus de lege ferenda als eine Hauptstrafe zur Ergänzung des strafrechtlichen Sanktionensystems ausgestaltet werden sollte.
[595]vgl. zuletzt einen Vorschlag Grebings aus dem Jahre 1976, ZStW, S. 1111 ff.

einpaßt, da dieses auf die Zurückdrängung der kurzfristigen Freiheitsstrafe abzielt[596]. Gewissermaßen als notwendiges Übel wird die Existenz der Ersatzfreiheitsstrafe dennoch akzeptiert, da diese als ein Damoklesschwert über dem Verurteilten schwebend nicht zuletzt auch die Effektivität der Geldstrafe zu sichern geeignet ist[597].

Voraussetzung für die Vollstreckung der Ersatzfreiheitsstrafe ist die Uneinbringlichkeit der Geldstrafe. Von der Uneinbringlichkeit der Geldstrafe ist dann auszugehen, wenn angemessene Versuche, die Geldstrafe beizutreiben, erfolglos geblieben sind[598]. Die Beitreibung richtet sich nach der Justizbeitreibungsordnung (JBeitrO), die für die Vollstreckung im Wesentlichen auf die ZPO verweist[599]. Der zuständige Rechtspfleger[600] ordnet zunächst gemäß § 3 EBAO[601] die Einforderung der Geldstrafe an, die durch Übersendung einer Zahlungsaufforderung erfolgt, § 5 Abs. I EBAO. Erfolgt innerhalb der darin gesetzten Frist grundlos keine Zahlung, so soll nach §§ 5 Abs. II JBeitrO, 7 Abs. I EBAO im Regelfall nochmals gemahnt werden. Erst wenn auch danach eine angemessene Frist ergebnislos verstrichen ist, erfolgt die eigentliche Beitreibung der Geldstrafe (§ 8 EBAO), wofür über § 6 JBeitrO die Vollstrekkungsvorschriften der ZPO gelten[602].

Dabei kann der Rechtspfleger Pfändungs- und Überweisungsbeschlüsse erlassen (§ 6 Abs. II, Satz 1 JBeitrO) und so Forderungen pfänden. Für die Abnahme der eidesstattlichen Versicherung nach § 807 ZPO und die Vollstreckung in unbewegliches Vermögen muß der Rechtspfleger jedoch einen Antrag zum zuständigen Amtsgericht stellen (§ 7 Satz 1 JBeitrO). Die Durchsuchung der Wohnung des Schuldners bedarf in Hinblick auf Art. 13 Abs. II GG der richterlichen Anordnung[603].

Wie § 459 e Abs. II StPO klarstellt, kann die Vollstreckung der Ersatzfreiheitsstrafe auch dann angeordnet werden, wenn die Vollstreckung der Geldstrafe nach § 459 c Abs. II StPO unterbleibt, also wenn zu erwarten ist, daß diese in absehbarer Zeit zu keinem Erfolg führen wird. Um den an sich kriminalpolitisch unerwünschten Vollzug der Ersatzfreiheitsstrafe zu vermeiden, ist jedoch der Versuch der Vollstreckung ernsthaft und unter Umständen wiederholt zu unternehmen[604]. Von der Erfolglosigkeit ist insbesondere auszugehen, wenn schon Beitreibungsversuche in anderen Sachen erfolglos waren, wenn der Verurteilte vor kurzem die Erklärung nach § 807 ZPO abgegeben hat, über sein Vermögen das Insolvenzverfahren eröffnet worden ist[605] oder sein Einkommen die Pfändungsfreigrenzen des § 850 c ZPO nicht übersteigt[606].

Liegen die Voraussetzungen für die Vollstreckung der Ersatzfreiheitsstrafe nicht vor, so kann eine solche auch nicht angetreten werden. Dem Verurteilten steht kein dahingehendes Wahlrecht zu, so daß ein freiwilliges „Absitzen“ der Geldstrafe nicht möglich ist[607].

---

[596] Grebing in Jescheck/Grebing, S. 146
[597] Schönke/Schröder/Stree, § 43, Rn. 1
[598] Kleinknecht/Meyer, § 459 e, Rn. 3, § 459 c, Rn. 4
[599] vgl. § 6 JBeitrO
[600] Gemäß § 451 StPO ist zuständig die Staatsanwaltschaft als Vollstreckungsbehörde, die Geschäfte sind gemäß § 31 Abs. II, Satz 1 RPflG auf den Rechtspfleger übertragen, vgl. auch oben S. 67.
[601] Einforderungs- und Beitreibungsanordnung vom 25.11.1974, Bundesanzeiger Nr. 230
[602] Statt des Gerichtsvollziehers wird aber gemäß § 6 Abs. III, Satz 1 JBeitrO der Justizvollziehungsbeamte tätig, vgl. Kleinknecht/Meyer, § 459, Rn. 4.
[603] Kleinknecht/Meyer, § 459, Rn. 5
[604] Tröndle/Fischer, StGB 1999, § 43, Rn. 6
[605] zur Geldstrafenschuld im Insolvenzverfahren des Schuldners siehe unten S. 67 ff.
[606] Kleinknecht/Meyer, § 459 c, Rn. 5
[607] LK-Tröndle, § 43, Rn. 7; Schönke/Schröder/Stree, § 43, Rn. 5

Da es sich auch bei Antritt der Ersatzfreiheitsstrafe noch immer um die Vollstreckung einer Geldstrafe handelt[608], kann der Verurteilte jederzeit die weitere Vollstreckung der Ersatzfreiheitsstrafe durch Zahlung abwenden[609]. Wegen der durch das Tagessatzsystem bedingten guten Teilungs- bzw. Umrechnungsmöglichkeit der einzelnen Vollstreckungsabschnitte ist jederzeit auch eine Teilzahlung anrechenbar, die dem Täter einen Teil der Ersatzfreiheitsstrafe ersparen kann[610].

d) Durchsetzbarkeit des Geldstrafenanspruchs in der Insolvenz

aa) Rechtslage nach der Konkursordnung

Die Konkursordnung vom 10. Februar 1897[611] regelte das deutsche Konkursrecht bis zum Inkrafttreten der neuen, eine umfassende Reform des Rechtsgebiets beinhaltenden Insolvenzordnung am 01.01.1999[612].

Die KO enthielt in ihrem § 63 eine explizite Regelung für die Behandlung von Geldstrafen im Konkursverfahren. So wurde in § 63 Nr. 3 KO bestimmt, daß „Geldstrafen, Geldbußen, Ordnungsgelder und Zwangsgelder sowie solche Nebenfolgen einer Straftat oder Ordnungswidrigkeit, die zu einer Geldzahlung verpflichten", nicht im Konkursverfahren geltend gemacht werden können. Diese Forderungen konnten also nicht als Konkursforderung angemeldet und damit auch nicht im Verteilungsverfahren aus der Konkursmasse befriedigt werden.

Das bedeutete jedoch nicht, daß die oben genannten Forderungen mit der Konkurseröffnung erloschen, sondern blieb ihre Durchsetzung gegenüber dem Gemeinschuldner außerhalb des Verfahrens möglich. Dies ergibt sich daraus, daß die Beschränkungen für die Durchsetzung von Ansprüchen nur für Konkursgläubiger galten, also für die Inhaber solcher Forderungen, die am Konkursverfahren teilnehmen. Eine Beitreibung der nach § 63 KO unanmeldbaren Ansprüche war aus dem konkursfreien oder dem nach Konkursbeendigung frei gewordenen Vermögen des Gemeinschuldners möglich[613]. Dieser Möglichkeit ist jedoch in der praktischen Umsetzung kein großer Nutzen zuzumessen. Sind nämlich die Voraussetzungen für die Eröffnung eines Konkursverfahrens erfüllt, dürfte nur in den seltensten Fällen noch ein nennenswertes, verwertbares freies Vermögen des Gemeinschuldners vorhanden sein.

bb) Rechtslage nach der neuen Insolvenzordnung

Die am 01.01.1999 in Kraft getretene Insolvenzordnung[614] hat hinsichtlich der Geldstrafen eine Neuregelung gegenüber der KO getroffen, nach der solche Forderungen nunmehr am Insolvenzverfahren teilnehmen können.

§ 39 InsO bestimmt, daß die Forderungen, die nach § 63 KO nicht am Verfahren teilgenommen haben, *nach*[615] den übrigen Forderungen der Insolvenzgläubiger berichtigt werden. Dabei

---

[608] LK-Tröndle, § 43, Rn. 12 mit Verweis auf OLG Schleswig, SchlHA 1976, S. 13
[609] Schönke/Schröder/Stree, § 43, Rn. 7
[610] LK-Tröndle, § 43, Rn. 12
[611] RGBl., S. 351; im Folgenden wird die Konkursordnung KO genannt.
[612] Verabschiedet wurde diese bereits am 05.10.1994 (BGBl. I, S. 2866), trat aber erst am 01.01.1999 in Kraft und gilt nur für Verfahren, die nach diesem Termin eröffnet worden sind; für die davor eröffneten Verfahren findet weiterhin die KO Anwendung.
[613] Kuhn/Uhlenbruck, § 63, Rn. 1 b
[614] nachfolgend InsO abgekürzt; vgl. zur Entstehung auch Fn. 612

legt § 39 InsO eine Reihenfolge fest, nach der diese sogenannten „nachrangigen“ Forderungen befriedigt werden sollen. Die Geldstrafe nimmt darin nach den Zinsen und Kosten der Insolvenzgläubiger, die während bzw. aufgrund des Verfahrens auflaufen, die dritte Rangstelle ein.

Auch der Nutzen dieser „Besserstellung“ gegenüber der KO durch die Beteiligung am Insolvenzverfahren ist in der Praxis jedoch eher gering. Die nachrangigen Forderungen werden überhaupt erst dann bedient, wenn alle übrigen Insolvenzforderungen vollständig befriedigt sind. Dies wiederum setzt voraus, daß es bei der Verteilung der Masse auf die Insolvenzforderungen zu einer Quote von 100 % kommt, d.h. alle festgestellten Ansprüche in voller Höhe erfüllt werden können, was nur in extrem seltenen Ausnahmefällen vorkommen dürfte[616]. Nur wenn nach der 100%igen Erfüllung aller Insolvenzforderungen noch ein Überschuß vorhanden ist, kommt eine Bedienung der nachrangigen Forderungen des § 39 InsO in Betracht.

Obwohl auch dem Gesetzgeber bewußt war, daß diese Konstellation -wie bereits angesprochen- außerordentlich selten eintreten dürfte, wollte er für diesen (Ausnahme-)Fall explizit verhindern, daß der nach der Befriedigung der Insolvenzgläubiger verbleibende Überschuß an den Schuldner fällt[617], und ordnete daher statt dessen die Befriedigung der nachrangigen Forderungen an.

Da die Berücksichtigung der nachrangigen Forderungen einen seltenen Ausnahmefall darstellt, sollen diese Ansprüche zur Vermeidung von überflüssigem Arbeitsaufwand und unnötigen Verfahrensverzögerungen nur dann angemeldet werden, wenn das Insolvenzgericht die nachrangigen Gläubiger gemäß § 174 Abs. III InsO dazu auffordert. Eine solche Aufforderung erfolgt nur dann, wenn absehbar ist, daß genug Masse vorhanden ist, um alle Insolvenzforderungen in voller Höhe zu befriedigen[618], und kommt daher in aller Regel erst im Laufe des Verfahrens in Betracht[619].

Eine nennenswerte Begünstigung dürfte sich in der Praxis aus der Einordnung als nachrangiger Insolvenzgläubiger für den Anspruchsinhaber –bei der Geldstrafe also den Staat als Gläubiger der Geldstrafenforderung- nicht ergeben. Eher das Gegenteil kann der Fall sein: Im Normalfall erhält der nachrangige Insolvenzgläubiger keinerlei Befriedigung auf seine Forderung, ist aber –entgegen der alten Rechtslage nach der KO- als Insolvenzgläubiger während des Insolvenzverfahrens gemäß § 89 InsO daran gehindert, die Zwangsvollstreckung in das Vermögen des Schuldners zu betreiben.

Relativiert wird dieser Unterschied allerdings dadurch, daß nach der Insolvenzordnung (§ 35 InsO) ohnehin auch jeglicher Neuerwerb des Schuldners während des laufenden Verfahrens in die Masse fällt[620], so daß ein sonstiges, freies und verwertbares Vermögen des Schuldners, in welches der Geldstrafengläubiger nach alter Rechtslage noch hätte vollstrecken können, im Regelfall ohnehin kaum existieren dürfte.

Nach der Aufhebung des Insolvenzverfahrens können die Insolvenzgläubiger ihre nach der Verteilung der Masse noch offenstehenden Forderungen wieder unbeschränkt gegen den Schuldner geltend machen, vgl. § 201 InsO. Die nachrangigen Gläubiger des § 39 InsO kön-

---

[615]Hervorhebung durch Verfasserin
[616]Hess, § 39, Rn. 23
[617]BT-Drucksache 12/2443, S. 123
[618]Hess, § 174, Rn. 67
[619]Hess, § 174, Rn. 68
[620]vgl. zu den sich daraus ergebenden Änderungen ausführlich Hess, § 35, Rn. 28-44

nen sich in aller Regel jedoch nicht den Vorteil des § 201 Abs. II, Satz 1 InsO zunutze machen, wonach Insolvenzgläubiger aus der Eintragung in die Insolvenztabelle wie aus einem Urteil vollstrecken können. Wie oben bereits ausgeführt, wird es nämlich äußerst selten vorkommen, daß ein nach § 39 InsO nachrangiger Insolvenzgläubiger überhaupt seine Forderung zur Tabelle anmelden kann, da dies nur bei vollständiger Befriedigung aller übrigen Insolvenzforderungen nach entsprechender Aufforderung des Gerichts geschieht[621]. Die Verfolgung seines Anspruchs unterliegt also nach Abschluß des Insolvenzverfahrens für den Staat als Geldstrafengläubiger wieder den „normalen" Verfahrensweisen.

Grundsätzlich könnte der Weiterverfolgung des offen gebliebenen Teils einer Insolvenzforderung ein anderslautender Insolvenzplan entgegenstehen. So besteht nach der Insolvenzordnung die Möglichkeit, neben der Verwertung und Verteilung der Masse auch die Haftung des Schuldners nach Beendigung des Verfahrens im Rahmen eines Insolvenzplans von den Vorschriften der InsO abweichend festzulegen[622]. Durch einen solchen Insolvenzplan, der vom Schuldner oder vom Insolvenzverwalter dem Gericht vorgelegt werden kann[623], soll die Sanierung eines Unternehmens ermöglicht werden, indem anstatt der Einstellung des Betriebes und der vollständigen Auflösung aller Strukturen ein Fortführungskonzept erarbeitet wird, von dem im Erfolgsfalle alle Beteiligten profitieren[624].

Ein Insolvenzplan kann jedoch nur zustande kommen, wenn die Mehrheit der Gläubiger sich in einer Abstimmung dafür aussprechen[625]. Ein wirksam gewordener Plan kann z.B. bestimmen, daß die nach Abschluß des Verteilungsverfahrens offen gebliebenen Forderungen der Gläubiger erlöschen. Diese Befreiung des Schuldners von der Haftung nach Verfahrensabschluß kann auch durch die Fiktion des § 227 InsO herbeigeführt werden, welcher festlegt, daß von einer Haftungsbefreiung auszugehen ist, wenn der Plan nichts anderes bestimmt.

Für die nachrangigen Insolvenzgläubiger trifft § 225 InsO eine Spezialregelung. Gemäß Abs. I gelten die Forderungen der nachrangigen Gläubiger, wenn sie nicht im Insolvenzplan berücksichtigt sind, als erlassen. Als Ausnahme dazu regelt jedoch § 225 Abs. III InsO explizit für die Geldstrafe und die ihr nach § 39 Abs. I Nr. 3 InsO gleich gestellten Forderungen, daß die Haftung des Schuldners nach Beendigung des Verfahrens durch einen Plan nicht ausgeschlossen werden kann. Demnach kann der Staat als Gläubiger eines Geldstrafenanspruchs nach Abschluß des Insolvenzverfahrens in jedem Fall seinen Anspruch weiter verfolgen, egal, ob ein Insolvenzplan vorliegt oder nicht.

Weitere Abweichungen hinsichtlich der Haftung des Schuldners nach Abschluß des Verfahrens können sich jedoch im Rahmen der durch die Insolvenzordnung neu eingeführten Verbraucher- bzw. Kleininsolvenzverfahren ergeben. Im Anschluß an diese kann das Gericht dem Schuldner auf Antrag eine sogenannte „Restschuldbefreiung" gewähren.

Nach der Verteilung der vorhandenen Masse kann sich aufgrund eines entsprechenden Beschlusses des Gerichts an das (bei Verbraucherinsolvenzen: vereinfachte) Verfahren im Rahmen der Restschuldbefreiung über einen Zeitraum von sieben Jahren eine sogenannte „Wohlverhaltensperiode" anschließen, während der das Vermögen des Schuldners einschließlich des Neuerwerbs von einem durch das Gericht bestimmten Treuhänder verwaltet und an die Gläu-

[621] s.o. S. 68
[622] vgl. § 217 InsO
[623] siehe § 218 InsO
[624] vgl. dazu FK-InsO/Jaffé, § 217, Rn. 12 ff.
[625] Das Abstimmungsverfahren ist geregelt in §§ 235 ff. InsO.

biger verteilt wird. Dem Schuldner verbleibt dabei regelmäßig sein unpfändbares Einkommen bzw. ein entsprechender Betrag zur Deckung seines Lebensbedarfs[626].

Die Restschuldbefreiung kann nur bei natürlichen Personen zur Anwendung kommen, § 286 InsO. Dabei kann es sich um einen Verbraucher im Sinne des § 304 InsO handeln, also eine natürliche Person, die keiner oder nur einer geringfügigen selbständigen wirtschaftliche Tätigkeit nachgeht, oder auch um eine natürliche Person, die diesen Verbraucherbegriff nicht erfüllt. So kann z.B. der persönlich haftende Gesellschafter einer Gesellschaft auf diesem Wege von seiner Haftung für die im Insolvenzverfahren nicht erfüllten Verbindlichkeiten befreit werden[627].

Die Wirkung der Restschuldbefreiung umfaßt gemäß § 301 InsO nicht nur alle festgestellten Forderungen der Insolvenzgläubiger, sondern auch solche, die nicht angemeldet worden sind, so daß davon grundsätzlich auch die nachrangigen Insolvenzforderungen des § 39 InsO erfaßt sind.

Für die hier im Blickpunkt des Interesses stehenden Forderungen aus Geldstrafen trifft jedoch § 302 Nr. 2 InsO eine Sonderregelung. Ebenso wie Verbindlichkeiten des Schuldners aus einer vorsätzlich begangenen unerlaubten Handlung werden Geldstrafen und die ihnen nach § 39 Abs. I Nr. 3 InsO gleichgestellten Forderungen nicht von der Wirkung der Restschuldbefreiung erfaßt. Diese Forderungen können also weiterhin bis zur endgültigen Befriedigung oder Verjährung geltend gemacht werden[628]. Wenn sie in der Insolvenztabelle festgestellt worden sind, kann direkt aus dieser vollstreckt werden[629]. Wie oben bereits dargelegt, dürfte letzteres aber für Geldstrafen so gut wie nie zutreffen[630].

Im Ergebnis ist festzustellen, daß durch ein Insolvenzverfahren der Anspruch des Staates auf Zahlung einer Geldstrafe grundsätzlich nicht erlischt, ohne eine entsprechende Befriedigung erfahren zu haben. Spätestens nach Abschluß des Verfahrens kann die Forderung jedenfalls wieder regulär beigetrieben werden. Es war von den Verfassern der Insolvenzordnung nämlich keineswegs beabsichtigt, die Sanktionswirkung der Geldstrafe zu entkräften, indem sich der Schuldner im Rahmen eines Insolvenzverfahrens von ihr befreien kann. Insofern zollt insbesondere die Ausnahmeregelung des § 302 InsO, der die Geldstrafenforderung von der Restschuldbefreiung ausnimmt, dem Sanktionscharakter der Geldstrafe und der in § 39 Abs. I Nr. 3 InsO gleichgestellten Forderungen Tribut. Es wird gewissermaßen das System der Insolvenzordnung durchbrochen, indem hier ausnahmsweise nicht den Bedürfnissen der Gläubiger, sondern der besonderen (deliktischen) Verantwortlichkeit des Schuldners Rechnung getragen wird[631]. Deshalb werden in den entsprechenden Regelungen der Insolvenzordnung auch nur solche Forderungen den Geldstrafen gleichgestellt, die zu Sanktionszwecken verhängt oder angeordnet werden, wie Ordnungs- und Zwangsgelder, wie das Zwangsgeld nach § 328 AO, nicht aber z.B. Säumniszuschläge nach § 240 AO, da diese keinen Sanktionscharakter haben[632].

---

[626]Die Restschuldbefreiung ist geregelt in §§ 286 ff. InsO.
[627]FK-InsO/Ahrens, § 286, Rn. 30
[628]FK-InsO/Ahrens, § 302, Rn. 1
[629]FK-InsO/Ahrens, § 302, Rn. 17
[630]vgl. oben S. 68/69
[631]ähnlich auch FK-InsO/Ahrens, § 302, Rn. 1
[632]FK-InsO/Schulz, § 39, Rn. 10; beachte auch, daß § 302 InsO neben dem Geldstrafenanspruch des Staates auch Verbindlichkeiten des Schuldners ausvorsätzlich begangenen unerlaubten Handlungen von der Restschuldbefreiung ausnimmt und so das Deliktsopfer vor dem Verlust seiner Ausgleichsansprüche schützen möchte. Ob dieser Schutz jedoch besonders effektiv ist, erscheint aus den oben dargestellten Gründen mehr

V. Vor- und Nachteile der Geldstrafe in ihrer jetzigen Ausgestaltung

1. Vorteile

Hauptgrund für den Siegeszug der Geldstrafe dürfte die Tatsache sein, daß sie den Charakter einer ambulanten Sanktion hat und dadurch die vielbeklagten Nachteile der Freiheitsstrafe vermeidet, die sich aus der Isolation vom gefestigten sozialen Umfeld und die Ersetzung desselben durch die besonderen Strukturen einer nicht gerade resozialisierungsfreundlichen „Knastgesellschaft" ergibt.[633]

Die Abwicklung der Geldstrafe erfolgt relativ anonym, so daß ihr keine nennenswerte stigmatisierende Wirkung anhaftet[634]. Es dürfte in der Praxis häufig vorkommen, daß in der Umgebung des Täters niemand etwas von der Verurteilung bemerkt und sein Ansehen deshalb keinen Schaden nimmt. Die desintegrierende Wirkung einer Freiheitsstrafe fällt bei der Geldstrafe also weg. Der Verurteilte wird nicht aus seinem Lebensbereich herausgerissen oder in seinem Verhältnis zum sozialen Umfeld beeinträchtigt[635]. Auch kann er weiterhin seiner Arbeit nachgehen und so die Lebensgrundlage für sich und seine Familie sichern[636].

Durch die dadurch erzielten Einkünfte kann der Täter die Ableistung der Schadensersatzforderung des Opfers, der Gerichtskosten und der Geldstrafe finanzieren[637].

Insbesondere durch ihre Verhängung nach dem Tagessatzsystem stellt die Geldstrafe eine Sanktion dar, die bestens an die Tatschuld des Täters anzupassen ist[638].

Für den Bereich der leichten Kriminalität erscheint sie überdies deswegen besonders geeignet, weil sie als ein vergleichsweise mildes Sanktionsmittel angesehen wird[639].
Vorteilhaft ist auch, daß ein Justizirrtum bei der Geldstrafe so leicht und vollständig rückgängig gemacht werden kann wie bei keiner anderen Sanktion[640].

Nicht von der Hand zu weisen ist schließlich der angenehme Nebeneffekt der Geldstrafe, daß ihr Vollzug für den Staat ökonomisch günstig ist. So werden nicht nur teure Kosten für die Vollstreckung von Freiheitsstrafen gespart, sondern auch nicht unerhebliche Einnahmen für die Staatskasse erzielt[641].

Sehr treffend sind insgesamt zu den Vorteilen der Geldstrafe die viel zitierten Worte Bonneville de Marsangys: „...l'amende est, de toutes les peines, la plus libérale, ...la plus divisible,

---

als fraglich; vgl. insofern kritisch auch Walther, Habil., S. 415 f., die de lege ferenda einen erweiterten Schutz auch hinsichtlich gerichtlich angeordneter Wiedergutmachungsleistungen bzw. –ansprüche fordert.

[633]Zipf, ZStW 1974, S. 535

[634]Tröndle, MDR, S. 465; Mitsch, S. 304

[635]Jescheck, StrR, § 73 II 2

[636]Grebing in Jescheck/Grebing, S. 47

[637]Mitsch, S. 304; etwas skeptisch jedoch Meier, ZRP, S. 68 ff., der befürchtet, daß wegen der großen Schuldenlast auf den Täter die zivilrechtlichen Ansprüche des Opfers zu kurz kommen, insbesondere bei wirtschaftlich schlecht situierten Verurteilten, und vorschlägt, die Geldstrafe für den Zweck der Wiedergutmachung gegenüber dem Opfer der bestraften Tat einzusetzen; vgl. dazu oben S. 20, Fn. 150 sowie ausführlicher unten S. 77 f.

[638]Grebing in Jescheck/Grebing, S. 47

[639]Lackner, StGB 1997, § 40, Rn. 1; vgl. jedoch kritisch zu dieser Auffassung Knoche, S. 198/199, der dies als irrationale Meinung bezeichnet und gemäßigter Bruns, Strafzumessung, S. 77.

[640]Grebing in Jescheck/Grebing, S. 47

[641]Mitsch, S. 304; Kilchling kam in seiner Hochrechnung für das Jahr 1991 beispielsweise auf eine Gesamtsumme von ca. 748 Millionen DM, vgl. Kilchling, S. 699, Fn. 504, s.o. S. 7, Fn. 13.

la plus économique, la plus complètement rémissable, presque toujours la plus analogue au délit, et par conséquent la plus efficace..."[642].

Für den Gesetzgeber waren diese Vorteile ausschlaggebend für die Schaffung einer Vormachtstellung der Geldstrafe, und konnten diese durch die gesetzliche Manifestation des Vorranges gegenüber der kurzen Freiheitsstrafe und die Einführung des Flexibilität ermöglichenden und dem Grundsatz der Opfergleichheit Rechnung tragenden Tagessatzsystems noch verstärkt werden[643].

2. Nachteile

Obwohl über die Rechtfertigung der Vormachtstellung der Geldstrafe aufgrund ihrer positiven Eigenschaften weitgehend Einigkeit besteht, werden auch die Nachteile der Geldstrafe in der Literatur umfassend diskutiert. Die wichtigsten Kritikpunkte sollen im Folgenden kurz aufgezeigt werden.

a) Abwälzbarkeit der Geldstrafe auf Dritte

So leicht wie bei keiner anderen Sanktion unseres bestehenden Strafensystems kann die Geldstrafe auf andere Personen als den Verurteilten abgewälzt werden[644]. Entweder kann sich der Täter die Zahlungsmittel von Dritten geben lassen, was in der Praxis kaum nachprüfbar sein dürfte, oder es zahlt eine dritte Person direkt bei der Gerichtskasse die Strafsumme ein[645]. Ob dieses Vorgehen für den Dritten eine strafbare Handlung darstellt, ist umstritten.

Da es neben der direkten Drittzahlung auch zahlreiche andere Umgehungsmöglichkeiten gibt, die im Ergebnis eine Fremdleistung der Geldstrafe darstellen, erachtet es eine Ansicht mit dem BGH[646] als konsequent, auch die Einzahlung der Strafsumme durch Außenstehende nicht als strafbare Strafvollstreckungsvereitelung (§ 258 II StGB) anzusehen, da die Wahl der Methode der Fremdbezahlung vom Zufall abhängig ist und nicht für Strafbarkeit und Straflosigkeit entscheidend sein kann[647].

Die Gegenansicht erblickt in dem BGH-Urteil und der sich daraus ergebenden Praxis die Aufgabe des Höchstpersönlichkeitserfordernisses der Strafe[648]. Auch wenn das Vorhandensein von straflosen Umgehungsmöglichkeiten nicht geleugnet werden kann, so erscheinen den Vertretern dieser Ansicht doch die Folgen eines völligen rechtlichen Verzichts auf die Strafbarkeit wegen Vollstreckungsvereitelung von größerem Nachteil als das Nebeneinander von strafbarer Drittzahlung und strafloser Umgehung[649]. Im Gegensatz zur Urteilsbegründung des

---

[642] Bonneville de Marsangy, De l'amélioration de la loi criminelle, Band 2, S. 251 ff. (258 f.), zitiert nach Grebing in Jescheck/Grebing, S. 47.
[643] Grebing in Jescheck/Grebing, S. 47
[644] vgl. dazu Zipf, MDR, S. 633, der diese Abwälzung des Strafübels auf einen unbeteiligten Dritten pointiert als „aberratio ictus der Strafzumessung" bezeichnet.
[645] Daß auch letztere Konstellation in der Praxis vorkommt, ergibt sich aus der Tatsache, daß die Strafgerichte von Zeit zu Zeit mit derartigen Fällen befaßt sind; vgl. Mitsch, S. 305.
[646] BGHSt 37, S. 226; anders dagegen das Reichsgericht, das den leistenden Dritten wegen Begünstigung nach § 257 a.F. StGB für strafbar erkannte, RGSt 33, S. 232.
[647] Müller-Christmann, S. 382; Krey, S. 889; vgl. auch Lackner, StGB 1997, § 258, Rn. 13, der die Auffassung des BGH „im Hinblick auf den Gesetzeswortlaut und die Schwierigkeiten sinnvoller Begrenzung vorzugswürdig, kriminalpolitisch aber bedauerlich" findet.
[648] Hillenkamp, S. 76
[649] Grebing in Jescheck/Grebing, S. 46

BGH soll nach dieser Auffassung der Wortlaut des § 258 II StGB nicht gegen, sondern für die Strafbarkeit der Drittleistung sprechen, da die Bezahlung einer fremden Geldstrafe eine Täuschungshandlung darstellt, mit der die Strafvollstreckungsbehörden von Vollstreckungsmaßnahmen gegen den Verurteilten abgehalten oder abgebracht werden sollen[650].

In Anbetracht der Tatsache, daß auch die Strafbarkeit des leistenden Dritten den Geldstrafenschuldner nicht zur (Selbst-)Zahlung seiner Schuld bewegen können wird, und unter Berücksichtigung der besonderen Eigenschaft des Geldes als grundsätzlich austauschbares Zahlungsmittel und vertretbare Sache dürfte der Auffassung des BGH der Vorzug zu geben sein.

b) Drittwirkung der Geldstrafe

Vielfach mit dem Problem der Abwälzbarkeit der Geldstrafe in einem Atemzug genannt wird die Frage der Auswirkung der Zahlungspflicht auf die Angehörigen des Verurteilten[651]. Es wird bemängelt, daß einen Teil des Strafleidens bei der Geldstrafe immer auch die Familie des Verurteilten zu tragen hat, da die Beschränkung des Lebensstandards aufgrund der Minimierung der für den Haushalt zur Verfügung stehenden finanziellen Mittel praktisch nicht auf ein Familienmitglied zu begrenzen ist, sondern zwangsläufig alle in Mitleidenschaft zieht[652]. Dieser Einwand kann jedoch in zweierlei Hinsicht entkräftet werden:

Erstens ist es wohl allen vorhandenen Sanktionen gemein, daß ihre Auswirkungen nicht auf den Täter als solchen begrenzbar sind, sondern sein engstes Umfeld immer von dem Strafleiden mitbetroffen sein wird[653]. Für die Freiheitsstrafe gilt dies um so mehr, als bei Verdienstausfall des inhaftierten Familienmitglieds die Haushaltskasse unter diesem Verlust noch erheblicher leidet als unter einer zu zahlenden Geldstrafe[654]. Dabei ist auch zu bedenken, daß die haftbedingte Erwerbslosigkeit sich in aller Regel nicht auf die Dauer des Gefängnisaufenthaltes beschränken, sondern der frisch entlassene Ex-Sträfling aufgrund dieser Vorstrafe erhebliche Probleme bei der Arbeitsuche haben wird.

Zweitens wird durch das Tagessatzsystem der familiären und finanziellen Situation des Verurteilten Rechnung getragen, indem bestehende Unterhaltsverpflichtungen angerechnet werden[655]. Auch die Möglichkeit der Ratenzahlung und Stundung kann verhindern, daß der Geldstrafenschuldner und seine Familie über ihr Leistungsvermögen belastet werden[656].

Neben den augenfälligen Möglichkeiten der finanziellen Drittwirkung der Geldstrafe kommen auch noch andere Aspekte der Übertragung des Strafleidens auf Angehörige in Betracht. So ist von der Auswirkung einer staatlichen Strafe in Hinblick auf das soziale Ansehen im Regelfall auch die gesamte Familie betroffen. Da jedoch die Zahlung der Geldstrafe zum einen wenig aufsehenerregend ist und deshalb vielleicht sogar unbemerkt von statten gehen kann, und zum anderen im Bewußtsein der Allgemeinheit darauf schließen läßt, daß es sich bei dem damit sanktionierten Delikt um kein Kapitalverbrechen handelt, ist der ehrverletzende bzw. rufschädigende Effekt bei der Geldstrafe im Vergleich zu anderen Strafarten wie etwa der Freiheitsstrafe, deren erhebliche stigmatisierende Wirkung nicht in Frage gestellt wird, als

[650] Mitsch, S. 304/305
[651] so z.B. bei Grebing in Jescheck/Grebing, S. 44/45
[652] Zipf, ZStW 1974, S. 529; Würtenberger, S. 21
[653] Baumann, Lebensstandard, S. 49; v. Spiegel, S. 10 ff.
[654] Mitsch, S. 305; Grebing in Jescheck/Grebing, S. 44
[655] siehe dazu oben S. 45
[656] Grebing in Jescheck/Grebing, S. 44; zu den Möglichkeiten der Gewährung von Ratenzahlung und Stundung vgl. oben S. 56 ff.

gering einzustufen. Wie oben bereits erwähnt, stellt dieser das Verhältnis zum sozialen Umfeld schonende Charakter der Geldstrafe einen ihrer entscheidenden Vorzüge dar.

Ebenso verhält es sich hinsichtlich der Auswirkung auf die familiären Bande als solche. Als Drittwirkung einer Strafe –insbesondere der Freiheitsstrafe- kann sich die Tatsache darstellen, daß die familiären Beziehungen durch die Abwesenheit des inhaftierten Familienmitgliedes leiden. So stellt es eine erhebliche Belastung des ehelichen Verhältnisses dar, wenn der vertraute Partner zur gemeinsamen Bewältigung des Alltags nicht mehr zur Verfügung steht, ebenso können sich nach Anpassung an diese veränderte Situation bei der Rückkehr wiederum Probleme ergeben. Auch bei der Erziehung der Kinder macht sich die Abwesenheit eines Elternteils im Regelfall negativ bemerkbar.

Auch diese unerwünschte Form der Drittwirkung tritt bei der Geldstrafe naturgemäß nicht auf, so daß ihre Drittwirkung in der Gesamtschau anderen Sanktionen und speziell der Freiheitsstrafe gegenüber als verhältnismäßig gering einzustufen ist[657]. Die Streuwirkung des Strafleidens auf die Angehörigen des Verurteilten ist demnach bei der nach dem Tagessatzsystem verhängten Geldstrafe keinesfalls größer als bei anderen Sanktionen.

c) Grundsatz der Opfergleichheit

Umstritten ist weiterhin, ob die Geldstrafe dem Grundsatz der Opfergleichheit gerecht werden kann. Es wird angeführt, daß die Zahlung einer Geldstrafe begüterte Täter wesentlich weniger stark beeinträchtigt als wirtschaftlich schlecht situierte Verurteilte[658]. Wer auf sein Vermögen zurückgreifen kann, um die Strafe zu zahlen, muß seinen Lebensstandard nicht gravierend einschränken, während vermögenslose Geldstrafenschuldner sich die Raten regelrecht absparen müssen und bei Nichtleistung auch noch von der Vollstreckung der Ersatzfreiheitsstrafe bedroht sind[659].

Obwohl die Einführung des Tagessatzsystems mit der Orientierung der Tagessatzhöhe an dem Einkommen des zu Verurteilenden auch diesem Argument etwas von seiner Schärfe nehmen konnte, ist der Vorwurf der Ungleichbehandlung nicht ganz aus der Welt. Immer noch ist strittig, ob bei der Strafzumessung das vorhandene Vermögen des Täters berücksichtigt werden darf, da dies die Abgrenzung zur Vermögensstrafe des § 43 a StGB verwischen könnte, und die Gerichtspraxis entsprechend zurückhaltend bei der Anrechnung von Vermögen verfährt[660]. So kann unter Umständen tatsächlich der Fall eintreten, daß jemand seine Geldstrafe recht problemlos aus einem vorhandenen, aber aufgrund seiner relativ geringen Größe nicht bei der Tagessatzbemessung berücksichtigten Vermögen bezahlt, mit der Folge, daß die Strafwirkung auf diesen Verurteilten im Vergleich zu einem vermögenslosen Täter mit derselben Schuld und gleichem Einkommen ungleich geringer ist. Da besonders große Vermögen aber in der Praxis meistens angerechnet werden, kann dieser Fall daher nur eintreten, wenn es sich um einen Vermögenswert handelt, der zu gering für eine Anrechnung, aber groß genug zur sofortigen Begleichung der Geldstrafenschuld ist. Die tatsächliche Anzahl solcher Konstellationen dürfte jedoch kaum von nennenswerter Bedeutung sein.

Das ungleiche Vorhandensein von Geldmitteln und die daraus resultierende Anfälligkeit für Ungleichheiten bei der Empfindlichkeit gegenüber Strafübeln ist der monetären Sanktion als

[657] eingehend zum Ganzen v. Spiegel, S. 10 ff.
[658] Jescheck, StrR, § 73 II 2
[659] Eisenberg 1995, § 3, Rn. 11; Jescheck, Würtenberger-FS, S. 263
[660] vgl. dazu oben S. 45

solcher immanent. Das Tagessatzsystem mit seiner flexiblen Anpassung an die Verhältnisse des Täters bietet durch seine einzelfallorientierte Strafzumessung die besten Möglichkeiten zur Vermeidung von Ungerechtigkeiten, die so auf ein Minimum reduziert werden könnten.

Jedes System kann jedoch nur so gut sein wie seine Anwender es zulassen. Bilden sich in der Gerichtspraxis immer mehr Strafkataloge mit festgelegten Regelsätzen heraus, so kann dies dem Grundsatz der Opfergleichheit nur oberflächlich Vorschub leisten. Auf den zweiten Blick offenbart sich aber der negative Effekt, daß die mangelnde Anpassung an den Täter in der Gesamtschau zwar zu gleicher Strafe für gleiche Schuld, aber nicht automatisch zu gleicher Strafwirkung führt, sondern das Gegenteil der Fall ist. Bei gewissenhafter Anwendung des Tagessatzsystems und der Ausschöpfung seiner Möglichkeiten könnte demnach die Opfergleichheit in zufriedenstellendem Maße gewahrt werden und wäre in dieser Hinsicht kein hervorstechender Nachteil der Geldstrafe als solcher zu erblicken.

Auch das Problem der Opfergleichheit ist nämlich jeder Strafart immanent. Selbst bei der Beeinträchtigung verschiedener Personen in einem Rechtsgut, das jeder Mensch in annähernd gleichem Maße besitzt, wie seiner Freiheit, ist nicht gewährleistet, daß die Entziehung desselben von jedermann gleich empfunden wird. Außer der Freiheitsstrafe ist jedoch keine Sanktion denkbar, die in ein Rechtsgut eingreift, das grundsätzlich jedem Menschen in etwa gleichem Maße zu eigen ist. Auf Geld trifft dies selbstverständlich nicht zu, aber als allgemeines Zahlungsmittel und vertretbare Sache ist von seinem Vorhandensein noch eher auszugehen als von dem anderer Dinge. Denkt man z.B. an das in letzter Zeit öfter vorgeschlagene Fahrverbot als Hauptstrafe, so zeigt sich, daß im Unterschied zum Führerschein bzw. dem Fahrzeug als Gebrauchsgegenstand bei Geld noch relativ gut abzusehen ist, wieviel jemand davon hat, und in welchem Maße ihn der Entzug einer bestimmten Summe beeinträchtigt[661].

d) Gefahr der „Beschaffungskriminalität"

Sollte die zu zahlende Geldstrafe das Leistungsvermögen des Schuldners übersteigen, besteht die Gefahr, daß er sich des notwendigen Geldes wiederum auf kriminelle Art und Weise bemächtigt und so in einen Strudel der „Beschaffungskriminalität" gezogen wird[662]. Als lohnend könnte sich solches Vorgehen dann darstellen, wenn der Täter in der Lage ist, durch seine Delikte mehr Geld zu erwirtschaften, als er Strafe zahlen muß.

Unerwünschter Nebeneffekt solcher Praktiken ist die Kommerzialisierung der Strafrechtspflege, im Zuge derer der Gedanke des „Freikaufens" von Schuld Einzug halten könnte[663]. Die Gefahr des Teufelskreises der Beschaffungskriminalität dürfte jedoch im konkreten Anwendungsbereich der Geldstrafe, nämlich bei der leichten Kriminalität, nicht allzu groß sein. Hier wird es sich weniger um Wiederholungstäter mit erheblicher krimineller Energie handeln, als um einmalig mit dem Gesetz in Konflikt geratene Personen, die nicht zu der Begehung weiterer Delikte neigen. Für den Kleinkriminellen aus Gewohnheit stehen der Rechtspflege im Bedarfsfall auch andere Sanktionen zur Verfügung, wenn diese angemessen erscheinen, wie die Freiheitsstrafe als ultima ratio.

---

[661] vgl. zum Thema Fahrverbot als Hauptstrafe unten S. 152 ff. und insbesondere unter dem Gesichtspunkt der Opfergleichheit Fehl, S. 379 ff.

[662] Eisenberg 1995, § 3, Rn. 16

[663] Mitsch, S. 305

e) Vereitelung der Opferansprüche

Ein weiterer Nachteil der Geldstrafe besteht darin, daß die auf zivilrechtlichem Wege geltend zu machenden Schadensersatzansprüche, die sich für das Opfer aus der Tat ergeben, durch die Zahlungsverpflichtung an die Gerichtskasse beeinträchtigt werden können. Da das Leistungsvermögen des Verurteilten durch die Geldstrafe stark eingeschränkt ist, sinken die Aussichten des Betroffenen auf Erhalt der finanziellen Entschädigung erheblich[664].

Es wird deshalb kritisch bemerkt, der Staat trage seine fiskalischen Interessen auf dem Rükken der Opfer aus, ohne daß eine rechtlich relevante Rechtfertigung dafür ersichtlich sei, daß er als Benefiziar der Geldstrafen fungiert und dabei gewaltige Finanzmittel abschöpft; allein der staatliche Strafanspruch beinhalte nicht auch das Monopol zur Einnahme von Geldmitteln aus Strafen[665].

Dieser Mangel der Geldstrafe wurde bereits kritisiert, als sie noch keine so große Bedeutung im System der strafrechtlichen Sanktionen gespielt hat wie heutzutage. So forderte v. Hentig bereits im Jahre 1955: „Bei der Strafe aber, mit der wir 55 % aller begangenen Verbrechen und Vergehen ahnden, bei den Delikten, durch die zahllose Menschen ihr Geld verlieren und diesen Verlust schmerzhaft empfinden, sollte und könnte das Entschädigungsbedürfnis des Opfers anerkannt und mit einem angemessenen Anteil besänftigt werden."[666]

In den letzten Jahren bekommt dieser Gedanke weniger unter Sühnegesichtspunkten als im Rahmen des Täter-Opfer-Ausgleichs wieder verstärkt Gewicht[667]. So wird beklagt, daß die Wiedergutmachung in Form der Schadensersatzleistung an das Opfer in der Praxis regelmäßig hinter der Abzahlung der Geldstrafe zurückstehen muß, da im Falle deren Unbeitreibbarkeit die Ersatzfreiheitsstrafe droht[668]. Danach dürften dann zunächst einmal die Verfahrenskosten beglichen werden, da der Staat als Gläubiger als unangenehmer empfunden wird als der seine rechtlichen Möglichkeiten häufig nicht ausschöpfende private Anspruchsteller. Die auf zivilrechtlichem Wege oder (mit gleicher Wirkung) im Adhäsionsverfahren nach §§ 403 ff. StPO geltend gemachten Ansprüche des Opfers stehen in der Vielzahl der Fälle wohl erst an letzter Stelle.

Teilweise wird darin ein der Geldstrafe als solcher innewohnender Mangel gesehen und verlangt, daß die Opferentschädigung bei der Verhängung, Bemessung und Vollstreckung der Geldstrafe berücksichtigt werden muß[669]. Andere empfinden diesen Umstand als so unerträglich, daß sie die Umleitung der Geldstrafe zu dem Geschädigten fordern. So schlägt z.B. Meier zwei verschiedene Konstruktionen vor, die zu einer besseren Befriedigung von Verbrechensopfern führen sollen.

Das erste Modell sieht die Entschädigung des Opfers aus der Staatskasse vor, die allerdings subsidiär im Sinne einer Versicherung oder Ausfallbürgschaft sein und erst dann greifen soll, wenn das Opfer von Seiten des Schädigers keinen Ersatz zu erlangen vermag[670]. Der Anspruch des Geschädigten gegen den Schädiger geht auf die Staatskasse über.

---

[664] Grebing in Jescheck/Grebing, S. 46 bzw. S. 1293 f.
[665] Kilchling, S. 699; zu seiner Schätzung bzgl. der Summe vgl. auch oben S. 7, Fn.13.
[666] v. Hentig, S. 402/403
[667] vgl. Hirsch, ZStW, S. 535 ff.; zum Täter-Opfer-Ausgleich ausführlich unten S. 144 ff.
[668] Meier, ZRP, S. 68/69
[669] Grebing in Jescheck/Grebing, S. 46
[670] Meier, ZRP, S. 70

Die zweite von Meier vorgeschlagene Lösung hat die Bildung eines Ausgleichsfonds zum Gegenstand, welcher aus den Mitteln der Geldstrafen finanziert werden soll. Auch hier soll ein Anspruch des Geschädigten nur für den Fall bestehen, daß er von dem Schädiger keinen Ersatz bekommt und der Anspruch des Opfers gegen den Täter ebenfalls auf den Ausgleichsfonds übergehen[671].

Da das erstgenannte Modell voraussetzt, daß der Täter zu einer Geldstrafe verurteilt worden ist, würden hier die Opfer solcher Straftaten benachteiligt werden, in denen eine Freiheitsstrafe verhängt worden ist, in aller Regel also die Opfer schwererer Delikte. Dies erscheint untragbar, so daß dem Ausgleichsfondsmodell als der „sanktionsneutralen" Variante in Hinblick auf seine Konstruktion der Vorzug zu geben ist[672].

Die Bildung eines Ausgleichsfonds wurde auch im Alternativ-Entwurf Wiedergutmachung von 1992 vorgesehen[673]. Allerdings beschränkte sich der Entwurf darauf, die Errichtung von Ausgleichsfonds, in die Geldstrafen und die aufgrund von Auflagen gezahlten Beträge einfließen sollen, durch Landesrecht anzuregen. Die Verfasser des AE-WGM haben bewußt keine detaillierte Regelung hinsichtlich des Opferfondsmodells getroffen, da sie diesem immanent die Gefahr sehen, daß die Mitwirkungsbereitschaft des Verletzten an Wiedergutmachungsbemühungen des Täters beeinträchtigt wird. Das Opfer habe keine Veranlassung, sich z.B. mit Teilleistungen des Täters zufrieden zu geben, wenn die Möglichkeit besteht, nach der Verurteilung des Täters vollständige Entschädigung aus dem Opferfonds zu erhalten[674].

Diese Bedenken werden auch im Referentenentwurf des Bundesjustizministeriums für ein Gesetz zur Reform des Sanktionensystems vom 08.12.2000 aufgegriffen[675]. Darin ist deshalb eine Regelung enthalten, die zwar auch dem Gedanken der Umleitung der Geldstrafe bzw. eines Teils davon zugunsten des Geschädigten Rechnung trägt, dabei jedoch weniger weit geht als die im AE-WGM vorgesehene Lösung. Nach dem Referentenentwurf soll ein § 40 a StGB eingefügt werden, wonach das Gericht ein Zehntel der verhängten Geldstrafe einer gemeinnützigen Einrichtung zuweist, deren Zweck die Hilfe für Opfer von Straftaten ist[676]. Als Beispiele für solche Organisationen werden Notruftelefone, Frauenhäuser und Kinderschutzzentren genannt, die genauere Ausgestaltung der Verfahrensweisen zur Auswahl der zu bedenkenden Einrichtungen aber einer landesgesetzlichen Regelung belassen[677]. Zur Begründung wird angeführt, die vorgesehene Regelung reichere den Zweck der Geldstrafe um den Aspekt der Wiedergutmachung an, was im Einklang mit spezialpräventiven Gesichtspunkten und der Forderung nach einer stärker opferorientierten Kriminalpolitik stehe[678].

Einen Schritt hin zur stärkeren Gewichtung der Wiedergutmachung gegenüber dem Verletzten stellt auch die bereits erfolgte Einführung der Möglichkeit des § 459 a Abs. I, S. 2 StPO dar[679], wonach dem Geldstrafenschuldner Zahlungserleichterungen bewilligt werden können, wenn ansonsten die Schadenswiedergutmachung gefährdet werden könnte[680]. Außerdem gibt es die Vorschrift des § 46 a StGB zum Täter-Opfer-Ausgleich, die ein Absehen von bzw. eine

[671]Meier, ZRP, S. 71
[672]Dafür spricht sich im Ergebnis auch Meier aus, ZRP, S. 72
[673]vgl. § 25 AE-WGM
[674]Begründung AE-WGM, S. 96
[675]Begründung RefE, S. 14
[676]vgl. RefE, S. 6
[677]Begründung RefE, S. 15
[678]Begründung RefE, S. 15
[679]Die §§ 459 bis 459 h StPO sind durch Art. 21 Nr. 130 EGStGB vom 2.3.1974 (BGBl. I, S. 469) eingefügt worden. Vorher waren Geldstrafen nach den Vorschriften der ZPO zu vollstrecken, KK/Fischer, § 459, Rn. 1.
[680]vgl. dazu oben ausführlich S. 56 ff.

Milderung der Strafe erlaubt, wenn der Täter Wiedergutmachung leistet oder wenigstens ernsthaft erstrebt[681]. Eine behutsame und vernünftige Weiterentwicklung dieser Möglichkeiten dürften den Opfern von Straftaten auf lange Sicht gesehen mehr nützen als die pauschale Umleitung aller staatlichen Geldstrafen in den Opferschutz, da auch der Präventiveffekt einer dem staatlichen Strafanspruch entspringenden Sanktion nicht unterschätzt werden darf.

Des weiteren darf nicht übersehen werden, daß die Opferentschädigung nicht nur durch eine Geldstrafe gefährdet werden kann. Der zu einer Freiheitsstrafe Verurteilte wird im Normalfall über keine nennenswerten Einkünfte verfügen, aus denen er die Wiedergutmachung leisten könnte, und dürfte sich die Erwerbslosigkeit, wie oben bereits erwähnt, über den Gefängnisaufenthalt als solchen hinaus auf einen längeren Zeitraum erstrecken.

Die Vereitelung der Opferansprüche ist also weder ein der Geldstrafe speziell anhaftendes Problem, noch ist das Fehlen entsprechender gesetzlicher Möglichkeiten zur Berücksichtigung und Förderung der Wiedergutmachung zu beklagen.

Teil 2: Überblick über weitere monetäre Sanktionen im deutschen Rechtssystem

Neben der Geldstrafe nach § 40 ff. StGB gibt es im geltenden deutschen Recht noch eine Reihe anderer monetärer bzw. pekuniärer, also im Abfluß von Zahlungsmitteln bestehender Sanktionen. Obwohl für den Betroffenen im Einzelfall vielleicht kein Unterschied ersichtlich ist, muß zwischen diesen Rechtsfolgen und der Geldstrafe im eigentlichen Sinne streng differenziert werden[682].

In diesem zweiten Teil der Arbeit soll deshalb ein Überblick über die Palette der monetären Sanktionen des deutschen Rechtssystems gegeben werden, wobei diese jeweils in ihrer Abgrenzung zur Geldstrafe als Prototyp der pekuniären Bestrafung dargestellt werden.

Ein Anspruch auf Vollständigkeit wird dabei nicht erhoben, die von ihrer summenmäßigen Bedeutung oder Anwendungshäufigkeit her wichtigsten Rechtsinstitute, sowie solche, die aufgrund ihrer Konstruktion besonders interessant erscheinen, sind jedoch in den folgenden Ausführungen berücksichtigt. Dabei wird –wie eingangs bereits erwähnt[683]- neben einem Überblick über die finanziellen Sanktionen des Straf- und Ordnungswidrigkeitenrechts insbesondere auf die zivilrechtlichen Sanktionen eingegangen, da diese aufgrund ihrer großen praktischen Relevanz besonders interessant erscheinen. Nur relativ knapp behandelt wird dagegen der Bereich des Verwaltungsrechts, da in diesem Gebiet eine eingehendere Erörterung den Rahmen dieser Arbeit sprengen würde. Hier beschränkt sich die Darstellung daher im wesentlichen auf bundesrechtliche Rahmenvorschriften.

---

[681] dazu ausführlich unten S. 144 ff.
[682] Die Einteilung der Sanktionsgruppen erfolgt in Anlehnung an die Aufstellung bei Gelbhaar, S. 121.
[683] siehe oben S. 5

I. Sanktionen nach StGB und StPO

1. Geldauflagen

Von der Geldstrafe zu unterscheiden sind die verschiedenen Möglichkeiten der Festsetzung einer Geldauflage, die an eine gemeinnützige Einrichtung oder die Staatskasse zu zahlen ist.

Die Zahlung einer Geldauflage kann in folgenden Fällen angeordnet werden:

- gemäß § 56 b Abs. II, Nr. 2 StGB bei der Strafaussetzung zur Bewährung gegen Zahlung eines Geldbetrages;
- gemäß § 56 b Abs. III StGB bei der Strafaussetzung zur Bewährung gegen eine freiwillig erbrachte Zahlung;
- nach § 57 Abs. III i.V.m. § 56 b Abs. II StGB bei Aussetzen des Strafrestes zur Bewährung;
- gemäß § 56 b Abs. II, Nr. 1 StGB i.V.m. § 153 a Abs. I, Satz 1 StPO als Auflage zur Schadenswiedergutmachung;
- gemäß § 153 a StPO als Auflage zur Einstellung eines Verfahrens;
- nach §§ 59, 59 a i.V.m. 56 b Abs. II StGB als Verwarnung mit Strafvorbehalt.

Obwohl eine solche Geldauflage, insbesondere bei Zahlung an den Fiskus, für den Betroffenen von einer Geldstrafe nach § 40 ff. StGB kaum zu unterscheiden sein dürfte[684], sind die beiden Institute von der Konstruktion her sehr verschieden.

Auflagen sind als repressive strafähnliche Sanktionen anzusehen[685], haben aber keine Strafnatur[686]. Die §§ 40 ff. StGB finden auf sie keine Anwendung[687], und eine Durchsetzung mittels Vollstreckung kommt nicht in Betracht. Deshalb ist im Falle der Nichtleistung einer Geldauflage nach § 56 b StGB die Rechtsfolge z.B. lediglich der Widerruf der Strafaussetzung nach § 56 f StGB[688]. Ihrem Charakter nach sollen die Auflagen, anders als die erzieherisch angelegten Weisungen, eine gewisse Genugtuungsfunktion erfüllen[689].

Insbesondere bei der Regelung nach § 56 b Abs. II Nr. 4 StGB, nämlich der Zahlung eines Geldbetrages an die Staatskasse als Auflage, deren Erfüllung die Aussetzung der Freiheitsstrafe zur Bewährung ermöglicht, kann jedoch die große Ähnlichkeit zur Geldstrafe hinsichtlich ihrer Wirkungen nicht geleugnet werden[690]. Dieses Problem besteht in der dargestellten Form erst seit das 1. StrRG die Geldauflage nicht nur zugunsten gemeinnütziger Einrichtungen, sondern auch der Staatskasse ermöglicht[691].

Umstritten ist, welche Konsequenzen sich aus dieser Ähnlichkeit für die Bemessung und Begrenzung der Geldauflage ergeben[692]. Anders als bei der durch §§ 40 ff. StGB geregelten

---

[684] Grebing erscheint die Geldauflage daher speziell im Vergleich mit den Regelungen anderer Länder „eigentlich doch nur als ein anderes Etikett für Geldstrafe", Jescheck/Grebing, S. 1215

[685] Schönke/Schröder/Stree, § 56 b, Rn. 2

[686] Grebing in Jescheck/Grebing, S. 49

[687] Maurach/Zipf, § 65, Rn. 41 (S. 646)

[688] Schönke/Schröder/Stree, § 56 b, Rn. 12

[689] Tröndle, StGB 1997, § 56 b, Rn. 2

[690] vgl. statt vieler SK-Horn, § 56 b, Rn. 10: „In diesem Falle gewinnt die Auflage ganz eindeutig den Charakter einer Geldstrafe."

[691] Grebing in Jescheck/Grebing, S. 48, der darauf hinweist, daß eine Auflage als Zahlung an eine gemeinnützige Einrichtung auch schon vorher bestanden und „zu keinerlei Abgrenzungsproblem mit der Geldstrafe Anlaß gegeben" hat, „wenn auch auf den mit dieser Auflage verfolgten Sühnezweck hingewiesen wurde".

[692] Grebing in Jescheck/Grebing, S. 50

Geldstrafe besteht bei der Festsetzung einer Geldauflage ein großer Freiraum[693]. So gibt es formell für den Geldbetrag keine Höchstgrenze, er kann auch die Höhe einer neben der zur Bewährung ausgesetzten Freiheitsstrafe verhängten Geldstrafe überschreiten[694]. Eine Einschränkung erblickt die wohl herrschende Meinung in der Grenze der Zumutbarkeit, die in § 56 b Abs. I, Satz 2 StGB genannt wird[695].

Die Gegenansicht will wegen der faktisch identischen Wirkung die Bemessung der Geldauflage jener der Geldstrafe anpassen. So verlangt z.B. Horn, daß die Geldauflage der Höhe nach niemals die hypothetisch verhängte Geldstrafe übersteigen darf [696]. Dafür spricht sich auch Stree aus, der seine Forderung aus dem Verhältnismäßigkeitsgrundsatz herleitet[697]. Während aber Stree nur anführt, die Auflage dürfe nicht *höher* (Hervorhebung durch Verfasserin) sein als die hypothetische Geldstrafe[698], verlangt Horn auch nach unten hin eine gewisse Begrenzung. Er prangert die gängige Praxis an, nach der die Geldauflage regelmäßig mit der Hälfte der Freiheitsstrafe in Beziehung gesetzt werde[699]. Horn erachtet es als notwendig, das „Gewicht des verschuldeten Unrechts (...) in eine entsprechende Geldsumme umzusetzen“[700].

Bedenklich erscheint jedoch diese Verwischung der Grenzen zwischen Geldstrafe und Auflage nach § 56 b StGB insbesondere in Anbetracht der Tatsache, daß die zur Bewährung ausgesetzte Freiheitsstrafe in solchen Fällen verhängt wird, in denen nach der Tatschuld und der Schwere des Delikts eine Geldstrafe eben gerade trotz ihres Vorranges bzw. der ultima-ratio-Klausel nicht mehr in Betracht kommt. Diese klar getroffene gesetzliche Sanktionsfolge dadurch zu umgehen, daß eine der normalerweise ausgesprochenen Geldstrafe entsprechende Geldauflage angeordnet wird, dürfte nicht der richtige Weg sein. Auch wenn nicht in Abrede gestellt werden kann, daß die gängige Sanktionierungsweise bereits in diese Richtung tendiert, ist dies noch lange kein Grund, an sich unerwünschten Gerichtspraktiken auch noch Vorschub zu leisten. Wenn die Geldstrafe eine ernst zu nehmende Hauptstrafe im modernen Sanktionensystem darstellen soll, darf keine Vermischung der staatlichen Reaktion auf die verschiedenartigsten Verfehlungen stattfinden, um eine Entwertung der Geldstrafe zu vermeiden[701].

Zur Veranschaulichung der zahlenmäßigen Bedeutung der Geldauflagen soll hier eine Aufstellung des OLG Nürnberg[702] dienen, in der die an gemeinnützige Organisationen gezahlten Beträge erfaßt sind. Danach ergab sich für das Jahr 1996 ein Gesamtbetrag von 5,6 Millionen DM für den Oberlandesgerichtsbezirk Nürnberg, der für gemeinnützige Zwecke verteilt wurde.

Die an solchen Zuwendungen interessierten Organisationen können die Aufnahme in eine bei der Justizverwaltung geführte Liste beantragen, sofern sie durch das Finanzamt bescheinigt

---

[693] Schönke/Schröder/Stree, § 56 b, Rn. 12, wo allerdings gegen diese Diskrepanz keine Bedenken bestehen, „da es sich darum handelt, hier eine schwerere Freiheitsentziehung durch eine für den Täter leichtere Reaktion zu ersetzen.“
[694] Tröndle, StGB 1997, § 56 b, Rn. 7
[695] Lackner, StGB 1997, § 56 b, Rn. 4; Tröndle, StGB 1997, § 56 b, Rn. 7
[696] SK-Horn, § 56 b, Rn. 9a
[697] Schönke/Schröder/Stree, § 56 b, Rn. 20
[698] Schönke/Schröder/Stree, aaO
[699] SK-Horn, § 56 b, Rn. 9 mit Hinweis auf OLG Celle, StV 1992, 527 und dazu Horn, StV, S. 537
[700] SK-Horn, § 56 b, Rn. 9
[701] Dies befürchtete bereits Grebing in Jescheck/Grebing, S. 1216; vgl. auch Grebing, ZStW, S. 1109 ff. mit Gedanken zur „Autonomie der Geldstrafe“.
[702] vgl. zum Folgenden Veröffentlichung der Justizpressestelle des OLG Nürnberg, Verfasser Ewald Behrschmidt, Internet-Fundstelle: http://www.justiz.bayern.de/olgn/pr_geldbussen96.htm

als gemeinnützig anerkannt sind[703]. Beim OLG Nürnberg gibt es eine regionale Liste mit 680 Einrichtungen und eine überregionale mit weiteren 350 Spendenaspiranten.

Von den 5,6 Mio. DM flossen an regionale Organisationen 3,8 Mio. DM, während überregionale Empfänger sich mit 1,8 Mio. DM zufrieden geben mußten. Angesichts des großen Umfangs der Listen gehen leider viele Einrichtungen ganz leer aus. In Anbetracht der Tatsache, daß neben den hier erfaßten Auflagen zugunsten gemeinnütziger Organisationen auch solche zugunsten der Staatskasse verhängt werden, dürfte die Gesamtsumme der durch Geldauflagen erzielten Einnahmen noch höher angesiedelt sein. Im Vergleich mit der Summe der Einnahmen aus Geldstrafen, Geldbußen und Kosten des Strafverfahrens im Freistaat Bayern für das gleiche Jahr in Höhe von 228.806.357,79 DM[704] ergibt sich ein ungefähres Bild hinsichtlich der absoluten Größenordnung der Geldauflagen im Feld der monetären Sanktionen.

Im Vergleich der möglichen Auflagen ist jedoch die Geldauflage nach § 153 a Abs. I, Satz 1, Nr. 2 StPO die mit großem Abstand am häufigsten gewählte Art. Sie hält gegenüber den Auflagen nach § 153 a Abs. I, Satz 1, Nr. 1, 3 und 4 StPO einen Anteil von über 90 %[705].

Obwohl hierüber keine umfassenden statistischen Erhebungen vorliegen, lassen einzelne Untersuchungen erkennen, daß die Höhe der einzelnen Geldauflagen im Einzelfall eher gering ist[706]. So liegen nach einer Studie aus dem Jahr 1981 mehr als 50 % aller Auflagen unter 150,- DM, nur 2 % betragen über 1.000,- DM[707]. Nicht zuletzt diese geringe Höhe der Geldauflagen bestätigt die Annahme, die Möglichkeit des § 153 a Abs. I, Satz 1, Nr. 2 StPO werde in der Praxis eher schematisch als eine Denkzettelsanktion für untere Kriminalitätsbereiche gehandhabt[708]. Ausnahmsweise kommt es im Bereich der Wirtschaftskriminalität und ähnlicher Delikte zu recht hohen Auflagen, dies sind jedoch seltene Einzelfälle[709].

Bei der Festsetzung einer Geldauflage nach § 153 a Abs. I, Satz 1, Nr.2 StPO sind nicht nur die persönlichen und wirtschaftlichen Verhältnisse des Täters zu berücksichtigen, sondern auch die Tatsache, daß beim Absehen von Strafe gegen Erteilung einer Auflage das auf den konkreten Fall bezogene öffentliche Interesse an der Strafverfolgung beseitigt werden muß[710]. Insofern spielt also auch die persönliche Schuld des Täters bei der Ermittlung der Höhe der zu zahlenden Geldauflage eine Rolle, und kann deshalb im Einzelfall auch die Orientierung der Summe an den entstandenen Kosten wegen des Mißverhältnisses zur Tatschuld unbillig sein[711].

2. Gewinnabschöpfung durch Einziehung, Verfall und Vermögensstrafe

Durch die Einführung dieser Institute sollte der organisierten Kriminalität Einhalt geboten werden[712]. Man versprach sich von der Abschöpfung der erzielten Gewinne eine zum Nachteil

---

[703] Behrschmidt, vgl. Fn. 702; anderer Ansicht dagegen KK/Schoreit, § 153 a, Rn. 18; Löwe-Rosenberg/Rieß, § 153 a, Rn. 45; Kleinknecht/Meyer-Goßner, § 153 a, Rn. 18, die davon ausgehen, daß die Einrichtung nicht steuerrechtlich als gemeinnützig anerkannt werden muß, sondern sich dies aus ihren Zwecken ergeben kann.

[704] Information des Bayerischen Staatsministeriums der Justiz auf Anfrage der Verfasserin

[705] Rieß, S. 95

[706] Löwe-Rosenberg/Rieß, § 153 a, Rn. 47

[707] Hertwig, S. 130

[708] Rieß, S. 95

[709] Löwe-Rosenberg/Rieß, § 153 a, Rn. 47

[710] Löwe-Rosenberg/Rieß, § 153 a, Rn. 47

[711] KK/Schoreit, § 153 a, Rn. 19

[712] Gesetz zur Bekämpfung des illegalen Rauschgifthandels und anderer Erscheinungsformen der organisierten Kriminalität (OrgKG) vom 15.07.1992, flankiert durch das Geldwäsche-Gesetz (GwG) vom 29.10.1993.

des Delinquenten veränderte Kosten-Nutzen-Rechnung und deshalb einen Rückgang bei den einschlägigen Straftaten[713]. Als Nebeneffekt ergeben sich nicht unerhebliche Einnahmen für den Fiskus. Tatsächlich jedoch ist der Zugriff auf die illegalen Gewinne aus dem organisierten Verbrechen weit hinter den Erwartungen zurückgeblieben[714].

a) Einziehung nach § 74 StGB

Die Einziehung bezieht sich nur auf Gegenstände, die aus der Straftat hervorgegangen oder zu ihrer Begehung gebraucht worden sind (sogenannte producta bzw. instrumenta sceleris).

Gemäß § 74 Abs. II, Nr. 1 StGB ist die Einziehung zulässig, wenn der Gegenstand zur Zeit der Entscheidung dem Täter oder Teilnehmer gehört oder zusteht, § 74 Abs. II, Nr. 2 StGB setzt voraus, daß der Gegenstand der Art oder den Umständen nach die Allgemeinheit gefährdet oder die Gefahr besteht, daß er der Begehung rechtswidriger Taten dienen wird. Während der Einziehung nach § 74 Abs. II, Nr. 2 StGB eher sichernde Funktion zukommt, hat § 74 Abs. II, Nr. 1 StGB durchaus strafähnlichen Charakter[715].

Bei der gesetzlichen Ausgestaltung wurde die Rechtsnatur der Einziehung bewußt offen gelassen. Eine Nebenstrafe bzw. Nebenfolge, so wie es im Entwurf eines StGB von 1927[716] vorgesehen war, wollte man aus der Einziehung deshalb nicht machen, weil ihre Verhängung dann ein subjektives Strafverfahren erfordert hätte und nicht selbständig möglich gewesen wäre. Die Ausgestaltung zu einer reinen Sicherungsmaßregel wiederum erschien nicht angemessen, weil dies voraussetzen würde, daß die Gefährlichkeit des einzuziehenden Gegenstandes bzw. dessen wahrscheinlicher Verwendung im Zusammenhang mit Straftaten im Einzelfall nachgewiesen würde. Dieses Erfordernis schränkt jedoch den intendierten Anwendungsbereich der Einziehung unangemessen ein, da durch diese z.B. auch der Sache nach ungefährliches Schmuggelgut aus dem Verkehr gezogen werden sollte[717]. Der Charakter der Einziehung ist also nicht eindeutig geregelt und in der Literatur umstritten.

Einer Ansicht nach soll die Einziehung im Falle des § 74 Abs. II, Nr. 1 StGB zusätzlich zur Hauptstrafe als Übel den Täter oder Teilnehmer am Vermögen treffen, so daß ihr durchaus Strafcharakter zuzubilligen ist. Auch aus Gründen der Unrechtsausgleichung sollen dem Täter die Folgen seiner Tat fühlbar gemacht werden[718].
Demgegenüber wird einschränkend vertreten, die Einziehung sei auch in den Fällen des § 74 Abs. II, Nr. 1 StGB primär präventiv ausgerichtet, da der Schwerpunkt nicht auf dem Schuldausgleich, sondern auf der Sicherung der Allgemeinheit liegt. Der Charakter der Einziehung ist nach dieser Ansicht daher lediglich der einer strafähnlichen Maßnahme[719].

Zwar können auch die durch ein Verbrechen hervorgebrachten Gegenstände einen erheblichen Wert haben oder sogar in Bankguthaben, Hypotheken oder Miteigentumsanteilen bestehen[720], aber auch ein hoher Sachwert rückt die Einziehung nicht in die Nähe der monetären Sanktionen im eigentlichen Sinne. Einzig relevanter Berührungspunkt mit der Geldstrafe ist der Fall des § 74 c StGB, nämlich die Einziehung des Wertersatzes für einen verwerteten Ge-

---

[713] Kaiser, Kriminologie 1996, § 93, Rn. 51
[714] Kaiser, Kriminologie 1996, § 93, Rn. 53
[715] Lackner, StGB 1999, § 74, Rn. 1, 2; LK-Schäfer, § 74, Rn. 4, 6
[716] vgl. dazu oben S. 23, Fn. 173 und S. 26 f.
[717] vgl. hierzu ausführlich LK-Schäfer, § 74, Rn. 1-3
[718] LK-Schäfer, § 74, Rn. 4
[719] Lackner, StGB 1999, § 74, Rn. 1
[720] Schönke/Schröder/Eser, § 74, Rn. 6

genstand, die aber nach überwiegender Ansicht auch lediglich eine straf*ähnliche* (Hervorhebung durch Verfasserin) Maßnahme darstellt[721], die nicht den Charakter einer Geldstrafe besitzt[722], sondern eine an die Stelle der Einziehung tretende Ersatzsanktion darstellt[723]. Sie soll die „Originaleinziehung"[724] quasi fortführen für den Fall, daß der Täter die Einziehung durch Verwertung oder Belastung der fraglichen Gegenstände vereitelt. Obwohl die Einziehung des Wertersatzes nach § 74 c StGB nicht direkt die Einziehung des sichergestellten Geldes bewirkt, sondern einen Zahlungsanspruch des Staates begründet, durch dessen Vollstreckung erst auf eben dieses Geld zugegriffen werden kann[725], ist sie nach dem oben Gesagten keine monetäre Sanktion im eigentlichen Sinne, da es auch hier im wesentlichen um die Sicherstellung der productae bzw. instrumentae sceleris geht.

b) Verfall nach § 73 StGB

Nach den Vorschriften der §§ 73 ff. StGB kann das Gericht den Verfall desjenigen anordnen, was der Täter aus der oder für die rechtswidrige Tat erlangt hat.

Der Verfall umfaßt dabei jeglichen aus der Tat erlangten Vermögenszuwachs. Ein solcher kann in jedem wirtschaftlichen Wert liegen, der einer Messung in Geldbeträgen zugänglich ist, die Hauptfälle stellen jedoch Tatentgelte (wie z.B. Bestechungsgelder und Tatlöhne) und Tatgewinne (z.B. Bereicherung aus Betrug oder durch Steuerhinterziehung erlangte Wettbewerbsvorteile) dar[726]. Insofern weisen diese sog. scelere quaesita eine Ähnlichkeit zu den producta sceleris auf, da bei beiden die Tat der entscheidende Erwerbsfaktor ist.

Der Unterschied liegt jedoch darin, daß die Einziehung auf solche Produkte anwendbar ist, die durch die fragliche Tat überhaupt erst geschaffen werden, während dem Verfall typischerweise die Früchte der Tat unterliegen, hinsichtlich derer ein widerrechtlicher Besitzwechsel stattgefunden hat[727]. Es soll mit dem Verfall also der dem Täter nicht anders entziehbare Gewinn der Tat abgeschöpft werden, wobei das erlangte „Etwas" jede Erhöhung des wirtschaftlichen Wertes des Vermögens umfaßt[728].

Vor 1992 war der Verfall der herrschenden Ansicht zufolge nach dem Nettoprinzip geregelt, d. h. Aufwendungen des Täters waren von dem erlangten Vermögensvorteil abzuziehen[729]. Durch das AWG/StGBÄG vom 7.3.1992[730] wurde jedoch das Bruttoprinzip eingeführt[731], wonach es nicht mehr auf einen „Vermögensvorteil" im Sinne eines Überschusses ankam, sondern alles aus der Tat Erlangte („etwas erlangt") vom Verfall erfaßt wurde[732].

Diese Änderung war von nicht unerheblichem Einfluß auf den zu diesem Zeitpunkt bereits existierenden Streit um die Rechtsnatur des Verfalls. Die Einordnung als Maßnahme gemäß §

[721]Vom Bestehen eines Strafcharakters geht jedoch Schäfer aus, LK-Schäfer, § 74 c, Rn. 10; ebenso Schönke/Schröder/Eser, § 74 c, Rn. 2.
[722]Grebing in Jescheck/Grebing, S. 53; Schönke/Schröder/Eser, § 74 c, Rn. 2
[723]Schönke/Schröder/Eser, § 74 c, Rn. 2
[724]Schönke/Schröder/Eser, § 74 c, Rn. 1
[725]Lackner, StGB 1999, § 74 c, Rn. 1a
[726]Schönke/Schröder/Eser, § 73, Rn. 6, 8
[727]Schönke/Schröder/Eser, § 73, Rn. 10
[728]Lackner, StGB 1999, § 73, Rn. 1, 3
[729]Eser, FS, S. 842
[730]Gesetz zur Änderung des Außenwirtschaftsgesetzes, des Strafgesetzbuchs und anderer Gesetze
[731]Lackner, StGB 1997, Vor § 73, Rn. 1
[732]Schönke/Schröder/Eser, § 73, Rn. 17

11 Abs. I Nr. 8 StGB ist nämlich rein ordnungstechnisch und enthält keine Angabe über den tatsächlichen Charakter des Verfalls[733].

Vor der Reform sprach sich die wohl herrschende Meinung für das Vorliegen einer quasikondiktionellen Ausgleichsmaßnahme aus, die der Wiederherstellung der rechtmäßigen Güterzuordnung dienen sollte[734]. Nach der Abkehr vom Nettoprinzip wird aber dem Täter durch den Verfall ein größeres Strafübel auferlegt[735], da er jetzt auch eine Vermögensvermehrung umfaßt, die für den Täter hinsichtlich seiner Gegenleistung keine bereichernde Wirkung hat[736]. In vielen Fällen wird deshalb sein Strafcharakter nicht zu leugnen sein[737]. Vielfach wird wegen dieser ambivalenten Natur und der daraus resultierenden Zuordnungsprobleme eine eindeutige gesetzliche Regelung verlangt[738].

Auch hinsichtlich der klaren Abgrenzbarkeit zur Geldstrafe wäre eine solche Einordnung wünschenswert. Wie die Erfahrung lehrt, folgt jedoch die faktische Strafwirkung einer Sanktion nicht zwingend der dogmatischen Klassifikation derselben. Teilweise wird deswegen auch die Ansicht vertreten, der Verfall gehöre zum „antiquierten Ballast der Gewinnabschöpfung und Vorteilsausgleichung", von dem das Sanktionensystem zugunsten einer Geldstrafe mit exklusiver Straffunktion befreit werden müsse[739].

Wenn auch nicht jeder gleich die Abschaffung des Verfalls fordert, so besteht jedoch weitgehend Einigkeit darüber, daß sich dieses Rechtsinstitut bislang nicht bewährt hat. Da seine Voraussetzungen sehr eng und kompliziert gefaßt sind, hat der Verfall in der Praxis nur untergeordnete Bedeutung erlangt[740].

Verstärkt wird dieser Effekt noch zusätzlich durch die Tatsache, daß gemäß § 73 Abs. I, S. 2 StGB der Verfall den Schadensersatzanspruch des Verletzten nicht beeinträchtigen darf. In der Praxis kann deshalb bei Vermögensdelikten eine Verfallsanordnung wegen des Vorrangs der Entschädigung des Verletzten vielfach nicht getroffen werden, weil dies einen Vermögenszuwachs auf Seiten des Staates zum Nachteil des Verbrechensopfers darstellen würde[741].

Um dem Rechtsinstitut des Verfalls bei der Bekämpfung der organisierten Kriminalität doch noch zu der ihm zugedachten Bedeutung zu verhelfen, wurde deshalb gegen Ende der 13. Wahlperiode des Bundestages eine interfraktionelle, von der Mehrheit der Bundestagsabgeordneten getragene Initiativvorlage eingebracht, die eine Umgestaltung des Verfalls zu einer wirksameren und einfacheren Handhabe zum Inhalt hatte[742]. Eine Vereinfachung sollte danach erzielt werden, indem die Institute Einziehung und Verfall unter dem Begriff „Einziehung" zusammengefaßt und durch die neue Regelung eine umfassende Beschlagnahme sowie die Verwaltung der beschlagnahmten Gegenstände durch die Staatsanwaltschaft bzw. einen von ihr bestellten Verwalter ermöglicht wird[743]. Insbesondere sollte auch die Regelung des § 73 Abs. I, Satz 2 StGB abgeschafft werden, die als Ausnahmeregelung eine doppelte Inan-

---

[733]Kaiser, Kriminologie 1996, § 93, Rn. 49; Schönke/Schröder/Eser, Vor § 73, Rn. 12
[734]Eser, FS, S. 843/844 mwN
[735]Eser, FS, S. 844
[736]Lackner, StGB 1997, § 73, Rn. 4 b
[737]Kaiser, Kriminologie 1996, § 93, Rn. 49; Schönke/Schröder/Eser, Vor § 73, Rn. 19; Lackner, StGB 1997, § 73, Rn. 4 b mwN; Dreher/Tröndle, § 73, Rn. 1 c
[738]Schönke/Schröder/Eser, Vor § 73, Rn. 19
[739]Grebing in Jescheck/Grebing, S. 1223
[740]Lackner, StGB 1999, Vor § 73, Rn. 1
[741]Eisenberg 1995, § 32, Rn. 10
[742]BT-Drucksache 13/9742
[743]vgl. dazu auch Tröndle/Fischer, StGB 2001, § 73, Rn. 1 c

spruchnahme des Täters verhindern sollte, wenn ihn Ansprüche des Opfers seiner Tat treffen. Diese Vorschrift, die eine Konkurrenz zwischen staatlichem Rückerstattungs- und zivilrechtlichem Schadensersatzanspruch vermeiden sollte[744], wird von den Verfassern des Entwurfs als „Totengräber des Verfalls" angesehen[745].

Auch der Reformentwurf erwies sich jedoch im Laufe der Beratungen als äußerst kompliziert und konnte in der 13. Wahlperiode nicht mehr abschließend beraten werden[746], so daß er nach dem Grundsatz der Diskontinuität verfallen ist. In der 14. Wahlperiode wurde bislang kein Gesetzesentwurf zur Änderung des Verfalls in den Bundestag eingebracht. Auch in den Beratungen der vom Bundesministerium der Justiz eingesetzten Kommission zur Reform des strafrechtlichen Sanktionensystems[747] wurde der Verfall bzw. seine Umgestaltung nicht zum Thema gemacht, und auch in dem auf der Kommissionsarbeit basierenden Referentenentwurf ist demzufolge eine Änderung der Verfallsregelungen nicht vorgesehen[748]. Dies erscheint insbesondere deshalb erstaunlich, als gerade die damalige SPD-Fraktion in der 13. Wahlperiode die Umgestaltung des Verfalls für besonders dringlich erachtete hatte[749].

In seiner heutigen Regelung wird der Verfall teilweise wegen des ihm zugesprochenen Straf- (ähnlichen) Charakters sogar für verfassungsrechtlich bedenklich gehalten, weil zu seiner Anordnung im Gegensatz zu einer Strafe im eigentlichen Sinne nur eine rechtswidrige Tat vorliegen muß[750]. Deswegen wird vereinzelt die Anwendung des Schuldprinzips auch auf den Verfall verlangt[751], wenn dem Täter dadurch ein über die reine Gewinnabschöpfung hinausgehendes, tatvergeltendes Übel auferlegt wird[752].

Noch gravierendere Bedenken ergeben sich hinsichtlich der Möglichkeit des erweiterten Verfalls nach § 73 d StGB. Hierfür genügt die *Annahme* (Hervorhebung durch Verfasserin), daß die Gegenstände für rechtswidrige Taten oder aus ihnen erlangt worden sind[753]. In Kombination mit der Schätzungsbefugnis hinsichtlich des Wertes bzw. des Umfangs des Erlangten nach § 73 b StGB steht eine Verletzung der Unschuldsvermutung nach Art. 6 Abs. II MRK ebenso zu befürchten[754] wie eine Umgehung des Schutzes vor Selbstbezichtigung (der Verdächtige kann bei drohender Verfallsanordnung auf Verdacht hin gezwungen sein, Angaben zur Herkunft seines Vermögens zu machen, um die Vermutung zu entkräftigen)[755] und ein Verstoß gegen die Eigentumsgarantie des Art. 14 GG.

Zwar stellt die Eigentumsentziehung als Nebenfolge einer strafrechtlichen Verurteilung eine durch den Gesetzgeber konkretisierbare Schranke nach Art. 14 Abs. I. S, 2 GG dar und ist daher grundsätzlich zulässig, aber soll dies nur für Gewinne aus prozeßordnungsgemäß nach-

---

[744]Tröndle/Fischer, StGB 2001, § 73, Rn. 11
[745]vgl. BT-Drucksache 13/9742, S. 2
[746]Tröndle/Fischer, StGB 2001, § 73, Rn. 1 c
[747]vgl. oben S. 58, Fn. 457
[748]Der Abschlußbericht der Kommission zur Reform des strafrechtlichen Sanktionensystems vom März 2000 sowie der Referentenentwurf eines Gesetzes zur Reform des strafrechtlichen Sanktionensystems vom 08.12.2000 sind aus dem Internet über die Homepage des Bundesministeriums der Justiz herunterzuladen unter http://www.bmj.bund.de; vgl. auch Fn. 457, 462 und 491.
[749]Lackner, StGB 1999, Vor § 73, Rn. 2
[750]Eisenberg 1995, § 32, Rn. 10
[751]Lackner, StGB 1999, § 73, Rn. 4 b
[752]Schönke/Schröder/Eser, § 73, Rn. 2
[753]zur Verfassungsmäßigkeit der daraus resultierenden „Beweislastumkehr" zu Ungunsten des Betroffenen ausführlich Heckmann, S. 2 ff.
[754]Tröndle, StGB 1997, § 73 d, Rn. 4 c; Eisenberg 1995, § 32, Rn. 11
[755]Eisenberg 1995, § 32, Rn. 11; Schönke/Schröder/Eser, § 73 d, Rn. 2

gewiesenen Straftaten gelten, da sonst ein notwendiger verwirkungsbegründender Mißbrauchszusammenhang nicht gewährleistet wäre[756].

In einem Urteil aus dem Jahre 1994[757] rechtfertigt der BGH die Anordnung des erweiterten Verfalls nach § 73 d StGB mit einer verfassungskonformen Auslegung dahingehend, daß diese die uneingeschränkte tatrichterliche Überzeugung von der deliktischen Herkunft der Gegenstände voraussetzt[758]. Danach kann selbst ein sehr hohes Maß an Wahrscheinlichkeit nicht ausreichen, und stehen Gründe, die zu vernünftigen Zweifeln an einer deliktischen Herkunft von Tätervermögen Anlaß geben, der Anordnung des erweiterten Verfalls entgegen[759].

Nicht zuletzt, weil der BGH in seiner Urteilsbegründung weiter ausführt, an die Überzeugungsbildung dürfen keine überzogenen Anforderungen gestellt werden[760], konnte diese Entscheidung die in der Literatur bestehenden verfassungsrechtlichen Bedenken nicht (vollständig) ausräumen[761]. Es bleibt daher zu hoffen, daß eine eventuell anstehende umfassende Neuregelung des Rechtsinstituts „Verfall"[762] auch diesem Gesichtspunkt Rechnung trägt und eine verfassungskonforme Lösung gefunden wird, bei der die Gefahr der Kollision mit höherrangigem Recht nicht, bzw. wenigstens nicht so akut wie dies de lege lata der Fall ist, besteht.

c) Vermögensstrafe nach § 43 a StGB

Die Vermögensstrafe wurde durch Art. 1 Nr. 2 OrgKG mit Wirkung zum 22.09.1992 eingefügt[763]. Sie kann neben einer Freiheitsstrafe von mehr als zwei Jahren angeordnet werden, wenn die Verurteilung nach einer Strafvorschrift erfolgt, die § 43 a StGB ausdrücklich für anwendbar erklärt, und gehört zu dem Instrumentarium, das der Gesetzgeber für den Kampf gegen das organisierte Verbrechen zusammengestellt hat.

Die Einordnung der Vermögensstrafe in das Sanktionensystem des StGB ist nicht ganz unproblematisch. Formell hat die Vermögensstrafe in dem Kapitel „Strafen" nach der Freiheits- und der Geldstrafe eine eigene Überschrift „Vermögensstrafe" bekommen, die vor dem Titel „Nebenstrafen" angesiedelt ist. Dies spricht dafür, daß der Gesetzgeber die Vermögensstrafe neben der Freiheits- und der Geldstrafe als eine dritte Hauptstrafe konzipiert hat. Der BGH rückt die Vermögensstrafe in einer Entscheidung zu deren Anwendungsbereich aus dem Jahr 1995 in die Nähe der Geldstrafe bzw. betrachtet sie als einen Unterfall derselben, wenn er ausführt: „Damit ist die Vermögensstrafe eine Geldstrafe, deren Gewicht im Rahmen des Gefüges schuldangemessener Rechtsfolgen durch die Ersatzfreiheitsstrafe bestimmt wird (§ 43 a Abs. 2 Satz 2 StGB) und deren Höhe sich am Wert des Vermögens orientiert (§ 43 a Abs. 1 Satz 1 StGB)."[764] Auch der Gesetzgeber hatte von der Vermögensstrafe als eine „besondere, nicht am Tagessatzsystem (§ 40) zu bemessende Geldstrafe" gesprochen[765].

---

[756] Schönke/Schröder/Eser, § 73 d, Rn. 2
[757] Beschluß des 4. Strafsenats vom 22. November 1994 g. B. u. M., 4 StR 516/94 = BGHSt 40, S. 371 ff.
[758] BGHSt 40, S. 371
[759] BGHSt 40, S. 373
[760] BGHSt 40, S. 373
[761] Zweifel bestehen weiterhin bei Tröndle, StGB 1997, § 73 d, Rn. 4 d; Schönke/Schröder/Eser, § 73 d, Rn. 2
[762] siehe oben S. 84 f.
[763] BGBl. I, S. 1302
[764] BGHSt 41, S. 20 ff., 24
[765] Bundestags-Drucksache 12/989, S. 22

In der Literatur wird jedoch kritisch angemerkt, die Vermögensstrafe habe eher den Charakter einer Nebenstrafe besonderer Art[766], da sie nur neben einer Freiheitsstrafe verhängt werden kann[767]. Darauf weist auch Park in seiner Anmerkung[768] zum Urteil des BGH vom 8.2.1995 zum Anwendungsbereich der Vermögensstrafe[769] hin, nachdem die Vermögensstrafe eine „Zwitternatur" zwischen Geldstrafe und Verfall habe, es sich dabei in Wahrheit also um einen „nebenstrafenähnlichen Verdachts-Verfall" handele[770]. Um diese Kritik bewerten zu können, muß zunächst auf diese von Park angesprochene und nicht von der Hand zu weisende Parallele zwischen der Effektivität der Vergleichsvorschriften in ihrer praktischen Anwendung und der Schaffung der Vermögensstrafe zur Schließung einer offenbar gewordenen Lücke bei der Bekämpfung der organisierten Kriminalität eingegangen werden.

Die Vermögensstrafe wurde nicht zuletzt deshalb geschaffen, weil die Anwendung des Verfalls –wie oben bereits erwähnt- hinter den daran geknüpften Erwartungen zurückgeblieben war. Dies dürfte wiederum in der Hauptsache auf die Beweisschwierigkeiten zurückzuführen sein, die sich im Zusammenhang mit dem Nachweis der deliktischen Herkunft des Vermögens und dessen wahrer Zuordnung ergaben[771]. Um diese Zugriffshindernisse, die bei dem Verfall aus der Unschuldsvermutung resultierten, zu vermeiden, wurde auf das Erfordernis des Beweises der deliktischen Herkunft bei der Vermögensstrafe verzichtet[772]. Aus eben diesem Grund stieß aber die neu geschaffene Möglichkeit der Entziehung verdächtigen Vermögens auf heftige Kritik.

Erscheint schon der Verfall hinsichtlich seiner Vereinbarkeit mit höherrangigem Rechts bedenklich, so muß dies bei der von dem Erfordernis der deliktischen Verwendung bzw. Erlangung der einzuziehenden Mittel freigestellte Vermögensstrafe erstrecht in Frage gestellt werden. Es wird vorgebracht, die Vermögensstrafe stelle eine „konfiskatorische Geldstrafe"[773] dar, deren Verfassungsmäßigkeit wegen Verletzung des Schuldgrundsatzes oder der Eigentumsgarantie mehr als fraglich erscheint[774]. Vereinzelt wird zur Opposition gegen den „Etikettenschwindel" aufgerufen, der darin gesehen wird, daß „im Gewand der Vermögensstrafe" uns eine „Verfallsanordnung für verdächtiges Vermögen" entgegentritt[775]. Kreuzer spricht im Zusammenhang mit der Vermögensstrafe von „gesetzgeberischer Schlitzohrigkeit", mittels derer die Einziehung mit Beweislastumkehr umgangen werden soll[776]. Eser erblickt in ihr gar eine Art „Familienvermögenskonfiskation", da auch die Angehörigen des Betroffenen zwangsläufig in Mitleidenschaft gezogen werden[777]. Lackner befürchtet zudem einen Verstoß gegen das Resozialisierungsgebot, da die Vermögensstrafe zu totalem Vermögensverlust führen und somit „Erdrosselungswirkung" haben kann. Er bezeichnet die Regelung des § 43 a StGB als einen das Schuldprinzip verletzenden „Sanktionszwitter" und eine „Verdachtsstrafe", die aufgrund fehlender Mindest- und Höchstgrenzen gegen den Bestimmtheitsgrundsatz verstößt[778].

---

[766] Lackner, § 43 a, Rn. 3
[767] Tröndle, § 43 a, Rn. 3a
[768] Park, JR 95, S. 343 ff.
[769] BGHSt 41, S. 278 ff.
[770] Park, JR 95, S. 345
[771] Dreher/Tröndle, § 43 a, Rn. 3
[772] Dreher/Tröndle, aaO
[773] Meyer, ZRP 90, S. 87
[774] Perron, S. 918 ff.
[775] Arzt, S. 6
[776] Prot. RA-BTag Nr. 31, Anhang S. 54
[777] Eser, FS, S. 842 und Prot. RA-BTag, Nr. 31, S. 118, 199
[778] Lackner, StGB 1999, § 43 a, Rn. 3 b

Ähnlich wie bei der Diskussion um den (erweiterten) Verfall suchte der BGH die vorgebrachten Kritikpunkte durch eine verfassungsgemäße Auslegung des § 43 a StGB zu entschärfen. Er führt an, die Vermögensstrafe sei keineswegs ein zur schuldunabhängigen Abschöpfung kriminell erlangten Vermögens dienendes Institut, sondern bilde mit der Freiheitsstrafe zusammen ein dem Schuldgrundsatz unterstelltes Sanktionenbündel, bei dem die Anrechnung des Eingriffs in das Vermögen auf den ansonsten anzuwendenden Eingriff in die persönliche Freiheit unter Umständen sogar zu einer Begünstigung des Verurteilten im konkreten Fall führen kann[779]. Im Rahmen der Strafzumessung könne dabei allerdings zu berücksichtigen sein, daß der Täter „dazu neigt, aus seinen Straftaten Gewinne zu ziehen“[780].

Diese Rechtsprechung konterkariert ihren Kritikern zufolge allerdings nicht nur die Intention des Gesetzgebers, sondern unterläuft auch die Anwendungspraxis des § 43 a StGB[781]. Der BGH betont dabei nämlich, das Gesetz nehme in Kauf, daß die Verhängung der Vermögensstrafe auch zu einer Begünstigung des Täters führen könne, indem diese an Stelle eines Teils der an sich verwirkten Freiheitsstrafe tritt, und will so die Bedenken gegen die Verfassungskonformität der § 43 a StGB ausräumen[782]. Dem wird jedoch entgegengehalten, daß eine solche in Einzelfällen vorkommende Vergünstigung nicht etwa die Verfassungsmäßigkeit der Vermögensstrafe belege, sondern durch die darin liegende Ungleichbehandlung einen Grundrechtsverstoß darstelle, da der Verurteilte, dessen Vermögen aus legalen Quellen stammt gegenüber dem vermögenslosen Täter privilegiert werde durch die Möglichkeit, sich bei gleicher Schuld bis auf einen Rest von zwei Jahren von seiner an sich verwirkten Freiheitsstrafe „freizukaufen“[783].

Es wird weiterhin angeführt, mit der Einführung des § 43 a StGB habe der Gesetzgeber nicht etwa eine Möglichkeit der Begünstigung einzelner Täter, sondern einem besonders effektives Mittel bei der Bekämpfung der organisierten Kriminalität schaffen wollen, so daß die Intention des Gesetzgebers durch die BGH-Rechtsprechung ad absurdum geführt wird[784].

Als weiteres Argument gegen die Ansicht des BGH wird vorgebracht, dessen Interpretation gehe über die zulässigen Grenzen der richterlichen Rechtsfortbildung hinaus, indem contra legem eine neu strukturierte Sanktion geschaffen wird[785]. Die gesetzgeberische Zielsetzung, ein Instrument schuldunabhängiger Vermögenseinziehung zu schaffen, wurde durch die Veränderung der Vermögensstrafe in ihrem gesetzlich vorgesehenen Charakter alteriert und so eine Rechtssetzungsprärogative mißachtet[786].

Selbst wenn man das Institut der Vermögensstrafe etwas wohlwollender und im Lichte seiner kriminalpolitischen Intention betrachtet, so kann man jedoch nicht völlig darüber hinwegsehen, daß ihre Konstruktion im allgemeinen und die weitgehende Auslegung des BGH im speziellen im System des deutschen Strafrechts einen Fremdkörper[787] darstellen.

---

[779] Urteil des 5. Strafsenats vom 8. Februar 1995 g. H., 5 StR 663/94 = BGHSt 41, S. 20 ff., 28
[780] BGHSt 41, S. 26
[781] Park, JR 96, S. 381
[782] BGHSt 41, S. 278 bzw. JR 1996, S. 379
[783] Meyer, ZRP 90, S. 88
[784] Park, JR 96, S. 381
[785] Dierlamm, S. 335
[786] Tröndle, StGB 1997, § 43 a, Rn. 3 c
[787] Lackner, StGB 1999, § 43 a, Rn. 1

Etwas unausgegoren erscheint die Vermögensstrafe auch deswegen, weil sie im Gegensatz zum Verfall auf dem Nettoprinzip basiert. Obwohl eine Harmonisierung der Vorschriften angeregt wurde[788], besteht zwischen beiden Instituten eine Friktion[789].

Nach der Rechtsprechung des BGH müssen die zu verhängende Freiheits- und die Vermögensstrafe zusammen nach den allgemeinen Grundsätzen der Strafzumessung festgelegt werden, so daß die aus beiden Komponenten bestehende Gesamtstrafe die Tatschuld nicht übersteigen darf. Deshalb muß die Vermögensstrafe – wie es der BGH in dem oben erwähnten Urteil zur Rechtfertigung der Verfassungsmäßigkeit der Vermögensstrafe bereits anführt - gewissermaßen auf die Freiheitsstrafe angerechnet werden[790]. Dieses Vorgehen könnte aber dem Grundsatz der Opfergleichheit zuwiderlaufen, da im Ergebnis der Vermögende sich einen Teil seiner Haftstrafe durch die Abgabe von Geld ersparen kann, während sich diese Möglichkeit dem vermögenslosen Delinquenten nicht bietet.

Außerdem ergeben sich bereits bei der Feststellung dieser Anrechnung Schwierigkeiten, weil der Gesetzgeber (bewußt) auf einen Umrechnungsmaßstab verzichtet hat[791]. Zu diesem Problem gibt es viele Lösungsvorschläge; der in dem hier relevanten Zusammenhang interessanteste dürfte der Samsons sein, der vorsieht, die äußerste Grenze für einen Tag Freiheitsstrafenverlust nach § 40 Abs. II, Satz 3 StGB (10.000 DM) zu bestimmen[792].

Diese Annahme führt aber zu weit und läuft dem Regelungszweck des § 43 a StGB zuwider, weil die Vermögensstrafe ihrer Konzeption nach jedenfalls als eine selbständige, von der Geldstrafe unabhängige Sanktion gedacht ist[793]. Zumindest soll nach den Motiven des Gesetzgebers die Vermögensstrafe insofern eine „neue Strafart" darstellen, als sie nicht nach dem Tagessatzsystem zu bemessen ist[794], so daß eine analoge Anwendung von geldstrafenspezifischen Umrechnungskriterien nicht angebracht sein dürfte. Eine strikte Trennung beider Sanktionsformen erscheint zudem besonders in Hinblick auf ihre unterschiedlichen Hintergründe, respektive speziell der Funktion der Vermögensstrafe zur Bekämpfung der organisierten Kriminalität in Abgrenzung zur Geldstrafe als Regelsanktion im Bereich der leichten Delikte, erstrebenswert. Die Adaption von geldstrafenspezifischen Umrechnungsmaßstäben für den Bereich der Vermögensstrafe würde demnach ein falsches Signal beinhalten und ist somit abzulehnen.

II. Sanktionen des Ordnungswidrigkeitenrechts

Die Abspaltung des Ordnungswidrigkeitenrechts als eigener Rechtszweig erfolgte in Deutschland erst nach Ende des zweiten Weltkriegs. In Abgrenzung zu kriminellen Verhaltensweisen, die eine Strafe im eigentlichen Sinne erfordern, sollte der Bereich der Zuwiderhandlungen gegen staatliche Ge- und Verbote, die keine relevante ethische Vorwerfbarkeit enthalten und daher den Makel der Strafe nicht verdienen bzw. erfordern, eine separate und angemessene Behandlung erfahren[795]. Da die Bekämpfung solcher Handlungen trotzdem zum

[788] Kreuzer, Prot. RA-BTag Nr. 31, Anhang 119
[789] Dreher/Tröndle, § 43 a, Rn. 9
[790] BGHSt 41, S. 26 f.
[791] BT-Drs. 11/5461 S.6; vgl. Lackner, StGB 1997, § 43 a, Rn. 7
[792] SK-Samson, § 43 a, Rn. 6
[793] so auch Dreher/Tröndle, § 43 a, Rn. 6 unter Hinweis auf die Begründung zum Entwurf des Bundesrates, S. 22, nach der der Gesetzgeber der Vermögensstrafe jegliche Verwandtschaft zu § 40 StGB abgesprochen hat.
[794] BT-Drs. 11/7663, S. 21; vgl. SK-Samson, § 43 a, Rn. 2
[795] Lemke, Einleitung, Rn. 3

Schutz von individuellen Rechtsgütern oder im Interesse der ordnenden Verwaltungstätigkeit des Staates geboten ist, wurden diese Tatbestände aus dem eigentlichen Strafrecht ausgegliedert und unter dem Oberbegriff des Ordnungswidrigkeitenrechts zusammengefaßt[796].

Schon vorher hatte es über lange Zeit hinweg Bestrebungen gegeben, zwischen polizeilichem und kriminellem Unrecht zu differenzieren. So findet sich in den Motiven zum StGB von 1871 folgende Aussage: „Vergeblich ist von den Rechtsschulen des Mittelalters bis herab zu unserer Zeit (...) der Versuch gemacht worden, die Grenzlinie zwischen dem kriminellen und polizeilich Strafbaren zu finden. Auch in der neuesten Zeit ist es nicht gelungen, jenen, die Juristen in Verzweiflung setzenden Unterschied mit Sicherheit und Gleichmäßigkeit durchzuführen.“[797]

Da zu dieser Zeit die Zahl der mit staatlicher Strafe bedrohten Tatbestände noch verhältnismäßig überschaubar war, wurden diese alle aufgrund der Unterscheidungsschwierigkeiten in das damalige StGB aufgenommen. Dies änderte sich jedoch bald darauf mit dem Entstehen eines sozialen Verwaltungsstaates und der daraus notwendigerweise resultierenden Regelungsdichte[798]. Die unübersichtliche Vielzahl von Strafdrohungen und die damit einhergehende Gefahr von Mißbrauch und daraus folgender Entwertung der staatlichen Strafe führte zu einer Trennung zwischen Verbrechen und Vergehen einerseits und Übertretungen andererseits in den Entwürfen zu einem StGB in den Jahren 1911 bis 1930[799].

Im Entwurf von 1936[800] wurden erstmals die Übertretungstatbestände komplett aus dem Strafgesetz ausgeklammert und die Schaffung eines eigenständigen Ordnungsstrafgesetzbuches vorgesehen[801]. Eine gesetzliche Regelung zur materiellen Unterscheidung zwischen den Materien des Ordnungswidrigkeiten- und des Strafrechts wurde erstmals im Wirtschaftsstrafgesetz von 1949 getroffen[802] und manifestierte sich wenig später in § 1 Abs. I des Ordnungswidrigkeitengesetzes von 1952 (OWiG 1952)[803].

Auf der Grundlage der sogenannten „aliud-Theorie“, die von der qualitativen Verschiedenheit von Straftat und Ordnungswidrigkeit ausgeht, sollte das WiStG 1949 nur für diejenigen Zuwiderhandlungen gelten, „deren soziale Sinnbedeutung über den Raum der verwaltungsmäßigen Interessen nicht hinausgreift.“ Dies sind in erster Linie „Lässigkeiten, die sich der einzelne gegenüber den konkreten Anordnungen der Verwaltungsbehörden zuschulden kommen läßt, wenn er nicht diejenige mitwirkende Aktivität aufbringt, die das reibungslose Funktionieren der Verwaltungstätigkeit der Wirtschaftsbehörden voraussetzt.“[804]

Demgegenüber gingen die Anhänger der quantitativen Abgrenzungstheorie davon aus, daß es keinen wesensmäßigen Unterschied zwischen beiden Bereichen gibt, was sich schon in der Umwandelbarkeit einer Bagatellstrafsache in eine Ordnungswidrigkeit zeige[805]. Vielmehr müsse zur Differenzierung von der Strafwürdigkeit der konkreten Tat ausgegangen werden, so daß als Ordnungswidrigkeiten diejenigen Rechtsverletzungen angesehen werden müssen,

---

[796] Göhler, Einleitung, Rn. 1
[797] zitiert bei Göhler, Einleitung, Rn. 2
[798] Göhler, Einleitung, Rn. 3
[799] vgl. dazu auch oben S. 22 ff.
[800] siehe dazu oben S. 26 f.
[801] Göhler, Einleitung, Rn. 4
[802] § 6 WiStG 1949, entwickelt von Eberhard Schmidt, der sich auch in der Folgezeit um das Ordnungswidrigkeitenrecht sehr verdient gemacht hat.
[803] Lemke, Einleitung, Rn. 8
[804] zitiert bei Rebmann/Roth/Herrmann, Vor § 1, Rn. 6
[805] Rebmann/Roth/Herrmann, Vor § 1, Rn. 7

„die wegen der geringen Bedeutung des Rechtsgutes und ihrer lediglich abstrakten Gefährlichkeit weniger strafwürdig erscheinen, aber doch nicht einfach dem Zivilrecht überlassen bleiben können."[806]

Während früher überwiegend die aliud-Theorie vertreten wurde, hat die enorme Ausdehnung des Bereichs des Ordnungswidrigkeitenrechts dazu geführt, daß heute der Begriff des Verwaltungsungehorsams nicht mehr ausreichend ist, so daß eine Abgrenzung vorwiegend nach qualitativen Gesichtspunkten vorgenommen bzw. eine gemischt quantitativ-qualitative Betrachtungsweise bevorzugt wird[807].

Eine einschneidende Änderung erfuhr das neu geschaffene Ordnungswidrigkeitenrecht dann nochmals im Jahre 1968, als das OWiG 1968 einen eigenen Allgemeinen Teil mit vom Strafrecht abweichenden Regelungen hinsichtlich wichtiger Punkte wie der räumlichen Geltung, Verjährung, Aufsichtspflicht in Unternehmen und Geldbußen gegen juristische Personen erhielt, sowie das Bußgeldverfahren neu geordnet wurde[808]. Gravierend war auch die Umstellung von Verkehrsübertretungen in Ordnungswidrigkeiten durch Art. 3, Nr. 6 EGOWiG vom 24. Mai 1968[809], durch die die Masse der Verkehrsverstöße entkriminalisiert wurde[810]. Auch in der Folgezeit erfuhr das OWiG auffallend viele Änderungen, so wurden in den Jahren 1986 bis 1998 insgesamt 14 das Ordnungswidrigkeitenrecht betreffende Gesetze erlassen. Zu einer in diesem Zusammenhang möglicherweise sinnvollen Gesamtreform des OWiG ist es aber nicht gekommen und scheint es dahingehend auch keine verbreiteten Bestrebungen zu geben[811].

Dem nun folgenden kurzen Überblick über die monetären Sanktionen des Ordnungswidrigkeitenrechts muß noch eine Bemerkung zur Struktur desselben vorangestellt werden: Das OWiG[812] enthält die Kern- und Rahmenvorschriften für alle Ordnungswidrigkeiten nach Bundes- und Landesrecht[813]. Ein Großteil der sanktionsbewehrten Tatbestände findet sich demnach in den vielen nach diesen Vorgaben erlassenen Gesetzen des Bundes und der Länder[814]. Teilweise spielen diese Vorschriften eine herausragende Rolle, was die Anwendungshäufigkeit (z.B. das StVG für den Bereich der Straßenverkehrsdelikte) oder den Sanktionsumfang (z.B. das GWB für die Wirtschaftskriminalität) ausmacht. Es muß also stets davon ausgegangen werden, daß unter dem Begriff des Ordnungswidrigkeitenrechts bzw. dessen monetären Sanktionen alle diese Tatbestände zusammengefaßt sind.

---

[806] Jescheck, JZ, S. 461
[807] Rebmann/Roth/Herrmann, Vor § 1, Rn. 8
[808] Lemke, Einleitung, Rn. 9
[809] BGBl. I, S. 503
[810] BT-Drucksache V/1319, S. 51
[811] Lemke, Einleitung, Rn. 11
[812] Gesetz über Ordnungswidrigkeiten vom 24. Mai 1968 (BGBl. I 481; III 454-1)
[813] Göhler, Vor § 1, Rn. 1
[814] Im Anhang des Kommentars von Göhler, 5. Auflage, 1977, sind ca. 1000 Gesetze mit OWi-Tatbeständen aufgeführt; vgl. Karlsruher Kommentar/Bohnert, Einleitung, Rn. 39; vgl. auch Karlsruher Kommentar/Steindorf, § 17, Rn. 18, der von mehr als 1000 Bundes- und Landesgesetzen spricht, die Bußgeldtatbestände enthalten.

1. Geldbuße

a) Konzeption und Bedeutung des ordnungswidrigkeiten-rechtlichen Bußgelds

Obwohl auch bei der Geldbuße als Ahndung von Ordnungswidrigkeiten dem Betroffenen der Unterschied nicht offenbar sein dürfte – zumindest, was die Zahlung des zu entrichtenden Geldbetrages und den sich daraus ergebenden Unbill betrifft[815] - , muß das Bußgeld von der Geldstrafe abgegrenzt werden. Nach der bestehenden Gesetzeslage und einhelliger Auffassung in der Literatur ist zwischen diesen beiden Rechtsfolgen klar zu differenzieren. Weitgehende Einigkeit herrscht auch darüber, daß diese Abgrenzung eher nach quantitativen als nach qualitativen Gesichtspunkten durch den Gesetzgeber erfolgt[816]. Die Grundsätze dieser Ansicht wurden durch das BVerfG festgelegt[817] und sind heute im wesentlichen unbestritten[818].

Der Unterschied zwischen (Geld-)Strafe und Geldbuße liegt demnach darin, daß der Buße der „Ernst des staatlichen Strafens" fehlt[819]. Das Unwerturteil als Kennzeichen einer echten Kriminalstrafe wirft dem Täter die Auflehnung gegen die Rechtsordnung überhaupt vor[820],während die Geldbuße den Verstoß gegen „technisches", zeit- und verhältnisbedingtes Ordnungsrecht der staatlichen Verwaltung sanktioniert[821] und eine nachdrückliche, scharfe Pflichtenmahnung enthält[822].

Ein weiterer Unterschied besteht in der sich für beide Rechtsfolgen ergebenden abweichenden Außenwirkung. Die Kriminalstrafe hat einen ehrenrührigen Charakter, die Sanktionen des Ordnungswidrigkeitenrechts hingegen haben keine ins Gewicht fallende Beeinträchtigung des Ansehens und des Leumunds des Betroffenen zur Folge[823]. Im Gegensatz zur Strafe erfolgt auch keine Eintragung der verhängten Buße in das Zentralregister[824], ebensowenig kann die Geldbuße bei Uneinbringlichkeit in eine Ersatzfreiheitsstrafe umgewandelt werden[825].

Die Geldbuße stellt eine einheitliche, kombinierte Sanktion dar[826], die mehrere Strafzwecke auf einmal erfüllt. So wohnen ihr neben der durch die Pflichtenmahnung erfüllten spezialpräventiven Elemente auch solche der Generalprävention inne, indem der Allgemeinheit das mit

---

[815] vgl. Rosenkötter, § 1, Rn. 2: „Die Geldbuße und die Geldstrafe wirken sich finanziell gleichermaßen nachteilig für den Betroffenen aus."

[816] BVerfGE 51, S. 60 (74); Göhler, Vor § 1, Rn. 5; vgl. auch Karlsruher Kommentar/Bohnert, Einleitung, Rn. 91, wo diejenigen Autoren aufgeführt werden, die sich für eine qualitative Abgrenzung aussprechen, mit ihren Lösungen nach Auffassung Bohnerts aber dennoch immer in die Nähe der Rechtsprechung des BVerfG einschwenken. Vgl. im übrigen auch oben S. 89/90.

[817] vgl. Karlsruher Kommentar/Bohnert, Einleitung, Rn. 82 ff., mit zahlreichen Hinweisen auf BVerfGE.

[818] vgl. Rebmann/Roth/Herrmann, Vor § 1, Rn. 10; aA Mattis, S. 25 ff., 119/120, der zu dem Schluß kommt, daß es einen eigenständigen Rechtszweig der Ordnungswidrigkeiten nicht geben kann.

[819] BVerfGE 27, S. 18 (33); 45, S. 272 (289)

[820] BVerfGE 22, S. 49 (80)

[821] BVerfGE 9, S. 167 (171)

[822] BVerfGE 9, S. 167 (171); 27, S. 18 (33)

[823] BVerfGE 27, S. 18 (33); etwas anderes klingt jedoch bei Rosenkötter, § 1, Rn. 2 an, wenn er unter Verweis auf BVerfGE 45, S. 272 (290) feststellt, daß „bei Verurteilungen wegen gewichtiger Ordnungswidrigkeiten des Wirtschaftsrechts (...) eine Beeinträchtigung des Ansehens und der persönlichen Ehre nicht immer auszuschließen" ist. Im folgenden Absatz fügt er deshalb in den oben zitierten Satz das Wort „regelmäßig" ein, wobei ihm in der Sache meines Erachtens recht zu geben ist, da eine gewisse „Prangerwirkung" insbesondere in Hinblick auf die heutige Medienlandschaft nicht immer vermieden werden kann.

[824] Das Verkehrszentralregister und das Gewerbezentralregister, in die Bußgeldentscheidungen eingetragen werden, dienen anderen Zwecken als das Zentralregister und sind deshalb für diese Frage nicht relevant; vgl. Göhler, Vor § 1, Rn. 9; Rebmann/Roth/Herrmann, Vor § 1, Rn. 13

[825] Göhler, Vor § 1, Rn. 9; Rosenkötter, § 1, Rn. 2; dazu genauer unten S. 97 f.

[826] Karlsruher Kommentar/Steindorf, § 17, Rn. 11

dem Normverstoß verbundene finanzielle Risiko vor Augen geführt wird, so daß sie von (gleichartigen) Zuwiderhandlungen absieht[827]. Obwohl die Geldbuße kein ehrenrühriges Unwerturteil enthält, ist der generalpräventive Aspekt als legitimer Bemessungsfaktor anerkannt[828].

Daneben hat die Geldbuße auch die Abschöpfung des aus der Tat gezogenen wirtschaftlichen Vorteils zum Ziel[829], um den Betroffenen und andere durch das Risiko einer nicht unerheblichen Vermögenseinbuße davon abzuschrecken, unter Verletzung von Bußgeldtatbeständen zum Schaden der Allgemeinheit wirtschaftliche Vorteile zu erzielen[830]. Es ist dabei als vorteilhaft für die Praxis zu erachten, daß die Gewinnabschöpfung gewissermaßen einen konstitutiven Bestandteil der Geldbuße darstellt[831], findet sich doch in § 17 Abs. IV OWiG ausdrücklich die Bestimmung, daß die Summe der Geldbuße die des durch die Tat erlangten wirtschaftlichen Vorteils übersteigen soll.

Nicht zuletzt durch diesen Aspekt kann die Geldbuße trotz ihres Mangels an Strafcharakter zu großer finanzieller Bedeutung gelangen, insbesondere im Bereich des Wirtschaftsrechts[832], wo eine höhere als die durch das OWiG rahmenmäßig festgesetzte Geldsumme von 10,- bis 2.000,- DM (§ 17 Abs. I OWiG) häufig vorkommt[833]. Das Bedürfnis nach einer hohen Geldbuße ergibt sich in diesem Bereich aus den enormen durch Ordnungsverstöße zu erzielenden Gewinnen in Kombination mit der Tatsache, daß es sich bei den Verantwortlichen in der Regel um sehr vermögende Personen handelt, so daß eine Festsetzung der Buße innerhalb des Regelrahmens völlig unzureichend wäre, um künftige Übertretungen zu unterbinden[834].

Vorteilhaft ist zudem gerade auf dem Wirtschaftssektor, daß die Geldbuße gemäß § 30 OWiG auch gegen juristische Personen und Personenvereinigungen verhängt werden kann[835]. Nicht zuletzt deshalb sind in diesem Bereich Bußgeldbeträge von enormer Höhe überhaupt möglich, die aufzubringen einer natürlichen bzw. Privatperson im Normalfall nicht zuzumuten wäre.

Als Illustration für die große Bedeutung der Belangung von Unternehmen mögen folgende Zahlen aus dem Jahre 1989 dienen, als das Bundeskartellamt wegen Absprachen beim Zementverkauf Bußgelder in Höhe von insgesamt 224 Mio. DM verhängte. Davon entfielen nur etwa 3 Mio. DM auf die 10 betroffenen Einzelpersonen, die restlichen 221 Mio. DM waren von insgesamt 11 Unternehmen zu zahlen, wobei allein eines der beteiligten Handelsgeschäfte einen Betrag von 112 Mio. DM tragen mußte[836].

Gerade auf dem Gebiet des Kartellrechts ist im Zuge der fortschreitenden Europäisierung immer häufiger zu beobachten, daß internationale Kartelle gebildet werden und dadurch der Wettbewerb beschränkt wird. In diesem Falle kann die Europäische Kommission Geldbußen gegen die beteiligten Unternehmen festsetzen. Zwar ist die Verhängung supranationaler Geldbußen im EG-Vertrag nicht vorgesehen, jedoch wurde bereits in Art. 87 Abs. I EWGV die Ermächtigung und gleichzeitig die Verpflichtung ausgesprochen, alle zweckdienlichen

---

[827] Karlsruher Kommentar/Steindorf, § 17, Rn. 10
[828] Mittelbach, S. 251 (255); vgl. auch Karlsruher Kommentar/Steindorf, § 17, Rn. 10
[829] Göhler, Vor § 1, Rn. 9
[830] Rebmann/Roth/Herrmann, Vor § 1, Rn. 13
[831] Karlsruher Kommentar/Steindorf, § 17, Rn. 11 mit Verweis auf FG Hamburg, BB 1980, S. 452 (mit Anmerkung Kuhlmann)
[832] Göhler, § 17, Rn. 5
[833] bis zu 3 Mio.: § 39 Abs. 3 iVm Abs. 1 Nr. 2a, 3 WpHG; vgl. Rebmann/Roth/Herrmann, § 17, Rn. 4 mwN
[834] Göhler, § 17, Rn. 5; Rebmann/Roth/Herrmann, § 17, Rn. 4
[835] Rebmann/Roth/Herrmann, Vor § 1, Rn. 46; Karlsruher Kommentar/Cramer, § 30, Rn. 36
[836] Der Tagesspiegel vom 12.7.1989; Nachweis bei Eisenberg 1990, § 32, Rn. 4

Verordnungen zur Durchsetzung der in Art. 85 und 86 EWGV niedergelegten Wettbewerbsbeschränkungsverbote zu erlassen. Nach Art. 87 Abs. II lit. a EWGV sollte die Einhaltung der Verbote durch die Einführung von Geldbußen und Zwangsgelder gewährleistet werden[837]. Die aufgrund dieser Ermächtigungsgrundlage erlassene allgemeine Kartellverordnung VO 17/62[838] berechtigt in ihrem Art. 15 Abs. II die Kommission dazu, bei Verstößen gegen die materiellen Kartellrechtsvorschriften der Art. 85 und 86 EGV Geldbußen bis zu einer Million ECU oder darüber hinaus bis zu 10 % des Jahresumsatzes des betroffenen Unternehmens auszusprechen.

Von dieser Befugnis macht die Kommission in immer größerem Umfang Gebrauch; inzwischen sind umsatzorientierte Bußgelder in Millionenhöhe der Regelfall[839], niedrigere Beträge kommen nur ausnahmsweise in Betracht, wenn z.B. bei unklarer Rechtslage „symbolische" Geldbußen verhängt werden sollen[840]. Wegen der daraus erwachsenden nicht unerheblichen wirtschaftlichen Auswirkungen wird teilweise gefordert, daß die Bemessung der Geldbußen transparent gemacht werden und den Anforderungen an die Bemessung einer Kriminalstrafe orientieren soll[841], obwohl in Art. 15 Abs. IV VO 17/62 ausdrücklich bestimmt ist, daß die Sanktionen nicht strafrechtlicher Art sind. Diese Klarstellung beruht auf der Einschätzung, daß die Mitgliedstaaten keine strafrechtlichen Befugnisse auf die Gemeinschaft übertragen haben. Außerdem sollte deutlich gemacht werden, daß die Geldbuße weder entehrender noch stigmatisierender krimineller Natur ist[842].

Trotz dieser grundlegenden Klarstellung ist die Charakterisierung der Geldbuße nach Art. 15 VO 17/62 in den einzelnen Mitgliedsstaaten nicht unumstritten. So wird z.B. in der italienischen und niederländischen Literatur die Ansicht vertreten, es handele sich um eine Kriminalstrafe[843], während teilweise davon ausgegangen wird, die Rechtsnatur der Geldbußen sei eine solche „sui generis"[844]. Durchgesetzt hat sich jedoch die Auffassung, daß die Geldbußen als Strafen im weiteren Sinne anzusehen sind, die im deutschen Recht mit den Geldbußen des Ordnungswidrigkeitenrechts vergleichbar sind[845], warum auch die Darstellung an dieser Stelle der Arbeit eingeordnet ist.

Ein Aufsehen erregender Fall der letzten Zeit mit Beteiligung eines deutschen Unternehmens ist der des sogenannten „Europa-Japan-Clubs", einem Kartell auf dem Gebiet des Röhrenhandels, das über einen langen Zeitraum hinweg (erwiesenermaßen wenigstens von 1990-1995) Absprachen über die Verteilung regionaler Märkte getroffen hatte. Auf deutscher Seite war die Mannesmann Röhren AG beteiligt, die mit einem Bußgeld in Höhe von 13,5 Mio. Euro, also etwa 27 Mio. DM belegt wurde. Insgesamt sprach die Kommission gegen die beteiligten Unternehmen eine Gesamtbuße von 99 Mio. Euro (ca. 198 Mio. DM) aus, was das fünfthöchste Bußgeld in ihrer Geschichte darstellt[846].

Eine umfassende zentrale Erfassung von Bußgeldentscheidungen gibt es lediglich auf dem Gebiet des Straßenverkehrsrechts und der Gewerbeaufsicht:

---

837 Immenga/Mestmäcker/Dannecker, Vorbem. Art. 15 VO 17, Rn. 1
838 Abl. 1962 Nr. L 13/204
839 Immenga/Mestmäcker/Dannecker, Art. 15 VO 17, Rn. 238 ff. mit zahlreichen Nachweisen
840 vgl. dazu Immenga/Mestmäcker/Dannecker, Art. 15 VO 17, Rn. 264
841 Immenga/Mestmäcker/Dannecker, Art. 15 VO 17, Rn. 241
842 Immenga/Mestmäcker/Dannecker, Art. 15 VO 17, Rn. 199
843 Immenga/Mestmäcker/Dannecker, Art. 15 VO 17, Rn. 202
844 Immenga/Mestmäcker/Dannecker, Art. 15 VO 17, Rn. 203
845 Immenga/Mestmäcker/Dannecker, Art. 15 VO 17, Rn. 204
846 Alle Angaben aus der „Tagesschau" vom 08.12.1999, 20.15 Uhr in der ARD. Weitere Kartellmitglieder waren die British Steel, Vallorec (Frankreich), Dalmine (Italien), sowie 4 japanische Unternehmen.

Das vom Kraftfahrtbundesamt (KBA) in Flensburg geführte Verkehrszentralregister (VZR) enthält Informationen über zugelassene Kraftfahrzeuge, Verkehrszuwiderhandlungen von Kfz-Führern sowie diese betreffende Verwaltungs- und Gerichtsentscheidungen (§ 28 StVG). Dabei müssen die gemäß § 13 Abs. I, Nr. 2 StVZO einzutragenden gerichtlichen Entscheidungen Rechtskraft erlangt haben.

Seit der Änderung der StVZO vom 15.5.1983[847] werden nur noch Bußgeldentscheidungen von mindestens 80,- DM eingetragen. Trotzdem steigt die Zahl der registrierten Verstöße kontinuierlich an[848], was aber wohl in der Hauptsache auf die verstärkte Kontrolltätigkeit der Bußgeldbehörden zurückzuführen sein dürfte. Die absoluten Zahlen bewegen sich dabei von 760.937 Einträgen im Jahre 1969 bis hin zu 2.508.770 anno 1993[849]. Hinsichtlich der Bußgeldhöhe ist dabei die Tendenz festzustellen, den gegebenen Rahmen nicht auszuschöpfen, sondern eher in der Nähe der unteren Grenzen zu bleiben[850].

Das Gewerbezentralregister (GZR) wird kraft gesetzlicher Ermächtigung des § 149 Abs. I GewO beim Gewerbebundesamt (GBA) geführt und enthält bestimmte, die gewerbliche oder unternehmerische Tätigkeit betreffende Verwaltungs- und Bußgeldentscheidungen. Letztere dürfen dabei nur eingetragen werden, wenn sie Rechtskraft erlangt haben und die Verpflichtung zur Zahlung einer Geldbuße von mehr als 200,- DM begründen, § 149 Abs. II, Nr. 3 GewO. Obwohl diese summenmäßig am meisten ins Gewicht fallen dürften, machen die gegen juristische Personen verhängten Bußgelder nur einen geringen Anteil der Gesamteintragungen aus. So entfielen beispielsweise im Jahre 1988 von 36.804 registrierten Bußgeldern lediglich 2.070 auf juristische Personen bzw. Personenvereinigungen, also 5,62 %[851]. Von den restlichen 34.734 gegen natürliche Personen ergangenen Bußgeldern betrugen 13.412 zwischen 200,- und 300,- DM, 16.270 von 301,- bis 1.000,- DM, 4.414 rangierten von 1.001,- bis 5.000,- DM, in 599 Fällen betrug die Summe zwischen 5.001,- und 20.000,- DM, ein Bußgeld von 20.001,- bis 50.000,- DM wurde in 62 Fällen ausgesprochen und eine Höhe von 50.001,- DM und mehr wurde lediglich in 17 Entscheidungen veranschlagt[852]. Auch bei den im Rahmen des GZR gegen natürliche Personen verhängten Bußgelder ist also eher die Neigung zum unteren Bereich der möglichen Geldsummen zu erkennen.

Nichtsdestotrotz kommt dem Bußgeld als solchem kein unerhebliches Gewicht im Gefüge der monetären Sanktionen zu. Zwar handelt es sich bei der Mehrzahl der Fälle um relativ geringe Summen, jedoch steht dem die große Anzahl der Entscheidungen entgegen, die alleine im Bereich des Straßenverkehrsrechts wie oben dargestellt bei mehr als 2,5 Mio. Eintragungen liegt, wobei schon nur solche Bußgelder über 80,- DM berücksichtigt werden.

Da von dieser breiten Masse der Bußgelder und den damit sanktionierten Zuwiderhandlungen auch der „Durchschnittsbürger" betroffen ist, dürften die Bußgeldentscheidungen - insbesondere auf dem Gebiet des Straßenverkehrsrechts- im Bewußtsein der Bevölkerung und damit auch im Bereich der Spezial- und Generalprävention eine nicht unerhebliche Rolle spielen. Das ordnungswidrigkeitenrechtliche Bußgeld erfüllt demnach eine wichtige Funktion zur Schließung einer Lücke zwischen kriminellem Unrecht, das dem staatlichen Strafanspruch unterliegt und gerichtlich geahndet werden muß einerseits und lediglich zivilrechtlich zu behandelnden Bagatellverstößen andererseits. Daß es dabei eine Bandbreite aufweist, die von

---

[847] BGBl. I, S. 602, in Kraft getreten am 1.6.1983.

[848] In den Jahren 1986-1993 ergab sich gegenüber dem Vorjahr jeweils eine Steigerung von 2,3 %, 8,1 %, 20,8 %, 2,0 %, 6,4 %, 5,8 %, 5,2 % und 4,6 %; vgl. Eisenberg 1995, § 32, Rn. 3.

[849] vgl. Tabelle bei Eisenberg 1995, § 32, Rn. 5, Tab. 14

[850] Eisenberg 1995, § 40, Rn. 24

[851] Eisenberg 1995, § 32, Rn. 4

[852] vgl. Tabelle bei Eisenberg 1995, § 40, Rn. 25, Tab. 33

geringfügigen Geldbußen gegen Verkehrsteilnehmer bis hin zu Millionenbußen gegen juristische Personen im Bereich des Wirtschaftsrecht reicht, hängt mit der Regelungsdichte unserer Gesellschaft zusammen, die zwar auf den ersten Blick unüberschaubar und vielleicht sogar übertrieben anmuten mag, im Endeffekt jedoch das Zusammenleben erleichtern soll.

b) Vollstreckung der Bußgeldentscheidung nach OWiG

Die Vollstreckung der gerichtlichen und verwaltungsbehördlichen Bußgeldentscheidungen ist in §§ 89 ff. OWiG geregelt.

Bußgeldentscheidungen sind mit dem Eintritt ihrer formellen Rechtskraft vollstreckbar, eine vorläufige Vollstreckbarkeit hat der Gesetzgeber für Bußgelder wegen der damit verbundenen möglichen Nachteile für den Betroffenen nicht vorgesehen[853].

§ 90 Abs. I OWiG verweist auf die Vollstreckungsvorschriften des Bundes[854] bzw. des Landes, je nachdem, ob der Bescheid durch eine Bundes- oder Landesbehörde erlassen wurde. Gemäß § 90 Abs. II OWiG richtet sich danach auch der Verbleib des eingenommenen Geldes, das je nach entscheidender Behörde der Bundes- bzw. Landeskasse zufließt. Dies gilt allerdings nur für behördliche Bußgeldentscheidungen, für die durch Gericht erlassenen gilt § 91 OWiG, der für die Vollstreckung auf die Vorschriften der StPO verweist.

Die Behörde, die den Bußgeldbescheid erlassen hat, ist gemäß § 92 OWiG Vollstreckungsbehörde. Als solche ist sie Herrin des Vollstreckungsverfahrens, leitet und beaufsichtigt die Durchführung der Vollstreckung und trifft alle bedeutsamen Vollstreckungsentscheidungen[855]. Dazu gehören z.B. auch die Bewilligung von Zahlungserleichterungen, die nach der Vorschrift des § 18 OWiG gewährt werden können. Entsprechend der Regelung des § 42 StGB kann danach eine Zahlungsfrist eingeräumt oder Ratenzahlung bewilligt werden, wenn dem Betroffenen nach seinen wirtschaftlichen Verhältnissen nicht zuzumuten ist, die gesamte Geldbuße sofort zu zahlen. Auch die Zahlungserleichterung selbst muß deshalb den wirtschaftlichen Verhältnissen des Täters angepaßt sein. Dabei sind auch die persönlichen Verhältnisse des Betroffenen zu berücksichtigen, soweit sie sich auf die wirtschaftlichen Verhältnisse auswirken.

Wenn der Täter die Geldbuße zwar sofort zahlen könnte, dafür aber die Erfüllung seiner laufenden Verpflichtungen (z.B. Unterhalt, Darlehen etc.) und persönliche Bedürfnisse in einer ihm nicht zumutbaren Weise zurückstellen müßte, sollte dies zu einer Anwendung der Möglichkeiten des § 18 OWiG führen.[856] Andererseits darf die Gewährung von Zahlungserleichterungen sich nicht dahingehend auswirken, daß die Geldbuße ihren Zweck verfehlt, den Betroffenen nachhaltig auf den Unrechtsgehalt seiner Handlung hinzuweisen[857].

Die Befugnisse der Vollstreckungsbehörde des § 92 OWiG erstrecken sich nicht auf die Durchführung der Zwangsvollstreckung. Dafür sind nach den Verwaltungsvollstreckungsgesetzen des Bundes bzw. der Länder regelmäßig andere Stellen zuständig, die der Übersichtlichkeit halber als „Vollzugsbehörden“ bezeichnet werden können[858]. Gegenstand der Voll-

[853]Begründung BT-Drucksache V/1269, S. 114
[854]Verwaltungs-Vollstreckungsgesetz vom 27. April 1953, BGBl. I, S. 157
[855]Lemke, § 90, Rn. 5
[856]Rebmann/Roth/Herrmann, § 18, Rn. 4
[857]Lemke, § 18, Rn. 5
[858]Rebmann/Roth/Herrmann, § 90, Rn. 3; Lemke, § 90, Rn. 6

streckung ist dabei neben der im Bußgeldbescheid festgesetzten Geldbuße auch die eventuell angeordnete(n) Nebenfolge(n), sowie die Kosten des Verfahrens, die wiederum auch die durch die Vollstreckung entstandenen Kosten beinhalten[859].

Bei der Vollstreckung einer Geldbuße besteht für die Vollzugsbehörde die Wahlmöglichkeit zwischen der Zwangsvollstreckung in das Vermögen des Betroffenen und der Anordnung der Erzwingungshaft nach § 96 OWiG[860]. Grundsätzlich kann dabei die Behörde das Mittel wählen, das am einfachsten und schnellsten zur Zahlung der Geldbuße führen wird, es muß jedoch dabei der in den Vorschriften über die Erzwingungshaft (§§ 96 Abs. II, III; 97 Abs. II, III, S. 2; 104 Abs. III OWiG) konkretisierte Grundsatz der Verhältnismäßigkeit beachtet werden. Da sie im Verhältnis zur Erzwingungshaft die weniger einschneidenden Maßnahmen darstellen, sollten daher die zunächst die Möglichkeiten zur Beitreibung der Geldbuße ausgeschöpft werden[861]. Wenn jedoch die Beitreibung mit großer Wahrscheinlichkeit nicht zum Erfolg führen wird, kann die Erzwingungshaft von der Vollstreckungsbehörde auch ohne vorhergehenden Beitreibungsversuch beantragt werden[862]. Vor seiner Entscheidung über die Anordnung muß das Gericht jedoch gemäß § 104 Abs. II, Satz 2 OWiG den Betroffenen anhören. Dabei muß dem Bußgeldschuldner zur Wahrung des rechtlichen Gehörs die Möglichkeit gegeben werden, Anträge zu stellen und begründen[863].

Im Unterschied zur Ersatzfreiheitsstrafe des § 43 StGB, mit der eine uneinbringliche Geldstrafe im Sinne des § 40 StGB ersatzweise vollstreckt werden kann[864], führt der Vollzug der Erzwingungshaft nicht zu einer Reduzierung der zu zahlenden Geldsumme[865]. Sie ist nämlich gerade keine Ersatzhaft, d.h. keine hilfsweise Ahndung oder ersatzweises Übel für die begangene Ordnungswidrigkeit, sondern ein Beugemittel zur Vollstreckung der Geldbuße[866]. Deshalb kommt sie bei Zahlungsunfähigkeit des Schuldners im Gegensatz zu der Ersatzfreiheitsstrafe des § 43 StGB, die hier ihr Hauptanwendungsgebiet haben dürfte[867], gerade nicht in Betracht. Die Erzwingungshaft ist gemäß § 96 Abs. I, Nr. 2 und 4 OWiG gerade dann nicht anzuwenden, wenn der Schuldner seine Zahlungsunfähigkeit dargetan hat (Nr. 2) oder anderweit Umstände bekannt sind, die seine Zahlungsunfähigkeit ergeben (Nr. 4). Damit die Erzwingungshaft ihrer Konstruktion nach Sinn macht, muß sie gegen einen zahlungsfähigen Schuldner angewandt werden, der lediglich zahlungsunwillig ist. Ihr Ziel ist, den Schuldner dazu anzuhalten, die rechtskräftig festgesetzte Geldbuße zu zahlen oder seine Zahlungsunfähigkeit darzutun[868]. Gemäß § 97 Abs. II OWiG kann der Schuldner auch jederzeit während des Laufs der Erzwingungshaft, deren Höchstdauer § 96 Abs. III OWiG bei einer Geldbuße auf sechs Wochen, bei mehreren in einer Bußgeldentscheidung festgesetzten Geldbußen auf drei Monate festlegt, dadurch abwenden, daß er den zu zahlenden Betrag entrichtet. Bei teilweiser Zahlung kommt dann eine Abkürzung der Erzwingungshaft in Betracht[869], da bei der Bemessung der Haftdauer, die ausdrücklich festgesetzt werden muß, der Grundsatz der Verhältnismäßigkeit zu beachten ist[870]. In diesem Rahmen muß auch jedenfalls die Höhe der zu

[859] Göhler, § 90, Rn. 9
[860] Göhler, § 90, Rn. 10
[861] Göhler, § 96, Rn. 9
[862] Rebmann/Roth/Herrmann, § 96, Rn. 11
[863] Rebmann/Roth/Herrmann, § 96, Rn. 13
[864] vgl. dazu oben S. 63 ff.
[865] Rebmann/Roth/Herrmann, § 96, Rn. 1
[866] Göhler, § 97, Rn. 9; Rebmann/Roth/Herrmann, § 96, Rn. 1
[867] vgl. zu den Voraussetzungen des Vollzugs der Ersatzfreiheitsstrafe des § 43 StGB oben S. 66
[868] Lemke, § 96, Rn. 1
[869] Göhler, § 97, Rn. 7 bzw. § 96, Rn. 31
[870] Rebmann/Roth/Herrmann, § 96, Rn. 20

entrichtenden Geldbuße berücksichtigt werden, so daß bei einer geringen Geldbuße nur eine kurze Erzwingungshaft angeordnet werden kann[871].

Die Tatsache, daß bei der Kriminalsanktion der Geldstrafe die Verbüßung der Ersatzfreiheitsstrafe vollumfänglich auf die Strafsumme angerechnet wird, dies bei der im Vergleich dazu in weniger schwerwiegenden Fällen angewandten ordnungswidrigkeitenrechtlichen Geldbuße jedoch nicht der Fall ist, erscheint auf den ersten Blick verwunderlich. Nicht zuletzt deshalb hatte das Bundesverfassungsgericht im Jahre 1976 über die Verfassungsmäßigkeit der Regelung, daß nach der Vollstreckung der Erzwingungshaft eine erneute Beitreibung der Geldbuße möglich ist, zu entscheiden[872]. Es wurde ein Verstoß gegen Art. 1 Abs. II, 2 und 103 Abs. III GG gerügt. Das BVerfG verneinte einen Verstoß gegen Art. 103 Abs. III GG mit dem Hinweis darauf, mit „allgemeinen Strafgesetzen" im Sinne dieser Vorschrift seien die Kriminalstrafgesetze zu verstehen, nicht jedoch das Ordnungsrecht, so daß eine Verletzung nur dann in Betracht kommt, wenn die Verhängung einer weiteren echten Kriminalstrafe in Frage steht[873].

Nach der Argumentation des BVerfG stellt die Erzwingungshaft im Unterschied zur Ersatzfreiheitsstrafe gerade keine Strafe dar, die eine ins Gewicht fallende Beeinträchtigung des Ansehens oder des Leumunds des Betroffenen zur Folge hätte. Sie ist lediglich eine Pflichtenmahnung, die kein autoritatives Unwerturteil über das Verhalten des Betroffenen oder den Vorwurf der Auflehnung gegen die Rechtsordnung enthält, so daß ihr der Ernst der staatlichen Strafe fehlt[874]. Den Grundsatz der Verhältnismäßigkeit sieht das BVerfG dadurch gewahrt, daß die Höhe der festgesetzten Geldbuße bei der Bemessung der Erzwingungshaft berücksichtigt werden muß, und durch die Möglichkeiten der §§ 96 Abs. II und III, 97 Abs. II und Abs. III, Satz 2 sowie 104 Abs. III OWiG[875].

Diese Ansicht ist überzeugend. Durch die rechtliche Ausgestaltung der Erzwingungshaft sind Bedenken in Hinblick auf Art. 1 Abs. II und 2 GG ausgeräumt. Der Grundsatz des Doppelbestrafungsverbotes kann schon deshalb durch die Erzwingungshaft des § 96 OWiG nicht verletzt werden, weil diese nicht erneut das der Ordnungswidrigkeit zugrunde liegende Verhalten sanktioniert, sondern sich nur auf die Zahlungsweigerung bezieht, also an ein neues Verhalten des Betroffenen anknüpft. Gegen die Verfassungsmäßigkeit der Erzwingungshaft bestehen demnach keine Bedenken, und hat das BVerfG in der oben genannten Entscheidung mit seiner Begründung gleichzeitig eine plausible Erklärung dafür geliefert, warum es bei der Erzwingungshaft keine Anrechnung auf die zu zahlende Geldsumme gibt, indem es den grundlegenden Unterschied zu der Ersatzfreiheitsstrafe des § 43 StGB aufgezeigt hat.

2. Verfall und Einziehung nach OWiG

a) Verfall nach § 29 a OWiG

Gemäß § 29 a OWiG kann wie im Strafrecht nach § 73 StGB auch das aus einer Ordnungswidrigkeit Erlangte abgeschöpft werden. Die Vorschrift ist anwendbar in den Fällen, in denen die Abschöpfung der gewonnenen Vermögensvorteile durch die Geldbuße nicht möglich ist, weil der Täter zwar rechtswidrig, aber nicht (nachweislich) vorwerfbar gehandelt hat (Abs. I),

[871] Göhler, § 96, Rn. 29
[872] Außerdem ging es um die Frage der Verfassungsmäßigkeit der Tatsache, daß eine Erzwingungshaft auch bei Bagatellbußgeldbeträgen angordnet werden kann, vgl. BVerfG NJW 1977, S. 293 f.
[873] BVerfG, NJW 1977, S. 293
[874] BVerfG, aaO
[875] BVerfG, NJW 1977, S. 294

oder weil ein anderer den Vermögensvorteil erlangt hat (Abs. II)[876]. Regelungszweck ist wie im Strafrecht die Bekämpfung der Wirtschaftskriminalität[877].

Da bei der Anpassung des OWiG im Rahmen des EGStGB vom 2.3.1974[878] die Regelung des Verfalls wegen des unterschiedlichen Charakters von Geldstrafe und Geldbuße nicht in das Ordnungswidrigkeitenrecht übernommen worden war, sollte allein die Geldbuße eine umfassende Gewinnabschöpfung gewährleisten[879]. Diese Intention fand ihren gesetzlichen Niederschlag in der Regelung des § 17 Abs. IV OWiG, wonach die Geldbuße den sich aus der Tat ergebenden wirtschaftlichen Vorteil übersteigen soll. Weil die Geldbuße im Gegensatz zur Geldstrafe des StGB keine Sühnefunktion im Sinne eines Ausgleichs für sozialethische Schuld erfüllt, sondern sie in erster Linie eine bestimmte Ordnung durchsetzen soll, kann die ordnungswidrigkeitenrechtliche Geldbuße ihrer Konzeption nach die Gewinnabschöpfungsfunktion bedenkenlos übernehmen[880]. Es zeigten sich jedoch bald Regelungslücken für die Fälle, in denen der Täter einen Bußgeldtatbestand zwar rechtswidrig, aber nicht vorwerfbar verwirklicht oder den Vermögensvorteil für einen anderen erzielt. Diese Lücke sollte die neue Möglichkeit einer Verfallsanordnung im Bereich der Ordnungswidrigkeiten schließen[881].

Seiner Konstruktion nach kommt dem Verfall nach § 29 a OWiG demnach besondere Bedeutung bei der Bekämpfung der Wirtschaftskriminalität zu, die unterhalb des Strafrechts angesiedelt ist, so z.B. bei Verstößen gegen das Abfallwirtschaftsgesetz (AWG), im öffentlichen Preisrecht, im Lebensmittelrecht, im Güterkraftverkehrsrecht u.ä.[882]. Die Verfallsregelung ist nicht für das breite Feld der geringfügigen Ordnungsverstöße geschaffen worden, sondern kommt nur in bedeutsameren Fällen in Betracht, in denen beträchtliche Vermögensvorteile erzielt wurden, deren Abschöpfung zur Befriedung der Rechtsordnung geboten erscheint[883].

Durch das 2. WiKG vom 15.5.1986[884] wurde § 29 a OWiG eingeführt und im Jahre 1992 der entsprechenden StGB-Regelung angepaßt[885], so daß nicht mehr nur der erlangte Vermögensvorteil im Sinne eines Nettogewinnes, sondern die Gesamtheit des durch die Tat Erlangten abgeschöpft werden kann, also der Bruttogewinn[886]. Darunter fallen neben den erlangten Gewinnen einschließlich der sich daraus ergebenden Nutzungen auch ersparte Ausgaben oder sonst notwendig gewesene Aufwendungen wirtschaftlicher Art[887].

Sind zur Erlangung des Vermögensvorteils eigene Leistungen erbracht worden oder Aufwendungen angefallen, so sind diese bei der Berechnung in Ansatz zu bringen[888]. Ebenso können etwaige Ersatzansprüche Dritter den Vermögensvorteil mindern, wenn sie mit der Rechtsord-

---

[876] Göhler, § 29 a, Rn. 1
[877] Karlsruher Kommentar/Wilts, § 29 a, Rn. 1
[878] BGBl. I 469, S. 535
[879] Rebmann/Roth/Herrmann, § 29 a, Rn. 1
[880] Lemke, § 29 a, Rn. 2
[881] Rebmann/Roth/Herrmann, § 29 a, Rn. 1; Lemke, § 29 a, Rn. 2; siehe auch Begründung 2. WiKG, BT-Drucksache 10/318, S. 36
[882] Lemke, § 29 a, Rn. 2; Rebmann/Roth/Herrmann, § 29 a, Rn. 1
[883] Göhler, § 29 a, Rn. 2
[884] BGBl. I, S. 721
[885] durch Art. 5 AWGStGBÄndG vom 28.2.1992, BGBl. I, S. 372
[886] Rebmann/Roth/Herrmann, § 29 a, Rn. 1, 6; aA Göhler, § 29 a, Rn. 4, der zwar die Intention des Gesetzgebers erkennt, wegen der Unklarheit der Formulierung aber davon ausgeht, daß sie einer restriktiven, am Begriff des Vermögensvorteils orientierten Auslegung bedarf. Zur Problematik von Brutto- und Nettoprinzip beim Verfall vgl. obige Ausführungen zu § 73 StGB, S. 83.
[887] Göhler, § 29 a, Rn. 4 a
[888] Rebmann/Roth/Herrmann, § 29 a, Rn. 11

nung in Einklang stehen, also nicht gesetzes- oder sittenwidrig sind. Dies folgt aus § 99 Abs. II OWiG sowie aus dem Zweck des § 29 a OWiG, der keinen Sanktionscharakter hat, sondern nur darauf gerichtet ist, rechtswidrig erlangte geldwerte Vorteile abzuschöpfen, damit bei dem Täter oder einem Dritten kein rechtswidriger Gewinn verbleibt[889]. Es ist allerdings nicht notwendig, daß zum Zeitpunkt der Verfallsanordnung der Gewinn beim Täter noch vorhanden ist, der Wegfall der Vermögensmehrung berührt die Höhe des Verfalls nicht[890].

Strittig ist, ob auch der nur mittelbar aus der rechtswidrigen Tat gezogene Gewinn dem Verfall unterliegt:

Von einem großen Teil der Literatur wird dies abgelehnt und nur das unmittelbar Erlangte als Gegenstand des Verfalls betrachtet[891]. Dies wird gefolgert aus dem Fehlen einer dem § 73 Abs. II StGB entsprechenden Regelung, die den strafrechtlich anzuordnenden Verfall auf bestimmte mittelbar erlangte Vermögensvorteile in Form von Nutzungen und Ersatzgegenständen ausdehnt.

Dem wird jedoch entgegen gehalten, daß diese Auffassung mit der durch das Gesetz zur Bekämpfung der organisierten Kriminalität (OrgKG) geschaffenen Rechtslage nicht mehr vereinbar ist. Das Fehlen einer dem § 73 Abs. II StGB entsprechenden gesetzlichen Regelung lasse noch nicht allein den Schluß zu, daß eine dementsprechende weite Auslegung des § 29 a Abs. I OWiG unzulässig sein soll[892]. Im Gegenteil, es sei der Begründung des Gesetzesentwurfes der Bundesregierung zu entnehmen, daß die Änderung des OWiG vorgenommen worden ist, „um eine nicht begründbare Abweichung von der strafrechtlichen Regelung zu vermeiden“[893].

Dieses Argument vermag zu überzeugen. Der intendierte Gleichlauf der strafrechtlichen und ordnungswidrigkeitenrechtlichen Verfalls-vorschriften führt zu einer weiten Auslegung des § 29 a Abs. I OWiG, wonach sich der Verfall auch auf mittelbar erlangte Vermögensvorteile erstreckt.

Wie im Strafrecht ist auch im Bereich des Ordnungswidrigkeitenrechts die Rechtsnatur des Verfalls umstritten. Während es sich einer Ansicht nach um eine Rechtsfolge sui generis handelt[894], wird der Verfall von anderen Autoren als Nebenfolge eingestuft[895]. Eine weitere Auffassung spricht von einer „quasi-kondiktionellen Ausgleichsmaßnahme“[896].

Auch wenn die Wirkungen des Verfalls vom Betroffenen im Einzelfall subjektiv strafähnlich empfunden werden, ändert dies jedoch nichts an der Tatsache, daß der Verfall objektiv keinen Strafzweck verfolgt. Er soll keine Präventivfunktion erfüllen, sondern lediglich den rechtmäßigen Zustand wiederherstellen[897]. Nicht zuletzt aufgrund der nur seltenen Anwendung des Verfalls in der Praxis[898] dürfte dieser Streit jedoch von nur geringer Relevanz sein.

---

[889] Göhler, § 29 a, Rn. 4 b
[890] Karlsruher Kommentar/Wilts, § 29 a, Rn. 23
[891] Rebmann/Roth/Herrmann, § 29 a, Rn. 10; Göhler, § 29 a, Rn. 5; Karlsruher Kommentar/Wilts, § 29 a, Rn. 19
[892] Lemke, § 29 a, Rn. 9
[893] Bundestags-Drucksache 12/989, S. 48
[894] Karlsruher Kommentar/Wilts, § 29 a, Rn. 2
[895] Rebmann/Roth/Herrmann, § 29 a, Rn. 4; Lemke, § 29 a, Rn. 3
[896] Schönke/Schröder/Eser, § 73, Rn. 18; Eberbach, S. 489/490
[897] Eberbach, S. 490
[898] Eberbach, aaO

b) Einziehung nach §§ 22 ff. OWiG

Wie im Strafrecht ist auch im Ordnungsrecht die Einziehung tatverbundener Gegenstände möglich. Gemäß § 25 OWiG kann dabei dem Täter einer Ordnungswidrigkeit auch der Geldbetrag entzogen werden, der dem Wert des einzuziehenden Gegenstandes entspricht. In Frage kommende Einziehungsobjekte sind wie bei § 74 StGB die producta et instrumenta sceleris, sowie Gegenstände, auf die sich die Ordnungswidrigkeit bezieht[899]. Dabei ist anders als beim Verfall unstreitig erforderlich, daß zwischen der begangenen Ordnungswidrigkeit und dem einzuziehenden Gegenstand ein unmittelbarer Zusammenhang besteht[900], d.h. die Gegenstände müssen ihre Entstehung oder gegenwärtige Beschaffenheit der ordnungswidrigen Tat verdanken[901].

Zweck der Einziehung ist vorwiegend die Sicherung der Allgemeinheit und der Rechtsordnung[902]. Da sie sowohl eine Sicherungsmaßnahme darstellt als auch einen gewissen Ahndungscharakter besitzt[903], ist die genaue dogmatische Zuordnung der Einziehung strittig. Dieser Streit ist jedoch nicht einheitlich zu klären, da das Gesetz verschiedene Varianten der Einziehung ermöglicht, die jeweils anders einzustufen sind.

So ist die Einziehung in solchen Fällen als reine Sicherungsmaßregel zu betrachten, in denen das Gesetz nicht das Eigentum des Täters oder eines vorwerfbar handelnden Dritten voraussetzt[904], bzw. in den Fällen des § 22 Abs. II Nr. 2 oder Abs. III OWiG, weil dort eine Gefährdung der Allgemeinheit oder die Gefahr weiterer rechtswidriger Handlungen vorausgesetzt wird[905].

Ein gewisser Ahndungscharakter kommt der Einziehung aber dann zu, wenn der einzuziehende Gegenstand dem Täter gehört oder zusteht[906]. Ob in diesem Fall auch ein präventives Element vorhanden ist, wird unterschiedlich beurteilt[907]. Für die Praxis wird diesem Streit jedoch keine große Bedeutung zugemessen[908], denn soweit sich aus dem Rechtscharakter der Einziehung Fragen ergeben, hat das Gesetz diese selbst geklärt[909], wie z.B. in den §§ 4, Abs. V, 27 oder 31 OWiG[910].

Nach § 22 Abs. I OWiG ist die Einziehung Nebenfolge der Ordnungswidrigkeit. Das bedeutet, daß der objektive und subjektive Tatbestand der Ordnungswidrigkeit erfüllt sein müssen, Versuch oder Fahrlässigkeit reicht daher nicht aus, soweit dafür nicht ausdrücklich eine Ahndung vorgesehen ist[911].

Die Möglichkeit der Einziehung des Wertersatzes gemäß § 25 OWiG soll verhindern, daß der Täter sich durch Veräußerung, Verbrauch oder Zerstörung (Abs. I) bzw. Belastung mit einem Drittrecht (Abs. II) des der Einziehung unterliegenden Gegenstandes derselben entzieht[912].

---

899 Rebmann/Roth/Herrmann, § 22, Rn. 5
900 für die Einziehung nach § 22 OWiG so auch Lemke, § 22, Rn. 14
901 Rebmann/Roth/Herrmann, § 29 a, Rn. 5; Göhler, Vor § 22, Rn. 16
902 Göhler, Vor § 22, Rn. 2
903 Rebmann/Roth/Herrmann, Vor § 22, Rn. 3
904 Rotberg, § 22, Rn. 2
905 Göhler, Vor § 22, Rn. 3
906 Rotberg, § 22, Rn. 2
907 bejahend Göhler, § 22, Rn. 4; Lemke, § 22, Rn. 2, ablehnend Rebmann/Roth/Herrmann, Vor § 22, Rn. 5
908 Rebmann/Roth/Herrmann, Vor § 22, Rn. 5; Rotberg, § 22, Rn. 2
909 Lemke, § 22, Rn. 3
910 Rotberg, § 22, Rn. 2; Göhler, Vor § 22, Rn. 8
911 Lemke, § 22, Rn. 4
912 Göhler, § 25, Rn. 1

Voraussetzung ist jedoch, daß die Einziehung des Gegenstandes selbst nicht mehr möglich ist, ein Wahlrecht zwischen Einziehung des Gegenstandes und des Wertersatzes besteht insofern also grundsätzlich nicht. Zu beachten ist aber die Regelung des § 25 Abs. II OWiG, die ausnahmsweise eine Wahlmöglichkeit bei Vorliegen einer nicht löschbaren nachträglichen Belastung des Gegenstandes mit dem Recht eines Dritten eröffnet[913].

Gemäß § 25 Abs. V iVm § 18 OWiG ist im Rahmen der Wertersatzeinziehung auch die Gewährung von Zahlungserleichterungen möglich, wenn dem Betroffenen nach seinen wirtschaftlichen Verhältnissen nicht zuzumuten ist, den Wertersatz sofort zu zahlen. Der ausdrückliche gesetzliche Verweis ist deshalb notwendig, weil die Einziehung des Wertersatzes keine Geldbuße im technischen Sinne darstellt. Im Vergleich zur Einziehung des betroffenen Gegenstandes selber kommt sie einer Geldbuße jedoch deswegen näher, weil sie sich de facto nicht gegen einen bestimmten Gegenstand richtet, sondern gegen das Vermögen des Täters als solches. Deshalb wird die Einziehung des Wertersatzes teilweise sogar als „Wertersatzstrafe" bezeichnet[914].

Diese Auffassung dürfte jedoch etwas übertrieben sein, ist doch die mangelnde Spezifizierbarkeit eine Eigenschaft des Geldes, die diesem Zahlungsmittel schon seiner Art nach anhaftet, und deshalb der Wertersatz im Endeffekt immer gegen das Vermögen gerichtet. Das ändert aber nichts an der Tatsache, daß betroffener Gegenstand der Einziehung an sich die producta et instrumenta sceleris sind. Die Einziehung wegen der schlechten Aussonderungsmöglichkeit des Geldes als Folge von Veräußerung des durch die rechtswidrige Tat erlangten Gegenstandes wegfallen zu lassen, stellt sicherlich im Interesse der Kriminalitätsbekämpfung keine ernsthaft zu erwägende Alternative dar. Die fehlende Konkretisierung liegt demzufolge bei der Einziehung des Wertersatzes in der Natur der Sache und muß gewissermaßen als „notwendiges Übel" zur Verhinderung von Verschleierungstaktiken und damit zugunsten des Abschöpfungsinteresses akzeptiert werden.

3. Verwarnungsgeld nach §§ 56 ff. OWiG

Bei geringfügigen Ordnungswidrigkeiten kann mit Einverständnis des Betroffenen die im Vergleich zum Bußgeldverfahren erleichterte Verfahrensweise der Verwarnung angewandt werden. Dies wird insbesondere praktiziert bei solchen Ordnungswidrigkeiten, die massenhaft und gleichartig vorkommen, speziell auf dem Gebiet des Straßenverkehrs[915], wo die Verwarnung ein wichtiges Mittel zur Verkehrserziehung mit präventiver Wirkung darstellt[916]. Eine Verwarnung ist mit oder ohne Erhebung eines Verwarnungsgeldes möglich, wobei letzteres aber die seltene Ausnahme bildet[917].

Für den Hauptanwendungsbereich der Verwarnung mit Verwarnungsgeld, den geringfügigen Ordnungsverstößen im Straßenverkehr, existiert ein Verwarnungsgeldkatalog, der vom Bundesminister für Verkehr als Allgemeine Verwaltungsvorschrift vom 12.06.1975 erlassen wurde und auf § 27 StVG gestützt ist[918]. Darin sind die für eine Verwarnung in Betracht kommenden geringfügigen Verstöße aufgeführt und die jeweilige Höhe des zu erhebenden Verwarnungsgeldes in Regelsätzen angegeben. Dies dient der Vereinheitlichung der Handhabung

---

913 Göhler, § 25, Rn. 3 a
914 Rotberg, § 25, Rn. 20
915 Karlsruher Kommentar/Wache, Vor § 56, Rn. 1
916 Janiszewski, VStrR, Rn. 176
917 Rebmann/Roth/Herrmann, Vor § 56, Rn. 1; Karlsruher Kommentar/Wache, Vor § 56, Rn. 1
918 Göhler, Vor § 56, Rn. 13

leichter Verstöße im Straßenverkehr, wie z.B. Falschparken, kleinerer Geschwindigkeitsüberschreitungen und sonstiger ungefährlicher Formalverstöße gegen die Vorschriften der StVO und StVZO [919].

Gemäß § 57 OWiG sind neben der Verwaltungsbehörde, die den Verwaltungsakt erläßt bzw. deren Angehörigen auch Beamte des Außen- und Polizeidienstes zur Ausstellung einer Verwarnung befugt, soweit sie dazu ausdrücklich ermächtigt sind. Darunter fallen auch die im Angestelltenverhältnis beschäftigten Hilfspolizeibeamten, wie z.B. Politessen[920]. Voraussetzung ist jedoch stets die örtliche und sachliche Zuständigkeit des konkreten verwarnenden Beamten[921].

Durch die Möglichkeit der behördlichen Verwarnung soll bei mindergewichtigen Zuwiderhandlungen die Verhängung einer Sanktion im förmlichen Bußgeldverfahren vermieden werden. Dadurch werden nicht nur die Gerichte entlastet, sondern auch dem Betroffenen die Unannehmlichkeiten eines Bußgeldverfahrens erspart[922].

Die Verwarnung mit Verwarnungsgeld stellt einen Verwaltungsakt dar, der mitwirkungsbedürftig ist, d.h. das Einverständnis bzw. die Unterwerfung des Betroffenen voraussetzt, die in der Regel durch die Zahlung des Verwarnungsgeldes erfolgt[923]. Verweigert der Adressat das Einverständnis, so wird über die ihm vorgeworfene Ordnungswidrigkeit im Bußgeldverfahren entschieden[924].

Ob der Verwarnung mit Verwarnungsgeld Ahndungscharakter zukommt, ist umstritten:

Teilweise wird dies unter Hinweis darauf verneint, daß die Verwarnung nur mit dem Einverständnis des Betroffenen zustande kommen und nicht erzwungen werden kann[925].

Die Gegenmeinung sieht in der Verwarnung die staatliche Sanktionierung eines – wenn auch geringfügigen – Fehlverhaltens und hält deswegen an der Bezeichnung „Ahndung" fest[926]. Als Argument für den Ahndungscharakter der Verwarnung mit Verwarnungsgeld wird auch die Anhebung des Höchstbetrages auf 75,- DM[927] angeführt, durch die die Strafwirkung des Verwarnungsgeldes fühlbarer geworden ist[928]. Die Grenze ist aber deswegen auf diesen Betrag festgelegt worden, weil er gerade noch unter der Summe in Höhe von 80,- DM liegt, ab der eine Geldbuße in das Verkehrszentralregister eingetragen wird[929].

Daß die Verwarnung einen Verwaltungsakt darstellt, ist allgemein anerkannt[930], nicht ganz unbestritten ist jedoch ihre Einordnung als Verwaltungsakt „auf Unterwerfung"[931].

---

[919] Janiszewski, VStrR, Rn. 178 f.
[920] BVerwG, VkBl. 1970, S. 710
[921] Rebmann/Roth/Herrmann, § 57, Rn. 3 a
[922] Rotberg, § 56, Rn. 1
[923] Göhler, Vor § 56, Rn. 6
[924] Lemke, § 56, Rn. 17
[925] OLG Hamm, NJW 1979, S. 2114; Göhler, Vor § 56, Rn. 6; Janiszewski, VStrR, Rn. 176; Lemke, § 56, Rn. 3
[926] Rotberg, § 56, Rn. 1; Rebmann/Roth/Herrmann, Vor § 56, Rn. 1a; Wolf/Harr, S. 273
[927] Gesetz zur Änderung des OWiG vom 7.7.1986, BGBl. I 1986, S. 977
[928] Dieses Argument wird angeführt bei Karlsruher Kommentar/Wache, Vor § 56, Rn. 3, der aber den Streit im Ergebnis nicht entscheidet, sondern als eine Frage der Terminologie betrachtet.
[929] Karlsruher Kommentar/Wache, Vor § 56, Rn. 4
[930] vgl. z.B. Janiszewski, VStrR, Rn. 182; Rotberg, § 56, Rn. 2; BVerfGE 22, S. 125 ff., 131; Rebmann/Roth/Herrmann, Vor § 56, Rn. 1b; Wolf/Harr, S. 273; Karlsruher Kommentar/Wache, Vor § 56, Rn. 3; Göhler, Vor § 56, Rn. 6
[931] vgl. Wolf/Harr, S. 273 ff.

Einen Streitpunkt bildete bis zum einschlägigen Bundesverfassungsgerichtsurteil auch die Frage der Verfassungsmäßigkeit des § 22 StVG[932], der die Polizei für den Bereich des Verkehrsrechts zur Verhängung einer gebührenpflichtigen Verwarnung ermächtigte.

Es wurde angeführt, den Polizeibeamten werde durch diese Vorschrift unter Verstoß gegen Art. 92 und 101 Abs. I Satz 2 GG rechtsprechende Gewalt anvertraut, da es sich bei der Gebühr um ein Strafgeld handele, das an die Stelle einer gerichtlichen Strafe trete[933].

Das BVerfGE verneinte jedoch den Strafcharakter des Verwarnungsgeldes. Zwar führt die Zahlung der Gebühr ebenso wie die Geldstrafe zu einer Vermögensminderung, aber fällt diese aufgrund ihrer vergleichsweise geringen Höhe kaum ins Gewicht. Die Zahlung erfolgt freiwillig, ohne die Möglichkeit der Umwandlung in eine Haftstrafe oder Eintragung in das Strafregister bzw. die Verkehrssünderkartei. Die zweifelsohne vorhandene Präventionswirkung ist kein Wesensmerkmal der Strafe, sondern eine Nebenwirkung, die auch anderen staatlichen Maßnahmen immanent ist. Auch ein Schuldvorwurf ist in der Verwarnung nicht enthalten, so daß in ihr keine Kriminalstrafe gesehen werden kann[934].

Dennoch entfalten die Verwarnungsgelder besonders im Bereich des Straßenverkehrs in verschiedener Hinsicht recht große Bedeutung:

Zum einen ergibt sich eine nicht unerhebliche Strafwirkung gegenüber dem betroffenen Verkehrssünder, der schnell und relativ unbürokratisch zur Kasse gebeten wird. Auch für solche Zuwiderhandlungen, die keine erkennbare Gefährdung oder Beeinträchtigung im Straßenverkehr nach sich ziehen, wie es zuweilen beim Falschparken der Fall sein kann, wird ebenso ein Verwarnungsgeld erhoben wie für solche Verhaltensweisen, die konkret gefährdend wirken. Im Einzelfall ist denkbar, daß die Überzeugung, mangels einer geschaffenen Gefahrenlage oder Beeinträchtigung die Sanktion nicht „verdient" zu haben, die subjektiv empfundene Strafwirkung noch verstärkt.

Aber nicht nur für den Betroffenen, sondern auch in anderer Hinsicht kommt den Verwarnungsgeldern aus dem Straßenverkehr eine erhebliche Bedeutung zu, nämlich die fiskalische. So ergeben sich für die Kommunen aus den Buß- und Verwarnungsgeldern aus dem Verkehrsbereich[935] wichtige Einnahmequellen, die regelrecht in den Haushalt eingeplant werden[936]. Deswegen müssen sich die Kommunen in letzter Zeit immer häufiger den Vorwurf gefallen lassen, sie nutzten ihre Kompetenzen im Bereich der geringfügigen Verkehrsverstöße aus, um ihre Haushalte zu sanieren[937]. Insbesondere durch landesgesetzliche Regelungen, die den Kommunen die Befugnis erteilen, eigenmächtig Geschwindigkeitsmessungen mittels Radarmeßgeräten durchzuführen und Überschreitungen der zulässigen Höchstgeschwindigkeit zu ahnden, wird in der Bevölkerung zunehmend der Eindruck der modernen „Wegelagerei" erweckt, wenn Blitzgeräte an Stellen positioniert werden, an denen Geschwindigkeitsüber-

---

[932] in der Fassung, die die Vorschrift durch das Gesetz über Maßnahmen auf dem Gebiete des Verkehrsrechts und des Verkehrshaftpflichtrechts vom 16. Juli 1957 (BGBl. I, S. 710) erhalten hat

[933] BVerfGE 22, S. 125 ff., 127

[934] vgl. Urteilsbegründung BVerfGE 22, S. 125 ff., 131/132

[935] Eine Trennung zwischen Bußgeldern und Verwarnungsgeldern wird in den zur Verfügung stehenden Aufstellungen leider nicht vorgenommen, so daß sich die im Folgenden genannten Zahlen jeweils auf die Gesamtsumme beider Positionen beziehen.

[936] vgl. Aussage Herrn Maximilian Maurers vom ADAC, zitiert in der Bild am Sonntag v. 30.05.99.

[937] vgl. z.B. die Aussage des Herrn Anton Mahrt, Vorsitzender der Autofahrer-Partei Deutschlands, zitiert in der Bild am Sonntag vom. 30.05.1999: „Wir erleben die Sanierung der maroden Staatskassen auf Kosten der Autofahrer."

schreitungen kein besonders hohes Verkehrsrisiko darstellen, aber besonders häufig vorkommen[938].

Als Anhaltspunkt für die finanzielle Bedeutung dieser Einnahmen können dabei die Summen dienen, die in den vergangenen Jahren durch die Kommunale Verkehrsüberwachung der Stadt Passau aus Verwarnungs- und Ordnungsgeldern eingenommen wurden, die sich wohlgemerkt nur mit dem ruhenden Verkehr befaßt. So ergaben sich in den Jahren 1992-1996 Einnahmen zwischen 1.320.513,80 DM (1995) und 1.577.095,23 DM (1994), im Durchschnitt fielen in diesem Zeitraum jährlich 1.463.347,92 DM an[939], pro Einwohner macht das ungefähr einen Betrag von 50,- DM im Jahr.

Diese Zahlen bewegen sich offensichtlich durchaus im für die Bundesrepublik normalen Rahmen. Eine Umfrage der Bild am Sonntag hat für 40 größere deutsche Städte die Gesamtsumme der Buß- und Verwarnungsgelder des Jahres 1998 zusammengestellt und dabei eine Bandbreite von 2,62 Mio. DM (Oberhausen) bis hin zu 105 Mio. DM (Berlin) ermittelt[940]. Legt man die Gesamtsumme auf die Einwohnerzahl um, so ergeben sich Werte zwischen 8,08 DM jährlicher Einnahmen pro Einwohner für 1998 in Bochum und 62,88 DM, die auf jeden Heidelberger statistisch entfallen.

Für das Jahr 1999 rechnet knapp die Hälfte der befragten Kommunen mit einem Anstieg der Einnahmen, wobei die erwarteten Steigerungen zwischen 0,65 % in Dortmund und 35,03 % in Koblenz liegen[941]. Ein Rückgang der Einnahmen wird dagegen nur in 6 von 40 befragten Städten erwartet. Die größten Einbußen kalkuliert dabei die Stadt Heidelberg ein, die einen Rückgang von 15,9 % veranschlagt. Zur Begründung wird angeführt, die Autofahrer würden inzwischen wissen, daß und wo kontrolliert wird und ihr Fahrverhalten dementsprechend anpassen[942]. Allerdings ist dabei zu bedenken, daß Heidelberg mit einer Pro-Kopf-Einnahme von 62,88 DM im Jahr 1998 mit großem Abstand[943] an der Spitze der Liste der befragten Städte liegt, so daß auch hier den sich im Straßenverkehr aus Buß- und Verwarnungsgeldern ergebenden Einnahmen auch 1999 wie in allen deutschen Kommunen erhebliche Bedeutung zukommen dürfte.

III. Staatliche Beugemittel

Beugemittel sind im Verfahrensrecht angesiedelte Maßnahmen, die dem Zweck dienen, bei Personen bestimmte Handlungen, Duldungen oder Unterlassungen zu erzwingen oder Ungehorsam und Ungebühr in einem Verfahren zu ahnden[944].

---

938 Dies klingt auch in der oben bereits erwähnten Aussage Herrn Maurers vom ADAC an, vgl. Fn. 936.

939 nach einer Auskunft eines Mitarbeiters der Stadtkämmerei Passau gegenüber der Autorin

940 Bild am Sonntag v. 30.05.1999, S. 23

941 Laut der in der BamS zitierten Aussage Herrn Wolfgang Stürmers vom Koblenzer Ordnungsamt liegt die hohe Zuwachserwartung darin begründet, daß aufgrund einer Gesetzesänderung ab dem 1. Juli 1999 nicht länger nur das Land Rheinland-Pfalz Geschwindigkeitsüberwachungen im fließenden Verkehr durchführen und die sich daraus ergebenden Bußgelder kassieren darf, sondern auch die Kommunen selber Radarfallen aufstellen dürfen.

942 vgl. Aussage des Herrn Jürgen Brose vom Heidelberger Amt für Öffentlichkeitsarbeit, zitiert in der BamS v. 30.05.1999

943 Auf Platz 2 dieser Tabelle rangiert Remscheid mit einer Summe von 50,34 DM pro Einwohner, vgl. BamS aaO.

944 Creifelds, S. 219

Für die vorliegende Arbeit interessant sind dabei diejenigen zur Verfügung stehenden Sanktionen, die in der Verpflichtung zur Zahlung einer Geldsumme bestehen. So gibt es neben der Ordnungs- und der Zwangshaft auch unter den Beugemitteln monetäre Maßnahmen, nämlich das Ordnungs- und das Zwangsgeld, die hier kurz dargestellt werden sollen.

1. Ordnungsgeld

Der von einem Ordnungsgeld Betroffene wird dazu verpflichtet, einen festgesetzten Geldbetrag an die Staatskasse zu zahlen[945]. Die entsprechenden Regelungen finden sich z.B. im Gerichtsverfassungsgesetz (vgl. §§ 56, 178 GVG), der Strafprozeßordnung (vgl. §§ 51, 70, 77, 81 c Abs. VI, 95 Abs. II, 161 a Abs. II StPO) sowie der Zivilprozeßordnung (vgl. §§ 380, 409 ZPO) und dienen der Sanktionierung von Prozeßverstößen oder der Erzwingung von Mitwirkungsmaßnahmen[946].

Im Bereich des Strafprozesses wird z.B. in § 51 StPO bestimmt, daß dem auf eine ordnungsgemäße Ladung ausbleibenden Zeugen neben den Kosten, die durch sein Fehlen verursacht wurden, ein Ordnungsgeld auferlegt wird. Diese Regelung ist grundsätzlich zwingend, nur beim Ausbleiben vor dem ersuchten oder beauftragten Richter oder im Vorverfahren steht die Anordnung im Ermessen des Gerichts[947]. Ausnahmsweise kann jedoch entsprechend §§ 153, 47 Abs. II OWiG von der Festsetzung des Ordnungsgeldes abgesehen werden, wenn das Verschulden gering und eine Ahndung nicht erforderlich ist, etwa bei einer viele Monate zurückliegenden Ladung oder nur unwesentlicher Verzögerung der Verhandlung bzw. Aussageverzicht[948].

Gemäß § 70 StPO muß ein Ordnungsgeld verhängt werden, wenn sich ein Zeuge ohne gesetzlichen Grund weigert, Zeugnis abzulegen oder einen Eid zu leisten. Bemessungskriterien innerhalb des zur Verfügung stehenden Rahmens sind dabei die Bedeutung der Straftat, der Grund des Ungehorsams und die wirtschaftlichen Verhältnisse des Zeugen[949]. Für die Höhe des Ordnungsgeldes ist ein gesetzlicher Rahmen vorgegeben, das Mindestmaß beträgt danach gemäß Art. 6 EGStGB 5,- DM, die Höchstgrenze 1000,- DM. Im Falle des § 178 GVG kann sich jedoch das Ordnungsgeld auf bis zu 2000,- DM belaufen, bei der Verletzung betriebsverfassungsrechtlicher Pflichten gemäß § 23 Abs. III BetrVG bis zu 20.000,- DM und bei einer Zuwiderhandlung gegen eine Pflicht zur Unterlassung oder zur Duldung (der Vornahme) einer Handlung gemäß § 890 ZPO sogar bis zu einem Betrag von 500.000,-DM ausmachen[950].

Das Ordnungsgeld ist grundsätzlich sofort zu zahlen[951]. Ist dies dem Betroffenen nach seinen wirtschaftlichen Verhältnissen nicht zuzumuten, kann ihm nach Art. 7 Abs. I Satz 1 EGStGB eine Zahlungsfrist eingeräumt oder Ratenzahlung bewilligt werden. Trotzdem handelt es sich bei dem zur Teilzahlung zugelassenen Ordnungsgeld um eine ziffernmäßig und nicht nach Tagessätzen zu bestimmende Summe[952].

Die Zwecksetzung des Ordnungsgeldes läßt repressive Elemente weitgehend in den Hintergrund treten und ist auf die Erwirkung des erwünschten Verhaltens im Verfahren gerichtet.

---

[945]Deutsches Rechtslexikon, Band 2, S. 1252
[946]Grebing in Jescheck/Grebing, S. 56
[947]Kleinknecht/Meyer, § 51, Rn. 16
[948]Kleinknecht/Meyer, § 51, Rn. 17
[949]Kleinknecht/Meyer, § 70, Rn. 10
[950]Deutsches Rechtslexikon, Band 2, S. 1252
[951]argumentum e contrario aus Art. 7 I S. 1 EGStGB
[952]Deutsches Rechtslexikon, Band 2, S. 1252

Deshalb ist diese „Ungehorsamsfolge" eindeutig von der Sanktionierung von Straftaten und Ordnungswidrigkeiten zu unterscheiden[953]. Ziel der Maßnahmen ist es also nicht, das Fehlverhalten des Betroffenen zu pönalisieren, sondern steht dessen Kooperation für den weiteren Prozeß im Vordergrund. Befriedigt werden soll demnach nicht etwa der Strafanspruch des Staates, es kommt vielmehr auf die Gewährleistung eines reibungslosen Prozesses an. Zwar bedingt dies im Strafrecht unter Umständen wiederum die Erfüllung der staatlichen Strafe, aber im Zivilprozeß existiert ein solcher Hintergrund nicht. Daß das Hauptanliegen einer Ordnungsgeldandrohung in der Prozeßökonomie begründet liegt, zeigt sich auch darin, daß die meisten Vorschriften, die ein Ordnungsgeld vorsehen, einen Ausnahmetatbestand beinhalten für den Fall, daß es auf die fragliche Prozeßhandlung gar nicht ankommt bzw. diese verzichtbar ist.

Auch die Tatsache, daß in § 70 StPO die Höhe des Ordnungsgeldes neben den wirtschaftlichen Verhältnissen des Betroffenen und den Gründen seiner Aussageverweigerung u.a. von der Schwere der zur Verhandlung stehenden Haupttat abhängt, läßt erkennen, daß der behinderte Prozeß als solcher hier entscheidend ist. Lediglich die Liquidität des Zeugen ist ein außerhalb des Prozesses liegendes Bemessungsmerkmal, das allerdings notwendigerweise berücksichtigt werden muß, um den Betroffenen nicht über die Gebühr zu belasten. Ansonsten ist das Ordnungsgeld sowohl von seinen Voraussetzungen als auch von seiner Festsetzung im Einzelfall her eindeutig auf einen reibungslosen Prozeßverlauf ausgerichtet und enthält daher keinen Sanktionscharakter.

2. Zwangsgeld

Auch dieses staatliche Beugemittel ist in vielen Gesetzen des Bundes und der Länder vorgesehen, z.B. in § 329 AO, § 463 c Abs. III StPO oder § 11 VwVG. Wie beim Ordnungsgeld wird der Betroffene zur Zahlung eines Geldbetrages an die Staatskasse verpflichtet, dessen Höhe sich ebenfalls nach Art. 6 Abs. I EGStGB bestimmt und demnach zwischen 5,- und 1000,- DM liegt, sofern keine andere gesetzliche Festlegung existiert. Die Höchstgrenze nach § 329 AO beträgt z.B. 5000,- DM, bei der Erzwingung unvertretbarer Handlungen im Verfahren nach § 888 ZPO darf das einzelne Zwangsgeld 50.000,- DM nicht übersteigen[954]. Anders als beim Ordnungsgeld gibt es beim Zwangsgeld keine Zahlungserleichterungen; bei Unbeitreibbarkeit droht dem Betroffenen sofort die Ersatzzwangshaft.

Obwohl die begriffliche Unterscheidung zwischen Beugemittel und Kriminalstrafe nicht immer ganz sauber war[955], sind diese beiden Institute streng zu trennen. Das Zwangsgeld weist keine repressiven Züge auf[956]; seine Funktion darf nicht in der Weise überschritten werden, daß es Strafcharakter annimmt[957]. Relevant ist dieses Gebot insbesondere bei der Bemessung der Höhe des Zwangsgeldes[958], das gemäß § 13 Abs. VI, Satz 1 BVwVG auch neben einer (Geld-)strafe oder einem Bußgeld angeordnet werden kann.

Die Rechtsnatur des Zwangsgeldes, insbesondere seine Abgrenzung zum Ordnungsgeld, ist nicht unproblematisch. Obwohl eine grobe Unterscheidung dahingehend zu treffen ist, daß die

[953]Grebing in Jescheck/Grebing, S. 56
[954]Deutsches Rechtslexikon, Band 3, S. 1443
[955]So waren früher in der ZPO die jetzigen Regelungen über Zwangsgeld und Ordnungsgeld (§§888, 890 ZPO) als „Geldstrafen" klassifiziert; vgl. Grebing in Jescheck/Grebing, S. 56; zur Entwicklung der Abgrenzung von Zwangsgeld und Kriminalstrafe siehe Rudolph, S. 1-6.
[956]Grebing in Jescheck/Grebing, S. 56; Baumann, LB, S. 42
[957]BVerwG, BayVBl. 1972, S. 274
[958]Rudolph, S. 6

Ordnungsmittel im Gerichtsverfahren und die Zwangsmittel im Verwaltungsverfahren eingesetzt werden, ist die dogmatische Differenzierung nicht ganz so einfach zu treffen. In der ZPO steht nämlich bei den Regelungen zur Zwangsvollstreckung z.B. das Zwangsgeld nach § 888 neben dem Ordnungsgeld nach § 890, ohne daß auf den ersten Blick ein großer Unterschied ersichtlich wäre. Daß die Abgrenzung zwischen § 890 und § 888 ZPO sich nicht immer ganz einfach darstellt, ist allgemein anerkannt[959].

Regelungstechnisch unterscheidet sich das Zwangsgeld vom Ordnungs-geld darin, daß es nicht erst angedroht werden muß, sondern sofort verhängt werden kann. Im Falle des § 888 ZPO muß jedoch ein Antrag des Gläubigers vorliegen, die Zwangsgeldbeitreibung erfolgt in der zivilprozeßrechtlichen Zwangsvollstreckung nicht von Amts wegen[960]. Das eingetriebene Geld fällt allerdings der Staatskasse an und ist vom Vollstreckungsorgan direkt dorthin zu überweisen[961].

Obwohl in der Literatur teilweise ein strafrechtliches Element in den Maßnahmen nach § 888 ZPO erblickt wurde[962], dürfte diese Auffassung spätestens mit dem Wegfall der Bezeichnung „Geldstrafen" für das Zwangs- und das Ordnungsgeld der Zivilprozeßordnung als überholt anzusehen sein. Darin äußert sich nämlich gerade das Bestreben, die Grenzen zwischen diesen Rechtsbehelfen und dem Strafrecht deutlich zu ziehen.

Wie das Ordnungsgeld ist auch das Zwangsgeld des § 888 ZPO auf eine in der Zukunft vorzunehmende Handlung gerichtet, und stellt somit ein reines Zwangs- und Beugemittel dar, das von einem Verschulden des Betroffenen unabhängig ist[963]. Im Bereich des Verwaltungsrechts gestattet § 11 VwVG die Verhängung eines Zwangsgeldes, um die Vornahme einer nicht vertretbaren Handlung zu erzwingen. Gemäß § 11 Abs. I, Satz 2 VwVG ist dies auch bei einer vertretbaren Handlung möglich, wenn eine Ersatzvornahme „untunlich" wäre[964].

Der Rahmen für das verwaltungsrechtliche Zwangsgeld liegt nach der bundesgesetzlichen Regelung zwischen 3,- und 2.000,- DM, § 11 Abs. III VwVG, die landesrechtlichen Vorschriften beinhalten jedoch teilweise sehr viel höhere Höchstgrenzen, wie z.B. in Bremen, Niedersachsen, Thüringen und Sachsen-Anhalt mit einem Höchstbetrag von jeweils 100.000,- DM[965]. Dennoch soll das Zwangsgeld in keinem Fall der Einnahmenerzielung des Staates dienen, sondern allein den Willen des Vollstreckungsschuldners beugen[966].

Bei der Bemessung im konkreten Fall ist ein Betrag zu wählen, der den Pflichtigen voraussichtlich veranlassen wird, seine Pflicht zu erfüllen, wobei auch seine finanzielle Leistungsfähigkeit eine Rolle spielt[967]. Als angemessen wurden z.B. für mehrfaches Fernbleiben vom Verkehrsunterricht nacheinander Zwangsgelder in Höhe von 50,-DM, 100,- DM und 150,- DM anerkannt[968].

---

[959]Remien, S. 9 f.; Thomas/Putzo, § 890, Rn. 4
[960]Thomas/Putzo, § 888, Rn. 15
[961]Thomas/Putzo, aaO
[962]Blomeyer, S. 683
[963]Remien, S. 18
[964]Die entsprechenden Regelungen in den Verwaltungsvollstreckungsgesetzen der Länder treffen nur teilweise eine solche Einschränkung, manche lassen das Zwangsgeld auch bei vertretbaren Handlungen ohne weitere Voraussetzungen zu, vgl. App, Rn. 679.
[965]vgl. Aufstellung bei App, Rn. 680, Fn. 5
[966]App, Rn. 682
[967]App, Rn. 680
[968]VG München, DAR 1965, S. 166

IV. Disziplinar- und berufsrechtliche Sanktionen

1. Disziplinarrecht

Für das deutsche Beamtentum gilt im Rahmen des Beamtenrechts ein besonderes Disziplinarrecht. Das Dienstvergehen[969] eines Beamten kann danach mit bestimmten Sanktionen bestraft werden, die neben dem allgemeinen Strafrecht zur Anwendung kommen[970]. Gemäß § 5 Abs. I BDO sind mögliche Rechtsfolgen Gehaltskürzung, Verweis, Versetzung in ein Amt derselben Laufbahn mit geringerem Endgrundgehalt[971], Entfernung aus dem Dienst, Kürzung oder Aberkennung des Ruhegehalts sowie eine Geldbuße.

Die Geldbuße ist in der Stufenfolge der Disziplinarmaßnahmen[972] die schwerste Maßnahme, die der Dienstvorgesetzte durch Disziplinarverfügung verhängen kann. Sie kann aber auch im förmlichen Disziplinarverfahren vom Gericht ausgesprochen werden[973].

Eine beamtenrechtliche Geldbuße darf nach der Vorschrift des § 7 Satz 1 BDO die einmonatigen Dienstbezüge des betroffenen Beamten nicht überschreiten. Sie ist in einem Betrag zu zahlen[974]. Die Vollstreckung erfolgt durch den Abzug von den Dienst- oder Versorgungsbezügen, die Gewährung von Ratenzahlungen in der Disziplinarverfügung ist dabei jedoch möglich[975].

Die Gehaltskürzung kann von einem verschwindend geringen Bruchteil bis zu einem Fünftel, die Laufzeit von einem Monat bis zu fünf Jahren erstreckt werden[976]. Das Bundesverwaltungsgericht hat mit ständiger Rechtsprechung seit 1982[977] eine Regelbemessung für die Gehaltskürzung eingeführt. Danach soll sich das Gewicht des Dienstvergehens und das sich daraus ergebende Erziehungsbedürfnis außer in der Maßnahmenart nur in der Bemessung der Laufzeit niederschlagen, während der Kürzungssatz ausschließlich nach der finanziellen Lage des Betroffenen zu bestimmen ist. Bei durchschnittlichen Beamtenhaushalten soll dabei regelmäßig eine Kürzung in Höhe von 5 % der Monatsbezüge vorgenommen werden[978].
Dieses Bemessungsmodell ist offensichtlich der Tagessatzgeldstrafe des Strafrechts nachempfunden und schränkt den Ermessensspielraum des § 9 BDO bei der Festlegung der Gehaltskürzung erheblich ein[979]. Die Anlehnung an das Tagessatzsystem ist schon deshalb bedenklich, weil die Maßnahmen des Disziplinarrechts dogmatisch ganz klar von den strafrechtlichen Sanktionen zu unterscheiden sind. Insbesondere generalpräventive Aspekte dürfen bei der Verhängung von Maßnahmen nach § 5 BDO keine Rolle spielen[980].

---

[969]Definiert gemäß § 77 Abs. I Satz 1 BBG als die schuldhafte Verletzung der dem Beamten obliegenden Pflichten.
[970]Lambrecht, S. 13
[971]Dies wird in der Praxis kurz als „Degradierung" oder „Dienstgradherabsetzung" bezeichnet; vgl. Lambrecht, S. 14.
[972]vgl. dazu Köhler/Ratz, A . IV, Rn. 74 ff.
[973]Köhler/Ratz, § 7 BDO, Rn. 1
[974]aA aber Weiss, GKöD II, Teil 3, § 7 BDO, Rn. 2, der auch die Festsetzung eines Bruchteils der einmonatigen Dienstbezüge für zulässig hält. Dies würde aber die Grenze zur Gehaltskürzung verwischen und ist daher abzulehnen, vgl. auch Köhler/Ratz, § 7 BDO, Rn. 1.
[975]Köhler/Ratz, § 7 BDO, Rn. 7
[976]Köhler/Ratz, A. IV, Rn. 85
[977]Dokumentarische Berichte aus dem Bundesverwaltungsgericht, Ausgabe B, 1982, S. 233
[978]Köhler/Ratz, A. IV, Rn. 87
[979]so auch Köhler/Ratz, A. IV, Rn. 87
[980]Köhler/Ratz, A. IV, Rn. 88 f.

Ist wegen des beamtenrechtlich zu sanktionierenden Sachverhalts bereits eine strafgerichtliche Verurteilung erfolgt, so darf im Disziplinarverfahren kein Verweis mehr ausgesprochen werden, und eine Kürzung des (Ruhe)-Gehalts sowie eine Geldbuße sind nur noch möglich, wenn dies zusätzlich erforderlich ist, um den Beamten zur Erfüllung seiner Pflicht anzuhalten und das Ansehen des Beamtentums zu wahren, § 14 BDO.

Trotz dieser Einschränkungen hinsichtlich der Rechtsfolgen und der Tatsache, daß das Disziplinarverfahren bis zur Beendigung des Strafverfahrens auszusetzen ist[981], sowie der Bindungswirkung der Tatsachenfeststellungen im Strafverfahren[982] wird in der Literatur die Zulässigkeit der Doppelbestrafung von Beamten in Frage gestellt[983]. Als Argument wird angeführt, Art. 103 Abs. III GG verbiete die mehrmalige Bestrafung ein- und derselben Tat[984]. Gelöst werden soll der Konflikt beider Sanktionensysteme durch die Anrechnung der einen auf die andere Strafe[985] oder sogar durch die völlige Abschaffung des Disziplinarrechts[986].

Während letztgenannter Ansatz wohl nicht ernsthaft in Erwägung zu ziehen sein dürfte[987], hat sich der Gedanke der Anrechnung der zuerst verhängten Sanktion auf die nachfolgende sogar in einer Entscheidung des Bundesverfassungsgerichtes niedergeschlagen[988], nach deren Leitsatz die strafgerichtliche Verurteilung zu einer Freiheitsstrafe ohne Berücksichtigung einer bereits im Disziplinarverfahren verhängten Arreststrafe nicht mit dem Grundsatz der Rechtsstaatlichkeit vereinbar ist[989]. Nur wenige Jahre später entschied das Bundesverwaltungsgericht aber für eine Geldstrafe, daß eine Anrechnung auf eine sachgleiche disziplinare Vermögensstrafe nicht zulässig ist[990].

Zu beachten ist dabei jedoch, daß es sich bei beiden Urteilen um wehrstrafrechtliche Sachverhalte handelt. Im Bereich des Beamtenrechts wird für die Geldbuße durch § 14 BDO eine verbindliche Regelung getroffen, nach der die Kumulation zweier monetärer Sanktionen nur möglich ist, wenn hinsichtlich der Pflichterfüllung des Beamten oder des Ansehens des Beamtentums eine diesbezügliche Notwendigkeit besteht. Auch und insbesondere in Anbetracht der Tatsache, daß der Geldbuße des Beamtenrechts der Höhe nach nur ein recht geringer Spielraum zugestanden wird[991], erscheint speziell in diesem Bereich die Frage der Anrechnung mehrerer finanziell wirkender Strafen nicht sonderlich brisant, zumal mit der Vorschrift des § 14 BDO eine Regelung geschaffen wurde, die eine disziplinare Geldbuße bzw. Gehaltskürzung neben einer strafgerichtlich verhängten Geldstrafe zur Ausnahme macht.

Für den Bereich der monetären Sanktionen, der hier Gegenstand der Betrachtung ist, läßt sich demnach weder für den Streit um die Doppelbestrafung im Speziellen noch für das Aufkom-

---

[981] § 17 BDO

[982] § 18 Abs. I Satz 1 BDO; gemäß § 18 Abs. I Satz 2 BDO kann jedoch im Disziplinarverfahren die nochmalige Prüfung solcher Feststellungen beschlossen werden, wenn ihre Richtigkeit von der Mehrheit der Mitglieder bezweifelt wird.

[983] Baumann, LB, S. 45 sowie JZ 64, S. 612; Jakobs, LB 91, Abschnitt 3, Rn 15 ff.; umfassend dazu Kunkel, S. 178 ff.

[984] z.B. Jakobs, LB 91, Abschnitt 3, Rn 15 ff., vgl. weitere Nachweise bei Lambrecht, S. 125

[985] Baumann, JZ 64, S. 616

[986] Dies forderte z.B. Schäfer auf dem 48. Deutschen Juristentag im Jahre 1970, S. 23, 32; aus neuerer Zeit vgl. Sträter, S. 289, der ein faktisches Verschwinden des Disziplinarrechts aufgrund dessen nachlassender Bedeutung prognostiziert, ohne daß eine formelle Abschaffung erfolgen muß.

[987] vgl. ausführliche Beschäftigung mit diesem Vorschlag und dessen Ablehnung bei Lambrecht, S. 122-124

[988] BVerfGE 21, S. 379

[989] siehe dazu auch begrüßende Anmerkung Baumanns in JZ 67, S. 637, der diese Entscheidung als einen „Lichtblick im Disziplinarrecht" empfindet; zustimmendauch Stratenwerth, LB, Rn. 45

[990] BVerwG, NJW 1970, S. 1860

[991] vgl. § 7 Satz 1 BDO

men disziplinarer Geldbußen im Allgemeinen eine besonders große Relevanz feststellen. So ergab z.B. eine Untersuchung aus den Jahren 1979 bis 1988, die in den sechs Polizeipräsidien Hessens durchgeführt wurde, daß von 596 eingeleiteten nicht förmlichen Disziplinarverfahren lediglich 57 mit der Verhängung einer Geldbuße abgeschlossen wurden, also 9,56 %[992]. Da die gleiche Erhebung ergab, daß die nicht förmlichen Disziplinarverfahren im Vergleich zu den in einem ordnungsgemäßen gerichtlichen Verfahren beurteilten Sachverhalten einen Anteil von 98 % ausmachen, ist nicht davon auszugehen, daß die gerichtlich erlassenen Disziplinarmaßnahmen den Anteil der verhängten Geldbußen nennenswert zu steigern vermögen. Aus diesen Zahlen ergibt sich in der Gesamtschau ein Bild, welches der Geldbuße nur einen relativ geringen Stellenwert im System der disziplinarrechtlichen Maßnahmen einräumt.

2. Berufsrecht

Die Berufsgerichtsbarkeit umfaßt das Sonderrecht der freien Berufe, zu denen neben den „klassischen“ Freiberuflern wie den Ärzten oder Apothekern auch Architekten sowie Steuerberater und Wirtschaftsprüfer zählen. Niedergelegt ist dieses Sonderrecht in verschiedenen Berufsordnungen, die zentrale Punkte der Berufsausübung wie Schweige- und Dokumentationspflichten, Werbeverbote oder Hilfs- und Unterlassungspflichten regeln[993]. Um die Durchsetzung dieser Verhaltenssätze zu ermöglichen, umfassen die Regelwerke auch sanktionsbewehrte Vorschriften, die in vielen Fällen generalklauselartig gefaßt sind[994]. Zweck der Berufsordnungen ist es, die Angehörigen des fraglichen Berufsstandes zur Einhaltung eines bestimmten beruflichen Ethos zu verpflichten[995].

Die angeschlossenen Berufsgerichte gehören größtenteils der unmittelbaren Staatsgerichtsbarkeit an und sind bei den ordentlichen Gerichten oder den Verwaltungsgerichten als Kammern oder Senate organisiert[996]. Seltener werden Berufsgerichte von den Berufskammern selber getragen und sind damit der mittelbaren Staatsgerichtsbarkeit zuzurechnen, wie z.B. die erstinstanzlichen Anwaltsgerichte, die gemäß § 92 BRAO am Sitz der Rechtsanwaltskammer errichtet werden[997]. Die letztgenannte Form der Berufsgerichtsbarkeit wird teilweise für verfassungsrechtlich unzulässig erachtet[998].

Uneinigkeit besteht auch über die Terminologie und die Systematik der Berufsgerichtsbarkeit. Vielfach wird von Berufsgerichten als „Standesgerichten“[999] oder „Ehrengerichten“[1000] gesprochen. Diese Begriffe haben ihren Ursprung in den Wurzeln der heutigen Berufsgerichtsbarkeit, an deren Anfang sog. „Ehrenräthe“ standen mit der Aufgabe, die Ehre des Standes sowie das ehrenvolle Verhalten jedes einzelnen Berufsmitgliedes zu wahren[1001]. Wegen der Ungenauigkeit ihrer Benutzung und möglicher negativer Assoziationen sollte auf diese Begriffe verzichtet und statt dessen der Ausdruck „Berufsgerichtsbarkeit“ verwendet werden[1002].

---

[992] so die Ergebnisse aus der 1993 veröffentlichten Dissertation Kunkels, Anhang 2
[993] Creifelds, S. 1180
[994] vgl. Hochtritt, S. 31
[995] Gelbhaar, S. 129; Ziegenhagen, S. 21
[996] vgl. ausführliche Aufstellung bei Ziegenhagen, S. 217 ff.
[997] Ziegenhagen, S. 220
[998] Bettermann, StaatsR-Handbuch, § 73, Rn. 75, der einen Verstoß gegen Art. 92 GG annimmt.
[999] z.B. Rupp/v. Zezschwitz, S. 401; Meyer-Hentschel, S. 53
[1000] So der Gesetzeswortlaut der §§ 92 BRAO vor der Änderung durch das Gesetz zur Neuordnung des Berufsrechts der Rechtsanwälte und der Patentanwälte vom 2.9.1994, BGBl. I, S. 2278
[1001] Holly, S. 92
[1002] Ausführlich dazu Ziegenhagen, S. 11 ff.; ähnlich Creifelds, S. 1179, der die Bezeichnung „Standesrecht“ als unpassend für die heutigen Berufsordnungen der freien Berufe empfindet.

Über die terminologischen Verwirrungen hinaus gibt es Abweichungen bei der systematischen Einordnung des Berufsrechts. So wird die Berufsgerichtsbarkeit häufig in unzulässiger Weise mit der Disziplinargerichtsbarkeit des Beamtenrechts vermischt[1003]. Teilweise wird sogar die unzutreffende[1004] Behauptung aufgestellt, die Berufsgerichtsbarkeit habe sich aus der Disziplinargerichtsbarkeit des Beamtenrechts heraus entwickelt[1005]. Maßgeblicher Unterschied zwischen beiden Bereichen ist die Tatsache, daß es sich bei der Disziplinargerichtsbarkeit um einen besonderen Teil der Verwaltungsgerichtsbarkeit handelt[1006], während die Berufsgerichtsbarkeit eine Gerichtsbarkeit für besondere Sachgebiete im Sinne des Art. 101 Abs. II GG ist[1007].

Auch der persönliche Anwendungsbereich beider Gerichtsbarkeiten ist grundverschieden, stellt doch eine freiberufliche Tätigkeit gewissermaßen das Gegenteil des Beamtenverhältnisses dar. Das weisungsfreie, selbstbestimmte Handeln auf eigenes wirtschaftliches Risiko steht in krassem Gegensatz zum öffentlich-rechtlichen Dienst- und Treueverhältnis zwischen Beamten und Dienstherrn[1008]. Anders als die Berufsgerichtsbarkeit, die dem Schutz der Allgemeinheit und der Standesinteressen durch die Aufrechterhaltung der Funktionsfähigkeit des jeweiligen Berufstandes dienen soll, bezweckt die Disziplinargerichtsbarkeit durch die Gewährleistung eines funktionsfähigen Beamtentums die ordnungsgemäße Ausübung der ihr durch Art. 33, Abs. IV GG übertragenen hoheitlichen Befugnisse[1009]. Da zwischen Freiberuflern und dem Staat keinerlei besonderes Gewaltverhältnis besteht, sollte daher in diesem Zusammenhang nicht von „Disziplinarrecht“, sondern von „Berufsrecht“ gesprochen werden[1010].

Gemeinsam ist beiden Gerichtsbarkeiten die Diskussion um die Zulässigkeit der Doppelbestrafung, die auch im Rahmen der Berufsgerichtsbarkeit unter Hinweis auf Art. 103 Abs. III GG geführt wird[1011]. Da auch die Argumente identisch sind, bzw. vielfach eine Trennung beider Bereiche bei der Erörterung des Problems gar nicht vorgenommen wird[1012], kann hier zunächst auf das oben zum Disziplinarrecht Gesagte verwiesen werden. In einem anderen Zusammenhang wird an späterer Stelle noch genauer auf diese Frage einzugehen sein.

Die mangelhafte Differenzierung zwischen Disziplinar- und Berufsgerichtsbarkeit dürfte auf gewisse nicht zu verleugnende Parallelen zurückzuführen sein, die zum besseren Verständnis der Materie kurz aufgeführt werden sollen. So befassen sich inhaltlich beide Gerichtsbarkeiten mit dem Fehlverhalten einer fest umrissenen Berufsgruppe. Durch Generalklauseln werden die Angehörigen dieser Berufsgruppe jeweils dazu verpflichtet, sich innerhalb und auch außerhalb der Berufsausübung der Achtung und des Vertrauens würdig zu erweisen, die der Beruf erfordert[1013]. Beide Gerichtsbarkeiten erfüllen eine Ordnungsfunktion und verfolgen

[1003] z.B. Meyer-Hentschel, S. 53; Baumann, LB, § 4, I 4; vgl. weitere Nachweise bei Ziegenhagen, S. 61
[1004] umfassend widerlegt bei Ziegenhagen S. 88 ff.
[1005] Hochtritt, S. 27, 30
[1006] Ehlers in Schoch/Schmidt-Aßmann/Pietzner, § 40, Rn. 692
[1007] BVerfGE 26, S. 186 ff., 192
[1008] überzeugend dazu Ziegenhagen, S. 63/64
[1009] Ziegenhagen, S. 64
[1010] Die Väter der RAO (Reichsrechtsanwaltsordnung) lehnten die Bezeichnung „Disziplinarverfahren“ bereits im Jahre 1878 als unpassend ab, da diese den Eindruck erwecken würde, als sei der Anwalt ein Beamter; vgl. mit Nachweisen Kornblum, S. 469
[1011] siehe z.B. Maurach/Zipf, § 1, Rn. 21, der aber mit der wohl h.M. davon ausgeht, daß eine Kumulation beider Sanktionen ohne einen Verstoß gegen den Grundsatz „ne bis in idem“ möglich ist; ausführlich Hochtritt, S. 166 ff.
[1012] z.B. Baumann/Weber/Mitsch, § 4, Rn. 29 f.; Jakobs, Rn. 19
[1013] vgl. § 54 Satz 3 BBG, § 43 Satz 2 BRAO

mit präventiver Ausrichtung den Zweck, eine bestimmte Organisation funktionsfähig zu erhalten[1014].

Neben anderen formellen Ähnlichkeiten der jeweiligen Regelungswerke besteht auch weitgehend Gleichheit der zu Gebote stehenden Reaktionen. So kommen als Sanktion übereinstimmend Ausschließung bzw. Entfernung aus dem Beruf bzw. Dienst, Verweis, Warnung und Geldbuße in Frage[1015]. Als monetäre Sanktion ist in diesem Zusammenhang die Geldbuße von besonderem Interesse, so daß hier kurz der Versuch gemacht werden soll, die Bedeutung der berufsrechtlichen Geldbuße zu umreißen.

Da es im Berufsrecht im Unterschied zum Disziplinarrecht des Beamtentums keine allgemeingültige Regelung hinsichtlich des Verhältnisses von Kriminalsanktion zu berufsgerichtlich verhängter Maßnahme gibt, besteht hier theoretisch die Möglichkeit der Kumulation zweier monetärer Sanktionen, die zu einer höheren Belastung des Betroffenen führen kann. Auch die Tatsache, daß es an einer einheitlichen Begrenzung der Höhe der Geldbuße fehlt, läßt vermuten, daß die im Rahmen der Gerichtsbarkeit der freien Berufe ausgesprochenen Geldbußen von größerer Bedeutung sein könnten als die des Beamtenrechts.

Bei genauerem Hinsehen zeigt sich jedoch, daß auch im Berufsrecht ähnlich wie im Disziplinarrecht Einschränkungen hinsichtlich der Sanktionierungsmöglichkeiten getroffen werden. So beinhaltet z.B. die Bundesrechtsanwaltsordnung (BRAO) in ihrem § 115 b eine dem § 14 BDO entsprechende Regelung, nach der von der anwaltsgerichtlichen Ahndung abzusehen ist, wenn dasselbe Verhalten durch ein Gericht oder eine Behörde mit einer Strafe, einer Disziplinarmaßnahme, einer berufsgerichtlichen Maßnahme oder einer Ordnungsmaßnahme bestraft worden ist. Eine Ausnahme von diesem Grundsatz soll dann gelten, wenn die anwaltsgerichtliche Maßnahme zusätzlich erforderlich ist, um den Rechtsanwalt zur Erfüllung seiner Pflichten anzuhalten und das Ansehen der Rechtsanwaltschaft zu wahren. Dies gilt jedoch nur für die Geldbuße, nicht aber für das Berufsverbot oder den Ausschluß aus der Rechtsanwaltschaft.

Im Vergleich zum Disziplinarrecht ist die anwaltsrechtliche Geldbuße insoweit von größerer Bedeutung, als ihre Höchstgrenze ungleich höher liegt als die der beamtenrechtlichen Geldbuße. Während letztere gemäß § 7 Satz 1 BDO auf ein Monatsgehalt des betreffenden Beamten beschränkt ist, kann die Geldbuße nach der BRAO gemäß § 114 Abs. I, Nr. 3 bis zu 50.000,- DM betragen[1016].

Im Jahre 1989 wurde der Rahmen der Geldbuße von 20.000,- auf die heutigen 50.000,- DM Höchstsatz angehoben[1017], da nach den Erfahrungen der in der Anwaltsgerichtsbarkeit tätigen Rechtsanwälte und der Rechtsanwaltskammern wegen der sehr unterschiedlichen Einkommensverhältnisse der Rechtsanwälte ein Höchstsatz von 20.000,- DM nicht mehr in jedem Fall für eine angemessene Ahndung ausreichte[1018]. Aus dieser (amtlichen) Begründung läßt sich schließen, daß der Höchstrahmen der anwaltsgerichtlichen Geldbuße durchaus ausge-

[1014]Ziegenhagen, S. 62

[1015]ausführlich zu den Parallelen Ziegenhagen, S. 61 f., die aber darauf hinweist, daß diese Gemeinsamkeiten nicht darüber hinwegtäuschen dürfen, daß es sich um zwei verschiedene und voneinander unabhängige Materien handelt.

[1016]Diese Höchstgrenze soll auch bei der Koppelung von Verweis und Geldbuße gelten, die als eine selbständige Maßnahme des anwaltlichen Berufsrechts anzusehen ist, so jedenfalls Feuerich/Braun, § 114, Rn. 17; siehe auch BayAGH, BRAK-Mitt. 96, S. 171.

[1017]Gesetz zur Änderung des Berufsrechts der Rechtsanwälte und der Patentanwälte vom 13. Dezember 1989, BGBl. I, S. 2135 ff.

[1018]Feuerich/Braun, § 114, Rn. 15

schöpft wird, was nicht für jeden Strafrahmen selbstverständlich ist. Daraus ergibt sich eine völlig andere Größenordnung, als dies im Disziplinarrecht des Beamtentums der Fall ist, und damit auch ein höherer Stellenwert bzw. eine größere Bedeutung der Geldbuße als Sanktion unerwünschten Verhaltens.

Als veranschaulichendes Beispiel soll ein Fall aus dem Jahre 1993 dienen, in dem ein Rechtsanwalt wegen Verstoßes gegen das sich aus § 43 BRAO ergebende Sachlichkeitsgebot vom Ehrengerichtshof Nordrhein-Westfalen zu einer Geldbuße iHv 10.000,- DM verurteilt wurde, weil er ohne vorherige gründliche Prüfung des behaupteten Delikts eine OLG-Entscheidung als Rechtsbeugung bezeichnet hatte[1019]. Daß eine solche Maßnahme erhebliche Strafwirkung entfaltet, kann wohl nicht ernsthaft bezweifelt werden.

Mag hinsichtlich der Strafwirkung im Einzelfall der Geldbuße eine große Bedeutung zukommen, so wird dies in der Gesamtschau aber dadurch relativiert, daß die Anzahl der Fälle, die wegen Verstößen gegen die Verhaltensvorschriften des anwaltlichen Berufsrechts verhandelt werden, verschwindend gering ist. In der Hauptsache beschäftigen sich die Anwaltsgerichte in jüngster Zeit mit einer zunehmenden Anzahl von Zulassungsverfahren, die Disziplinierungssachen machen demgegenüber nur einen Anteil von etwa 20 – 25 % aller Verfahren aus[1020]. Bedenkt man, daß bereits die absolute Zahl der anteilig überwiegenden Zulassungsverfahren sich nur auf ca. 100 pro Jahr im gesamten Bundesgebiet beläuft[1021], so wird die untergeordnete Bedeutung der Verfahren in Disziplinierungssachen offenbar.

Ein solches zahlenmäßig geringes Gewicht berufsgerichtlicher Verhandlungen ist nicht nur bei den Rechtsanwälten, sondern auch in den anderen freien Berufen zu beobachten. Zum Beispiel verzeichneten die Berufsgerichte für Heilberufe in Rheinland-Pfalz im Jahre 1993 lediglich 16 Verfahren insgesamt, bei den Berufsgerichten für Architekten und Ingenieure in Niedersachsen gab es im gleichen Zeitraum sogar nur 6 Verfahren[1022].

In der Gesamtschau zeigt sich im Verhältnis zu der Arbeit der deutschen Gerichte insgesamt, daß berufsgerichtliche Verfahren noch nicht einmal 1 % aller zivil- und verwaltungsrechtlichen Sachen ausmachen[1023]. Die Bedeutung monetärer berufsgerichtlich verhängter Sanktionen im Speziellen wird zusätzlich dadurch eingeschränkt, daß in einem Großteil der Berufsordnungen Sperrklauseln enthalten sind, die in ihrem Regelungsgehalt § 14 BDO bzw. § 115 b BRAO entsprechen, denen zufolge also von einer berufsgerichtlichen Ahndung abzusehen ist, wenn dasselbe Verhalten zuvor schon durch eine andere Behörde oder ein Gericht mit einer Strafe oder Maßnahme sanktioniert worden ist . Nur, wenn die berufsgerichtliche Maßnahme zusätzlich als Pflichtenmahnung und zur Wahrung des Ansehens des Berufsstandes erforderlich, also ein sog. berufsrechtlicher Überhang vorhanden ist, kann eine Ausnahme gemacht werden.

In den Berufsgruppen, in denen eine solche Sperrklausel nicht existiert[1024], stellt sich – ähnlich wie im Disziplinarrecht bereits angesprochen – die Frage der Zulässigkeit einer Doppel-

---

[1019]EGH NRW, Urteil vom 16.3.1993 – (2) 6 EVY 14/92, abgedruckt in BRAK-Mitt. 1994, S. 52

[1020]Die Angaben gelten für den Bundesgerichtshof, dessen Senat für Anwaltssachen neben Zulassungssachen (§ 42 BRAO) als dritte Instanz in Disziplinierungssachen über Revisionen gegen Urteile der Anwaltsgerichte zu entscheiden hat, Ziegenhagen, S. 5

[1021]94 Verfahren im Jahre 1991, 107 anno 1992; vgl. Ziegenhagen, S. 5

[1022]Ziegenhagen, S. 1 nach Auskünften des Ministeriums für Justiz in Rheinland-Pfalz bzw. der Architekten- und der Ingenieurskammer Niedersachsen

[1023]Eigene Auswertung von Ziegenhagen, S. 1 aufgrund der jährlich veröffentlichten Gerichtsstatistiken

[1024]Insbesondere im Recht der Heilberufe und der planenden Berufe fehlt es an solchen Regelungen, vgl. Ziegenhagen, S. 43.

bestrafung nach allgemeinem und Berufsrecht. Nach dem Grundsatz der Verhältnismäßigkeit muß jedoch auch bei Fehlen einer Sperrklausel ein berufsrechtlicher Überhang vorhanden sein, um eine zweite Ahndung desselben Verhaltens zu rechtfertigen[1025].

Die Kriterien für das Vorliegen eines berufsrechtlichen Überhanges sind bei Fehlen einer schriftlichen Festlegung durch eine Sperrklausel jedoch verschwommen[1026]:

Teilweise wird bereits das Vorliegen einer das Ansehen des Berufsstandes beeinträchtigenden Pflichtverletzung als ausreichend angesehen[1027], wobei diese Voraussetzung letztlich durch jede Pflichtwidrigkeit erfüllt werden dürfte.

Teilweise wird die Notwendigkeit verlangt, den Betroffenen abermals zur Pflichterfüllung mahnen zu müssen[1028], bzw. auch die analoge Anwendung des § 115 b BRAO gefordert[1029].

Andere wiederum wollen den berufsrechtlichen Überhang von der Schwere des durch die Pflichtverletzung entstandenen Schadens abhängig machen[1030].

Eine Vereinheitlichung der Rechtsprechung wäre hier sicherlich wünschenswert, um Ungerechtigkeiten zu vermeiden, da es immerhin um die Frage des „ob“ einer berufsgerichtlichen Sanktion geht. Deshalb erscheint es meiner Ansicht nach sinnvoll, die Voraussetzungen dahingehend festzulegen, daß die Notwendigkeit einer Pflichtenmahnung über die strafgerichtliche Verurteilung hinaus bestehen muß, so wie es die vorhandenen Sperrklauseln bereits regeln.

Zu demselben Problemfeld gehört auch die Frage, ob im Falle des Zusammentreffens zweier Sanktionen eine Anrechnung der später verhängten –in der Regel also der berufsgerichtlichen– Maßnahme erfolgen kann, darf oder muß.

Differenziert werden muß dabei zwischen der bloßen Berücksichtigung der ersten Strafe einerseits und deren voller Anrechnung auf der anderen Seite.

Für eine Anrechnung wird von deren Befürwortern[1031] die oben bereits erwähnte Entscheidung des Bundesverfassungsgerichts ins Feld geführt, die sich allerdings auf Arreststrafen im Bereich des Wehrdisziplinarrechts bezogen hat[1032].

Ob sich dieses Anrechnungsgebot auch auf die berufsrechtliche Geldbuße übertragen läßt, ist der nächste strittige Punkt. Um eine solche Konstellation ging es in einer weiteren Entscheidung des Bundesverfassungsgerichts[1033]: Ein Arzt war wegen unterlassener Hilfeleistung durch ein Strafgericht zu einer Geldstrafe iHv 1.000,- DM verurteilt worden, danach erging durch das zuständige Berufsgericht eine Maßregelung in Form einer Geldbuße von 500,- DM. Der betroffene Arzt legte Verfassungsbeschwerde wegen Verstoßes gegen Art. 103 Abs. III GG ein. Vier Richter bejahten den Verstoß wegen mangelnder Anrechnung der strafgerichtlichen Sanktion, vier Richter verneinten die Notwendigkeit einer solchen Anrechnung und da-

---

[1025]Hill, StaatsR-Handbuch, § 156, Rn. 71; Pieroth/Schlink, Rn. 1189; Ziegenhagen, S. 43
[1026]Ziegenhagen, S. 44
[1027]Berufsgericht für Heilberufe beim Verwaltungsgericht Köln, Urteil vom 15.10.1981- 1 T 44 (I)/79
[1028]Berufsgericht für Heilberufe beim Oberlandesgericht Nürnberg, Urteil vom 21.2.1981- BG-Ap-2439/80
[1029]Landesberufsgericht für Zahnärzte in Stuttgart, Beschluß vom 7.8.1974- L Qs 1/74
[1030]Bezirksberufsgericht für Ärzte in Stuttgart, Urteil vom 7.2.1979- BBG 11/78
[1031]Rüping, BK-GG, Art. 103 III, Rn. 34 ff.
[1032]BVerfGE 21, S. 378, 383
[1033]BVerfGE 27, S. 180 ff.

mit auch eine Verletzung des Grundgesetzes. Gemäß § 15 Abs. II Satz 4 BVerfGG (heute § 15 Abs. IV Satz 3 BVerfGG) konnte ein Verstoß gegen das Grundgesetz aufgrund der Stimmengleichheit nicht festgestellt und mußte die Verfassungsbeschwerde zurückgewiesen werden.

Die Richter, die eine Anrechnung forderten, beriefen sich dabei auf das Rechtsstaatsprinzip, das es nicht zulasse, eine Person wegen desselben Fehlverhaltens einer zweifachen Reaktion der öffentlichen Hand auszusetzen[1034].

Dieser Ansicht ist jedoch nicht zu folgen. Durch die im Vorfeld notwendige Feststellung eines berufsrechtlichen Überhanges wird sichergestellt, daß nur in solchen Fällen zusätzliche Maßnahmen verhängt werden, in denen dies notwendig erscheint. Wenn das der Fall ist, erscheint eine zusätzliche Sanktionswirkung der berufsgerichtlichen Maßnahme durchaus wünschenswert und sollte nicht in der Kriminalstrafe aufgehen. Auch eine entsprechende Anwendung der Anrechnungsregelungen des § 51 StGB[1035] kommt mangels Vergleichbarkeit von Straf- und Berufsrecht nicht in Betracht[1036].

In der Praxis der berufsgerichtlichen Rechtsprechung wird weitgehend ein Mittelweg beschritten, indem die erste Sanktion nicht vollständig angerechnet, aber bei der Bemessung der Maßnahme berücksichtigt wird[1037]. Die Geldbuße vermindert sich bis zu der Höhe, die erforderlich ist, um dem berufsrechtlichen Überhang gerecht zu werden, bzw. den Betroffenen zu der ordnungsgemäßen Erfüllung seiner Pflichten anzuhalten[1038].

In Anbetracht dieser Tatsache und der ohnehin geringen Anzahl der disziplinarischen Verfahren im Sonderrecht der freien Berufe scheint folglich auch der berufsrechtlichen Geldbuße in der Gesamtschau keine wesentliche Bedeutung zuzukommen, da diese wie oben gezeigt de facto mehr Einschränkungen unterliegt, als es auf den ersten Blick offenbar ist.

V. Zivilrechtliche Sanktionen

In diesen Bereich fallen Vereins- und Vertragsstrafen, sowie die Sanktionen der Betriebsjustiz[1039].

Aufgrund der hohen Dichte von Betriebsbußordnungen im Arbeitsleben sowie Vereinsstrafbestimmungen im Freizeitbereich kommt diesen Sanktionen von der Anwendungshäufigkeit her eine nicht unerhebliche Bedeutung zu. Es ist lebensnah zu vermuten, daß nahezu jeder deutsche Bürger entweder an seinem Arbeitsplatz oder in seiner Freizeit durch die Mitgliedschaft in einem Verein durch eine vertragliche Bestimmung einer Strafordnung unterworfen ist, die ihrem Inhalt nach nicht staatlich bestimmt worden ist. In vielen Fällen dürfte den Betroffenen diese Tatsache gar nicht bewußt sein, da die entsprechenden Vertragsbedingungen

[1034]BVerfGE 27, S. 180 ff., 193
[1035]Rüping, BK-GG, Art. 103 III, Rn. 41
[1036]vgl. dazu überzeugende Ausführungen bei Ziegenhagen, S. 51
[1037]Ziegenhagen, S. 46/47
[1038]Bezirksberufungsgericht für Ärzte in Stuttgart, Urteil vom 7.3.1990- BBG 13/89: unter Berücksichtigung der strafgerichtlich wegen Betruges verhängten Geldstrafe in einer Gesamthöhe von 11.250,- DM wurde die Geldbuße auf 2.000,- DM festgesetzt.
[1039]Einteilung in Anlehnung an Gelbhaar, S. 121/130, zu den rechtlichen Einordnungen der einzelnen Institute jeweils später genauer.

nicht genau studiert wurden. Diese fahrlässige Unkenntnis steht in einem krassen Mißverhältnis zu der finanziellen Bedeutung, die solchen Regelungen im Einzelfall zukommen kann.

Obwohl dieses streng genommen nicht zu den zivilrechtlichen Sanktionen im eigentlichen Sinne zählt, soll unter dieser Überschrift kurz auf das Schmerzensgeld des § 847 BGB eingegangen werden, da auch durch diese Regelung ein deliktisches Verhalten mit der Leistung finanzieller Zuwendungen ausgeglichen wird, welche neben dem Ersatz des materiellen Schadens stehen. Es soll dabei erörtert werden, inwiefern sich aus diesem Gesichtspunkt ein Pönalisierungseffekt ergibt.

1. Die Vertragsstrafe

Die Vertragsstrafe gemäß § 339 ff. BGB kann zwischen den Vertragsparteien vereinbart werden und besteht regelmäßig in der Zahlung einer bestimmten Geldsumme[1040]. Für ihre Verwirkung ist Schuldnerverzug, für diesen wiederum Verschulden Voraussetzung[1041].

Zweck der Vertragsstrafe ist es, die Erfüllung der Hauptforderung zu sichern, sie hat gewissermaßen die Funktion eines Druckmittels[1042]. Weiterhin soll sie für den Gläubiger den Schadensausgleich erleichtern, indem z.B. die Beweislast hinsichtlich der eingetretenen Schädigung wegfällt [1043]. Diese Doppelfunktion der Vertragsstrafe wird von der herrschenden Meinung angenommen[1044], teilweise jedoch auch bestritten[1045].

Gegenstand des Vertragsstrafeversprechens kann jedes Tun oder Unterlassen des Schuldners sein, auf eine Pflicht- oder Rechtswidrigkeit kommt es dabei nicht an. So besteht auch die Möglichkeit, außerrechtliches Verhalten unter ein Strafgedinge zu stellen, wie z.B. das Rauchen aufzugeben[1046] oder die Gewichtszunahme[1047].

Dogmatisch hat die Vertragsstrafe keine Ähnlichkeit mit der Kriminalstrafe[1048], da sie kein persönliches Verschulden des „Bestraften" voraussetzt[1049] und nicht der Sicherung allgemein gesetzestreuen Verhaltens dienen kann[1050]. In einzelnen Fällen kann es jedoch zu Überschneidungen kommen, wenn das die Vertragsstrafe auslösende Verhalten auch mit öffentlicher

[1040] Palandt/Heinrichs, Vor § 339, Rn. 1; Staudinger/Rieble, Vor § 339, Rn. 133

[1041] Creifelds, S. 1413

[1042] Palandt/Heinrichs, Vor § 339, Rn. 1

[1043] BGHZ 49, S. 89; 63, S. 259; 85, S. 312; 105, S. 27; BGH NJW 1993, S. 2993

[1044] BGHZ 105, S. 27; Söllner, S. 98 ff.; MüKo/Gottwald, Vor § 339, Rn. 3; Palandt/Heinrichs, Vor §§ 339-343, Rn. 1; Staudinger/Rieble, Vor §§ 339 ff., Rn. 8

[1045] So geht z.B. Lindacher davon aus, daß der Vertragsstrafe lediglich Erfüllungssicherungszweck zukommt, da das Institut der Schadensersatzpauschalierung neben einer doppelfunktionalen Vertragsstrafe nicht möglich wäre, Soergel/Lindacher, Vor § 339, Rn. 5

[1046] Bötticher, S. 15

[1047] Söllner, S. 101 berichtet von einer Tänzerin, die von ihrem Arbeitgeber, einem Barbetreiber, zu einer Zahlung von 1.000,- DM für den Fall einer Gewichtszunahme von mehr als einem Kilogramm verpflichtet wurde.

[1048] MüKo/Gottwald, Vor § 339, Rn. 21; BVerfG NJW 67, S. 195 ff., 196

[1049] BGH LM, § 339, Nr. 19

[1050] Soergel/Lindacher, Vor § 339, Rn. 47; MüKo/Gottwald, Vor § 339, Rn. 21; aA Staudinger/Rieble, Vor §§ 339 ff., Rn. 78, der davon ausgeht, daß die Vertragsstrafe jedes Verhalten sichern kann, auch allgemein gesetzestreues. Als Beispiel führt er die Verbandsvertragsstrafe des Wettbewerbsrechts an. Umgekehrt könne auch das staatliche Sanktionenrecht Vertragspflichten sichern, wie etwa durch den Untreuetatbestand des § 266 StGB oder § 17 UWG (Geheimnisverrat durch Arbeitnehmer).

Strafe bedroht ist[1051], so z.B. bei der Erhebung eines erhöhten Fahrgeldes für Schwarzfahrer[1052], das in der Regel in den Allgemeinen Geschäftsbedingungen des Verkehrsbetriebes angedroht[1053] und durch sozialtypisches Annahmeverhalten mit dem Einsteigen in das Beförderungsmittel Vertragsinhalt wird[1054]. Die strafrechtliche Verfolgung (§§ 265 a, ggf. 263 StGB) bleibt jedoch grundsätzlich von der Vertragsstrafe unberührt.

Teilweise wird gefordert, daß der Umstand der doppelten Sanktionierung ein- und desselben Verhaltens bei der Straffestsetzung berücksichtigt werden muß. Dies ergebe sich nicht aus dem Grundsatz „ne bis in idem", sondern aus dem Gebot der einzelfallgerechten Strafe, das sowohl für die staatliche als auch für die vertragliche Strafe Geltung habe[1055]. Dieser Ansicht nach soll bei der Bemessung der strafrechtlichen Sanktion die finanzielle Belastung mit der Vertragsstrafe ähnlich einer Schadensersatzverpflichtung als zivilrechtliche Folge des Fehlverhaltens berücksichtigt, anders herum kann gemäß § 343 BGB die Vertragsstrafe aufgrund der staatlich verhängten Sanktion herabgesetzt werden[1056].

Im Verhältnis der Vertragsstrafe zu einem Ordnungsgeld im Sinne von § 890 ZPO hat eine solche wechselseitige Anrechnung nach herrschender Ansicht zu erfolgen[1057], für die strafgerichtliche Geldstrafe wird dies jedoch nicht anerkannt[1058].

Was ihre Höhe anbelangt, gibt es für die private Vertragsstrafe logischerweise keine einheitliche bindende Regelung[1059], so daß eine Festsetzung in beliebiger Höhe möglich ist[1060]. Während die einschlägigen Rechtsverordnungen das „erhöhte Beförderungsentgelt" als Folge für das „Schwarzfahren" auf 60,- DM festlegen[1061], geht es z.B. im Bauwesen um Beträge anderer Größenordnungen. In Bauwerkverträgen sind häufig Klauseln enthalten, nach denen für jeden Verzugstag eine bestimmte Summe oder ein Prozentsatz der Auftragssumme zu zahlen ist, so daß die Strafsumme unbegrenzt steigt[1062]. Um dieser Entwicklung Einhalt zu gebieten, legte der BGH fest, daß die betreffende Strafklausel selbst eine zeitlich oder der Gesamtsumme nach bestimmte Obergrenze enthalten muß[1063]. Unbeanstandet blieb vor dem BGH bislang

---

[1051] Die Rechtsordnung verbietet nicht, Handlungen, die mit öffentlicher Strafe bedroht sind, zusätzlich und unabhängig davon unter eine privatrechtliche Strafe zu stellen, MüKo/Gottwald, Vor § 339, Rn. 21; BGHZ 21, S. 370 ff., 374.

[1052] Staudinger/Rieble, Vor §§ 339 ff., Rn. 78

[1053] Teilweise gründet sich dies auf Rechtsverordnung: Für Eisenbahnen und städtische S-Bahnen: § 12 EisenbahnverkehrsVO; für Straßenbahnen, U-Bahnen, Obusse und Omnibusse mit Ausnahme der Bahnbusse: § 9 der VO über AGB für den Straßenbahn und Obusverkehr sowie den Linienverkehr mit Kraftfahrzeugen vom 27. Februar 1970, BGBl. I, S. 230 ff.; fehlt eine Verordnung als Rechtsgrundlage, steht § 11 Nr. 6 AGBG nach überwiegender Ansicht der Zulässigkeit einer erhöhten Fahrgeldforderung durch AGB trotzdem nicht im Wege, Soergel/Lindacher, Vor § 339, Rn. 16.

[1054] Palandt/Heinrichs, Vor § 339, Rn. 10; Löwe/v.Westphalen/Trinkner, § 11 Nr. 6, Rn. 28; bezweifelt wird diese Möglichkeit des Vertragsschlusses anscheinend bei Soergel/Lindacher, Vor § 339, Rn. 16.

[1055] Staudinger/Rieble, Vor §§ 339 ff., Rn. 79

[1056] Staudinger/Rieble, aaO, bzw. § 343, Rn. 73

[1057] MüKo/Gottwald, § 339, Rn. 22; Soergel/Lindacher, Vor § 339, Rn. 49; Palandt/Heinrichs, Vor § 339, Rn. 11; BGH NJW 98, S. 1138 f., 1139

[1058] Tatsächlich erscheint diese Frage so wenig naheliegend, daß sie in den meisten Kommentaren nicht einmal Erwähnung findet.

[1059] Staudinger/Rieble, Vor §§ 339 ff., Rn. 133, Ausnahme: § 4 WoVermitG: 10 % der Maklercourtage, maximal 50,- DM, § 134 GewO: ein Wochenlohn.

[1060] so ausdrücklich in Art. 163 Abs. I OR

[1061] § 9 der VO über die AGB für den Straßenbahn- und Omnibusverkehr sowie den Linienverkehr mit Kraftfahrzeugen vom 27.2.1970 (BGBl. I, S. 230 ff.) in der Fassung vom 30.6.1989 (BGBl. I, S. 1273); vgl. Staudinger/Rieble, Vor §§ 339 ff., Rn. 109

[1062] Staudinger/Rieble, § 339, Rn. 41

[1063] BGHZ 85, S. 305

lediglich eine Klausel, die einen Tagessatz von 1 % und eine Gesamthöhe von 10 % der Auftragssumme als Höchstgrenze statuierte[1064].

Die Festsetzung einer einheitlichen Grenze ist zwar bereits in der Literatur vorgeschlagen[1065], von der Rechtsprechung bislang aber abgelehnt worden[1066], da allgemeingültige Aussagen wegen der Verschiedenheit der Sachverhalte nicht möglich sind[1067]. Durch die Einzelfallkontrolle der AGB ist jedoch der Strafschuldner hinreichend geschützt[1068], so daß eine übermäßige finanzielle Belastung durch eine Vertragsstrafe die Ausnahme bilden dürfte.

Im Ergebnis zeigt sich also, daß weder unter dem Gesichtspunkt der Konkurrenz mit der strafgerichtlichen Geldstrafe noch aufgrund großer praktischer Bedeutung in dem hier behandelten Zusammenhang ein besonderes Augenmerk auf die Vertragsstrafe zu richten wäre.

2. Die Vereinsstrafe

Die Vereinsstrafe ist nach herrschender Auffassung als eigenständiges verbandsrechtliches Institut von der Vertragsstrafe nach §§ 339 ff. BGB zu unterscheiden[1069]. Während Vertragsstrafen der Realerfüllungssicherung von Individualansprüchen dienen, handelt es sich bei der Vereinsstrafe um ein Mittel der Gruppendisziplin[1070]. Letztere beruht nicht auf Vertrag, sondern auf Unterwerfung der Mitglieder unter die Satzung, die als Verfassung des Vereines für seine Mitglieder kraft Korporationsrechts gilt[1071].

Die Vertreter der Gegenansicht lehnen diese Argumentation als reine Förmelei ab[1072]. Sie erblicken in der Vereinssatzung kein autonomes Gesetz, sondern ordnen diese in die Ebene des Rechtsgeschäftes ein[1073]. Die Unterwerfung der Mitglieder bedeute nichts anderes als die rechtsgeschäftliche Begründung eines Gestaltungsrechtes, die freiwillig erfolgt[1074]. Die Satzung kann nichts verfügen, was nicht durch diese Unterwerfung gedeckt ist, so daß sie nicht als die „von der Persönlichkeit der Mitglieder losgelöste Verfassung eines Eigenlebens" (des Vereines, Anm. d. Verf.) gelten kann[1075].

Obwohl der Eintritt in den Verein ein privates Rechtsgeschäft darstellt, das auf dem freien Willen des Mitgliedes fußt, kann nicht darüber hinweg gesehen werden, daß hinsichtlich der durch die Satzung getroffenen Regelungen ein Unterschied zu einem „normalen" privaten Rechtsgeschäft gegeben ist. Zwar besteht theoretisch die Möglichkeit, sich vor dem Beitritt über den Inhalt der Satzung zu informieren, jedoch dürfte diese in der Praxis eher selten wahrgenommen werden. Schließlich geht es dem Mitglied vorrangig um die Ausübung des vom Verein verfolgten Zwecks, und dürfte außerdem ein Vertrauen dahingehend vorhanden

---

[1064] BGH NJW 1987, S. 380
[1065] Kapellmann/Langen, S. 560; Ulmer/Brandner/Hensen, Anh. §§ 9-11, Rn. 727, Fn. 24
[1066] Staudinger/Rieble, § 339, Rn. 42
[1067] BGHZ 85, S. 305 ff., 313
[1068] so auch Staudinger/Rieble, § 339, Rn. 44
[1069] BGHZ 21, S. 373; Soergel/Lindacher, Vor § 339, Rn. 45; Stöber, Rn. 257; Sauter/Schweyer/Waldner/Röseler, Rn. 350; aA van Look, S. 134 ff.; MüKo/Gottwald, Vor § 339, Rn. 17; Weitnauer, S. 187 ff.; Staudinger/Rieble, Vor §§ 339 ff., Rn. 94 ff.
[1070] Soergel/Lindacher, Vor § 339, Rn. 45
[1071] BGHZ 21, S. 373
[1072] Bötticher, S. 44 ff.; Staudinger/Rieble, Vor §§ 339, Rn. 94
[1073] Soergel/Hadding, § 25, Rn. 38; van Look, S. 19; Bötticher, S. 45; Weitnauer, S. 185 ff.
[1074] Bötticher, S. 45
[1075] So in RGZ 165, S. 140 ff., 143, wo der Vereinssatzung nur bis zur Eintragung vertragliche Wesensart zugesprochen wird; ablehnend Bötticher, S. 47.

sein, es werde schon keine Regelung bestehen, die über den gewöhnlichen Inhalt eines solchen Regelwerkes hinausgeht. In den meisten Fällen wird daher die Vereinssatzung weitgehend ungelesen akzeptiert, zumal derjenige, der dem Verein aufgrund eigener Interessen beitreten möchte, sich davon kaum wegen irgendwelcher in der Satzung abstrakt angedrohten Maßnahmen abhalten läßt. Wird nämlich zum Zeitpunkt des Beitritts überhaupt an später möglicherweise auftretende Komplikationen gedacht, dann wahrscheinlich mit dem Vertrauen, daß schon nichts passieren werde.

Unter diesem Gesichtspunkt sind die Regelungen einer Vereinssatzung am ehesten mit Allgemeinen Geschäftsbedingungen zu vergleichen, die im Normalfall auch erst dann beachtet werden, wenn der Vertrag längst unterzeichnet ist und die ersten Schwierigkeiten auftauchen. Eben aufgrund ihrer Besonderheiten wurden für die AGB spezielle Regelungen getroffen, die diesen Umständen Rechnung tragen und den Privatmann vor ungewollten Folgen schützen sollen.

Realistischerweise muß demnach auch für die Vereinssatzung davon ausgegangen werden, daß ihr eine andere Bedeutung zukommt als gewöhnlichen Vereinbarungen zwischen Privatleuten. Denkt man z.B. an einen Sportverein, so erscheint es kaum vorstellbar, daß jemand, der zwecks Ausübung einer bestimmten Sportart in seinem Heimatort dem entsprechenden ansässigen Verein beitreten möchte, diese Entscheidung von der Satzung desselben abhängig macht. Die einseitige Wirkung, derer sich viele Mitglieder bei ihrem Eintritt in den Verein wahrscheinlich nicht vollständig bewußt sind, und die bis zur Strafgewalt in bestimmten Bereichen geht, dürfte vielfach ignoriert bzw. unterschätzt werden. Von einer einvernehmlich und individuell vereinbarten Vertragsstrafe im eigentlichen Sinne ist die Vereinsstrafe daher jedenfalls zu unterscheiden.

Aufgrund seiner Autonomie ist der Verein berechtigt, gegenüber seinen Mitgliedern nach Maßgabe der Satzung Vereinsstrafen zu verhängen[1076], deren Bandbreite von der Warnung über die Auferlegung finanzieller Nachteile bis hin zum Ausschluß reicht[1077]. Der Begriff der Vereinsstrafe umfaßt dabei sowohl die Aufstellung abstrakter Strafnormen als auch den darauf beruhenden konkreten Strafausspruch über die Mitglieder[1078]. Anknüpfungspunkt einer Vereinsstrafe können aber nur mitgliedschaftliche Pflichten sein[1079]. Verwirkt ist die Vereinsstrafe, wenn das Mitglied einer solchen Pflicht zuwiderhandelt[1080].

Nicht ganz eindeutig ist jedoch die Frage zu beantworten, ob es für die Verhängung von Vereinsstrafen eines Verschuldens des pflichtwidrig Handelnden bedarf:

Während der BGH in einigen Entscheidungen in Anlehnung an das Reichsgericht auf das Verschuldenserfordernis „jedenfalls für die Verhängung der kleineren Vereinsstrafen"[1081] und bei Ausschließungen[1082] verzichtet[1083], geht die inzwischen wohl überwiegende Ansicht in der Literatur davon aus, daß ein Vertretenmüssen im Sinne des § 276 BGB notwendig ist[1084]. Argumentiert wird, auch das Vereinsstrafrecht habe die Aufgabe, sozialethische Verstöße zu

[1076]BGHZ 87, S. 337; Palandt/Heinrichs, § 25, Rn. 12
[1077]Vieweg, Diss., S. 33
[1078]Horschitz, S. 38
[1079]BGHZ 23, S. 370
[1080]Soergel/Hadding, § 25, Rn. 49
[1081]BGHZ 29, S. 352 ff., 359 unter Berufung auf RG JW 1932, S. 1010
[1082]BGH NJW 1971, S. 879 f.; NJW 1972, S. 1892 ff., 1893
[1083]ebenso Stöber, Rn. 247 b
[1084]Soergel/Hadding, § 25, Rn. 50; Meyer-Cording, S. 28 ff.; Palandt/Heinrichs, § 25, Rn. 14; Fritzweiler/Pfister/Summerer, Rn. 258

sanktionieren, von sozialem Unrecht könne aber nur die Rede sein, wenn Verschulden wenigstens in Form von Fahrlässigkeit vorliegt[1085]. Diese Ansicht vermag zu überzeugen, da anzunehmen ist, daß das Mitglied bei seinem Eintritt nur bereit ist, sich der Vereinsstrafe zu unterwerfen, wenn es die fragliche Pflichtverletzung vorsätzlich oder fahrlässig herbeigeführt hat.

Als Sanktionen des pflichtwidrigen Verhaltens kommen für das Vereinsstrafrecht im einzelnen in Betracht: Geldbußen, Ermahnung, Verweis oder Verwarnung (unter Umständen gekoppelt mit der vereinsinternen Veröffentlichung, z.B. durch Eintragung in eine „schwarze Liste“), dauernder oder zeitweiser Verlust bzw. Beschränkung einzelner oder sämtlicher Mitgliedschaftsrechte (z.B. Stimmrechtsentzug, Ausschluß von Vereinseinrichtungen oder -veranstaltungen bis zum Platz- oder Hausverbot), Verlust oder Beschränkung der Organstellung oder der Wählbarkeit zu einem Vereinsamt sowie die Ausschließung[1086].

Von diesen Maßnahmen ist auf die Geldbuße als monetäre Sanktion hier besonderes Augenmerk zu richten. Bei ihr ist der oben dargestellte Streit um die Frage, ob es sich bei der Vereinsstrafe um eine Vertragsstrafe im Sinne der §§ 339 ff. BGB handelt, von großer Bedeutung[1087].

Bejaht man dies, gelangt man nämlich zu der Anwendbarkeit des § 343 BGB auf die Vereinsgeldbuße. Dadurch wird dem ordentlichen Richter die Kontrolle über deren Höhe gestattet, indem eine unangemessen hohe Buße aufgrund dieser Vorschrift herabgesetzt werden kann[1088]. Das Bedürfnis nach einer solchen Kontrolle zeigt sich daran, daß sogar auch Vertreter der Ansicht, bei der Vereinsstrafe handele es sich nicht um eine Vertragsstrafe im Sinne der §§ 339 ff. BGB, eine analoge Anwendung der Vorschrift des § 343 BGB in Betracht ziehen[1089].

Die Beschäftigung mit dieser Problematik führt wiederum zu der Frage, ob in der Satzung eine Höchstgrenze für die Geldbuße festgelegt werden muß. Dies wird in der Literatur teilweise bejaht[1090] und verlangt, daß dieser vorgegebene Strafrahmen angemessen im Sinne von § 343 BGB sein muß[1091]. Andere gehen hingegen von der Zulässigkeit einer unbegrenzten Geldbuße aus, jedoch soll auch dabei der Grundsatz der Verhältnismäßigkeit gewahrt werden[1092]. Dies wiederum unterliegt dann der richterlichen Kontrolle, wobei aber das Gericht nur feststellen kann, daß die Strafe unangemessen ist, nicht aber eine Anpassung selbständig vorzunehmen berechtigt sein soll[1093]. Allerdings ist die Erwirkung einer einstweiligen Verfügung möglich, durch die der Vollzug der Vereinsstrafe ausgesetzt wird[1094].

Früher versuchten sich die Vereine dieser externen gerichtlichen Kontrolle zu entziehen, indem sie in ihre Satzungen Klauseln aufnahmen, die den ordentlichen Rechtsweg ausschließen

[1085]Meyer-Cording, S. 30
[1086]Soergel/Hadding, § 25, Rn. 51
[1087]speziell für die Geldbuße ablehnend Sauter/Schweyer/Waldner/Röseler, Rn. 350
[1088]vgl. ausführlich zu dieser Frage Meyer-Cording, S. 54 ff.
[1089]Enneccerus/Lehmann, S. 152 f.
[1090]Soergel/Hadding, § 25, Rn. 40; Reichert/Dannecker/Kühr, Rn. 1144
[1091]Schlosser, S. 143; Soergel/Hadding, § 25, Rn. 40
[1092]v. Look, S. 190; Horschitz, S. 59. Es wird auch verlangt, die Strafe dürfe nicht „offenbar unbillig“ sein, Stöber, Rn. 256 mwN.
[1093]Horschitz, S. 83 f.
[1094]Sauter/Schweyer/Waldner/Röseler, Rn. 351; OLG Köln NJW-RR 1993, S. 891

sollten[1095]. Solche Bestimmungen sind jedoch bereits durch das Reichsgericht für nichtig erklärt worden, und hat sich an dieser Rechtsprechung seither nichts geändert[1096].

Um trotzdem einer gerichtlichen Überprüfung zu entgehen, statten viele Vereine ihre Satzungen mit Schiedsgerichtsordnungen aus und bestimmen darin, daß Streitigkeiten zwischen Verein und Mitglied –also auch solche über eine Bestrafung- unter Ausschluß der ordentlichen Gerichte einem vereins- oder verbandsinternen Schiedsgericht zu unterbreiten sind[1097].

Vor solchen Schiedsgerichten, die sich unparteiisch und neutral zusammensetzen müssen[1098], werden heutzutage in einigen Bereichen Entscheidungen von erheblicher wirtschaftlicher Bedeutung gefällt, insbesondere auch in Hinblick auf die zu verhängenden Geldbußen[1099]. Zu erwähnen sind dabei insbesondere wirtschaftliche (Dach-)Verbände sowie große Sportvereine und –verbände[1100]. Letztere sind nach einer Hochrechnung Hilperts aus dem Jahre 1988 an ihren Sportgerichten mit ca. 420. 00 Verfahren pro Jahr befaßt, wobei z.B. auf den Deutschen Fußballbund (DFB) bei einer Zahl von rund 5 Millionen Mitgliedern annähernd 340.000 Verfahren entfallen[1101]. Für das Jahr 1971 hatte Schlosser für die von den bundesdeutschen Fußballverbänden verhängten Strafen noch eine Zahl von ca. 150.000 ermittelt[1102], wobei unter den 14.000 – 15.000 durch den Hessischen Fußballverband (HFV) ausgesprochenen Sanktionen Geldbußen in einer Gesamthöhe von 300.000,- DM waren[1103].

Demgegenüber gibt es jedoch auch solche Verbände, innerhalb derer weniger oder sogar überhaupt keine Strafen verhängt werden. So gab es nach Angaben Hilperts z.B. in der Deutschen Eislauf Union ebensowenig eine Entscheidung über eine Verbandsstrafe auf Bundesebene zu verzeichnen wie im Deutschen Segler-Verband[1104].

Hinsichtlich der finanziellen Bedeutung der sportgerichtlichen Entscheidungen ist eine pauschale Aussage schwerlich zu treffen; zu verschieden sind die Einzelfälle und die entsprechenden Urteile. Erschwerend kommt hinzu, daß es sich hierbei nicht um einen Teil der ordentlichen Gerichtsbarkeit handelt, so daß die Aufzeichnungen der Verfahren nicht allgemein

---

[1095] Meyer-Cording, S. 101

[1096] RG JW 06, S. 395

[1097] Meyer-Cording, S. 122; zur Zulässigkeit solcher Schiedsgerichtsklauseln vgl. Horschitz, S. 84/85

[1098] Horschitz, S. 85/86; Meyer-Cording, S.124: in der Regel bestellt jede Partei einen Schiedsrichter, § 1028 ZPO; Fritzweiler/Pfister/Summerer, Rn. 281.

[1099] Sauter/Schweyer/Waldner/Röseler, Rn. 350; Meyer-Cording, S. 103

[1100] Die Verbände wie z.B. der Deutsche Fußballbund (DFB) oder der Deutsche Turner-Bund (DTB) stellen dabei die Dachorganisation der Vereine dar, die über Landes-und Regionalverbände die einzelnen Vereine erreichen und regelmäßig zur Beachtung ihrer Statuten durch Verein und dessen einzelne Mitglieder verlangen, vgl. Horschitz, S. 6 für den DFB. Als Dachorganisation aller deutschen Sportverbände fungiert wiederum der Deutsche Sportbund, dem so jeder dritte Deutsche angehört und der die mitgliederstärkste Vereinigung Deutschlands darstellt, vgl. Hilpert, S. 161.

[1101] Hilpert, S. 161, dessen Schätzungen auf einer Hochrechnung der für das Saarland im fraglichen Zeitraum verzeichneten Verfahren beruhen.

[1102] Schlosser, S. 20, der wie Hilpert seine Erkenntnisse aus einer Hochrechnung bezieht, bei der er jedoch als Ausgangszahlen die des Hessischen Fußballverbandes verwendet und diese mit 10 multipliziert, da die hessische Bevölkerung 1/10 der Gesamteinwohnerzahl der Bundesrepublik ausmacht, vgl. Anmerkung 15. Im Folgenden weist Schlosser auf die vergleichsweise geringen Zahlen der Disziplinarverfahren im Bereich der Gewerkschaften und der politischen Parteien hin, die er auf deutlich weniger als 1000 beziffert, vgl. Schlosser, S. 22 ff.

[1103] Schlosser, Anm. 15

[1104] Hilpert stützt diese Angaben auf Erkenntnisse, die er gewann, als er alle Verbände aufforderte, ihm grundlegende Entscheidungen ihrer Sportgerichte zukommen zu lassen. Es ergab sich daraus, daß sich die Mehrzahl der Fachverbände aufgrund der geringen Anzahl der Verfahren gleichsam in einem Dornröschenschlaf befindet. Eine Ausnahme bilden die Ballsportarten, insbesondere die mit Körperkontakt der gegnerischen Mannschaften; vgl. Hilpert, S. 161.

zugänglich im Sinne von veröffentlichten Gerichtsentscheidungen sind. Erreicht ein Fall aus dem Bereich der Sportvereinsstrafen –meist auf dem Wege des Rechtsmittelverfahrens- die Öffentlichkeit, so handelt es sich in den überwiegenden Fällen nicht um die Verhängung einer Geldbuße, gegen die vorgegangen wird, sondern um eine für den Berufssportler gravierendere Reaktion, nämlich die zeitweilige Sperre oder entsprechende Maßnahmen[1105].

Finanziell nicht unbedeutend sind die Fälle verschiedener Fußballspieler des deutschen Bundesligavereins FC Bayern München, die wegen außersportlichen Fehlverhaltens mit hohen Geldbußen von Seiten des Vereines belegt wurden, was in der Presse aufmerksam verfolgt wurde. So mußte z.B. der Spieler Lothar Matthäus 10.000,- DM zahlen, weil er krankheitsbedingt nicht Fußball spielen konnte, aber dennoch anläßlich einer Werbefilmaufnahme Ski gefahren war[1106].

Im Falle des Stefan Effenberg verhängte der Verein eine Strafe in Höhe von 10.000,- DM, nachdem der Spieler nachts um 3.45 Uhr von der Münchener Polizei mit einer BAK von 1,07 Promille am Steuer eines Kfz erwischt worden war[1107].

Bei Mario Basler genügte dem Verein[1108] die ihm hinterbrachte Tatsache, daß der betreffende Spieler bis in die frühen Morgenstunden (ca. 4.00 Uhr morgens) in einer Münchener Diskothek gesehen wurde, um die vereinsübliche Strafe in Höhe von 10.000,- DM auszusprechen[1109]. Anderthalb Jahre zuvor hatte Basler bereits wegen öffentlich geäußerter Kritik am Trainer Trapattoni die gleiche Summe in die Wohltätigkeitskasse des Vereines gezahlt[1110].

Als bislang höchste Einzelbuße in der deutschen Fußballbundesliga wird jedoch die Strafe angeführt, die gegen den Bochumer Spieler Roland Wohlfahrt verhängt wurde, als er aufgrund der Einnahme von Appetitzüglern eines Doping-Verstoßes bezichtigt wurde und dafür 60.000,- DM an die Vereinskasse abführen mußte[1111].

Da jedoch die deutschen Bundesligafußballer im Regelfall aus steuerlichen Gründen Lizenzspieler und keine Vereinsmitglieder sind[1112], muß in ihrem Anstellungsvertrag die Unterwerfung unter die Vereinsstrafgewalt explizit vereinbart werden, was im Formulararbeitsvertrag des DFB für das Verhältnis Verein – Spieler bereits vorgesehen ist[1113]. § 6 jenes Mustervertrages eröffnet dem Verein die Möglichkeit, bei Verstoß gegen arbeitsvertragliche Pflichten Geldstrafen zu erheben[1114], und in § 2 wird der Spieler verpflichtet, alles zu tun, um seine Leistungsfähigkeit zu erhalten und zu steigern, sowie alles Abträgliche zu unterlassen. Unter Punkt g.) wird festgesetzt, der Spieler habe sich auf alle sportlichen Veranstaltungen des Ver-

---

[1105] So z.B. im aufsehenerregenden Fall der Leichtathletin Katrin Krabbe, der wegen Dopings das DLV- Präsidium für eine Zeit von 4 Jahren die Starterlaubnis entziehen wollte. Der zur Überprüfung dieser Maßnahme angerufene Rechtsausschuß des Deutschen Leichtathletik-Verbandes beschloß, daß eine Sperre von vier Jahren Dauer für den Bereich der Leichtathletik für einen Leistungssportler in aller Regel das Ende der Karriere bedeute und setzte eine Höchstgrenze von zwei Jahren fest, vgl. NJW 1992, S. 2588.

[1106] Kicker v. 26.10.1998

[1107] Bild v. 16.10.1998; tz v. 26.10.1998, wo allerdings fälschlicherweise von 20.000,- DM die Rede ist.

[1108] Gemeint ist hier ebenfalls der FC Bayern München.

[1109] Sport-Bild v. 02.12.1998, Welt am Sonntag v. 31.01.1999

[1110] Welt am Sonntag v. 02.03.1997

[1111] Welt am Sonntag v. 02.03.1997

[1112] vgl. zu den steuerrechtlichen Hintergründen Horschitz, S. 9 f.; obwohl sich die entsprechende Regelungslage in den letzten Jahren geändert hat, so daß jetzt eigentlich die Möglichkeit für die Lizenzspieler besteht, Vereinsmitglied zu sein, wurde diese trotzdem anscheinend nicht wahrgenommen, vgl. Imping, S. 41, Fn. 3.

[1113] abgedruckt bei Horschitz, S. 153 ff.

[1114] vgl. § 6 Mustervertrag, abgedruckt bei Horschitz, S. 153 ff.; siehe auch Welt am Sonntag v. 02.03.1997 eins gewissenhaft vorzubereiten, wozu insbesondere gehört, den Anweisungen des Trainers bezüglich der Lebensführung Folge zu leisten[1115].

Die Sanktion eines Verstoßes gegen die im Vertrag genannten Pflichten stellt eine echte Vertragsstrafe dar und könnte als solche durch den Verein gerichtlich geltend gemacht werden. Die Zulässigkeit von Vertragsstrafenabreden in Arbeitsverträgen wird dabei von der ganz herrschenden Meinung anerkannt[1116].

Daß die auf der Grundlage des § 6 des DFB-Formularvertrages in die Arbeitsverträge der Lizenzspieler aufgenommenen Strafandrohungen als Vertragsstrafen einzuordnen sind, ist nicht ganz unbestritten, entspricht aber der herrschenden Ansicht[1117].

Einer Mindermeinung zufolge handelt es sich dabei jedoch wegen der über die Sicherung der Arbeitspflichten hinausgehenden Regelung des Zusammenlebens der Spieler um eine Betriebsbuße[1118]. Da aber ein gewisser kollektivrechtlicher Bezug bei arbeitsrechtlichen Regelungen fast immer gegeben sein dürfte, hindert dies nicht die Annahme einer Vertragsstrafe[1119].

In den Fällen jedoch, in denen eine strafbewehrte Regelung erst nach Abschluß des Arbeitsvertrages aufgestellt und nicht per expliziter Vereinbarung nachträglich darin eingegliedert worden ist, stellt sich die Frage, ob und auf welcher Grundlage solche Regelungen im Verhältnis zum Lizenzspieler Gültigkeit erhalten, da diese keine Mitglieder des Vereines sind und so außerhalb der Strafgewalt desselben stehen könnten. Außerdem enthalten die dort statuierten Verhaltensregeln in der Vereinspraxis auch Gegenstände, die nicht ohne weiteres unter die Legitimation des § 6 des Mustervertrages zu subsumieren sind, z.B. die öffentliche Äußerung von Kritik oder anderen Vereinsinterna[1120].

In den letzten Jahren sind von Seiten der Bundesligaklubs regelrechte Strafkataloge entwickelt worden, auf deren Grundlage in vielen Fällen nicht unerheblich hohe Geldstrafen erhoben werden können. So verlangt z.B. der FC Bayern München von einem Spieler, dessen Handy auf der Fahrt zu einem Punktspiel klingelt, per Strafkatalog 500,- DM, bei einem Verstoß gegen die Kleiderordnung 100,- DM. Vergleichsweise billig kommen dagegen die Fußballer von Bayer Leverkusen davon, sie kostet das klingelnde Handy beim Essen nur 100,- DM, die falsche Kleidung schlägt mit 50,- DM zu Buche. Wer sein Trikot als Fußabtreter mißbraucht, zahlt 10,- DM, teurer sind unerlaubtes Verlassen des Trainingslagers, Überschreiten des Zapfenstreiches, Trunkenheit in der Öffentlichkeit oder das Einhandeln einer roten Karte wegen Meckerns, welchenfalls jeweils die Höchststrafe von 2.000,- DM fällig wird[1121].

[1115]vgl. § 2 Mustervertrag, abgedruckt bei Horschitz, S. 153 ff.; siehe auch Kicker v. 17.03.1997

[1116]BAG NJW 1985, S. 91; MüKo/Söllner, Vor § 339, Rn. 8 f.; Palandt/Heinrichs, Vor § 339, Rn. 3; aA Krauß, S. 152 und Langheid, S. 1219, die dem § 888 II ZPO mittelbar ein Vertragsstrafeverbot für Arbeitsverträge entnehmen.

[1117]BAG v. 5.2.1986, AP Nr. 12 zu § 339 BGB, damals noch zu § 4 III des damaligen Mustervertrages, der aber dem heutigen § 6 III entspricht; Imping, S. 129

[1118]Löwisch, Anmerkung zu BAG v. 5.2.1986, abgedruckt im Anschluß an AP Nr. 12 zu § 339 BGB

[1119]vgl. ausführliche und überzeugende Argumentation bei Imping, S. 126 ff.

[1120]So z.B. im oben angeführten Fall Basler, vgl. Fn. 1109; außerdem auch im Fall des Spielers Ciriaco Sforza, der vom 1. FC Kaiserslautern mit einer Buße von 30.000,- DM wegen öffentlich geäußerter Kritik am Trainer belegt wurde. Nach einer Aussage des Vorstandsvorsitzenden des 1. FC Kaiserslautern Jürgen Friedrich hätte der Arbeitsvertrag Sforzas in diesem Fall sogar einen Höchstbetrag von 80.000,- DM erlaubt; (Quelle: Interview mit Gerhard Delling im Rahmen der Vorberichterstattung zum UEFA-Pokal-Spiel zwischen dem 1. FC Kaiserslautern und dem FC Kilmarnock am Dienstag, den 14.09.1999 um 20.15 Uhr in der ARD).

[1121]alle Strafen aufgeführt in Kicker v. 17.03.1997

Die rechtliche Einordnung der Fälle, die nicht unter § 2 des Mustervertrages fallen, ist nicht eindeutig, da es sich nicht um schriftlich vereinbarte Vertragsstrafen handeln dürfte. Dafür müßte auch hier wie bei den nachträglich erstellten Sanktionskatalogen eine explizite Zusatzvereinbarung den Arbeitsvertrag um die neuen Strafbestimmungen erweitern, wovon aber in der Praxis nicht unbedingt ausgegangen werden kann.

Zu einer rechtlichen Überprüfung solcher Strafkataloge ist es bislang nicht gekommen, anscheinend werden diese Regelwerke von den Spielern weitgehend akzeptiert. Dogmatisch stellt sich -wie oben bereits angedeutet- aber dennoch das Problem der Rechtsnatur solcher Regelungen und ihrer Verbindlichkeit für den einzelnen Spieler.

Die Frage der Wirkung von nicht in den Arbeitsvertrag einbezogenen Vereinsregelungen gegenüber den Lizenzspielern ähnelt der nach der Gültigkeit von Verbandsregeln:

In ihrer Eigenschaft als Nicht-Vereinsmitglieder sind die Lizenzfußballer der Bundesliga eigentlich auch nicht mittelbar Mitglieder oder Angehörige des DFB. Allerdings schließen sie mit diesem einen Lizenzvertrag, in dem sie regelmäßig eine Vertragsstrafenregelung des DFB anerkennen, die der in der Satzung enthaltenen Vereinsstrafenregelung entspricht[1122]. So wird also die Frage, ob ein Nichtmitglied sich durch vertragliche Regelung der Vereinsgewalt unterwerfen kann, für dieses Verhältnis ausgeklammert.

Fraglich bleibt aber, ob im Verhältnis Verein - Lizenzspieler hinsichtlich der nicht im Arbeitsvertrag enthaltenen Strafmaßnahmen eine solche Konstruktion der (konkludenten) Unterwerfung unter die Strafgewalt des Vereines in Betracht kommt.

Grundsätzlich wird die vertragliche Unterwerfung von Nichtmitgliedern unter die Strafgewalt eines Vereines nach nahezu einhelliger Auffassung als möglich erachtet[1123]. Von einer bei Einstellung erfolgenden konkludenten Unterwerfung des Lizenzspielers unter die Vereinsstrafgewalt ohne gleichzeitige Möglichkeit der Inanspruchnahme der dieser entgegenstehenden, aus der Mitgliedschaft resultierenden Vorteile ist jedoch nicht auszugehen, da diese Konstruktion dem Grundgedanken des Beschäftigungsverhältnisses zwischen Verein und Lizenzsportler zuwiderlaufen würde. Schließlich wird der Fußballer aus steuerlichen Gründen eben gerade nicht Mitglied, sondern wird der Umweg über den Lizenzvertrag gewählt, so daß dieser Besonderheit Rechnung zu tragen und die intendierte Gestaltung des Rechtsverhältnisses zu beachten ist. Spieler und Verein müssen sich insoweit an der von ihnen geschaffenen Rechtsform ihrer Beziehung festhalten lassen und können sich nicht die „Rosinen“ jeder möglichen Gestaltungsform „herauspicken“.

In Betracht kommt allerdings eine Geltung der individualvertraglich nicht erfaßten Regelungen als Betriebsbußen. Die Entscheidung zugunsten des Vorliegens von Vertragsstrafen im oben angeführten Streit über die Rechtsnatur von Sanktionen im Bundesligafußball kann insofern nur für die vom Arbeitsvertrag in irgendeiner Art und Weise erfaßten Strafvorschriften gelten.

Zwar kann sich im Fall eines Bundesliga-Fußballvereines die Berechtigung zur Manifestation interner Strafordnungen aus § 56 Abs. I f BetrVG ergeben, da es sich bei den Lizenzvereinen je nach Größe und Beschaffenheit des Vereines und seiner einzelnen Abteilungen entweder auf Ebene des gesamten Vereines oder hinsichtlich der Fußballabteilung um einen Betrieb

---

[1122] Imping, S. 223

[1123] grundlegend Lukes, Westermann-FS, S. 235 ff.; aA Horschitz, S. 138 ff.

handelt[1124]. Jedoch müßte auch eine Betriebsbußordnung kollektivrechtlich durch eine Betriebsvereinbarung legitimiert oder durch Einbeziehung in den Einzelvertrag zur Geltung gebracht werden, wobei letztere Möglichkeit wiederum umstritten ist[1125].

Solange jedoch die entsprechenden Regelungen von den Spielern akzeptiert werden, ist der Streit um ihre Rechtsgrundlage ein solcher um Kaisers Bart. Die außergewöhnlich hohe Akzeptanz der ihnen aufoktroyierten Strafandrohungen durch die Fußballprofis der Bundesliga könnte dabei ihren Ursprung sowohl in einem ausgeprägten Gemeinschaftsgefühl haben, das aus der engen Zusammenarbeit innerhalb einer Fußballmannschaft und der daraus resultierenden Verbundenheit ihrer einzelnen Mitglieder herrührt, als auch in dem Bewußtsein seitens der Spieler, daß den Vereinen ihnen gegenüber nicht viele andere Mittel zur Verfügung stehen, um auf Pflichtverstöße zu reagieren.

Während in einem normalen Arbeitsverhältnis der Arbeitgeber bei einem Fehlverhalten des Arbeitnehmers diesem eine Abmahnung zukommen lassen und bei erneutem Verstoß kündigen kann, ist die Situation im Profifußball eine andere. Zwar kann der Verein auch eine Kündigung gegenüber dem Spieler aussprechen, jedoch bedingt die Besonderheit der Branche, daß der auf diese Weise „frei" gewordene Fußballer in aller Regel sehr schnell bzw. übergangslos einen neuen Klub finden wird, bei dem er -seit dem „Bosman"-Urteil[1126] ablösefrei- anheuern kann[1127]. Der kündigende Verein hingegen muß einen Transferwert von eventuell mehreren Millionen DM abschreiben. Symptomatisch für diese Situation ist eine Aussage von Werder Bremens Manager Willi Lemke, derzufolge sich ein Spieler heutzutage „halbtot lacht", wenn er gekündigt wird[1128].

Auch ein Ausschluß vom Sportbetrieb als Reaktion auf Fehlverhalten der Spieler ist dem Verein nicht mehr möglich, seit Bernd Schuster bei Bayer Leverkusen sein Recht auf Teilnahme am Training gerichtlich erstritt[1129].

Die Erstellung von Strafkatalogen als Antwort auf Pflichtverletzungen durch die Fußballer ist also aus der Ohnmacht der Vereine ihren Lizenzspielern gegenüber entstanden. Die Kenntnis bzw. das Bewußtsein dieser Tatsache und der dahinterstehenden Situation könnte einer der Gründe sein, aus dem sich der Protest gegen solche Regelungen aus den Reihen der Betroffenen relativ gering aus- bzw. jedenfalls nicht seinen Weg vor die Gerichte nimmt; es werden gewissermaßen Maßnahmen zur Wahrung der Parität akzeptiert.

Auf europäischer Ebene ist die UEFA[1130] für die Sanktionierung des Fehlverhaltens zuständig. Obwohl direkte Mitglieder der UEFA nur europäische Verbände, nicht aber einzelne Vereine oder gar Spieler sein können[1131], greift die Strafgewalt der UEFA auch auf letztere

[1124]Imping, S. 289 f.
[1125]Imping, S. 125 mit Verweis auf Fitting/Auffarth/Kaiser/Heither, BetrVG, § 87, Rn. 35 (mwN)
[1126]Der Gerichtshof der Europäischen Gemeinschaften entschied in der Rechtssache C-415/93 der Union royale belge des sociétés de football association ASBL u.a. gegen Jean-Marc Bosman u.a., daß Art. 48 EWG-Vertrag der Anwendung von durch Sportverbände aufgestellten Regeln entgegensteht, nach denen ein Berufsfußballspieler, der Staatsangehöriger eines Mitgliedstaates ist, bei Ablauf des Vertrages, der ihn an einen Verein bindet, nur dann von einem Verein eines anderen Mitgliedstaates beschäftigt werden kann, wenn dieser dem bisherigen Verein eine Transfer-, Ausbildungs- oder Förderungsentschädigung gezahlt hat.
[1127]Welt am Sonntag v. 02.03.1997
[1128]zitiert in der Welt am Sonntag v. 02.03.1997
[1129]ohne Nachweis angeführt in Welt am Sonntag v. 02.03.1997
[1130]„Union des associations européennes de football"
[1131]vgl. Art. 5 Abs. I der Statuten der UEFA

durch. Nach Art. 57 Abs. I der Statuten der UEFA[1132] haben nämlich die Mitgliedsverbände in ihre eigenen Statuten eine Bestimmung aufzunehmen, nach der neben dem Verband selber auch die ihm angehörenden Vereine, Spieler und Offiziellen die UEFA-Statuten anerkennen. Daß sie von dieser Verpflichtung Kenntnis genommen haben, müssen die Verbände gemäß Art. 57 Abs. II der UEFA-Statuten der UEFA gegenüber schriftlich bestätigen. Die gleiche schriftliche Erklärung ist von Vereinen, Offiziellen und Spielern abzugeben, die an einem UEFA-Wettbewerb teilnehmen.

Die Verhängung von Disziplinarmaßnahmen ist auf der Grundlage des Art. 55 der UEFA-Statuten in einer eigenen Rechtspflegeordnung (RPO)[1133] festgelegt. In Art. 8 RPO ist bestimmt, daß Disziplinarmaßnahmen gegen Mitgliedverbände, Vereine und Spieler vor, während oder nach dem Spiel verhängt werden können. Sowohl gegen Verbände und Vereine als auch gegen natürliche Personen kommt dabei neben Verwarnungen, Verweisen und Sperren unter anderem auch eine Geldstrafe in Betracht[1134], wobei eine Kumulation der verschiedenen Maßnahmen möglich ist[1135]. Auch die Einziehung von Vermögensvorteilen, die durch den Regelverstoß erzielt worden sind, kann von den Rechtspflegeorganen der UEFA angeordnet werden[1136]. Zu ahndende Tatbestände sind nach Art. 8 RPO unsportliches Verhalten, Spielregelverletzungen sowie Widerhandlungen gegen die Statuten, Reglemente, Beschlüsse und Weisungen der UEFA.

Zuständig für die Verhängung der Disziplinarmaßnahmen ist die Kontroll- und Disziplinarkammer der UEFA[1137], gegen deren Entscheidung kann der Berufungssenat angerufen werden[1138]. Bei Geldstrafen ist die Berufung nur zulässig, wenn ihr Betrag 5.000,- Schweizer Franken überschreitet[1139]. Anders als bei anderen Maßnahmen hat die Berufung im Falle einer Geldstrafe (über 5.000,- CHF) oder der Einziehung aufschiebende Wirkung[1140].

Anläßlich von Handgreiflichkeiten auf dem Spielfeld bei der Halbfinalbegegnung des UEFA-Pokals zwischen den Vereinen Olympique Marseille und FC Bologna belegte die UEFA in jüngster Zeit im Rahmen der Ausübung ihrer Disziplinargewalt nicht nur die Vereine, sondern auch die an den Tätlichkeiten beteiligten einzelnen Spieler mit Geldstrafen und/oder Sperren. In diesem Fall kommt erschwerend hinzu, daß das durch die UEFA sanktionierte Verhalten den Tatbestand der Körperverletzung erfüllt und daher auch der staatlichen Bestrafung zugänglich ist, so daß es auch in dieser Hinsicht zu einer Kumulation mehrerer Maßnahmen kommen kann.

Bemerkenswert ist, daß im Zusammenhang mit den Vereinsstrafen das Problem der Doppelbestrafung nur wenig diskutiert wird. In gewissen Fällen kann es nämlich sehr wohl zu Überschneidungen des vereinsinternen Disziplinarrechts mit dem öffentlichen Strafrecht (z.B. im Falle der Handgreiflichkeiten auf dem Fußballfeld, s.o.) oder dem Ordnungswidrigkeitenrecht (z.B. der Fall der Trunkenheitsfahrt, s.o.) kommen, so daß ein Nebeneinander von staatlicher und vereinsrechtlicher Sanktion nicht auszuschließen ist. Gerade in den oben dargestellten aufsehenerregenden Fällen, in denen scheinbar relativ harmlose Verhaltensweisen, die zudem

---

[1132] in Kraft getreten am 24.12.1997, hier zitiert in der am 30.06/01.07.2000 geänderten Version

[1133] Rechtspflegeordnung der UEFA (RPO) in der aktuellen Fassung vom 15.09.2000

[1134] Für Vereine und Verbände ergibt sich das aus Art. 14 Abs. I, Buchstabe c) RPO, für natürliche Personen aus Art. 15 Buchstabe c) RPO.

[1135] Art. 13 Abs. II RPO

[1136] Art. 16 RPO

[1137] Art. 21 RPO

[1138] Art. 26 Abs. II bzw. Art. 45 ff. RPO

[1139] Art. 46 Abs. I RPO

[1140] Art. 47 RPO

außerhalb der sportlichen Betätigung stattgefunden haben, mit verhältnismäßig hohen Vereinsstrafen belegt worden sind, kann eine diesen innewohnende faktische Strafwirkung nicht zuletzt ihres Umfangs wegen wohl nicht geleugnet werden.

Nach nahezu einhelliger Ansicht sind die staatlichen Gerichte nicht daran gehindert, einen bereits vereinsrechtlich geahndeten Vorfall, der einen Tatbestand des Strafrechts erfüllt, abzuurteilen[1141]. Es wird davon ausgegangen, daß das Doppelbestrafungsverbot des Art. 103 Abs. III GG[1142] lediglich das Nebeneinander zweier staatlicher Strafen verhindern soll und deshalb auf private Vereinsstrafen nicht anwendbar ist.

Die Entstehungsgeschichte des Art. 103 Abs. III GG kann in diesem Zusammenhang insofern keinen Hinweis auf die beabsichtigte Geltung geben, als ein Profisport im heutigen Sinne zum Zeitpunkt der Gesetzgebung noch nicht existierte. Nach Ansicht des Bundesverfassungsgerichts ergibt sich jedoch aus den Materialien, daß die Disziplinargesetze und das Ordnungs- und Polizeistrafrecht vom Verbot der Doppelbestrafung nicht erfaßt sein sollten[1143].

Dem Disziplinarrecht[1144] kann die Sportgerichtsbarkeit nicht gleichgestellt werden, da zwischen den Vereinen und den Sportlern keine dem besonderen Gewaltverhältnis des Staates gegenüber seinen Beamten gleichzusetzende Konstellation besteht, so daß sich die Nichtgeltung des Doppelbestrafungsverbots für den Bereich des Sportrechts nicht aus einer Ähnlichkeit mit dem anerkanntermaßen vom Anwendungsbereich des Art. 103 Abs. III GG ausgenommenen Disziplinarrecht herleiten läßt[1145]. Vielmehr muß dem Umstand Rechnung getragen werden, daß die Sportgerichtsbarkeit mit einem derart effizienten System der Ahndung von Regelverstößen ausgestattet ist, so daß es unangemessen erscheint, die Nichtgeltung des Art. 103 Abs. III GG einfach mit dem Hinweis auf ihre Natur als eine Privatstrafe abzutun. Dies gilt umso mehr vor dem Hintergrund, daß der Profisportler im Regelfall keine andere Wahl hat, als sich der Strafgewalt des Vereins bzw. des Verbandes zu unterwerfen, wenn er seinen Beruf ausüben will, so daß die Konstellation in diesen Fällen von einer Privatstrafe im eigentlichen Sinne erheblich abweicht[1146].

Die Tatsache, daß die herrschende Meinung das Doppelbestrafungsverbot in diesem Zusammenhang nicht anwenden will, ist jedoch insofern nicht so gravierend in ihren tatsächlichen Auswirkungen, als die Staatsanwaltschaften in der Praxis kaum Interesse an der Verfolgung der typischerweise durch die Sportgerichte abzuurteilenden Delikte zeigt[1147]. Da diese Praxis unter dem Gesichtspunkt der Arbeitsökonomie nicht nur im Interesse der Strafverfolgungsbehörden liegt, sondern auch dem Autonomiestreben der Sportwelt gerecht wird, konnte sie sich zu einem allseits akzeptierten „Modus Vivendi" verfestigen[1148]. Daß die Frage der Geltung des Doppelbestrafungsverbots in diesem Zusammenhang nur wenig diskutiert wird, nimmt vor diesem Hintergrund nicht mehr wunder.

[1141] Reinhart, S. 45, Fn. 4
[1142] siehe dazu bereits oben zum Disziplinarrecht, S. 110 f.
[1143] BVerfGE 21, S. 383, 401
[1144] vgl. dazu ausführlich oben S. 109 ff.
[1145] mit ausführlicher Begründung auch Reinhart, S. 47
[1146] siehe dazu auch Reinhart, S. 48
[1147] Reinhart, S. 45, der jedoch auch auf die sich aus dem Offizialprinzip ergebende Ermittlungspflicht bei gravierenden Delikten hinweist, Fn. 2.
[1148] Reinhart, S. 45

3. Betriebsjustiz

Unter dem Begriff der Betriebsjustiz ist das in wirtschaftlichen Unternehmen zu findende Sanktionssystem zu verstehen, mit dem das Unternehmen auf Verstöße des Arbeitnehmers gegen bestimmte Verhaltensregeln durch Verhängung von buß- oder strafähnlichen Maßnahmen reagiert, was vielfach unter Einhaltung eines gerichtsähnlichen Verfahrens geschieht[1149]. In der Regel beruht eine solche von individualvertraglichen Vertragsstrafenabreden zu unterscheidende[1150] kollektivrechtliche Strafordnung auf einer entsprechenden Betriebsvereinbarung und enthält als mögliche Sanktionen neben Verweisen, Verwarnungen und Versetzung auch Geldbußen[1151].

Die grundsätzliche Zulässigkeit solcher Betriebsbußen war nach deren vermehrtem Auftauchen in den sechziger Jahren[1152] in der Literatur sowie in der Öffentlichkeit heftig umstritten[1153]. Ein Urteil des Bundesarbeitsgerichts aus dem Jahre 1967 räumte diese Bedenken aus[1154], konnte aber den Streit um die Rechtsgrundlage der Betriebsstrafen nicht schlichten[1155].

Während neben Gewohnheitsrecht[1156] und dem Direktionsrecht des Arbeitgebers[1157] auch so wenig greifbare Grundlagen wie Zweckmäßigkeitsgründe[1158] und ein autonomes Recht der Betriebsgemeinschaft[1159] vorgeschlagen wurden, ging die herrschende Meinung davon aus, daß sich die Befugnis zur Errichtung von betrieblichen Bußordnungen auf § 56 Abs. I f BetrVG[1160] stützt[1161]. Da die grundsätzliche Zulässigkeit von Betriebsbußen jedoch kaum mehr ernsthaft bestritten wird[1162], kann die Frage der Rechtsgrundlage derselben in diesem Zusammenhang vernachlässigt werden.

Wie im Disziplinar- und Berufsrecht bleibt auch im Bereich der Betriebsjustiz die Verfolgung in einem Strafprozeß unberührt, wenn es sich bei dem zu sanktionierenden Verhalten um eine strafbare Handlung nach den allgemeinen Gesetzen handelt[1163].

Die dadurch mögliche Kumulation der Sanktionen nach außer- und innerbetrieblichen Rechtssätzen wird auch hier in der Literatur teilweise als bedenklich empfunden[1164]. So weist z.B.

[1149] Zöllner, S. 368

[1150] vgl. dazu ausführlich Söllner, S. 97 ff., der aber auch die untergeordnete Bedeutung der Vertragsstrafenabreden im Arbeitsleben betont, siehe Söllner, S. 105.

[1151] Creifelds, S. 211

[1152] Eine sehr interessante und informative Darstellung zur Entwicklung der Betriebsjustiz vom unbeachteten bzw. stillschweigend geduldeten Phänomen zum viel diskutierten Politikum findet sich bei Prüfer, S. 9 ff.

[1153] vgl. auch zu diesem Aspekt aufschlußreich Prüfer, aaO

[1154] BAG 20, S. 79 ff.; vgl. auch Prüfer, S. 166 mit zahlreichen weiteren Nachweisen aus Rechtsprechung und Literatur.

[1155] Weitnauer, S. 188

[1156] Stadler, S. 803

[1157] Herschel, S. 32

[1158] Molitor, S. 345

[1159] Horschitz, S. 87 ff.

[1160] Diese Vorschrift entspricht in ihrem Wortlaut dem heutigen § 87 I Nr. 1 BetrVG und statuiert das Mitbestimmungsrecht des Betriebsrates bei Fragen der Ordnung des Betriebs und des Verhaltens der Arbeitnehmer im Betrieb.

[1161] Fitting/Auffarth, § 87 BetrVG, Rn. 35; Amelunxen, S. 78; kritisch bezeichnet Arndt die Regelung des § 56 I f BetrVG als „zweifelhafte Grundlage", S. 27 mwN; vgl. ausführliche Streitdarstellung und –diskussion bei Prüfer, S. 166 ff.

[1162] vgl. Nachweis bei Prüfer, S. 166, Fn. 3

[1163] Creifelds, S. 212; Zöllner, S. 373; es ist unter Betriebsjustiz jedoch nicht nur der Bereich kriminellen Unrechts zu begreifen, sondern auch die Reaktion auf Verstöße nichtkriminellen Charakters, Zöllner, S. 368.

Grebing darauf hin, daß pekuniäre Betriebsstrafen faktisch die Rolle von Geldstrafen übernehmen können, ohne dabei den Garantien des Strafrechts unterworfen zu sein und fordert deshalb aus kriminalpolitischen und rechtsstaatlichen Gründen für derartige Vorgänge besondere Aufmerksamkeit[1165]. Weiterhin wird befürchtet, daß ein großer Teil der Klein- und Mittelkriminalität nicht mehr von staatlichen, sondern von betrieblichen Gerichten abgeurteilt werden könnte, so daß anstelle von Kriminalpolitik Unternehmenspolitik betrieben würde[1166]. Solche Zustände seien deshalb untragbar, weil Kriminalpädagogik Staatsaufgabe und ein damit beliehener Unternehmer undenkbar ist[1167]. Ein häufig angeführtes Argument ist außerdem die Gefährdung des Rechtsprechungsmonopols des Staates durch die private Gerichtsbarkeit und der daraus resultierende Verstoß gegen Art. 92 GG[1168]. Dem wird entgegengehalten, die Betriebsjustiz falle nicht unter den Begriff der Rechtsprechung im Sinne des Art. 92 GG und bedeute das Nebeneinander zweier Sanktionen daher lediglich ein Problem der Strafzumessung[1169]. Dieser Aspekt führt wiederum zu der oben im Rahmen der Disziplinarstrafe bereits erörterten Frage[1170], ob bei der Urteilsfindung eine Berücksichtigung der jeweils anderen Sanktion stattzufinden hat[1171].

Anders als im Disziplinarrecht, wo in § 17 BDO die Aussetzung des Disziplinarverfahrens bis zur Beendigung des Strafverfahrens angeordnet wird, und außerdem gemäß § 14 BDO eine disziplinarrechtliche Geldbuße oder Gehaltskürzung nur neben der strafgerichtlichen Sanktion verhängt werden darf, wenn dies nötig ist[1172], gibt es für die Betriebsjustiz keinerlei verbindliche, das Verhältnis zur staatlichen Gerichtsbarkeit festlegende Regelungen. Eine Konkurrenz beider Sanktionen ist daher in diesem Bereich theoretisch möglich. Deshalb wird in der Literatur die Befürchtung geäußert, bei einer Berücksichtigung der jeweils zuerst verhängten Sanktion durch den zuletzt entscheidenden Spruchkörper ergebe sich die unerwünschte Situation, daß die erste „Strafinstanz" nicht nur zuerst, sondern auch hauptsächlich „mahlt"[1173].

Gerade in Hinblick auf monetäre Sanktionen könnte dies zu einem regelrechten Wettlauf der Strafgremien führen, da nur in der ersten Entscheidung eine große Strafhöhe möglich wäre. Jedoch kommt das durch die Abführung von Betriebsbußen eingenommene Geld in der Regel nicht dem Arbeitgeber zugute, sondern wird an gemeinnützige Organisationen innerhalb oder außerhalb des Betriebes weitergeleitet[1174], so daß zumindest das finanzielle Interesse des Arbeitgebers an der Durchführung der Bestrafung nach Betriebsrecht nicht allzu groß sein dürfte.

Hinzu kommt, daß in der Praxis die betrieblichen Geldbußen im Regelfall eher geringe Beträge ausmachen[1175], vielfach wird in Betriebsvereinbarungen, Arbeitsordnungen oder sogar in

---

1164 vgl. mit Nachweisen aus der Presse Zöllner, S. 370
1165 Grebing in Jescheck/Grebing, S. 56
1166 ähnlich auch Dengler, der befürchtet, der Arbeitnehmer werde „gegen den Zugriff der staatlichen Verfolgung abgeschirmt", zitiert nach Zöllner, S. 370; Baur stellt die Verfassungsmäßigkeit einer Betriebsjustiz als solcher in Frage, S. 163 ff.
1167 Baumann, LB, S. 43
1168 Baur, S. 163 ff.; vgl. zur Vereinbarkeit der Betriebsbußen mit dem GG ausführlich Lauer, S. 1 ff.
1169 Zöllner, S. 383
1170 vgl. oben IV, 1, S. 110/111
1171 für den Bereich des Disziplinarrechts befürwortend z.B. Baumann, JZ 67, S. 658
1172 Die beamtenrechtliche Sanktion muß nötig sein, um den Beamten zur Erfüllung seiner Pflichten anzuhalten oder das Ansehen des Beamtentums zu wahren; vgl. dazu oben IV, 1, S. 109.
1173 Zöllner, S. 384, Fn. 43
1174 Dies gilt als gewohnheitsrechtlich anerkannt, Löwisch/Würtenberger, S. 261, Fn. 1 mwN; Lauer, S. 113.
1175 So liegen die von Prüfer bei einigen Großbetrieben zusammengestellten Geldbußen in einem Rahmen von 5,- bis 200,- DM, wobei Beträge von 5,- bis 25,- DM am häufigsten vorkommen, vgl. Prüfer, S. 71-144.

Tarifverträgen ein Höchstbetrag im Verhältnis zum Lohn festgesetzt[1176]. Wegen der vergleichsweise geringen finanziellen Bedeutung dürfte sich praktisch daher die auch für den Bereich der Betriebsbußen diskutierte Frage der gerichtlichen Überprüfbarkeit nicht allzu häufig stellen.

Nach einem Urteil des BAG steht fest, daß betriebliche Sanktionen grundsätzlich durch das Arbeitsgericht überprüfbar sind, was auch für Geldbußen hinsichtlich ihrer Höhe gelten soll[1177]. Strittig ist aber auch hier wiederum, ob das Gericht lediglich die Buße verwerfen oder auch selbständig eine Reduzierung derselben vornehmen kann.

Während vereinzelt davon ausgegangen wird, daß die (analoge)[1178] Anwendung des § 343 BGB[1179] oder auch des § 113 VwGO auf die Betriebsstrafe als privaten Verwaltungsakt[1180] die Herabsetzung der Geldbuße durch das Gericht ermöglicht, oder daß eine solche Anpassung wenigstens in einigen Ausnahmefällen zulässig sein muß[1181], nimmt die herrschende Meinung an, daß die Prüfungskompetenz des Arbeitsgerichtes nur die Verwerfung der Buße, nicht aber deren Anpassung umfaßt[1182]. Aus den oben genannten Gründen dürfte dieser Streit aber in diesem Zusammenhang nur von geringer praktischer Relevanz sein, so daß auf eine erneute Diskussion verzichtet werden kann.

Im Ergebnis ist festzuhalten, daß trotz im Einzelfall auftretender faktischer Strafwirkung die Abgrenzung zu den Kriminalsanktionen offensichtlich ist, da die Betriebsjustiz letztlich auf vertraglichen Vereinbarungen beruht, die im Rahmen der Privatautonomie von zwei Rechtssubjekten eingegangen werden[1183]. Daß dabei die Arbeitgeberseite eine einflußreichere Position innehat als die durch den Betriebsrat vertretene Arbeitnehmerschaft, spricht nicht automatisch gegen eine solche Einordnung. Nicht jede Maßnahme, die im Einzelfall faktische Strafwirkung zu entfalten vermag, rückt dadurch gleich in die Nähe des Strafrechts.

Schwer vorzustellen ist außerdem eine Lösung, die diesen Effekt vermeidet. Denkbar wäre allenfalls die Abschaffung jeglicher außerstrafrechtlicher bzw. nicht-obrigkeitlicher Sanktionen, um das Strafmonopol des Staates nicht zu gefährden. Daß aber die gerichtliche Verhandlung zahlloser Geringfügigkeiten nicht im Interesse der Justiz wäre, die sich ohnehin

---

[1176] Untersuchungen Lauers zufolge wird in der Praxis regelmäßig die Höhe eines mittleren Tagesverdienstes als obere Grenze für die Geldbuße angesehen, vgl. Lauer, S. 112. Prüfer moniert in seiner Dissertation, daß diese Grenzen in der Praxis nicht immer eingehalten werden, erwähnt jedoch auch ein milderndes Einwirken der Betriebsräte, so das im Ergebnis keine zu hohen Geldbußen zu beklagen sind. Außerdem führt er Beispiele für durch Arbeitsordnungen oder Tarifverträgen geregelten Höchstgrenzen an: Nach der Arbeitsordnung für die Angestellten der deutschen Bundesbahn darf die Geldbuße in der Regel nicht höher sein als der durchschnittliche halbe Tagesverdienst, bei wiederholten oder besonders schwerwiegenden Verstößen kommt eine Höhe von bis zu einem durchschnittlichen Tagesverdienst in Betracht. Der Manteltarifvertrag der Post sieht vor, daß die Geldbuße ein Viertel der Monatsvergütung nicht übersteigen darf; vgl. Prüfer S. 302/303. Zu beachten ist dabei jedoch, daß beide Arbeiten aus den frühen siebziger Jahren stammen.

[1177] BAG AP Nr. 1 zu § 56 BetrVG

[1178] Teilweise werden die Betriebsbußen als Vertragsstrafen eingeordnet, so daß § 343 BGB direkte Anwendung findet, vgl. Weitnauer, S. 188 ff.

[1179] Weitnauer, S. 195; jedenfalls für eine analoge Anwendung Zöllner/Loritz, § 18 X, 3c

[1180] Prüfer, S. 350

[1181] Herschel, S. 96

[1182] Lauer, S. 133; Gagel, S. 104

[1183] Wie bei den anderen privatrechtlichen Sanktionen gibt es auch für den Bereich der Betriebsjustiz einen Streit um deren Rechtsnatur. Die Ansichten variieren dabei von der Annahme einer Vertragsstrafe (z.B. Weitnauer, S. 188 ff.) bis zur Klassifizierung als privatrechtlicher Verwaltungsakt (Prüfer, S. 350); die herrschende Meinung dürfte aber von einer der Vereinsstrafe ähnlichen, autonomen Satzungsstrafe ausgehen, vgl. Dietz/Richardi, § 87, Rn. 118 mwN.

bereits durch eine Überlastung der Gerichte auszeichnet, kann wohl nicht ernsthaft bestritten werden[1184].

4. Das Schmerzensgeld nach § 847 BGB

Im Deliktsrecht des Bürgerlichen Gesetzbuches gewährt § 847 BGB dem Geschädigten einer Körper- bzw. Gesundheitsverletzung oder einer Freiheitsberaubung einen Anspruch auf „billige Entschädigung" in Geld für erlittene Nichtvermögensschäden. Diese Vorschrift ist einer der (wenigen) gesetzlich bestimmten Fälle, in denen nach § 253 BGB für immaterielle Schäden ein Ausgleich verlangt werden kann und bildet damit eine Ausnahme von dem das Schadens- und Deliktsrecht prägenden Grundsatz, daß nur materielle bzw. Vermögensschäden ersatzfähig sind.

Diese Ausnahmestellung im zivilrechtlichen Schadens- und Deliktsrecht läßt den Schmerzensgeldanspruch des § 847 BGB dogmatisch besonders interessant erscheinen. Speziell die Frage, inwieweit strafrechtliche Elemente durch dieses Rechtsinstitut in das Zivilrecht einfließen und ob dies zulässig sein kann, stellt sich in diesem Zusammenhang und wird entsprechend ausführlich in der Literatur diskutiert. Aus diesen Gründen soll an dieser Stelle relativ ausführlich auf das Schmerzensgeld nach § 847 BGB eingegangen werden, wobei insbesondere die Aspekte behandelt werden, welche möglicherweise einen strafrechtlichen Bezug beinhalten.

a) Die historische Entstehung des Schmerzensgeldanspruchs bis zu seiner gesetzlichen Manifestation

Hinsichtlich der historischen Entwicklung des Rechtsinstituts „Schmerzensgeld" ist festzustellen, daß dieses dem römischen Recht grundsätzlich fremd war[1185]. Immaterielle Beeinträchtigungen konnten lediglich im Falle einer vorsätzlichen Tat im Rahmen einer Injurienklage geltend gemacht werden[1186]. Deshalb wird das Schmerzensgeld in der Literatur allgemein als ein deutschrechtliches Institut eingestuft, welches auf die mittelalterliche Buße[1187] zurückzuführen ist[1188].

Im späten 17. Jahrhundert fand das Schmerzensgeld im deutschen Rechtsraum gegen erheblichen Widerstand aus der eng an den Quellen des römischen Rechts orientierten gemeinrechtlichen Wissenschaft immer mehr Anerkennung als eine gewohnheitsrechtliche Erweiterung der aquilischen Schadensersatzklage (actio legis Aquiliae)[1189]. An dieser Entwicklung maßgeblich beteiligt waren vor allem die Juristen des Usus modernus Pandectarum[1190], deren Anliegen die Anpassung des überbrachten römischen Rechts an die tatsächlichen Gegebenheiten der damaligen Zeit und des deutschen Geltungsbereiches war. Ausdrückliche Erwähnung fand der Ersatz für Schmerzen erstmals bei Struve[1191], der sich in seiner 1670 erschienenen Schrift

[1184] so auch Zöllner/Loritz, § 18 X, 3a
[1185] Kern, S. 256; Nehlsen-v.Stryk, S. 120, wo sich zum Beleg dafür folgendes Zitat von Gaius findet: „Cicatricum autem deformitatis nulla fit aestimatio, quia liberum corpus nulla recipit aestimationem."
[1186] Nehlsen-v.Stryk, S. 120
[1187] vgl. ausführlich zu der Entwicklung von Bußen und Wergeldern seit der germanischen Zeit oben S. 7 ff.
[1188] Nehlsen-v. Stryk, S. 120; ausführlich hergeleitet und mit vielen Zitaten untermauert bei Wieling, S. 136 ff.
[1189] Nehlsen-v. Stryk, S. 120
[1190] Nehlsen-v. Stryk, aaO
[1191] Georg Adam Struve (1619-1692) war Professor in Jena und eine wichtige Figur in der Epoche des Usus modernus Pandectarum, vgl. HRG Bd. V, S. 51 bzw. S. 627 zum Usus modernus.

„Jurisprudentia romano-germanica" für die Übernahme des Schmerzensgeldes in das gemeine Recht aussprach[1192]. Sein Kollege Stryk[1193] führte zur Begründung seiner Forderung nach Übernahme des Schmerzensgeldes in das gemeine Recht eine Vorschrift aus der Carolina[1194] an (Art. 20 CCC), aus der sich ein Anspruch auf „schmach, schmertzen, costen und schadenn" bei rechtswidriger Folterung durch das Gericht ergab[1195]. Diese Vorschrift wurde später häufig als Grundlage des Schmerzensgeldanspruchs herangezogen[1196].

In der Folgezeit setzte sich die Gewährung eines Anspruchs auf Schmerzensgeld immer mehr durch und wurde schließlich im Laufe des 18. Jahrhunderts gewohnheitsrechtlich anerkannt[1197]. Im Anschluß an Struve und Stryk wurde das Schmerzensgeld allgemein als eine Erweiterung der actio legis Aquiliae betrachtet, so daß es sich um einen Ersatzanspruch und nicht um eine Strafklage handelte[1198].

Als gefestigtes Gewohnheitsrecht fand der Schmerzensgeldanspruch schließlich Eingang in das große Gesetzgebungswerk des ausklingenden 18. Jahrhunderts, das Preußische Allgemeine Landrecht (ALR) von 1794[1199]. § 112 Abs. I, Satz 6 ALR gewährte bei Vorsatz oder grobem Versehen einen Anspruch auf Schmerzensgeld, welches gemäß § 113 ALR nicht weniger als die Hälfte und nicht mehr als das Doppelte der Heilungskosten betragen sollte[1200]. Allerdings wurde dieser Anspruch nur „Personen vom Bauern oder gemeinen Bürgerstand" gewährt[1201]. Dies sollte jedoch keinesfalls die gehobenen Schichten der Bevölkerung benachteiligen, sondern resultierte diese Beschränkung aus der in „besseren Kreisen" verbreiteten Auffassung, das „Abkaufen" der verletzten Ehre zieme sich nur für das gemeine Volk, nicht jedoch für Angehörige höherer Stände[1202].

b) Die Einordnung der Rechtsnatur des Schmerzensgeldes in der weiteren geschichtlichen Entwicklung

In der Pandektistik des beginnenden 19. Jahrhunderts wurde weitgehend an dem Bestehen eines Schmerzensgeldanspruches festgehalten, wobei dieser teilweise mit Gewohnheitsrecht, teilweise mit dem Hinweis auf Art. 20 CCC begründet wurde[1203]. Hinsichtlich der Rechtsnatur des Schmerzensgeldes ergaben sich jedoch unterschiedliche Ansichten. Vereinzelt wurde bezweifelt, daß das Schmerzensgeld der aquilischen Klage zugeordnet werden könne. So

---

[1192] Wieling, S. 140

[1193] Samuel Stryk (1640-1710) lehrte Rechtswissenschaften in Frankfurt/Oder und wird als eine Zentralfigur des Usus modernus Pandectarum (vgl. oben Fn. 1190) angesehen, vgl. HRG Bd. V, S. 58.

[1194] vgl. ausführlich zur Constitutio Criminalis Carolina (CCC), der peinlichen Halsgerichtsordnung Kaiser Karls V., oben S. 11 ff.

[1195] Wieling, S. 141, der Stryk wie folgt zitiert: „Interim tamen, cum augeatur damnum homini illatum ex doloribus, non iniqua est illa praxis, quae pro qualitate vulneris aliquam dolorum aestimationem admittat, arbitrio Iudicis determinandam, quae fundamentum habet in CCC art. 20."

[1196] Nehlsen-v. Stryk, S. 120; Wieling, S. 141

[1197] Wieling will die allgemeine Anerkennung etwa auf das Jahr 1700 datieren, S. 141; bei Nehlsen-v. Stryk werden befürwortende Quellen aus dem gesamten 18. Jahrhundert angeführt, S. 120, Fn. 16.

[1198] Nehlsen-v. Stryk, S. 120; Wieling, S. 141 f.

[1199] Nehlsen-v. Stryk, S. 120

[1200] Wieling, S. 147

[1201] vgl. § 112 Abs. I, Satz 6 ALR

[1202] Wieling, S. 147

[1203] Kern, S. 256, Fn. 69; Nehlsen-v. Stryk, S. 120; Wieling, S. 147 , jeweils mit weiteren Nachweisen. Wieling (aaO) erwähnt jedoch unter Verweis auf Seuffert (Seuffert's Archiv 27 (1839), S. 30) auch ein Urteil des OAG Celle, in dem ein Schmerzensgeld abgelehnt wurde, da es dem römischen Recht widerspreche.

verwies beispielsweise Gensler im Jahre 1818 auf den Privatpönalcharakter der Schmerzensgeldklage sowie den Bußcharakter des Schmerzensgeldes[1204].

In der Mitte des 19. Jahrhunderts erstarkte die Ansicht, die Schmerzensgeldklage sei nicht als Ersatz-, sondern als Strafklage anzusehen[1205]. Diese Auffassung gründete auf der dogmatischen Überzeugung, daß Ersatz seinem Wesen nach nur bei der Verletzung eines Vermögens- oder überhaupt eines Privatrechts denkbar ist, die sich wieder ungeschehen machen läßt, was auf Störungen der körperlichen Integrität u.ä. nicht zutrifft[1206].

Diese Überzeugung dürfte darauf beruht haben, daß von der historischen Rechtsschule aufgrund einer neu aufgefundenen Handschrift Gaius` ein Dogma vom Vermögenswert der Obligation entwickelt worden war, welches besagte, daß Gegenstand einer Obligation nur etwas sein könne, dem Vermögenswert zukommt. Daraus wurde der umfassendere Schluß gezogen, daß im Falle einer Verletzung nichtvermögensrechtlicher Güter eine Wiedergutmachung nach obligationsrechtlichen, also nach privatrechtlichen Grundsätzen nicht in Betracht komme[1207]. Als zwingende Folge ergab sich daraus die Einordnung der Schmerzensgeldklage in das Strafrecht.

In seinem „Lehrbuch des Pandektenrechts" bezeichnete Windscheid im Jahre 1865 das Schmerzensgeld als „wirkliche Strafe". Er begründete seine Auffassung damit, daß Schmerzen und Geldleistung zwei unvergleichbare Größen darstellen und deshalb das Schmerzensgeld nicht als Ersatz qualifiziert werden könne. Dies wiederum führe zwangsläufig dazu, daß das Schmerzensgeld Strafe sein müsse[1208].

Diese Einordnung entsprach der zu der Zeit herrschenden Meinung in der Literatur und Rechtsprechung[1209]. Eben aus dieser Einstufung ergab sich jedoch ein Problem bei der Einführung des Reichsstrafgesetzbuches von 1872[1210]. Bereits im Jahre 1870 wurde durch § 2 des Einführungsgesetzes zum RStGB bestimmt, daß bisher bestehendes Bundes- und Landesstrafrecht insoweit außer Kraft gesetzt werden müsse, als es dieselbe Materie regele wie das neue RStGB. Aufgrund dieser Bestimmung entfielen die bis dahin noch anerkannten gemeinrechtlichen Privatstrafklagen, unter die nach der oben skizzierten neueren Ansicht auch die Schmerzensgeldklage zu fassen war[1211]. Ein Festhalten an dieser Einordnung hätte demzufolge bewirkt, daß das Rechtsinstitut des Schmerzensgeldes als Privatstrafe ersatzlos weggefallen wäre, da es im neuen RStGB nicht vorgesehen war. Darum ist in der Literatur der Folgezeit wieder eine Rückkehr zu der Auffassung zu beobachten, beim Schmerzensgeld handele es sich um eine Entschädigung privatrechtlicher Art; das Fortbestehen des Rechtsinstituts Schmerzensgeld konnte nur auf diesem Wege gewährleistet werden.

[1204]Gensler, S. 147, Fn. 5

[1205]Nehlsen-v. Stryk, S. 121, insb. Fn. 24 mit zahlreichen Nachweisen

[1206]In seiner Dissertation „Untersuchungen über die heutige Schmerzensgeldklage" aus dem Jahre 1860 gewann Carl Josef Seitz diese Erkenntnisse im Rahmen einer ausführlichen dogmatischen Überprüfung der Schmerzensgeldklage und deren Vereinbarkeit mit dem gemeinrechtlichen Grundprinzipien; vgl. Nehlsen-v. Stryk, S. 121.

[1207]Nehlsen-v. Stryk, S. 121

[1208]Windscheid, § 455, Anm. 31; Windscheid behielt diese Auffassung bis zur 3. Auflage bei, dann schloß er sich der Gegenansicht an und betrachtete das Schmerzensgeld fortan als Entschädigung, s.u. S. 135.

[1209]vgl. Nachweise zu Gerichtsurteilen aus den 40er bis 60er Jahren des 19. Jahrhunderts bei Nehlsen-v. Stryk, S. 121, Fn. 28. Danach klassifizieren nur noch zwei von sechs in Seufferts Archiv zugänglichen Urteile zum Thema Schmerzensgeld aus dieser Zeit dasselbe als Ersatz bzw. Entschädigung.

[1210]Das RStGB trat am 1. Januar 1872 in Kraft.

[1211]Nehlsen-v. Stryk, S. 121

So vertrat, wie oben bereits erwähnt, z.B. Windscheid in den ersten drei Auflagen seines Lehrbuchs des Pandektenrechts die Auffassung, bei dem Schmerzensgeld handele es sich um eine Strafe[1212], schloß sich aber ab der vierten Auflage im Jahre 1875 der Ansicht an, das Schmerzensgeld stelle eine Entschädigung dar, die durch das neue StGB nicht berührt werde. Er räumte dabei sogar ein, „daß die Gewohnheit, durch welche es (das Schmerzensgeld, Anm. d. Verf.) eingeführt worden ist, es in der Tat als Entschädigung aufgefaßt hat" und spezifizierte die Schmerzensgeldklage (wieder) als actio legis Aquiliae.

Windscheid prägte dabei einen Satz, der bis heute bei Erörterungen über die Rechtsnatur des Schmerzensgeldes Berücksichtigung findet: „(...); auch das ist Entschädigung, wenn die dem Verletzten verursachte schmerzliche Empfindung durch Verursachung einer angenehmen Empfindung wieder aufgewogen wird"[1213].

Dieser Erkenntnis Windscheids lagen nach dessen eigener Aussage die Ausführungen Wächters in seiner Monographie „Die Buße bei Beleidigungen und Körperverletzungen" aus dem Jahre 1874 zugrunde, welche sich mit dem komplizierten Verhältnis des Schmerzensgeldes zu dem durch § 231 des neuen RStGB eingeführten Institut der Buße befaßte[1214]. Letztere war im Falle einer Körperverletzung neben der Strafe an den Verletzten zu zahlen und sollte die Geltendmachung eines weiteren Entschädigungsanspruchs durch den Verletzten ausschließen.

Wächter widerlegte in seiner Schrift die Vorstellung der Unvergleichbarkeit von Schmerzen und Geldleistungen, indem er darauf verwies, es komme im Recht verschiedentlich vor, daß für spezifisch verschiedene Größen ein Gleichungspunkt gesucht werden müsse, und auch in der Praxis würden häufig unschätzbare Dienste mit Geld belohnt und Kränkungen mit Geschenken wiedergutgemacht[1215].

c) Die gesetzliche Manifestation des Schmerzensgeldanspruchs in § 847 BGB und die Konsequenzen für die Bemessungskriterien

In der Folgezeit wurde die Einordnung des Schmerzensgeldes als zivilrechtlicher Entschädigungsanspruch in Lehre und Praxis nahezu einhellig adaptiert und manifestierte sich letztendlich in § 847 BGB als zivilrechtlicher Anspruch.

Diese Entscheidung zugunsten einer gesetzlichen Ausgestaltung des Schmerzensgeldanspruchs im Zivilrecht konnte verschiedene Streitfragen, die im Zusammenhang mit dem Schmerzensgeld diskutiert wurden, klären. So ergab sich durch die Eingliederung in das Deliktsrecht für den Schmerzensgeldanspruch die dort gültige Verjährungsfrist von drei Jahren, und wurde die grundsätzliche Unvererblichkeit des Anspruchs geregelt[1216].

Ein Punkt, bei dem die Zuordnung zum Bürgerlichen Recht inkonsequenterweise nicht zu einer Festlegung führte, waren die Bemessungskriterien für das zu zahlende Schmerzensgeld. Dogmatisch dürfte es hier bei einem Entschädigungsanspruch nur auf den entstandenen Schaden als solchen, also die Intensität der Schmerzen, die Stärke der Beeinträchtigung etc. ankommen, da es nicht um Reaktion auf das Täterunrecht, sondern um den Ersatz des immate-

[1212] siehe Fn. 1208
[1213] Windscheid, § 455, Anm. 31
[1214] vgl. dazu auch ausführlich Hellmann, S. 1 ff.
[1215] Nehlsen-v. Stryk, S. 122
[1216] Nehlsen-v. Stryk, S. 124; der Schmerzensgeldanspruch ist nur bei Rechtshängigkeit und vertraglicher Anerkennung vererblich, ein „echter" Entschädigungsanspruch wäre frei vererblich, vgl. dazu Kern, S. 261.

riellen Schadens geht[1217]. Der Gesetzgeber hat jedoch in letzter Konsequenz nicht so restriktiv vorgehen wollen und deshalb eine explizite Regelung der Bemessungskriterien unterlassen. Statt dessen wurde dem Gericht ein umfangreiches Ermessen eingeräumt, in dessen Rahmen täterbezogene Merkmale wie Verschulden und Vermögensverhältnisse berücksichtigt werden können.

In der Gesamtschau läßt sich demnach feststellen, daß sich die Väter des BGB bei der gesetzlichen Ausgestaltung des Schmerzensgeldanspruchs an der gewohnheitsrechtlich gewachsenen Privatstrafklage insofern orientiert haben, als sie deren an sich zivilrechtsfremden Bemessungskriterien über das richterliche Ermessen ein Einfallstor in das Deliktsrecht geschaffen haben. Eine Entscheidung der Streitfrage um die Rechtsnatur des Schmerzensgeldes wurde so in letzter Konsequenz umgangen[1218].

Diese Inkongruenz wurde im Interesse einer sachgerechten Lösung hingenommen und war keineswegs eine planwidrige Regelungslücke[1219]. Gewisse Umstände aus der Sphäre des Täters sollten bei der Festsetzung des Schmerzensgeldes berücksichtigt werden können und der Schmerzensgeldanspruch trotzdem zivilrechtlicher Art sein. Deshalb kann auch allein aus der Einbeziehung täterbezogener Bemessungskriterien nicht geschlossen werden, das Schmerzensgeld habe Strafcharakter und stelle einen Fremdkörper im Privatrecht dar.

Damit § 847 BGB jedenfalls eine Rechtsgrundlage für den Anspruch auf Schmerzensgeld geschaffen worden war, wurde die dogmatische Debatte in dieser Hinsicht überflüssig und flaute damit auch die Diskussion über den Rechtscharakter des Schmerzensgeldes ab, obwohl eine Entscheidung über diesen Aspekt –wie oben bereits ausgeführt- auch durch die gesetzliche Regelung noch nicht getroffen worden war[1220].

d) Die „Doppelfunktionsentscheidung" des BGH und ihre Vorgeschichte

Auch in der Gerichtspraxis zu § 847 BGB zeigte sich immer wieder durch die Berücksichtigung des Verschuldensgrades des Schädigers, daß nicht von einer klaren gesetzgeberischen Entscheidung zugunsten einer reinen Ausgleichsfunktion des Schmerzensgeldes ausgegangen wurde. Vielmehr legte das RG das weitreichende Ermessen bei der Findung einer billigen Entschädigung in Geld dahingehend aus, daß die dabei notwendige Betrachtung aller Umstände des konkreten Einzelfalls auch z.B. ein besonders grobes Verschulden beinhalten müsse[1221]. Dem schloß sich die herrschende Meinung in der Folgezeit an[1222] und ging gleichzeitig davon aus, daß auch die Vermögenslage des Schädigers bei der Festsetzung der Schmerzensgeldes zu berücksichtigen sei[1223].

[1217] vgl. hierzu auch Kern, S. 257 f. mit Verweis auf die Ausführungen Wächters zu diesem Thema.

[1218] so auch Kern, S. 258 f.

[1219] in der Konsequenz wohl auch Nehlsen-v. Stryk, S. 124

[1220] Kern, S. 259

[1221] VI. Zivilsenat des RG vom 07.04.1932, RGZ 136, S. 60 ff.; das RG beruft sich in dieser Entscheidung darauf, daß eine Ausscheidung dieses einen Umstandes aus der Betrachtung willkürlich wäre, zumal das grobe Verschulden auf den Geschädigten verbitternd wirken könne, vgl. S. 62. In seinen Entscheidungsgründen erwähnt der Senat aber auch eine Entscheidung des III. Zivilsenats vom 11.03.1910 (BayRPflZ 1910, S. 217), nach der bei der Feststellung der Höhe des Schmerzensgeldes der Grad des Verschuldens des Ersatzpflichtigen außer Betracht bleiben muß; vgl. RGZ 136, S. 61.

[1222] Kern, S. 259

[1223] vgl. Gegenüberstellung der herrschenden und der Mindermeinung bei BGHZ 7, S. 223 f.

Der Bundesgerichtshof hatte im Jahre 1952 über die Berücksichtigung des Bestehens einer Haftpflichtversicherung auf Schädigerseite bei der Bemessung des Schmerzensgeldanspruchs zu entscheiden[1224]. Aus diesem Anlaß befaßte sich der III. Zivilsenat ausführlich mit dem Strafcharakter des Schmerzensgeldes. Aus dem Wortlaut, der systematischen Stellung der Norm im Gesetz und einer historischen Auslegung heraus, nach der die Gewährung der Buße im § 231 RStGB als ein neben dem Strafanspruch stehender privatrechtlicher Anspruch die Übernahme des Schmerzensgeldanspruchs in das Bürgerliche Recht notwendig gemacht hat, gelangte der BGH zu dem Ergebnis, daß es sich bei § 847 BGB auch nicht nur im weitesten Sinne um eine Strafvorschrift handelt. Dies wäre aber Voraussetzung für eine Berücksichtigung der Täterverhältnisse bei der Festsetzung des Schmerzensgeldbetrages gewesen, so daß Letzteres nicht in Frage komme[1225].

Dieser Rechtsprechung folgten zwar die meisten Instanzgerichte, jedoch gingen einige Oberlandesgerichte nicht mit dem BGH konform und wollten im Rahmen ihres Ermessens –wie noch das Reichsgericht 1932[1226]- die wirtschaftliche Lage des Schuldners und den Grad seines Verschuldens bei der Bemessung des Schmerzensgeldes berücksichtigen[1227].

Anläßlich der Revision gelangte die Streitfrage letztendlich vor den Großen Senat des BGH, da der VI. Senat von der Auffassung des III. Senats[1228] abweichen wollte[1229]. In seinem daraufhin gefaßten Beschluß vom 06.07.1955 hat der Große Senat für Zivilsachen die Lehre von der Doppelfunktion des Schmerzensgeldes begründet[1230]. Danach wohnt dem Schmerzensgeldanspruch nach § 847 BGB neben der Ausgleichs- auch eine Genugtuungsfunktion inne, die eine gewisse durch den Schadensfall hervorgerufene persönliche Beziehung zwischen Schädiger und Geschädigtem zum Ausdruck bringt, die aus der Natur der Sache heraus bei der Bestimmung der Leistung die Berücksichtigung aller Umstände des Einzelfalles gebietet[1231], darunter auch die Vermögensverhältnisse des Schädigers und den Grad seines Verschuldens.

e) Reaktionen auf die Entscheidung zur Doppelfunktion des Schmerzensgeldes

Diese Entscheidung hat die Literatur seither beschäftigt. Teilweise wird die Einräumung einer Genugtuungselemente beinhaltenden Doppelnatur des zivilrechtlichen Schmerzensgeldanspruchs als „Wiedererweckung der Privatstrafe" angesehen[1232]. Kern betrachtet die Genugtuung sogar als ein Synonym für die Privatstrafe und legt dar, daß von einer Wiedererweckung derselben deshalb nicht gesprochen werden kann, weil die Genugtuungsfunktion in dem § 847 BGB von Anfang an enthalten war, und aus diesem Grund die Berücksichtigung der Genug-

---

[1224] Urteil vom 29.09.1952, BGHZ 7, S. 223 ff.
[1225] BGHZ 7, S. 224
[1226] siehe oben S. 136, Fn. 1221
[1227] so etwa das OLH Hamm, VersR 1955, S. 86, welches die finanziellen Verhältnisse auf beiden Seiten in die Betrachtung einbeziehen wollte; noch weiter ging das OLG Oldenburg, das wie das RG in der oben genannten Entscheidung (Fn. 1226 bzw. 1221) alle Umstände des Falles berücksichtigen wollte, DAR 1955, S. 110 bzw. VersR 1955, S. 286.
[1228] BGHZ 7, S. 223 ff., s.o. Fn. 1224
[1229] Es wurde dem Großen Senat folgende Frage vorgelegt: „Sind bei der Bemessung der Höhe einer billigen Entschädigung in Geld nach § 847 BGB (Schmerzensgeld) alle Umstände zu berücksichtigen, also auch die Vermögensverhältnisse und der Grad des Verschuldens des Verpflichteten?"; vgl. BGH VersR 1955, S. 295.
[1230] BGHZ 18, S. 149 ff.
[1231] BGHZ 18, S. 154, 157
[1232] Hirsch, FS Engisch, S. 310

tuungsfunktion des Schmerzensgeldes durch den BGH nur als eine Rückbesinnung auf den eigentlichen Charakter der Norm anzusehen sei[1233].

Die Diskussion um die Rechtsnatur des Schmerzensgeldanspruchs, die nach dessen gesetzlicher Manifestierung in § 847 BGB abgeflaut war, weil das Bestehen des Anspruchs als solcher nicht mehr begründet werden mußte[1234], flammte mit der ausdrücklichen Erwähnung der Genugtuungsfunktion seitens des BGH wieder auf. Als Kernpunkt der Diskussion kristallisierte sich die Frage heraus, ob die Einbeziehung pönaler Elemente in das Zivilrecht bzw. die Übernahme gewisser Straffunktionen durch selbiges zulässig ist.

Es wurde die Frage aufgeworfen, ob für die Verhängung einer Rechtsfolge mit Genugtuungsfunktion eine besondere gesetzliche Ermächtigung des Richters hierzu notwendig ist[1235]. Im Hinblick auf den Grundsatz „nulla poene sine lege" bzw. Art. 103 Abs. II GG sei es nicht ganz unbedenklich, das mit dem Sühnegedanken verknüpfte Genugtuungsprinzip ohne gesetzliche Grundlage zu praktizieren[1236].

Dem kann jedoch entgegengehalten werden, daß die Vorschrift des § 847 BGB das pönale Element bereits enthält und es deshalb keineswegs an einer gesetzlichen Grundlage fehlt[1237]. In einem Urteil aus dem Jahre 1973 hat das Bundesverfassungsgericht außerdem bestimmt, daß die Verpflichtung zur Leistung von Schmerzensgeld, mögen ihr auch pönale Elemente nicht ganz fremd sein, keine Strafe im Sinne des Art. 103 Abs. II GG darstellt[1238], so daß Bedenken in dieser Hinsicht ausgeräumt sein dürften.

Es wurde weiter angeführt, es könne sich ein Verstoß gegen den Grundsatz „ne bis in idem" des Art. 103 Abs. III GG daraus ergeben, daß das deliktische Verhalten nach den StGB und § 847 BGB doppelt bestraft würde[1239]. Eine solche Doppelbestrafung sei unzulässig, so daß zwischen der strafrechtlichen und der privatrechtlichen Genugtuung eine Entweder-Oder-Verhältnis bestehen müsse[1240]. Zur Untermauerung dieser Ansicht verweist Hirsch auf das gemeine Recht, nach dem entweder Klage mit dem Antrag auf Privatstrafe zum Zivilrichter erhoben oder Antrag auf Kriminalstrafe beim Strafrichter gestellt werden konnte – „vel criminaliter vel civiliter agere"[1241].

Auch dieser Auffassung kann jedoch entgegengehalten werden, daß die Verurteilung zur Leistung eines Schmerzensgeldes nach dem oben genannten Urteil des Bundesverfassungsgerichts keine Strafe im Sinnes des Art. 103 Abs. II GG ist[1242]. Dies legt den Schluß nahe, daß auch der Art. 103 Abs. III GG nicht auf das Schmerzensgeld anwendbar sein soll. Dafür spricht auch, daß der Schmerzensgeldzahlung nicht die stigmatisierende Wirkung einer Kriminalstrafe zukommt, da weder eine (Ersatz-)Freiheitsstrafe noch ein Eintrag in das Strafregister vorgesehen ist, so daß eine Kollision zweier Strafen im Sinne des Art. 103 Abs. III GG nicht gegeben ist[1243].

1233 Kern, S. 261 ff.
1234 siehe oben S. 136, Fn. 1220
1235 Bötticher, 45. DJT, S. C 17
1236 Stoll, S. 155
1237 Kern, S. 263
1238 BVerfGE 34, S. 269 ff., 293
1239 Hirsch, FS Engisch, S. 325
1240 Hirsch, aaO
1241 Hirsch verweist aber auch zurecht darauf, daß ein Wahlrecht des Geschädigten nur bei Antrags- bzw. Privatklagedelikten, nicht aber bei Offizialdelikten denkbar ist, FS Engisch, S. 325, Fn. 76.
1242 siehe oben Fn. 1238
1243 so auch Kern, S. 263

f) Das Problem der Anrechnung einer strafrechtlichen Verurteilung bei der Bemessung des Schmerzensgeldes

Im Zusammenhang mit dem Problem der Doppelbestrafung stellt sich auch die Frage, ob eine strafrechtliche Verurteilung des Täters bei der Bemessung des Schmerzensgeldes berücksichtigt werden darf. Dies hat z.B. Stoll in seinem Gutachten zum 45. Deutschen Juristentag angedacht, als er feststellte, die Bestrafung des Täters sei zwar für den Entschädigungsanspruch belanglos, aber die besänftigende Wirkung einer Bestrafung des Täters bei der Festsetzung einer Genugtuung nach den Umständen zu berücksichtigen[1244].

Diesem Ansatz folgte z.B. das OLG Celle in einer Entscheidung aus dem Jahre 1968, in der es bestimmte, die strafgerichtliche Verurteilung sei auf das Schmerzensgeld in der Genugtungsfunktion anzurechnen[1245]. In seiner zustimmenden Anmerkung zu diesem Urteil verweist Deutsch auf die in der Schweiz geführte Diskussion zur Frage des Verhältnisses zwischen öffentlicher Strafe und privatrechtlicher Genugtuung, im Rahmen derer sich die Mehrheit für den Wegfall oder die Minderung des Genugtuungsanspruches bei erfolgter Bestrafung ausgesprochen hat[1246].

Der Blick auf das Schweizer Recht in diesem Zusammenhang kommt nicht von ungefähr, hatte doch der BGH in seinem grundlegenden Urteil aus dem Jahr 1955[1247] den Begriff der Genugtuung der „entsprechenden Schweizer Rechtseinrichtung" entlehnt. Diese Heranziehung ist jedoch schon deshalb nicht ganz glücklich, weil der Genugtuungsbegriff des Schweizerischen Rechts die Wiedergutmachung immaterieller Schäden schlechthin in Abgrenzung zum Schadensersatz, der nur Vermögensschäden betrifft, meint[1248].

Die Frage der Berücksichtigung einer strafrechtlichen Verurteilung bei der Bemessung des Schmerzensgeldes ist in Rechtsprechung und Literatur nicht einheitlich beantwortet worden. Die Rechtsprechung ist gespalten[1249], in der Kommentarliteratur ist ein Übergewicht der ablehnenden Stimmen zu erkennen[1250].

In einem Urteil vom 29.11.1994 kam es schließlich zu einer Stellungnahme des BGH, der sich gegen eine Anrechnung der strafrechtlichen Verurteilung auf den Schmerzensgeldanspruch aussprach[1251]. Zur Begründung wird vorgebracht, ein solches Vorgehen führe zu einer Aufspaltung des Schmerzensgeldes in verschiedene Beträge, die auf die Ausgleichs- und auf die Genugtuungsfunktion entfallen. Dies sei jedoch unzulässig, weil „es sich bei der Entschä-

1244 Stoll, S. 152, 155

1245 OLG Celle, JZ 1970, S. 548 mit zustimmender Anmerkung von Deutsch

1246 Deutsch, S. 548

1247 BGHZ 18, S. 149 ff., s.o. S. 137, Fn. 1230

1248 Nehlsen-v. Stryk, S. 125, die die globale Heranziehung des Genugtuungsbegriffs durch den BGH im Rahmen des § 847 BGB als „Mißgriff" bezeichnet.

1249 Eine Anrechnung der strafrechtlichen Verurteilung im Rahmen der Genugtuungsfunktion nimmt z.B. das OLG Düsseldorf in seiner Entscheidung vom 21.06.1991 (abgedruckt in ZfS 1991, S. 299 bzw. bei Hacks/Ring/Böhm Nr. 523) vor, da es letztere durch die Bestrafung des Schädigers als weitgehend erfüllt ansieht. Noch einen Schritt weiter geht das AG Schweinfurt in einem Urteil vom 05.02.1993 (Hacks/Ring/Böhm Nr. 761), wenn es den im Strafverfahren vom Schädiger gezahlten Betrag von 2.000,- DM vollumfänglich auf das Schmerzensgeld anrechnet, da dieser ausdrücklich als Schmerzensgeld deklariert wurde und der Genugtuung dienen sollte. Ob es sich dabei um eine Geldstrafe oder eine Leistung im Rahmen der Wiedergutmachung oder einer Auflage handelt, bleibt unklar. Jedenfalls findet keine scharfe Trennung zwischen den im Strafverfahren angeordneten Rechtsfolgen und dem zivilrechtlichen Schmerzensgeldanspruch statt.

1250 vgl. ausführlichen Überblick zum Meinungsstand bei BGH LM Nr. 94 zu § 847 BGB, Blatt 2

1251 BGH LM Nr. 94 zu § 847 BGB, siehe Fn. 1250

digung aus § 847 BGB um einen einheitlichen Anspruch handelt, der nicht nach dem Gewicht der jeweils in Betracht kommenden Funktionen betragsmäßig aufgespalten werden kann, sondern eine ganzheitliche Betrachtung und Bemessung des Anspruchs erfordert." Außerdem hebt der BGH den Unterschied zwischen dem staatlichen Strafanspruch und dem Bedürfnis des Geschädigten nach dessen Befriedigung einerseits und andererseits der Genugtuungsfunktion des § 847 BGB, die der Sache nach die Berücksichtigung einer besonderen, durch das schädigende Ereignis geschaffenen Beziehung des Geschädigten zum Schädiger darstellt, hervor[1252].

In seiner Anmerkung zu der oben dargestellten Entscheidung stimmt Marly dem BGH im Ergebnis zu, spricht sich also ebenfalls gegen die Anrechnung einer strafrechtlichen Verurteilung auf den Schmerzensgeldanspruch aus. Die vom BGH angeführte Begründung kritisiert Marly jedoch mit dem Hinweis darauf, daß es wenig überzeugend sei, aus dem staatlichen Strafanspruch das Bedürfnis des Geschädigten nach dessen Verwirklichung auszugliedern und dasselbe als selbständigen Aspekt dem Interesse der Allgemeinheit gegenüberzustellen, den Täter für seine Tat zur Verantwortung zu ziehen. Auch sei es wenig praxisnah, den Zusammenhang zwischen Genugtuung im Rahmen des Schmerzensgeldes einerseits und einer in der staatlichen Strafe enthaltenen Buße andererseits schlichtweg in Abrede zu stellen[1253]. Zur Vermeidung solcher Abgrenzungsprobleme schlägt Marly vor, die „überkommene Vorstellung der Doppelfunktion" aufzugeben und sich allein daran zu orientieren, ob der Ausgleich für die Persönlichkeitsbeeinträchtigung in ihrer Gesamtheit der Billigkeit entspricht[1254].

g) Kritik an der Genugtuungsfunktion und ihrer Herleitung

Mit seiner Kritik an der Doppelfunktion des Schmerzensgeldes blieb Marly nicht allein. Während früher hauptsächlich vor der Übernahme pönaler Elemente in das Privatrecht schlechthin aufgrund verfassungsrechtlicher Bedenken gewarnt wurde[1255], geht die neuere Kritik eher in eine andere Richtung. Es wird darauf hingewiesen, daß der Genugtuungsaspekt überflüssig ist, weil alle ihm zugerechneten Funktionen auch unter den Ausgleichsgedanken gefaßt werden können[1256]. Die Genugtuungsfunktion sei nur eingeführt worden, um im Einzelfall bei entsprechend hohem Verschuldensgrad eine Heraufsetzung des Schmerzensgeldes über die durch das Maß des immateriellen Schadens vorgegebene Höhe hinweg zu ermöglichen[1257]. Sie diene der Rechtsprechung als „Deckmantel für die Berücksichtigung aller unter Billigkeitsgesichtspunkten maßgeblichen Umstände" und sei als ein sich weitgehend selbst aufhebender rhetorischer Formelkompromiß anzusehen[1258]. Zwar führt dieser Weg zu angemessenen Ergebnissen, ist jedoch als überflüssig abzulehnen, da die entsprechenden Erwägungen auch im Rahmen einer gesamtheitlich verstandenen Ausgleichsfunktion zu berücksichtigen sind[1259].

Überdies wird kritisiert, daß der BGH als Begründung für die Genugtuungsfunktion gerade solche Fälle herangezogen hat, in denen selbige eigentlich gar nicht greift[1260]. So führt der

---

[1252]BGH aaO, Blatt 3
[1253]Marly, Bl. 4
[1254]Marly, Bl. 5
[1255]siehe oben S. 138
[1256]Nehlsen-v. Stryk, S. 126; so auch MüKo/Stein, § 847, Rn. 4
[1257]Nehlsen-v. Stryk, S. 126
[1258]MüKo/Stein, § 847, Rn. 4
[1259]Nehslen-v. Stryk, S. 126, MüKo/Stein, § 847, Rn. 4
[1260]Brüggemeier, S. 186

BGH an, die Genugtuungsfunktion gewinne besonders in solchen Situationen Bedeutung, in denen ein Ausgleich von Unlustgefühlen deshalb nicht möglich ist, weil der konkret Geschädigte zu solchen Empfindungen gar nicht in der Lage ist[1261].

Speziell in solchen Konstellationen, in denen die Empfindungsunfähigkeit gerade auf der vom Schädiger verursachten Verletzung beruht, erscheint jedoch die Ablehnung eines Schmerzensgeldanspruchs unbillig. Es würde dadurch derjenige Schädiger privilegiert, der sein Opfer so schlimm verletzt, daß es zu keinerlei Empfindung mehr fähig ist, wie dies z.B. bei comatösen Patienten oder hirngeschädigten Unfallopfern der Fall sein kann[1262].

Dies hat offensichtlich auch der BGH so gesehen und entschieden, daß in solchen Fällen eine Entschädigung für den immateriellen Schaden mit Recht zuerkannt worden ist[1263]. Er begründete dies jedoch wenig überzeugend damit, daß die Geldentschädigung des § 847 BGB zwar dem Ausgleich des immateriellen Schadens diene, die Erreichung dieses Ausgleichszwecks aber nicht Voraussetzung für einen Schmerzensgeldanspruch sei[1264].

In der Folgezeit suchte der BGH, die sich in diesen Fällen aus der Genugtuungsfunktion ergebenden dogmatischen Klippen zu umschiffen, indem er ein gewisses „Basisschmerzensgeld" zuerkannte, das betragsmäßig unter dem liegen sollte, was bei vergleichbaren Verletzungen eines empfindungsfähigen Opfers angemessen wäre[1265].

In der untergerichtlichen Rechtsprechung wurde die Genugtuungsfunktion teilweise sehr unterschiedlich interpretiert und z.B. entschieden, daß selbige außer Acht zu bleiben habe, wenn die auszugleichende Verletzung fahrlässig –auch grob fahrlässig- begangen worden ist[1266]. Auch von der Linie des BGH abweichende Auffassungen zu der Doppelfunktion des Schmerzensgeldes wurden vertreten; so entschied das LG Oldenburg beispielsweise, die Ausgleichsfunktion müsse hinter der Genugtuungsfunktion zurückstehen, wenn der Geschädigte aufgrund von Bewußtlosigkeit nicht in der Lage ist, Genugtuung zu empfinden[1267]. Der BGH hatte in diesen Fällen gerade die Genugtuungsfunktion als nicht erfüllbar angesehen, so daß hier offensichtlich von einer anderen Deutung der Funktionen ausgegangen wird.

Das OLG Frankfurt befand in einem ähnlichen Fall, daß bei einem Verletzten, der bis zu seinem Tode im Koma lag und deshalb weder Schmerzen empfinden noch seine tragische Lebenssituation zu reflektieren vermochte, die Wiedergutmachungs- und Genugtuungsfunktion erheblichen Einschränkungen unterliege und somit der Sühnegedanke im Vordergrund stehe[1268]. Nach der gängigen Definition der Genugtuung[1269] als Besänftigung des Verletzten durch Sühnung der Tat[1270] ist jedoch die Sühne gerade Bestandteil der Genugtuung, und nicht etwa ein daneben existierendes drittes Element.

Die Terminologie scheint in diesem Bereich etwas uneinheitlich und stellt so eine weitere Quelle für voneinander abweichende Zuordnung einzelner Gesichtspunkte zu den verschiedenen Funktionen des Schmerzensgeldes dar.

1261 BGHZ 18, S. 157
1262 vgl. auch Brüggemeier, S. 187
1263 BGHZ 18, S. 157
1264 BGHZ 18, S. 157
1265 so z.B. in BGH NJW 1982, S. 2123 f.
1266 LG Trier, VersR 1983, S. 791
1267 LG Oldenburg, VersR 1983, S. 790
1268 OLG Frankfurt vom 15.01.1991, Hacks/Ring/Böhm, Nr. 1473
1269 Nehlsen-v. Stryk, S. 125
1270 vgl. Stoll, S. 152 mwN

Die Schmerzensgeldfunktionen sind demnach ein Thema, das mannigfaltigen Interpretationsmöglichkeiten Raum bietet. Es entsteht der Eindruck, die „Doppelfunktionsentscheidung" des BGH habe weniger zur Klärung der Situation beigetragen als vielmehr durch das Herausarbeiten der Genugtuungsfunktion Anlaß zu weiterer Verwirrung und damit größerer Rechtsunsicherheit gegeben. Es wird davon gesprochen, die Genugtuung sei zu einer Art „symbolischer Sühne" geworden und die eigentliche Doppelfunktion des Schmerzensgeldes in Ausgleich und Prävention zu erblicken[1271]. Andere Stimmen erachten die Präventionsfunktion als dritte dem Schmerzensgeld immanente Funktion neben Ausgleich und Genugtuung[1272].

h) Die Präventionsfunktion des Schmerzensgeldes

Die Prävention als Zweckelement der Entschädigung ist im Zusammenhang mit der Verletzung von Persönlichkeitsrechten in den Medien vom BGH statuiert worden[1273]. In diesem Bereich erscheint die Präventionswirkung deshalb besonders wichtig, weil die Gefahr, daß sich die Rechtsverletzung für den Schädiger trotz Widerrufsverpflichtung wirtschaftlich lohnt, sehr groß ist. So können beispielsweise im Bereich der Printmedien mit einer erschienenen Ausgabe, die eine Persönlichkeitsrechtsverletzung enthielt, bereits hohe Gewinne erzielt worden sein, an denen ein -im Verhältnis zu dem ursprünglichen persönlichkeitsrechtsverletzenden Beitrag in der Regel recht unauffällig gestalteter- Widerruf in der nächsten Ausgabe nichts mehr zu ändern vermag. Aus diesem Grund soll nach der einschlägigen Rechtsprechung in diesen Fällen die zu leistende Entschädigung möglichst so hoch bemessen sein, daß sich die Veröffentlichung von Druckerzeugnissen mit persönlichkeitsrechtsbeeinträchtigendem Inhalt wirtschaftlich weniger rentiert. Nach BGH soll das zwar nicht heißen, „daß in solchen Fällen rücksichtsloser Kommerzialisierung der Persönlichkeit eine „Gewinnabschöpfung" vorzunehmen ist, wohl aber, daß die Erzielung von Gewinnen aus der Rechtsverletzung als Bemessungsfaktor in die Entscheidung über die Höhe der Geldentschädigung einzubeziehen ist."[1274] Von der Höhe der Geldentschädigung soll „ein echter Hemmungseffekt auch für solche Vermarktung der Persönlichkeit ausgehen"[1275].

Anzumerken ist allerdings, daß es sich bei dem in Fällen einer Persönlichkeitsrechtsverletzung in den Medien gewährten Entschädigungsanspruch nach Ansicht des BGH nicht um einen Schmerzensgeldanspruch im Sinne des § 847 BGB handelt, sondern um einen Rechtsbehelf, der auf den Schutzauftrag aus Art. 1 und Art. 2 Abs. I GG zurückgeführt wird[1276]. Ein solcher Anspruch wird als notwendig erachtet, da ansonsten Verletzungen der Würde und der Ehre des Menschen häufig ohne Sanktion blieben. Im Unterschied zum Schmerzensgeld des § 847 BGB steht bei diesem Anspruch auf Geldentschädigung wegen einer Verletzung des Allgemeinen Persönlichkeitsrechts nach dem Verständnis des BGH der Gesichtspunkt der Genugtuung des Opfers im Vordergrund[1277].

Dieser Differenzierungsansatz erscheint in Hinblick auf die vom BGH eingeführte Genugtuungsfunktion des Schmerzensgeldes nicht ganz sauber und wurde diese Konstruktion in der Literatur nicht zuletzt deshalb auch kritisiert[1278]:

[1271] Brüggemeier, S. 187 f.
[1272] Steffen, S. 734; Honsell, S. 207, die von einer „Tripelfunktion" des Schmerzensgeldes sprechen
[1273] vgl. BGH NJW 1995, S. 861 (Caroline v. Monaco)
[1274] BGH aaO, S. 865
[1275] BGH aaO, S. 865
[1276] BGH NJW 1995, S. 864 mit Verweis auf BVerfGE 34, S. 269
[1277] BGH NJW 1995, S. 865 mit Verweis auf BGHZ 35, S. 363
[1278] der BGH nennt in seiner Entscheidung selbst einige Vorbehalte äußernde Literaturstimmen, vgl. BGH NJW 1995, S. 865.

Es wird angeführt, für den Schmerzensgeldanspruch des § 847 BGB sei die Genugtuungsfunktion überhaupt nicht nötig gewesen, da alle Aspekte, die man mit ihrer Hilfe bei der Bemessung berücksichtigt wissen wollte, problemlos auch in der Ausgleichsfunktion angesiedelt werden können. Die Einführung der Genugtuungsfunktion durch den BGH sei deshalb nur als Vorbereitung auf die spätere Rechtsprechung zum Geldersatz bei Verletzung des Persönlichkeitsrechts zu sehen, die den Anspruch nicht mehr auf § 847 BGB stützte, sondern unter Heranziehung der Art. 1 und 2 Abs. I GG unter § 823 Abs. I BGB subsumierte[1279].

i) Zusammenfassende Stellungnahme zu den Funktionen des Schmerzensgeldes

Nach den oben dargestellten Hintergründen für die Einführung der Genugtuungs- und neuerdings auch der Präventionsfunktion des Ersatzanspruches kristallisiert sich heraus, daß beide hauptsächlich für die Fälle der Persönlichkeitsrechtsverletzung, insbesondere im Medienbereich, konstruiert worden sind. Da der Ersatzanspruch in diesem Bereich aber nicht mehr aus einer analogen Anwendung des § 847 BGB, sondern direkt aus § 823 Abs. I BGB hergeleitet wird, stellt sich die Frage, ob für das Schmerzensgeld aus § 847 BGB ein Festhalten an der Doppel- bzw. Tripelfunktion notwendig und sinnvoll ist.

Wie oben bereits aufgezeigt wurde, scheinen die sich aus der Funktionstrias ergebenden Schwierigkeiten ihren Nutzen zu übersteigen[1280]. War die Notwendigkeit der Genugtuungsfunktion bereits bei ihrer Einführung wegen ihres zweifelhaften Eingreifens in den Fällen des empfindungsunfähigen Opfers nicht ganz unumstritten[1281], so stellt sich die Frage umso mehr, seit auch die Fälle der Verletzung des Allgemeinen Persönlichkeitsrechts direkt unter § 823 Abs. I BGB subsumiert werden.

Gegen die Notwendigkeit der Aufgliederung der Schmerzensgeldfunktionen spricht auch die Tatsache, daß nach höchstrichterlicher Rechtsprechung eine Aufspaltung des zu leistenden Schmerzensgeldes in auf die verschiedenen Funktionen fallende Beträge ohnehin nicht zulässig ist[1282].

Außerdem können im Rahmen der Ausgleichsfunktion bzw. des billigen Ermessens des Gerichts alle der Genugtuungsfunktion zugerechneten Aspekte bei der Bemessung des Schmerzensgeldes berücksichtigt werden[1283], so daß auch in diesem Zusammenhang kein Bedürfnis nach Aufrechterhaltung der funktionalen Aufspaltung besteht.

Im Zusammenhang mit der Genugtuungsfunktion hat der BGH auf eine gewisse durch den Schadensfall hervorgerufene persönliche Beziehung zwischen Schädiger und Geschädigtem abgestellt, welche die Berücksichtigung aller Umstände des Einzelfalles gebiete[1284]. Diese Argumentation erscheint insofern wenig praxisnah, als in vielen Fällen der Schmerzensgeldanspruch von einer Versicherung übernommen und oft auch direkt gegenüber dieser geltend

---

[1279] Honsell, S. 205 f.

[1280] vgl. oben S. 137 f. bzw. die diesem Resümé vorangegangenen Ausführungen; zu einem ähnlichen Ergebnis kommt auch Marly, Bl. 5, wenn er sagt: "Vielmehr sollte die Chance genutzt werden, die Funktionen des Schmerzensgeldes neu zu überdenken und sich von der überkommenen Vorstellung der Doppelfunktion zu lösen, da sie mehr Verwirrung stiftet als nützt und darüberhinaus nicht den Kern der Sache trifft."

[1281] siehe oben S. 141

[1282] BGH LM Nr. 94 zu § 847, siehe oben S. 139, Fn. 1250

[1283] vgl. z.B. Honsell, S. 205 ff.

[1284] BGHZ 18, S. 149

gemacht wird. Von dem Bestehen einer besonderen persönlichen Beziehung oder von einer Sühnefunktion kann in diesem (Normal-)Fall wohl kaum gesprochen werden[1285].

Die Aspekte des Verschuldensgrades und der wirtschaftlichen Verhältnisse, die der BGH durch diese Konstruktion in den Bemessungsprozeß einbinden wollte[1286], finden -wie oben bereits aufgezeigt- ohnehin im Rahmen der Ausübung des billigen Ermessens durch das Gericht Berücksichtigung, so daß auch von daher die Bemühung der Genugtuungsfunktion nicht notwendig ist.

Im Ergebnis stellt sich demnach die Frage, warum die Rechtsprechung an der Doppelfunktion des Schmerzensgeldes festhält und sogar die Tendenz dahin zu gehen scheint, in der Prävention eine dritte Aufgabe des Schmerzensgeldes zu erblicken. Es würde eine erhebliche Erleichterung und Vereinfachung darstellen, den Schmerzensgeldanspruch auf die Ausgleichsfunktion zu beschränken und in deren Rahmen im Wege des billigen Ermessens alle im Einzelfall relevanten Umstände zu berücksichtigen. Dieser Spielraum ist dem Rechtsanwender im § 847 BGB bewußt eingeräumt worden, ohne daß darin eine Annäherung an das Strafrecht liegen soll. Auch die Bedenken hinsichtlich des Wiederauflebens der überkommenen Privatstrafe könnten so entkräftet werden, da ein Genugtuungsaspekt nicht mehr schlechthin, sondern nur noch in solchen Fällen berücksichtigt werden müsste, in denen er zum Ausgleich des entstandenen immateriellen Schadens zwingend notwendig erscheint.

VI. Leistungen im Rahmen des Täter-Opfer-Ausgleichs bzw. der Wiedergutmachung

Geldleistungen als Folge von Fehlverhalten gibt es auch im Bereich der Wiedergutmachung. Im Unterschied zur gesetzlich festgelegten Strafe geht es hierbei in erster Linie um den Ausgleich der Parteiinteressen auf außergerichtlicher Ebene. Die Leistung des Täters kann dabei auf verschiedene Art und Weise erbracht werden, eine Beschränkung hierfür ist nicht vorgesehen. In der Regel wird sie jedoch in Geld oder geldwerten Leistungen bestehen[1287].

Der Leistung durch den Täter kommt dabei eine Wiedergutmachungswirkung zu, die im herkömmlichen Strafverfahren nicht im Vordergrund steht bzw. aufgrund des Strafmonopols des Staates und der daraus resultierenden strengen Trennung zwischen zivilrechtlichem Schadensersatz und staatlicher Strafe ausgeklammert ist[1288].

Im Folgenden soll ein kurzer Abriß über die Entstehung und Konstruktion des Täter-Opfer-Ausgleich im deutschen Rechtssystem gegeben werden, um dieses relativ neue Mittel des strafrechtlichen Rechtsfolgensystems in seiner Bedeutung für das Strafrecht erfassen zu können.

[1285] so auch Honsell. S. 206

[1286] BGHZ 18, S. 157

[1287] Palandt/Stree, § 46a, Rn. 6

[1288] vgl. interessant zur Historie der Trennung von Strafrecht und zivilrechtlicher Wiedergutmachung Dölling/Bannenberg/Uhlmann, TOA, S. 17 f.

1. Der Ausgleichsgedanke in der deutschen (Strafrechts-)Geschichte

In der germanischen Zeit konnten Verhaltensweisen, die damals als gemeine Friedbrüche angesehen wurden, wie z.B. Körperverletzung, Raub oder Totschlag[1289] mit einer Sühneleistung ausgeglichen werden, welche aufgrund eines Sühnevertrages erbracht wurde[1290]. Dabei handelte es sich um erhebliche Vermögenswerte in Gestalt von Pferden, Waffen oder Vieh[1291], aber auch die Wiederherstellung des vorherigen Zustandes konnte Gegenstand des Sühne sein[1292].

Die Sühneleistung an das Opfer und/oder seine Sippe ist in heutigen Kategorien am ehesten mit dem Schadensersatz vergleichbar und diente der Genugtuung für die erlittene Kränkung[1293]. Solche Ausgleichsbemühungen stellten den Regelfall der Konfliktlösung dar[1294] und wurden in der fränkischen Zeit mehr und mehr von der entstehenden Obrigkeit adaptiert und katalogisiert[1295]. Diese Entwicklung führte zur Entstehung eines obrigkeitlichen peinlichen Strafsystems, dem Kompositionensystem der Volksrechte aus dem 6. Jahrhundert[1296]. Im Zuge der angestrebten Machtstabilisierung machten die Herrscher der fränkischen Zeit die Regelung von Konflikten immer mehr zur Aufgabe des Staates, da sie in der privaten Lösung solcher Fragen eine Gefahr für ihren politischen Einfluß erblickten[1297].

Im Mittelalter schließlich setzte sich die strikte Trennung von Zivil- und Strafrecht endgültig durch und wurde die Wiedergutmachung dem Privatrecht zugeordnet[1298]. Der Staat schrieb sich das Strafmonopol zu und so rückte das Verhältnis Täter - Opfer immer mehr in den Hintergrund[1299]. Als Geschädigter eines Verbrechens wurde der Staat bzw. der ihn verkörpernde Herrscher angesehen: „Das Verbrechen greift über sein unmittelbares Opfer hinaus den Souverän an; es greift ihn persönlich an, da das Gesetz als Wille des Souveräns gilt; es greift ihn physisch an, da die Kraft des Gesetzes die Kraft des Fürsten ist. (...) Der Eingriff des Souveräns ist also nicht ein Schiedsspruch zwischen zwei Gegnern; er ist auch nicht nur eine Aktion zur Durchsetzung der Rechte eines jeden; sondern er ist der unmittelbare Gegenschlag gegen den Beleidiger. (...) Die Züchtigung kann also nicht mit der Wiedergutmachung des Schadens gleichgesetzt werden oder auch nur an ihr Maß nehmen. An jeder Strafe hat der Fürst Anteil; und dieser Anteil bleibt auch dann der wesentliche, wenn er sich mit der Wiedergutmachung eines Schadens verbindet."[1300]

Mit einer zutreffenden Formulierung bringt Sessar diese Entwicklung auf den Punkt: „...es ging das bei allen Schwächen kultivierte System sozialer Konfliktregulierung verloren."[1301]

[1289] In Abgrenzung zu heimlicher bzw. später allgemein aus niederer Gesinnung erfolgender Tötung gilt der „offene" Totschlag nicht als todeswürdig. Ebenso zieht sich die Grenze zwischen Raub (offen) und heimlichem Diebstahl, vgl. Rüping, Geschichte, 2. Aufl., S. 6.

[1290] Schmidt, Geschichte, S. 24

[1291] Schmidt, Geschichte, S. 24 mit Verweis auf Tacitus, Germania, Cap. 21: „Nec implacabiles durant (inimicitiae); luitur enim etiam homicidium certo pecorum armorumque numero; recipitque satisfactionem universa domus."

[1292] Dölling/Bannenberg/Uhlmann, TOA, S. 17

[1293] Rüping, Geschichte, S. 6

[1294] Dölling/Bannenberg/Uhlmann, TOA, S. 18

[1295] Schmidt, Geschichte, S. 24; Rüping, Geschichte, S. 6

[1296] siehe auch oben unter Teil 1, II, 1., S. 7 ff.; Schmidt, Geschichte, S. 25

[1297] Dölling/Bannenberg/Uhlmann, TOA, S. 18; vgl. auch Rüping, Geschichte, S. 8

[1298] Roxin, Baumann-FS, S. 244; Dölling/Bannenberg/Uhlmann, TOA, S. 18

[1299] Frehsee, S. 12

[1300] Foucault, S. 63 f.

[1301] Sessar, S. 13

2. Die „Renaissance" der Wiedergutmachung in der neueren Zeit

Die Wiederbelebung der privaten Problemlösung zwischen den Parteien ist ein relativ neuer Ansatz, der erst in jüngerer Zeit zunehmend in die juristische Diskussion gekommen ist[1302]. Noch im Jahre 1971 räumte Maurach in der vierten Auflage seines Lehrbuchs zum Allgemeinen Teil des Strafrechts ein, „ausnahmsweise" könnten bei der Strafzumessung „auch nach der Tat eintretende Umstände...indiziell zugunsten des Täters wirken" und „das Ausmaß der Strafwürdigkeit beeinflussen"[1303]. Dabei führte er u.a. das Bemühen des Täters an, den Schaden wiedergutzumachen, stufte allerdings allgemein den Strafzumessungsgrund des Verhaltens nach der Tat als „drittrangig" ein[1304].

Mitte der achtziger Jahre geriet der Gedanke der Wiedergutmachung immer mehr in den Blickpunkt des juristischen Interesses[1305] und es entwickelte sich eine breitgefächerte Literatur zu diesem Thema[1306]. Im Jahre 1992 gipfelte die Diskussion dann in der Vorlage des „Alternativ-Entwurfs Wiedergutmachung" (AE-WGM), der von einem Arbeitskreis deutscher, österreichischer und schweizerischer Strafrechtslehrer vorgelegt wurde[1307]. In demselben Jahr wurde der Problemkreis im Rahmen des 59. Deutschen Juristentages in Hannover behandelt[1308].

Für die Stärkung des Wiedergutmachungsgedankens im geltenden Recht wird als Argument hauptsächlich der Aspekt des Opferschutzes angeführt[1309]. Die aus der strikten Trennung von Straf- und Zivilrecht resultierende Verweisung des Opfers auf den kostspieligen, langwierigen und dazu meist noch erfolglosen Weg der Zivilklage zur materiellen Schadensausgleichung soll vermieden werden[1310]. Es wird dargelegt, das Verbüßen einer gerichtlichen Strafe wirke sich zudem negativ auf die Bereitschaft des Täters aus, den angerichteten Schaden auch auf privatrechtlichem Wege direkt gegenüber dem Opfer zu beheben, da er das Gefühl hat, bereits durch die strafrechtliche Sanktion ausreichend getroffen worden zu sein bzw. Buße getan zu haben[1311]. Durch die gesteigerte Berücksichtigung der Individualinteressen nicht nur des Opfers, sondern auch des Täters soll beiden Seiten ein besserer Ausgangspunkt zur Konfliktbewältigung gegeben werden. Das Strafrecht als Demonstration institutioneller Macht schafft Distanz zwischen Täter und Opfer und vermeidet durch die soziale Ausgliederung und Stigmatisierung des Täters seine konstruktive Mitarbeit und Engagement bei der Beseitigung der Tatfolgen[1312]. Nur wer sich persönlich in gewisser Weise anerkannt und seine Interessen als Individuum berücksichtigt sieht, wird sich aktiv an der Konfliktlösung beteiligen.

[1302] Madlener in Eser/Kaiser/Madlener, S. 9

[1303] Maurach, 4. Aufl., § 63 II B 3 b, S. 851

[1304] Maurach, 4. Aufl., § 63 II A 1, S. 842

[1305] vgl. ausführlich zur Frage, ob die Wiedergutmachung als dritte Spur in das strafrechtliche Sanktionensystem aufzunehmen ist unten S. 173 ff.

[1306] Brauns, S. 17; Lackner, StGB 1999, § 46a, Rn. 1; siehe insbesondere aus jüngster Zeit die Habilitationsschrift Susanne Walthers „Vom Rechtsbruch zum Realkonflikt" aus dem Jahr 1998, die den Vorschlag einer die Wiedergutmachung und Strafe verbindenden Neuordnung des kriminalrechtlichen Sanktionensystems erarbeitet, vgl. dazu ausführlich unten S. 177 f.

[1307] Der Arbeitskreis bestand aus Jürgen Baumann, Anne-Eva Brauneck, Manfred Burgstaller, Albin Eser, Barbara Huber, Heike Jung, Ulrich Klug, Horst Luther, Werner Maihofer, Bernd-Dieter Meier, Peter Rieß, Franz Riklin, Dieter Rössner, Klaus Rolinski, Claus Roxin, Heinz Schöch, Horst Schüler-Springorum und Thomas Weigend.

[1308] Das Thema lautete: „Empfehlen sich Änderungen oder Ergänzungen bei den strafrechtlichen Sanktionen ohne Freiheitsentzug?"; vgl. Gutachten von Schöch (Teil C) bzw. Sitzungsberichte (Teil O).

[1309] AE-WGM, Teil B: Grundlagen des Entwurfs, S. 10; Dölling/Bannenberg/Uhlmann, S. 28; Bendel, S. 19

[1310] Roxin, Baumann-FS, S. 244

[1311] Roxin, Baumann-FS, S. 244

[1312] Dölling/Bannenberg/Uhlmann, S. 47

Die Stellung des Opfers verbessert sich dadurch, daß ihm nicht wie im Strafverfahren nur die Funktion eines Beweismittels zugewiesen wird, sondern der Betroffene und der Ausgleich des ihm widerfahrenen Übels im Mittelpunkt der Bemühungen steht[1313].

Dem Präventionsgedanken wird dadurch Rechnung getragen, daß der Täter nicht durch den Strafvollzug aus der Gesellschaft ausgegliedert wird, sondern nach der Wiedergutmachung der Tatfolgen gewissermaßen übergangslos und unbelastet durch das Stigma der öffentlichen Bestrafung sein Leben in die Gesellschaft integriert möglichst fruchtbar und ohne weitere Vergehen weiterführen kann[1314].

Auch die mögliche finanzielle Doppelbelastung einer strafgerichtlichen Geldstrafe, die neben der zivilrechtlich geltend gemachten Verpflichtung zur Leistung von Schadensersatz bestehen kann, wird durch den Täter-Opfer-Ausgleich ausgeschlossen[1315]. Die Gefahr der „Beschaffungskriminalität", also der Begehung weiterer Straftaten zur Finanzierung der sich aus den Urteilen ergebenden Verpflichtungen, entsteht somit nicht.

Die persönliche Begegnung zwischen Täter und Opfer kann weiterhin sowohl dem Opfer bei der psychischen Verarbeitung des Erlebten als auch dem Täter durch die direkte Konfrontation mit den negativen Folgen seiner Tat auf Seiten des Opfers auf dem Weg seiner Besserung und Resozialisierung helfen[1316].

3. Die jetzige gesetzliche Regelung der Wiedergutmachung

Der Gedanke der Wiedergutmachung ist im deutschen Straf(prozeß)recht an verschiedenen Stellen zu finden:

- Gemäß § 380 StPO ist dem Privatklageverfahren notwendigerweise ein Sühneversuch vorgeschaltet, um kleinere strafrechtliche Konflikte im unmittelbaren Kontakt zwischen Täter und Opfer aus der Welt zu schaffen. Betroffen sind dabei die Tatbestände des Hausfriedensbruchs, der Beleidigung, der Verletzung des Briefgeheimnisses, der Körperverletzung nach §§ 223 und 229 StGB, der Bedrohung und der Sachbeschädigung.

- Gemäß § 153 a Abs. I Nr. 1 StPO kann die Staatsanwaltschaft bei einem Vergehen vorläufig von der Erhebung der Klage absehen und dem Beschuldigten auferlegen, zur Wiedergutmachung des durch die Tat verursachten Schadens eine bestimmte Leistung zu erbringen. Werden die Auflagen und Weisungen erfüllt, so kann die Tat nicht mehr verfolgt werden.

- Als Auflage kann die Wiedergutmachung auch erteilt werden bei der Verwarnung mit Strafvorbehalt[1317] (§§ 59, 59 a Abs. II StGB), bei der Aussetzung einer Freiheitsstrafe zur Bewährung (§ 56 b Abs. II Nr. 1 StGB), sowie bei der Aussetzung eines Strafrests zur Bewährung (§ 57 Abs. III StGB).

- Bei der Strafzumessung wird die Wiedergutmachung als eines der Kriterien für die Bestimmung des Strafmaßes genannt (§ 46 Abs. II StGB).

[1313] Dölling/Bannenberg/Uhlmann, ebenda
[1314] vgl. AE-WGM, Teil B, Grundlagen des Entwurfs, S. 27
[1315] Schöch, DJT, S. 65; vgl. auch §§ 4, 5, 7, 9 AE-WGM
[1316] Frehsee, S. 95; Schöch, DJT, S. 64
[1317] vgl. zur Verwarnung mit Strafvorbehalt oben S. 53 ff.

- Im Jugendstrafrecht ist die Wiedergutmachung des angerichteten Schadens als Auflage gemäß § 15 JGG und als Weisung nach § 10 Abs. I Nr. 7 JGG vorgesehen.

Den stärksten Niederschlag in der aktuellen gesetzlichen Regelung hat der Wiedergutmachungsgedanke in § 46 a StGB[1318] gefunden, wobei auch diese Regelung deutlich hinter den Vorstellungen des AE-WGM zurückbleibt[1319]. Danach kann das Gericht die Strafe nach Maßgabe des § 49 Abs. I StGB mildern oder, bei verwirkter Freiheitsstrafe bis zu einem Jahr bzw. Geldstrafe bis zu dreihundertsechzig Tagessätzen, ganz von einer Strafe absehen, wenn Wiedergutmachung seitens des Täters erfolgt bzw. ernsthaft angestrebt ist bzw. eine Entschädigung stattgefunden hat. Diese Norm dürfte aufgrund ihrer wenig genauen Konstruktion lediglich als eine vorübergehende und allgemein unter Schaffung eines Rahmens die Möglichkeit zu seiner Anwendung eröffnende Regelung des Täter-Opfer-Ausgleichs anzusehen sein[1320].

Da die Durchführung der Wiedergutmachung weitgehend offen gelassen wird, ist die Anwendung des § 46 a StGB in der Rechtswirklichkeit bislang eher als zögerlich zu bezeichnen[1321]. Eine besondere Schwierigkeit bei der Umsetzung in die Praxis dürfte dabei in dem Umstand begründet sein, daß die Schaffung der Möglichkeit eines Täter-Opfer-Ausgleiches einer umfassenden und aufwendigen Hintergrundorganisation als Unterbau bedarf. So müssen Beratungsstellen aufgebaut und mit dem entsprechend geschulten Personal besetzt werden, damit die erfahrungsgemäß schwierige Kontaktaufnahme zwischen Opfer und Täter durch fachkundige Berater vermittelt und gefördert werden kann[1322].

Auf ein Anschreiben im Rahmen einer Umfrage der Forschungsgruppe Täter-Opfer-Ausgleich im Jahre 1996, das an alle dem TOA-Servicebüro bekannten TOA-Projekte sowie an alle Jugendämter und alle Dienststellen der Bewährungs- und Gerichtshilfe geschickt wurde, meldeten sich bundesweit 368 Einrichtungen, die Täter-Opfer-Ausgleich anbieten[1323]. Im Vergleich zu den im Jahre 1992 erfaßten 226 Projekten ergibt dies eine Steigerung von 63 %[1324]. Die Auswertungen der im Anschluß durchgeführten Studie ergaben weiter steigende Zahlen für die Inanspruchnahme bzw. Durchführung von TOA-Projekten. Für 1995 fanden mit ca. 9.000 Tätern und schätzungsweise 8.000 Opfern Ausgleichsversuche statt, was gegenüber der Praxisliste von 1992 einen Zuwachs von 78 % darstellt[1325].

Insgesamt läßt sich also eine deutliche Zunahme der praktischen Bedeutung des Täter-Opfer-Ausgleichs erkennen, und steht zu vermuten, daß unter der Anleitung einer genaueren Regelungsvorgabe und bei gezielter Förderung der Einrichtung entsprechender Stellen in der Praxis diese Entwicklung noch verstärkt werden könnte.

[1318] eingefügt durch das Gesetz zur Änderung des Strafgesetzbuches, der Strafprozeßordnung und anderer Gesetze (Verbrechensbekämpfungsgesetz) vom 28.Oktober 1994

[1319] Dölling/Bannenberg/Uhlmann, TOA, S. 35

[1320] Lackner, StGB 1999, § 46 a, Rn. 1

[1321] Lackner, StGB 1999, § 46 a, Rn. 1

[1322] Zur Frage der Organisation über öffentliche oder freie Trägerschaft sowie des Einsatzes integrierter, teil- oder vollständig spezialisierter Mitarbeiter im Bereich des Täter-Opfer-Ausgleichs vgl. Dölling/Wandrey/Weitekamp: „Die organisatorische Umsetzung des Täter-Opfer-Ausgleichs in der Bundesrepublik Deutschland-eine vorläufige Einschätzung der Entwicklung im Zeitraum von 1989 bis 1995", TOA, S. 121 ff.

[1323] Dölling/Wandrey/Weitekamp, TOA, S. 130

[1324] Für den Jugendbereich ist allerdings der Trend seit 1992 rückläufig, anders aber im Erwachsenenbereich. Hinsichtlich der Neugründungen ist insgesamt zugunsten der neuen Bundesländer eine Überproportionalität festzustellen; vgl. Dölling/Wandrey/Weitekamp, TOA, S. 131.

[1325] Zahlen mit eingehender Erläuterung Dölling/Wandrey/Weitekamp, TOA, S. 131

4. Die Rechtsnatur des Täter-Opfer-Ausgleichs

Schadenswiedergutmachung und Täter-Opfer-Ausgleich sind nach allgemeiner Ansicht keine Strafen[1326]. Während die Autoren des Alternativ-Entwurfs Wiedergutmachung eine selbständige dritte Spur des Sanktionensystems konzipiert haben[1327], erschöpft sich die herrschende Meinung darin, in der Schadenswiedergutmachung und dem Täter-Opfer-Ausgleich ein eigenständiges Reaktionsmittel zu sehen, das die eigentlich verwirkte Strafe überflüssig machen oder mildern kann[1328]. Dies wird zum Teil als eine „Vorstufe der strafrechtstypischen Bewältigung" verstanden[1329]. Es soll auf die Methoden des Strafrechts verzichtet werden, das Ergebnis der Ausgleichsverhandlungen jedoch durchaus auf das Strafrecht von Einfluß sein, nämlich insofern, als es dessen Einsatz überflüssig macht[1330].

Die Ansicht, die eine Umgestaltung des Täter-Opfer-Ausgleiches in eine echte Strafe empfiehlt, wird nur sehr vereinzelt vertreten[1331]. Allerdings sprach sich der Fachausschuß I des Bundesverbandes für Straffälligenhilfe e.V.[1332] für die Einführung der Verpflichtung zur Schadenswiedergutmachung als selbständige kriminalrechtliche Sanktion aus[1333].

Die Einordnung des Täter-Opfer-Ausgleichs als außerhalb des Strafrechts stehende, quasi eine Vorstufe zu diesem bildende Konfliktlösungsalternative vermag meiner Ansicht nach am ehesten den hinter diesem Institut stehenden Gedanken zu entsprechen. Es soll dem Täter auch durch die systematische Einordnung bereits deutlich gemacht werden, daß er bei entsprechend kooperativem Verhalten eine strafrechtliche Verfolgung und die sich aus ihr ergebenden negativen Konsequenzen vermeiden kann. Liegt dieser Unterschied alleine in der verfahrenstechnischen Ausgestaltung innerhalb des Strafrechts, ist er für den Laien kaum erkennbar geschweige denn verständlich, so daß der Anreiz zur Teilnahme an einem TOA-Programm eher gering sein dürfte.

Durch die regelungstechnische Ausgestaltung des Täter-OpferAusgleichs muß also ein Signal dahingehend gesetzt werden, daß durch diese außergerichtliche Einigung dem Täter ein Strafverfahren „erspart" bleibt. Recht anschaulich ist hier der Vergleich Walters mit einem klärenden Gespräch zwischen zerstrittenen Nachbarn, welches dazu führt, daß in der streitigen Angelegenheit nicht die Polizei benachrichtigt wird und keine Anzeige erfolgt[1334]. Eine deutlich erkennbare Trennung zwischen Täter-Opfer-Ausgleich bzw. Wiedergutmachung und Strafrecht ist folglich nicht nur als wünschens-, sondern auch als empfehlenswert anzusehen.

Welcher Ansicht man sich auch anschließen mag, es besteht in jedem Fall noch Regelungsbedarf hinsichtlich der Durchführung des Täter-Opfer-Ausgleichs. Damit die Wiedergutmachung den Stellenwert in der Rechtspflege einnehmen kann, der ihr von den „Alternativ-Professoren"[1335] und auch einer großen Anzahl anderer Befürworter[1336] zugedacht wird, muß sowohl die Zuständigkeit als auch die Ausgestaltung des Täter-Opfer-Ausgleichs so detailliert

---

[1326] Lackner, StGB 1999, § 46a , Rn. 1a

[1327] Vorwort AE-WGM, Roxin, Baumann-FS, S. 243; dafür auch Schöch, DJT, S. 69, 76, 130

[1328] Lackner, StGB 1999, § 46a, Rn. 1a

[1329] Bendel, S. 21

[1330] Walter in Kerner/Hassemer/Marks/Wandrey, S. 49

[1331] Schild, Geerds-FS, S. 157

[1332] in Bundesministerium der Justiz 1988, S. 40 ff.

[1333] ebenso Frehsee, S. 384

[1334] Walter in Kerner/Hassemer/Marks/Wandrey, S. 49

[1335] Gemeint sind damit die Autoren des AE-WGM, siehe Fußnote 1307.

[1336] Laut Lackner, StGB 1999, § 46 a, Rn. 1 ist es überwiegend anerkannt, daß der Täter-Opfer-Ausgleich breiteren Raum im Gesetz finden sollte.

geregelt werden, daß der Errichtung zuständiger Stellen und der Erstellung entsprechender Programme keine Rechtsunsicherheit mehr im Wege steht.

Eine gewisse Zurückhaltung aufgrund mangelnder Leitfäden bei der Gründung von TOA-Projekten ist keineswegs verwunderlich, wenn man bedenkt, daß noch nicht einmal unstreitig geklärt ist, wer dafür überhaupt zuständig ist[1337]. Eine einheitliche Grundsatzregelung muß nicht zuletzt auch im Interesse der Wahrung des grundrechtlichen Gleichheitssatzes gewährleistet sein.

5. Die finanzielle Wiedergutmachung und ihr Stellenwert im Täter-Opfer-Ausgleich

Aufgrund der oben bereits erwähnten zurückhaltenden praktischen Anwendung des Täter-Opfer-Ausgleichs gibt es bislang nur recht wenig Erkenntnisse über seine Durchführung und Auswirkungen. Umfassende Untersuchungen beschränkten sich lange auf einzelne Modellprojekte[1338], bis im Jahre 1992 Schreckling und Wandrey auf dem 22. Deutschen Jugendgerichtstag angaben, seit 1987/88 einen bundesweiten „Gründungsboom" von TOA-Angeboten beobachtet zu haben[1339]. Bereits 1993 wies jedoch Bannenberg auf die Ergebnisse ihrer kriminologisch-empirischen Untersuchung von TOA-Projekten in der Bundesrepublik aus 1990 hin, die ergab, daß viele der Einrichtungen, die auf die Anfrage Schrecklings hin im Jahr 1989 TOA-Projekte durchzuführen angegeben hatten, lediglich Einzelfallerfahrungen gesammelt hatten[1340].

Im Jahre 1992 war durch die Deutsche Bewährungshilfe e.V. (DBH) eine zentrale Beratungsstelle für den Täter-Opfer-Ausgleich[1341] gegründet worden, um eine Ausweitung und gleichzeitig eine gewisse Synchronität von TOA-Projekten in der Bundesrepublik zu fördern[1342]. Nicht zuletzt durch die Errichtung dieser zentralen Institution konnten in den folgenden Jahren umfassende Erkenntnisse hinsichtlich der Durchführung des Täter-Opfer-Ausgleichs in Deutschland gewonnen werden. Seit 1993 existiert die sogenannte Bundesweite TOA-Statistik, in der die Daten von ca. 50 verschiedenen TOA-Projekten dokumentiert und ausgewertet werden[1343].

Aus dieser Wertung ergeben sich auch die einzelnen vereinbarten Ausgleichsleistungen. Als häufigste Nennung fällt dabei die Entschuldigung auf, die in 72,4 % der Ausgleichsregelungen enthalten ist[1344]. Es ist jedoch zu berücksichtigen, daß diese im Regelfall in Kombination

---

[1337] An dieser Stelle sei noch einmal auf die – bislang ungeklärte – Frage verwiesen, ob der Täter-Opfer-Ausgleich unter freier oder öffentlicher Trägerschaft organisiert sein sollte und ob sich ein „integrierter", ein „teilspezialisierter" oder der „spezialisierte" Mitarbeitereinsatz empfiehlt, vgl. Dölling/Wandrey/Weitekamp, TOA, S. 121 ff.

[1338] z.B. der Bericht Pfeiffers über das WAAGE-Projekt Hannover oder Rössner in Hering/Rössner, S. 99 ff. über das Tübinger Gerichtshilfe-Projekt

[1339] Schreckling/Wandrey, 22. JGT, S. 551

[1340] Dölling/Wandrey/Weitekamp, TOA, S. 126 mit Verweis auf Bannenberg, Britta: Wiedergutmachung in der Strafrechtspraxis. Eine empirisch-kriminologische Untersuchung von Täter-Opfer-Ausgleichsprojekten in der Bundesrepublik Deutschland, Dissertation, Bonn 1993.

[1341] „DBH-Servicebüro für Täter-Opfer-Ausgleich und Konfliktschlichtung", kurz „TOA-Servicebüro" genannt.

[1342] vgl. genaue Darstellung der Gründungsgeschichte und Aufgaben des TOA-Servicebüros bei Schreckling/Wandrey, 22. JGT, S. 551 ff.

[1343] Im ersten Jahr der Bundesweiten TOA-Statistik waren z.B. 51 Einrichtungen an der Erhebung beteiligt. Im Folgenden wird von den Zahlen des Jahres 1995 ausgegangen, in dem die Daten von 42 Projekten erhoben wurden, vgl. Dölling/Hartmann/Stroezel, TOA, S. 149 f.

[1344] Dölling/Hartmann/Stroezel, TOA, S. 186

mit anderen Leistungen vereinbart wird und sozusagen den „Grundstock" des Täter-Opfer-Ausgleichs darstellt. Mit großem Abstand die zweithäufigste Leistung im Rahmen des TOA ist der Schadensersatz mit 27,3 %, dicht gefolgt vom Schmerzensgeld (21,5 %)[1345]. Alle anderen in Frage kommenden Leistungen haben keinen direkten finanziellen Charakter (z.B. Arbeitsleistung, gemeinsame Aktivität mit dem Opfer oder die Rückgabe gestohlener Sachen) und kommen nur in einstelligen Prozentanteilen vor.

Dies offenbart, daß auch im Bereich der Wiedergutmachung - neben der quasi die Grundlage der außergerichtlichen Konfliktlösung bildenden und deshalb in der Mehrzahl der Fälle neben anderen Leistungen erfolgenden Entschuldigung – den monetären Ausgleichsbemühungen wie im Strafrecht die größte praktische Bedeutung unter allen zur Verfügung stehenden Mitteln zukommt.

Über die Verteilung der einzelnen Maßnahmen hinaus kann die Bundesweite TOA-Statistik Aufschluß darüber geben, in welchem Rahmen sich der vereinbarte Schadensersatz bzw. das Schmerzensgeld bewegt: Beim Schadensersatz überwiegen dabei Beträge zwischen 61,- und 150,- DM, die in 21,3 % der Fälle vereinbart werden. Auch geringe Summen bis zu 60,- DM machen 19,5 % aus, gefolgt von Beträgen zwischen 251,- und 450,- DM, die in 19 % aller Schadensausgleichs-vereinbarungen vorkommen. An vierter Stelle rangieren Summen von 151,- bis zu 250,- DM, die 13,5 % ausmachen. Ab den Beträgen von 451,- DM aufwärts ist hinsichtlich des prozentualen Anteils derselben mit Steigen der Summe fast kontinuierlich ein Abwärtstrend erkennbar: 451,- bis 750,- DM werden in 9,3 % der Fälle verlangt, zwischen 751,- und 1.100,- DM liegt der Schadensersatz nur noch in 5,5 % der Fälle, bei Summen zwischen 1.101,- und 2.000,- DM liegt der Anteil dann wieder bei 6,3 %, 2.001,- bis 4.200,- DM wird in 4 % der Fälle verlangt, und über 4.200,- DM liegt der Schadensersatz nur in 1,8 % aller Vereinbarungen.

Zu diesen Zahlen ist jedoch zu bemerken, daß der Schadensersatz im Rahmen des Täter-Opfer-Ausgleichs finanziell an der Höhe des tatsächlich entstandenen Schaden orientiert ist, so daß sich seine Summe daraus ergibt. Da der TOA hauptsächlich bei weniger schweren Delikten angewandt wird, ist das Überwiegen relativ geringer Schadenssummen logische Konsequenz dieser Umstände.

Beim Schmerzensgeld wird mit 23,4 % am häufigsten eine Summe zwischen 150,- und 300,- DM vereinbart. An zweiter Stelle rangieren mit 19,6 % Beträge von 301,- bis 500,- DM, bemerkenswerterweise gefolgt von dem Bereich zwischen 1.001,- und 2.000,- DM, der in 12,5 % der untersuchten Fälle vereinbart worden ist. Mit 11,8 bzw. 11,2 % relativ dicht beieinander liegen dann Schmerzensgelder von 501,- bis 800,- bzw. 51,- bis 100,- DM. Im einstelligen Prozentbereich führt die Summe von 2.001,- bis 5.000,- DM mit 6,9 %, dann kommt der Bereich zwischen 801,- und 1.000,- DM mit einer relativen Häufigkeit iHv 5,9%. Beträge bis zu 50,- DM werden in 5,3 % der Fälle festgelegt, solche zwischen 101,- und 149,- DM bringen es auf einen Anteil von 2,8 %. Recht unbedeutend sind dann letztendlich Schmerzensgelder zwischen 5.000,- und 35.000,- DM, die nur in zwei Fällen vorgekommen sind, was einem prozentualen Gewicht von 0,6 % entspricht.

Insgesamt ergaben sich für die in die Untersuchung aufgenommenen TOA-Fälle bundesweit eine Summe von 391 Schadensersatzvereinbarungen mit einer Gesamthöhe von 213.229,- DM und 313 Schmerzensgeldzahlungen, die einen Gesamtbetrag von 234.279,- DM bilden. Der Höchstbetrag der finanziellen Leistungen zugunsten des Geschädigten lag in einem Einzelfall bei 25.700,- DM, als Durchschnitt ergibt sich ein Betrag von 1.060,- DM.

[1345] alle Zahlen nach den entsprechenden Tabellen in Dölling/Hartmann/Stroezel, TOA, S. 186 f.

Im Ergebnis läßt sich demnach festhalten, daß auch im Rahmen der Wiedergutmachung nicht unerhebliche finanzielle Leistungen erfolgen. Wie die Zahlen belegen, ist zwar die Mehrzahl der vereinbarten Ausgleichszahlungen im Bereich kleinerer Beträge bis 500,- DM angesiedelt, jedoch konnten auch finanzielle Forderungen von erheblichem Umfang abgewickelt werden[1346].

Teil 3: Reform des Sanktionensystems

Wie im ersten Teil der Arbeit bereits ausgeführt wurde, macht die Geldstrafe von ihrer Anwendungshäufigkeit her den Löwenanteil der von deutschen Gerichten verhängten Sanktionen aus[1347]. Diese Tatsache wird nicht durchweg positiv beurteilt. Von den oben ausführlich dargestellten Nachteilen, die der Geldstrafe angelastet werden[1348], bildet dabei die unterschiedliche Strafwirkung den Hauptkritikpunkt[1349].

Obwohl mit der Einführung des vorstehend dargestellten Täter-Opfer-Ausgleichs die Palette der Maßnahmen zur Handhabung von Delikten und ihren Folgen erweitert worden ist, wurden in der letzten Zeit vermehrt Stimmen laut, die darüber hinaus die Veränderung bzw. Ergänzung des bestehenden Sanktionensystems fordern, um die Unzulänglichkeiten des zur Verfügung stehenden Strafinstrumentariums, insbesondere der „Hauptsanktion" Geldstrafe, zu entschärfen[1350]. Dabei wurden als Alternativen die verschiedensten Sanktionsformen bzw. Änderungen bestehender Strafen vorgeschlagen, von denen die wichtigsten im Folgenden kurz dargestellt werden sollen.

I. Fahrverbot

In den letzten Jahren erregte immer wieder die Nachricht Aufmerksamkeit, daß als eine neue, eigenständige Strafe das Fahrverbot bzw. der Entzug der Fahrerlaubnis eingeführt werden solle, oder wenigstens diese Einführung im Gespräch sei[1351].

Hinter diesen Meldungen stecken bereits durchaus konkrete Vorschläge. So hatte die SPD-Fraktion im Bundestag bereits am 24.04.1996 einen Gesetzesentwurf zur Reform des strafrechtlichen Sanktionensystems eingebracht, nach dem das Fahrverbot von einer Neben- in eine selbständige Hauptstrafe umgewandelt werden sollte[1352]. Nach dem Entwurf der SPD sollte diese Strafe aber beschränkt bleiben auf Delikte, die im Zusammenhang mit dem Führen eines Kraftfahrzeuges begangen werden[1353].

[1346] so auch das Resümee bei Dölling/Hartmann/Stroezel, TOA, S. 188
[1347] In den 90er Jahren hielt die Geldstrafe stets einen Anteil von ca. 82-83 % der Gesamtverurteilungen, vgl. oben Teil 1, III, 3, S. 34 ff.
[1348] siehe oben Teil 1, V, 2, S. 72 ff.
[1349] vgl. dazu oben Teil 1, V, 2 c, S. 74 f.
[1350] So war z.B. Thema der strafrechtlichen Abteilung des 59. Deutschen Juristentages in Hannover 1992 die Frage „Empfehlen sich Änderungen und Ergänzungen bei den strafrechtlichen Sanktionen ohne Freiheitsentzug?", vgl. 59. DJT, Verhandlungsprotokolle bzw. Gutachten von Prof. Schöch.
[1351] Artikel in der Tageszeitung „Kieler Nachrichten" (KN) vom 5. 12. 97; Stern-Titel „Kriminalität" , S. 7
[1352] Gesetz zur Reform des strafrechtlichen Sanktionensystems, Entwurf eingebracht von der SPD-Bundestagsfraktion am 24.04.1996
[1353] SPD-Entwurf, (Fn. 1352), S. 3

Gegen ein solche Beschränkung richtete sich die Kritik der CDU/CSU-Bundestagsfraktion, die den Führerscheinentzug als allgemeine Strafe bevorzugt, bei der es auf einen Zusammenhang mit dem Führen eines Kfz nicht ankommt[1354].

Das Programm der Partei Bündnis 90/Die Grünen erwähnt das Fahrverbot nur allgemein im Zusammenhang mit der Möglichkeit der Haftvermeidung als alternative Sanktion und hebt dabei insbesondere die Ersetzung der kurzfristigen Freiheitsstrafen hervor[1355].

Insgesamt ist diese Möglichkeit der Sanktion aber augenscheinlich bereits vom gesamten Spektrum der politischen Parteien als ernstzunehmende Strafalternative erkannt worden.

So nimmt es denn nicht Wunder, daß nicht nur der ADAC bereits im Jahr 1997 eine (ablehnende) Stellungnahme zum Thema „Fahrverbot für Taschendiebe" veröffentlichte[1356], sondern auch schon im September desselben Jahres in der Presse vermeldet wurde, wegen der Einigkeit unter den Rechtsexperten aller im Bundestag vertretenen Parteien werde das „Fahrverbot für Kleinkriminelle" noch im laufenden Kalenderjahr umgesetzt werden[1357].

Das zum 1.4.1998 in Kraft getretene Sechste Gesetz zur Reform des Strafrechts (6. StrRG)[1358] sah dies allerdings noch nicht vor, obwohl der Entwurf dazu von der CDU/CSU-Bundestagsfraktion stammte, die sich für die Einführung des Fahrverbotes als allgemeine Strafe ausgesprochen hatte. Möglicherweise läßt sich dies aber dadurch erklären, daß der Gesetzesentwurf zum 6. StrRG bereits im März des Jahres 1997 in den Bundestag eingebracht wurde[1359], was bedeutet, daß die entsprechenden Verhandlungen schon wesentlich früher begonnen haben[1360], und die oben genannte Veröffentlichung des stellvertretenden Bundesvorsitzenden der CDU/CSU-Bundestagsfraktion zum Thema Kriminalitätsbekämpfung erst im August desselben Jahres erfolgte[1361].

Daraus, daß als Schwerpunkte der Strafrechtsreform neben der Harmonisierung der Strafrahmen des StGB lediglich das Ziel anvisiert wurde, Strafvorschriften zur Verbesserung des Strafschutzes oder zur Erleichterung der Rechtsanwendung zu ergänzen oder neu zu formulieren und nicht mehr zeitgemäße oder entbehrlich gewordene Vorschriften aufzuheben[1362], läßt sich außerdem schließen, daß in diesem Rahmen eine Umstrukturierung des Sanktionensystems wohl (noch) nicht geplant war. In Anbetracht der Tatsache, daß das 6. StrRG verhältnismäßig hastig und gemessen an dem Umfang des zugrundeliegenden Vorhabens recht unzureichend vorbereitet erlassen worden ist[1363], ist es vielleicht ganz vorteilhaft, daß eine so

---

[1354] Scholz, S. 4; am 5.11.1999 wurde vom Bundesrat eine Initiative Bayerns abgelehnt, die das Fahrverbot als vollwertige Hauptstrafe einführen wollte, vgl. BR-Drucksache 580/97.

[1355] Kripopapier Die Grünen, S. 12/13

[1356] ADAC-Pressestelle, Maximilian Maurer: „ADAC gegen Gutachterpläne- Kein Fahrverbot für Taschendiebe" vom 10. September 1997, (TD 661/97)

[1357] Stuttgarter Zeitung vom 15. September 1997

[1358] Gesetz vom 26.1.1998, BGBl. I, S. 164

[1359] Gesetzesentwurf CDU/CSU; FDP vom 11.03.97; BT-Drucksache 13/7164

[1360] Der Referentenentwurf des Bundesjustizministeriums datiert vom 15.7.1996 und wurde im Oktober 1996 an die Landesjustizverwaltungen, den BGH und interessierte Verbände mit der Bitte um Stellungnahme versandt, vgl. Lackner, StGB 1999, Vor § 38, Rn. 16.

[1361] Scholz, S. 1

[1362] Lackner, StGB 1999, Vor § 38, Rn. 16

[1363] Der Bundesrat hat die unzureichende Vorbereitung des Projekts scharf kritisiert, vgl. BT-Drucksache 13/8587. Die damalige Opposition hat im Bundestag die unangemessene Eile scharf gerügt und hervorgehoben, es sei „nicht erforderlich, hier alles im Schweinsgalopp durchzuziehen", so die spätere Bundesjustizministerin Däubler-Gmelin, vgl. Sitzungsberichte des Bundestages 13, 18438. Auch in der öffentlichen Anhörung von Sachverständigen im Rechtsausschuß des Bundestages war die geringe Beteiligung von Praxis und Wissenschaft nachdrücklich beklagt worden, vgl. Protokoll Nr. 88 der 13. Wahlperiode. Im Bunkomplexe Materie wie die Reform des Sanktionensystems nicht Regelungsgegenstand eines derart eiligen Verfahrens gewesen ist.

Die Aktualität der Diskussion über das Fahrverbot als Hauptstrafe in den letzten fünf Jahren dürfte auf einen Vorstoß im Rahmen des 59. Deutschen Juristentag vom 15. bis 18. September 1992 in Hannover zurückzuführen sein. In der strafrechtlichen Abteilung hatte sich dieser die Frage gestellt, ob sich bei den strafrechtlichen Sanktionen ohne Freiheitsentzug Änderungen und Ergänzungen empfehlen. Aus diesem Anlaß stellte der Gutachter Prof. Dr. Heinz Schöch die Forderung auf, das Fahrverbot als selbständige Hauptstrafe auf ein Jahr zu verlängern und nicht nur auf Taten zu beschränken, die im Zusammenhang mit dem Führen eines Kraftfahrzeuges verübt worden sind[1364]. Zwar bestanden unterschiedliche Auffassungen darüber, ob eine Beschränkung auf Delikte mit Bezug zum Führen eines Kfz erfolgen soll oder nicht[1365], aber in seiner Beschlußfassung befürwortete der 59. Juristentag insgesamt den Ausbau des Fahrverbotes zur Hauptstrafe und dessen Verlängerung auf ein Jahr[1366].

Die Idee eines Führerscheinentzugs als selbständige Strafe ist jedoch nicht erst ein Kind der Neunziger, sondern bereits in den 50er Jahren auf den Tisch gekommen. Hellmuth von Weber machte damals den Vorschlag, eine Fülle von Sanktionen und Maßnahmen aus Nebengesetzen und Verordnungen als eigenständige Sonderstrafen in das allgemeine Strafensystem einzubauen und nannte dabei neben dem Berufsverbot, Versammlungs- und Redeverboten u.ä. auch den Entzug der Fahrerlaubnis[1367].

Daß diese Form der Sanktionierung erst gegen Mitte des letzten Jahrhunderts erdacht werden konnte, erklärt sich selbstverständlich aus der Tatsache, daß zuvor die Motorisierung der Bevölkerung noch nicht sehr weit fortgeschritten war, so daß es weder in einem mit dem heutigen Umfang vergleichbaren Ausmaß Streitfälle bzw. Delikte aus dem Bereich des Straßenverkehrs gab, noch hätte man mit dem Fahrverbot als Strafe einen großen Personenkreis treffen können. Erst mit der zunehmenden Verbreitung des Automobils bzw. günstigerer Zweiräder im Rahmen des wirtschaftlichen Aufschwunges der 50er Jahre war das Führen von Kraftfahrzeugen so verbreitet und erlangte eine solche Bedeutung für den Einzelnen, daß in seinem Verbot eine Sanktion gesehen werden konnte. Es ist aber nicht ersichtlich, daß es schon zu dieser Zeit Tendenzen gegeben hätte, ein Fahrverbot außerhalb von Straßenverkehrsdelikten als allgemeine Strafe einzuführen. So geht auch v. Weber in seinen oben genannten Ausführungen davon aus, daß zwischen Straftat und Strafübel ein Zusammenhang besteht[1368].

Zu berücksichtigen ist dabei, daß zu dieser Zeit die Voraussetzungen einer solchen Strafgestaltung noch gar nicht gegeben waren. Zwar bedeutete die Nutzung eines Autos auch damals schon eine gewisse Freiheit durch individuelle Mobilität, aber war dies weder von der Verbreitung noch vom Stellenwert her mit den heutigen Gegebenheiten zu vergleichen. Im Verhältnis gesehen beschränkte sich nämlich der Besitz eines Automobils noch immer auf einen relativ kleinen Personenkreis, und besaßen auch die besser situierten Familien regelmäßig

desrat wurde der Gesetzesentwurf zwar nicht verworfen, aber von mehreren Ländervertretungen vielfältige Kritik geübt und dem Bedauern darüber Ausdruck verliehen, daß die Vorbereitungszeit in krassem Mißverhältnis zu den Dimensionen des Vorhabens gestanden habe, vgl. Plenarprotokoll Nr. 712, S. 177, 198. Zum Ganzen siehe auch Lackner, StGB 1999, Vor § 38, Rn. 16.

[1364] Mitteilungen vom 59. Deutschen Juristentag in Hannover (15.-18.9.1992), NJW 92, S. 3010

[1365] Für eine Beschränkung sprachen sich Rechtsanwalt Dr. Peter Dankert aus Berlin und Staatssekretär Rainer Robra aus Magdeburg aus; vgl. NJW 92, S. 3011.

[1366] NJW 92, S. 3012

[1367] v. Weber, S. 153 ff.

[1368] v. Weber, S. 155

wohl nur ein Fahrzeug; der Trend zum Zweitwagen ist eher eine Entwicklung der neueren Zeit.

Im Alternativ-Entwurf eines Strafgesetzbuches von Baumann und seinen „Alternativ-Professsoren“ aus dem Jahre 1966 ist das Fahrverbot im Gegensatz zum E 1962, der zwar das Fahrverbot in seinen Rechtsfolgenkatalog aufnimmt, um „einem dringenden Bedürfnis der Praxis“ zu entsprechen, es jedoch als Nebenstrafe gestaltet, als Hauptstrafe vorgesehen. Ebenso wie in den Vorschlägen v. Webers geht es hier aber lediglich um Verkehrsdelikte bzw. Zusammenhangstaten[1369], wobei letzterenfalls das Fahrverbot neben der Geldstrafe angeordnet werden sollte[1370].

Trotz der umfangreichen Diskussion ist die Idee eines Fahrverbotes als Hauptstrafe bis dato nicht umgesetzt worden ist; bislang ist das Fahrverbot Nebenstrafe und die Fahrerlaubnisentziehung Sicherungsmaßregel geblieben. Meines Erachtens ist dies auch begrüßenswert.

Die Stimmen, die das Fahrverbot als Hauptstrafe mit dem Argument fordern, das Kfz sei des Deutschen liebstes Kind und treffe deswegen das Fahrverbot den Nerv des Delinquenten mehr als jede andere Sanktion[1371], basieren auf einer Klischeevorstellung des deutschen Durchschnittsbürgers, dem sein Auto und die freie Fahrt mit demselben über alles gehen. Zwar mag dieses Bild auf einige Leuten zutreffen, gewiß aber nicht auf die Mehrheit der Bevölkerung. Dies folgt schon allein aus der Tatsache, daß nicht jeder volljährige Deutsche überhaupt im Besitz einer Fahrerlaubnis ist[1372]. Ein Fahrverbot ohne Beschränkung auf Delikte im Zusammenhang mit Kraftfahrzeugen würde deshalb eine Sonderstrafe für einen bestimmten Personenkreis darstellen, was nicht tragbar ist[1373].

Weitere Abstufungen ergeben sich daraus, daß nicht jeder Führerscheininhaber von diesem in gleichem Maße Gebrauch macht. Nicht jedem Besitzer einer Fahrerlaubnis steht nämlich ein eigenes Kfz zur freien Nutzung zur Verfügung[1374]. Zudem hängt es entscheidend vom Wohnort und der dort vorhandenen Infrastruktur ab, in welchem Umfang ein vorhandenes Kfz genutzt wird und welcher Stellenwert dieser Nutzung aufgrund der geographischen Gegebenheiten zukommt. Dabei spielt nicht zuletzt auch die Struktur des vorhandenen öffentlichen Personennahverkehrs eine entscheidende Rolle, da von ihr die Ausweichmöglichkeiten des Betroffenen für die notwendigerweise vorzunehmenden Fahrten bestimmt werden[1375]. All diese Aspekte scheinen eine gerechte und dem Grundsatz der Opfergleichheit genüge leistende Anwendung der Sanktion „Fahrverbot“ unmöglich zu machen[1376].

Natürlich läßt sich dagegen einwenden, daß in der Gerichtspraxis bei der Zumessung von Fahrverboten eben gerade nach all diesen Kriterien differenziert muß. Ein solches Vorgehen bei der Strafbemessung zu erwarten, erscheint jedoch angesichts der Überlastung der Gerichte mehr als unrealistisch. Stellt schon die Ermittlung der Einkommensverhältnisse des zu einer Geldstrafe verurteilten Straftäters den Richter vor eine anerkanntermaßen schwere Aufgabe, so dürfte ihm die Eruierung der Notwendigkeit des Kfz für den einzelnen Täter wahrhaft „prophetische Gaben“ abverlangen.

[1369] § 55 Abs. IV AE
[1370] Begründung AE, § 55, S. 105
[1371] Stöckel, 59. DJT, NJW 92, S. 3011
[1372] Auch Streng führt an, daß „das Innehaben einer Fahrerlaubnis bei gleichzeitiger Verfügbarkeit eines Fahrzeugs keine allgemeine Rechtsposition jeden Bürgers darstellt“, vgl. ZStW, S. 854.
[1373] so auch Weßlau, S. 285
[1374] vgl. auch Zitat Strengs, Fn. 1372
[1375] Darin sieht auch Streng ein Problem, vgl. ZStW, S. 854.
[1376] Auch Weßlau sieht den Gleichbehandlungsgrundsatz gefährdet, vgl. S. 286.

Um Einzelfallgerechtigkeit gewährleisten zu können, müßte bei der Strafzumessung zunächst festgestellt werde, ob der zu Verurteilende überhaupt im Besitz eines Führerscheins bzw. eines Kfz ist und wie wichtig dessen Nutzung für ihn ist, um herausfinden zu können, ob das Fahrverbot eine geeignete Strafe für ihn darstellt und in welchem Umfang diese ausgesprochen werden muß, um die erwünschte Strafwirkung zu erzielen. Vor dem Hintergrund, daß sich im Rahmen der Strafzumessung in den vergangenen Jahrzehnten immer mehr die Tendenz durchgesetzt hat, für verschiedene Sanktionen Kataloge festzulegen, in denen einzelnen Delikten die entsprechenden Regelstrafsätze gegenübergestellt werden, mutet es fast naiv an, zu erwarten, daß sich dies bei der Bemessung des Fahrverbotes vermeiden lasse und eine nicht schematisierte, sondern exakt am Einzelfall orientierte Festlegung des Strafmaßes erfolgen werde.

Zwar führt die Katalogisierung einer flexibel gestalteten Sanktion immer die hinter dieser Konstruktion stehende Intention ad absurdum und gefährdet den Grundsatz der Opfergleichheit, den zu wahren eigentlich Ziel der variablen Ausgestaltung gewesen war, aber scheint dieses Phänomen aufgrund der Vielzahl der anhängigen Verfahren nicht zu verhindern zu sein. Wenn dieser Effekt aber schon nicht vermieden werden kann, so sollte er doch realistischerweise wenigstens bei der Schaffung neuartiger Sanktionen berücksichtigt und dem Richter keine de facto unlösbaren Aufgaben gestellt werden.

Die Schaffung neuer Strafarten hätte außerdem zur Folge, daß jeder Täter für ein und dieselbe Straftat mit völlig verschiedenen Strafen zu rechnen hätte, je nachdem, wie seine persönlichen Verhältnisse sich gestalten. Dies dürfte in etwa der Vorstellung entsprechen, die v. Weber hegte, als er im Jahre 1951 vorschlug, sämtliche im Nebenstrafrecht und in Verordnungen vorhandenen Sanktionen in das allgemeine Strafrecht zu übernehmen[1377].

Hinter diesem Ansatz steckt augenscheinlich der Gedanke, bei der Strafzumessung nicht von der Tat, sondern vom Täter auszugehen. So sehr diese Idee auch im Grundsatz löblich erscheinen und der Resozialisierung des Täters dienlich sein mag, so skurril mutet aber der Gedanke an, das Strafgesetzbuch mit mannigfaltigen Strafdrohungen unübersichtlich und für den Bürger unüberschaubar zu machen. Ob ein solches Regelungswerk dem Bestimmtheitsgebot genüge leisten kann, scheint fraglich. Außerdem manifestierte sich die gegenläufige Tendenz, nämlich die zur Entrümpelung und Vereinheitlichung der Strafdrohungen, im StGB bereits 1968 mit der Verschiebung der Ordnungsdelikte in das damals neu geschaffene OWiG.

Die Ausdehnung des Fahrverbots auf andere als Verkehrsdelikte bzw. Zusammenhangstaten wäre auch deshalb bedenklich, weil die fehlende inhaltliche Anknüpfung dem Rechtsempfinden der Bevölkerung zuwiderlaufen und die Sanktion deshalb auf wenig Akzeptanz stoßen könnte. Dem mag man entgegenhalten, man „lebe doch nicht mehr im Mittelalter“[1378] bzw. habe sich vom archaischen Grundsatz eines „Auge um Auge, Zahn um Zahn“ gelöst[1379], jedoch darf nicht unterschätzt werden, wie sehr der Ausgleichsgedanke im Rechtsempfinden verwurzelt ist[1380]. Es besteht daher meines Erachtens die Gefahr, daß eine Sanktion, die inhaltlich in keinster Weise an das Verhalten des Täters anknüpft, obwohl sie ein sehr spezielles Rechtsgut beeinträchtigt, in der Bevölkerung nicht als gerechter Tatausgleich akzeptiert wird, wenn der Zusammenhang zur begangenen Tat fehlt.

[1377] v. Weber, S. 153 ff.
[1378] so eine Äußerung der Bundesjustizministerin Herta Däubler-Gmelin in der ADAC Motorwelt Nr. 1/1999, S. 54
[1379] Schöch, DJT, S. 120
[1380] so auch Streng, ZStW, S. 852

Unpraktisch wäre das Fahrverbot als Hauptstrafe auch deswegen, weil es das zukünftige Verkehrsverhalten nicht ausschließlich positiv beeinflussen kann. Auch wenn nicht zu leugnen ist, daß der Täter durch eine ihn empfindlich treffende Strafe gegebenenfalls von der Begehung weiterer Delikte abzuhalten ist, so ist auf der anderen Seite auch Tatsache, daß durch ein Fahrverbot der Verurteilte einen nicht unbeträchtlichen Teil seiner Fahrfertigkeiten einbüßt, und so eine Gefahr für den Straßenverkehr darstellt[1381]. Außerdem wäre die Einhaltung von in großem Stil verhängten Fahrverboten schwerlich ausreichend zu kontrollieren[1382]. Dies würde einerseits dazu führen, daß die Sanktion nicht mehr ausreichend ernst genommen würde und deshalb ihre general- und spezialpräventive Wirkung nachläßt, und andererseits den Verurteilten dem Risiko der Folgekriminalisierung aussetzen, da das Fahren ohne Fahrerlaubnis nach § 21 StVG verboten ist[1383].

Selbst wenn man nicht mit Ronellenfitsch konform geht, der unter das Grundrecht auf Mobilität auch das Grundrecht, Auto zu fahren subsumiert[1384], zeigt sich nach dem oben Gesagten, daß die Ausweitung des Fahrverbotes zu einer Hauptstrafe wenig praktikabel sein dürfte und damit abzulehnen ist.

Obwohl der oben genannte Gesetzesentwurf der SPD-Fraktion in der letzten Legislaturperiode nicht mehr zur Entscheidung gelangt, sondern nach dem Grundsatz der Diskontinuität verfallen ist, kann das Thema „Fahrverbot als Hauptstrafe“ weiterhin große Aktualität beanspruchen. Die vom Bundesjustizministerium eingesetzte Kommission zur Reform des strafrechtlichen Sanktionensystems befaßte sich in ihren Beratungen umfassend mit der Frage der Ausweitung des Fahrverbotes[1385]. Zwar befürwortete sie eine Ausgestaltung des Fahrverbotes zu einer selbständig zu verhängenden Hauptstrafe mit einer Dauer bis zu sechs Monaten[1386], lehnte aber die Ausdehnung des sachlichen Anwendungsbereichs des Fahrverbotes auf Straftaten ab, die nicht im Zusammenhang mit dem Führen von Kraftfahrzeugen begangen wurden[1387].

In diesem Sinne fiel auch die Regelung zum Thema Fahrverbot in dem auf der Kommissionsarbeit beruhenden Referentenentwurf des Bundesjustizministeriums zur Reform des Sanktionensystems aus. Sie erweitert das Fahrverbot zu einer Hauptstrafe mit einer Höchstdauer von sechs Monaten. Die Höchstdauer von sechs Monaten beruht dabei auf einer in der Praxis beklagten Regelungslücke zwischen dem Fahrverbot nach § 44 StGB, welches de lege lata auf drei Monate begrenzt ist, und der Mindestsperrfrist von sechs Monaten bei der Entziehung der Fahrerlaubnis nach § 69 StGB[1388]. Dies führe zu unbefriedigenden Ergebnissen in Fällen, in denen eine fehlende Eignung zum Führen von Kraftfahrzeugen im Sinne des § 69 StGB nicht festgestellt werden kann, ein Fahrverbot von drei Monaten jedoch zur Einwirkung auf den Täter nicht ausreichend erscheint. Diese Lücke soll geschlossen werden, indem das Fahrverbot auf sechs Monate ausgedehnt werden kann. Eine darüber hinausgehende Zeitdauer für das

---

[1381] Cramer, FS, S. 539 mit Verweis auf v. Hebenstreit, Veröffentlichungen des 15. Deutschen Verkehrsgerichtstages 1977, S. 31 ff., der anhand einer empirischen Untersuchung von mehreren hundert Fällen nachgewiesen hat, daß ein Kraftfahrer, der längere Zeit sein Fahrzeug nicht führt oder zu einer derartigen Verkehrsabstinenz gezwungen wird, einen nicht unbeträchtlichen Teil seiner Fahrfertigkeiten verliert.

[1382] Laut Streng, ZStW, S. 855, Fn. 129 hat es sich immer wieder gezeigt, daß zahlreiche Kraftfahrer nach Entzug der Fahrerlaubnis jahre- und gar jahrzehntelang unbehelligt Fahrzeuge geführt haben, weil sie als unauffällige Fahrer kaum der Gefahr ausgesetzt sind, kontrolliert zu werden.

[1383] so auch Weßlau, S. 285

[1384] Ronellenfitsch, S. 7 ff.

[1385] Das Thema wurde in der Kommissionssitzung vom 20./21. April 1998 erörtert, vgl. Abschlußbericht, S. 28, Fn. 1.

[1386] Abschlußbericht, S. 32 bzw. 34

[1387] Abschlußbericht, S. 36

[1388] vgl. zum Folgenden Begründung RefE, S. 20

Fahrverbot scheint nicht angebracht zu sein, da faktisch keine Fälle denkbar sind, in denen ein Fahrverbot von mehr als sechsmonatiger Dauer angemessen erscheint, aber an der Eignung zum Führen von Kraftfahrzeugen kein Zweifel besteht. Wäre es für eine längere Dauer möglich, würde sich der Anwendungsbereich des Fahrverbots auf Kosten der Entziehung der Fahrerlaubnis erweitern, was nicht als wünschenswert angesehen wird[1389].

Der sachliche Anwendungsbereich des Fahrverbots soll nach dem Entwurf beschränkt bleiben auf Taten, die im Zusammenhang mit dem Führen von Kraftfahrzeugen begangen werden. Da jedoch in der bisherigen Verurteilungspraxis fast ausschließlich in echten Verkehrsdelikten auf ein Fahrverbot zurückgegriffen worden ist[1390], sollte im Entwurf in einem neu einzufügenden § 44 Abs. II StGB die Regel statuiert werden, daß ein Fahrverbot regelmäßig anzuordnen ist, wenn wegen einer Straftat nach § 315 Abs. I Nr. 1 a, Abs. III oder § 316 StGB oder wegen einer Straftat verurteilt wird, zu deren Begehung oder Vorbereitung der Täter ein Kraftfahrzeug als Mittel der Tat geführt hat. Daraus ergibt sich das Erfordernis eines funktionalen, nicht lediglich zufälligen Zusammenhangs zwischen der Straftat und dem Führen des Kraftfahrzeugs, der dann anzunehmen sein soll, wenn der Täter das Kfz zur Förderung der Tat mißbraucht, also in deliktischer Absicht handelt[1391]. Davon sollen alle Handlungen von der unmittelbaren Tatvorbereitung bis zur Beendigung der Tat erfaßt werden[1392]. Diese Regelung hat zwar lediglich klarstellende Funktion, da auch de lege lata solche Zusammenhangstaten (u.a.) mit einem Fahrverbot geahndet werden können, aber soll sie den Rechtsanwender in der Praxis dazu ermuntern, auch außerhalb der klassischen Verkehrsdelikte ein Fahrverbot auszusprechen. Dies korreliert auch mit der dem Gesetzesentwurf zugrunde liegenden Idee der Ausdehnung des Fahrverbots sowohl in Hinblick auf seine mögliche Höchstdauer als auch hinsichtlich der davon betroffenen Fälle.

Gegen eine Erweiterung des Anwendungsbereichs des Fahrverbots auf andere als Zusammenhangstaten sprachen sich einhellig auch die Experten auf dem 39. Verkehrsgerichtstag aus, der im Januar 2001 in Goslar stattfand[1393]. In der Öffentlichkeit herrscht nach einer Umfrage des ADAC zwar die gegenteilige Auffassung vor, jedoch entschied sich auch hier nur eine knappe Mehrheit von 52,8 % für die Einführung des Fahrverbots als allgemeine Sanktion[1394].

Nach alledem steht zu erwarten, daß in der aktuellen Legislaturperiode das Fahrverbot in der Form im Gesetzgebungsverfahren diskutiert wird, wie sie in den Kommissionsbeschlüssen bzw. dem Referentenentwurf ausgestaltet ist, also als Hauptstrafe mit einer Dauer bis zu sechs Monaten und der Beschränkung auf Taten im Zusammenhang mit dem Führen eines Kraftfahrzeuges. Da auch die Opposition keine grundlegenden Einwände gegen das Fahrverbot als Hauptstrafe erhebt[1395], sondern eher noch einen weiteren Anwendungsbereich ohne das Zusammenhangserfordernis befürwortet[1396], dürfte mit einer gesetzlichen Regelung zur Erweiterung des Fahrverbotes noch in dieser Legislaturperiode zu rechnen sein.

[1389] Begründung RefE, S. 20/21

[1390] So wurden z.B. im Jahre 1997 nur 13,6 % aller Fahrverbote in Fällen verhängt, die sich nicht auf Verkehrsdelikte bezogen; vgl. Begründung RefE, S. 21.

[1391] Begründung RefE, S. 21

[1392] mit dem Hinweis auf den Anwendungsbereich des § 74 Abs. I StGB Begründung RefE, S. 21

[1393] ADAC Motorwelt Nr. 3/2001, S. 12

[1394] ADAC Motorwelt, aaO

[1395] vgl. die Äußerungen des CDU-Rechtsexperten Scholz abgedruckt in der Zeitschrift TV Hören & Sehen Nr. 52/99 (1.-7.1.2000) im Beitrag „Jetzt kommt die neue Blitz-Justiz“, S. 8, sowie Scholz, S. 4.

[1396] Siehe oben S. 153, Fn. 1354

II. Gemeinnützige Arbeit

Weitere Bestrebungen in Richtung Ausbau zu einer Hauptstrafe gibt es in Hinblick auf die gemeinnützige Arbeit, d.h. der Täter soll statt zu einer Geld- oder Haftstrafe zur Ableistung einer bestimmten Zahl von Arbeitsstunden verurteilt werden. Die neuesten Vorschläge der Bundesjustizministerin Herta Däubler-Gmelin sehen dafür solche Tätigkeiten vor wie das Säubern von Parks oder Tierheimen und die Pflege öffentlicher Anlagen. Erzielt werden soll damit ein abschreckender, also ein präventiver Effekt und eine Entlastung der Haftanstalten mit der damit einhergehenden Kostenersparnis[1397].

Nach bestehendem Recht kann die Ableistung „freier Arbeit" im Erwachsenenstrafrecht in folgenden Fällen angeordnet werden:

Gemäß § 56 b Abs. II Nr. 3 StGB als Auflage bei Freiheitsstrafe auf Bewährung, nach §§ 57 Abs. III, Satz 1 und 57 a Abs. III, Satz 2 StGB auch bei Aussetzung des Strafrestes zur Bewährung, und nach § 59 a Abs. II StGB kann die Verwarnung mit Strafvorbehalt mit der Auferlegung gemeinnütziger Arbeit verknüpft werden. In der StPO kann gemäß § 153 a Abs. I Nr. 3 und Abs. II ein Strafverfahren unter der Auflage eingestellt werden, gemeinnützige Arbeit zu erbringen. Außerdem besteht nach Art. 293 EGStGB für die einzelnen Bundesländer die Möglichkeit, zur Tilgung einer uneinbringlichen Geldstrafe die Ableistung gemeinnütziger Arbeiten zuzulassen. Von dieser Ermächtigung haben seitdem alle Länder Gebrauch gemacht, teils durch Rechtsverordnung[1398], teils durch Gnadenregelung[1399].

In der Praxis sind jedoch der tatsächlichen Nutzung dieses Angebots viele Hürden in den Weg gestellt. So schafft die Vermittlung insolventer, aber arbeitswilliger Geldstrafenschuldner an potentielle Arbeitgeber erhebliche praktische Probleme:

Da die zu einer Geldstrafe Verurteilten in der Regel nur aufgrund weniger schwerwiegender Delikte bestraft werden und daher auch nur für relativ kurze Zeit zu gemeinnütziger Arbeit verpflichtet sind, ist ihre Dienstleistung für wenige Arbeitgeber von großem Interesse. Die Beschäftigung eines neuen Mitarbeiters, der nach kurzer Zeit bereits wieder den Betrieb verläßt, erscheint nicht gerade effektiv. Da der Arbeitspflichtige kaum nennenswert über eine Anlernzeit hinaus dem Unternehmen zur Verfügung steht, stellt er für dieses keine lohnende Investition dar. Zu bedenken ist dabei stets, daß auch das Zur-Verfügung-Stellen eines Arbeitsplatzes und das Anlernen eines neuen Mitarbeiters für einen Wirtschaftsbetrieb Aufwendungen bedeutet, die sich in irgendeiner Weise rentieren müssen. Es ist daher davon auszugehen, daß ein potentieller Arbeitgeber seine freien Stellen lieber mit solchen Mitarbeitern besetzt, denen er zwar Lohn bezahlen muß, aber die dafür auch mit großer Wahrscheinlichkeit eine kontinuierliche und rentable Leistung über einen längeren Zeitraum hinweg erbringen.

Desweiteren zeigt sich in der Praxis, daß es für den Verurteilten offenbar eine schier unüberwindliche Hürde darstellt, sich selbständig eine geeignete Arbeitsstelle suchen zu müssen[1400]. Mittlerweile wurde die Problematik erkannt, und sind deshalb in den Ländern verschiedene Arten von Vermittlungsstellen eingerichtet worden. Diese Vermittlung erfolgt zum Teil durch

---

[1397] So eine Äußerung Herta Däubler-Gmelins, wiedergegeben in der Zeitschrift TV Hören & Sehen (Fn. 1395), S. 8

[1398] z.B. Verordnung des Baden-Württembergischen Justizministeriums über die Tilgung uneinbringlicher Geldstrafen durch freie Arbeit vom 29. März 1983

[1399] z.B. Schreiben des Bayerischen Staatsministeriums für Justiz vom 22. Dezember 1982 – 4321 – II – 6316/82

[1400] Krieg, S. 31

Gerichtshelfer der Justiz[1401], teilweise durch privatrechtliche Vereine[1402] und in anderen Ländern wiederum durch den Rechtspfleger[1403].

Über die Nützlichkeit der gemeinnützigen Arbeit als Tilgung uneinbringlicher Geldstrafen zur Vermeidung von Ersatzfreiheitsstrafen scheint weitgehend Einigkeit zu bestehen[1404]. Wegen der durch die Delegierung an die Länder entstandenen Differenzen in den Verfahrensarten wird vermehrt eine Vereinheitlichung der Bestimmungen zur Ausführung der gemeinnützigen Arbeit gefordert[1405], wobei insbesondere auf die unterschiedlichen Maßstäbe für die Umrechnung der Ersatzfreiheitsstrafe in Arbeitszeit hingewiesen wird[1406].

So schlägt die SPD in ihrem oben bereits im Zusammenhang mit der Ausdehnung des Fahrverbots erwähnten Gesetzesentwurf zur Reform des strafrechtlichen Sanktionensystems[1407] vor, in Art. 293 Abs. I EGStGB folgenden Satz 2 einzufügen: „Einem Tag Ersatzfreiheitsstrafe entsprechen sechs Stunden gemeinnütziger Arbeit."[1408]. Dieser Umrechnungsschlüssel entspricht dem in der Mehrzahl der landesrechtlichen Regelungen getroffenen Maßstab[1409].

In dem Referentenentwurf eines Gesetzes zur Reform des Sanktionensystems, den das Bundesjustizministerium im Dezember 2000 vorgelegt hat, ist jedoch ein Verhältnis von 1 : 3 festgelegt, so daß die Zahlung von einem Tagessatz Geldstrafe durch drei Stunden Arbeit ersetzt werden kann[1410]. Begründet wird dies wie folgt: Die Höhe des Tagessatzes bei der Geldstrafe bestimmt sich nach dem Nettolohnprinzip, orientiert sich also an einem durchschnittlichen Nettotageseinkommen des Betroffenen[1411]. Bei Zugrundelegung einer 38-Stunden-Arbeitswoche und Berücksichtigung von Wochenenden, Feiertagen und Urlaubszeiten wird ein Tagesverdienst im Durchschnitt mit 4,5 – 5 Arbeitsstunden erzielt. Diesem Vergleichswert gegenüber muß die Umrechnung eines Tagessatzes in Arbeitsstunden bei der gemeinnützigen Arbeit deshalb günstiger gestaltet werden, weil die Leistung gemeinnütziger Arbeit gegenüber der Zahlung einer Geldstrafe mit einer erheblich stärkeren Freiheitsbeschränkung verbunden ist. Bei der Geldstrafe ist nämlich der Betroffene faktisch nicht gezwungen, einen Tag Arbeit einzusetzen, sondern kann auf vorhandene Mittel zurückgreifen bzw. diese durch Konsumverzicht erwirtschaften, wobei er dabei den Verzicht wählen kann, der ihn subjektiv am wenigsten belastet. Außerdem wird angeführt, daß sich die Attraktivität der Leistung gemeinnütziger Arbeit durch die Halbierung der Einsatzzeiten für die Betroffenen erhöht, so daß mit einer verstärkten Bereitschaft zur Übernahme dieser Tilgungsform zu rechnen ist. Auch in Hinblick auf die begrenzten Kapazitäten an Einsatzstellen wird eine Reduzierung der Einsatzzeit als vorteilhaft erachtet[1412]. Außerdem sinkt mit der Anzahl der zu leistenden Arbeitsstunden auch der Organisationsaufwand der organisierenden Stellen[1413].

Diesem verringerten Umrechnungsmaßstab könnte entgegengehalten werden, daß er eine zu starke Reduzierung des Strafleidens nach sich zieht. Das ist jedoch in Hinblick darauf sinn-

---

[1401] siehe etwa für Hessen Schädler, S. 8
[1402] vgl. für Bremen den ausführlichen Bericht Kriegs über das „Brücke-Projekt"
[1403] Dölling, DBH, S. 363
[1404] Feuerhelm, DBH, S. 389
[1405] Pfohl, S. 130; Schall, DBH, S. 350 m.w.N.
[1406] So entsprechen z.B. in Hessen sechs Arbeitsstunden einem Tag Ersatzfreiheitsstrafe, in Bayern sind es hingegen acht; vgl. Pfohl, S. 118; Schall, S. 352.
[1407] s.o. Fußnote 1352
[1408] SPD-Entwurf vom 24.04.1996 (Fn. 1352), S. 5
[1409] Begründung RefE, S. 16
[1410] vgl. § 43 Abs. I, Satz 2 RefE: „Einem Tagessatz entsprechen drei Stunden gemeinnütziger Arbeit."
[1411] vgl. zum Nettolohnprinzip oben S. 42 ff.
[1412] zum Ganzen Begründung RefE, S. 17
[1413] Heghmanns, S. 301

voll, daß die gemeinnützige Arbeit neben der im Rahmen eines Arbeitsverhältnisses zu leistenden Tätigkeit verrichtet werden soll. Dies ist gerade einer der großen Vorteile der gemeinnützigen Arbeit, daß sie den Betroffenen nicht aus seinem „normalen" Lebensumfeld herausreißt und insbesondere ermöglicht, daß der Verurteilte weiter seiner Beschäftigung nachgeht. Wenn man daher davon ausgeht, daß pro Tag neben der normalen Beschäftigung nur etwa ein Zeitrahmen von drei Stunden für die Verrichtung der gemeinnützigen Arbeit vorhanden ist, erscheint eine Verringerung des Umrechnungsfaktors angemessen, da ansonsten die Ableistung der gemeinnützigen Arbeit sich über einen sehr langen Zeitraum erstrekken müßte und dadurch die Dauer des Strafleidens unangemessen in die Länge gezogen würde.

Die historische Entwicklung der Arbeit als Strafe ist aus naheliegenden Gründen wesentlich weiter zurückzuverfolgen als die des Fahrverbotes:

Nachdem im Italien des 16. Jahrhunderts bereits die Galeerenstrafe in vielen Fällen den „carcer" verdrängt hatte[1414], entwickelte sich im 17. Jahrhundert auch im deutschen Raum eine ähnliche Arbeitsstrafe, das sogenannte „opus publicum". In Nürnberg und Württemberg bedeutete z.B. die „Springerstrafe", daß der Delinquent in „eisernen Banden", also in Ketten gelegt, vor aller Augen Straßenreinigungs- und Erdarbeiten verrichten mußte[1415]. Diesen „operae publicae" ist folglich gewissermaßen als Nebeneffekt noch eine gewisse Prangerwirkung sowie ein der Leibesstrafe nahekommender Aspekt zuzuordnen. Ihren eigenständigen Charakter verlor diese Strafart mit der Zunahme der frühen Gefängnisse oder Zuchthäuser. Zwar mußten die Insassen auch dort zwangsweise Arbeit leisten, jedoch wurde durch den Zuchthausaufenthalt insgesamt die Besserung des Täters erstrebt[1416], und nicht mehr allein Abschreckung und Sicherung[1417].

Wieder aufgenommen wurde die Idee einer neu gestalteten „Arbeitsstrafe" im Rahmen der Verhandlungen des 23. Deutschen Juristentages im Jahre 1895[1418]. Dem Gutachten des Berliner Landgerichtsrates Dr. Felisch ist zu entnehmen, daß der vorher praktizierte Strafarbeit zu sehr den Charakter von Zwangsarbeit anhafte und deshalb die Arbeitsleistung in freiwilliger Form an die Stelle nicht beitreibbarer Geldstrafen treten solle[1419]. Der zu Bestrafende sollte dabei unter Aufgabe seiner bisherigen Arbeit die verwirkte Geldstrafe abverdienen, wobei ihm als Umrechnungsmaßstab für einen Tag Arbeit ein geringerer als der ortsübliche Tagelohn angerechnet wird. Im Falle einer Weigerung sollte auch ein zwangsweises Ableisten der Arbeit zu einem noch geringeren Tageslohn angeordnet und unter Freiheitsentzug durchgesetzt werden können[1420]. Zu beachten ist dabei jedoch, daß es hier nicht um eine eigenständige Strafe geht, sondern um den Ersatz einer uneinbringlichen Geldstrafe, also eine Alternative zur Ersatzfreiheitsstrafe. Als eine solche wollte auch v. Liszt die Arbeitsstrafe ausgestaltet sehen, sie war eines der vorgesehenen Mittel zur Zurückdrängung der kurzen Freiheitsstrafe[1421].

[1414]Anstatt ins den Kerker zu gehen, mußten die Gefangenen dabei an die Ruderbänke der Galeeren angekettet Ruderdienste versehen, vgl. Schmidt, Geschichte, S. 186.
[1415]Schmidt, Geschichte, S. 186
[1416]Die Verrichtung von Arbeit während des Aufenthaltes in einer Haftanstalt ist auch dem heutigen Vollzugssystem immanent und hat die Besserung der Täters zum Ziel.
[1417]Schmidt, Geschichte, S. 191
[1418]Felisch, S. 277; Merkel, S. 452
[1419]Felisch, S. 342 f.
[1420]Felisch, S. 343
[1421]v. Liszt, Aufsätze, S. 409 ff.

In der Zeit von 1909-1919 enthielten verschiedene Gesetzesentwürfe eine Regelung über die freie Arbeit zur Tilgung uneinbringlicher Geldstrafen[1422]. In den Entwürfen von 1925 und 1927 wurde dies aber nicht weiterverfolgt, da der damalige § 28 b StGB wegen der hohen Arbeitslosigkeit keine praktische Bedeutung erlangen konnte[1423], und die Einführung der freien Arbeit als Strafe von den Gewerkschaften abgelehnt wurde[1424].

Im Zuge der Strafrechtsreformbewegung der 60er Jahre wurde wiederum die Ausgestaltung der freien Arbeit im deutschen Sanktionensystem diskutiert. Nicht zuletzt aufgrund der verschwindend geringen Bedeutung des bis dato gültigen § 28 b StGB in der Praxis ging jedoch kaum ein Vorschlag weiter über die Forderung einer Möglichkeit zum Abverdienen einer uneinbringlichen Geldstrafe hinaus[1425].

Auch im ansonsten recht innovativen Alternativ-Entwurf von 1966 blieb die gemeinnützige Arbeit gemäß § 52 ein Mittel zur Tilgung uneinbringlicher Geldstrafen, welches das Einverständnis bzw. einen Antrag des Verurteilten zur Voraussetzung hat. Von der Schaffung einer Möglichkeit der zwangsweisen Anordnung „freier" Arbeit wurde wegen bestehender Bedenken hinsichtlich eines Verstoßes gegen Art. 12 GG und wegen „wohl unvermeidlicher KZ-Reminiszenzen" abgesehen. Außerdem hätte dies zu der – von den Alternativ-Professoren offensichtlich unerwünschten – Genese einer neuen Hauptstrafe geführt[1426], ausgestaltet werden sollte die gemeinnützige Arbeit aber lediglich als eine Vollstreckungsalternative.

Im Jahre 1973 wurde in Großbritannien mit der Einführung des sogenannten „community service" die gemeinnützige Arbeit als selbständige Sanktion etabliert[1427]. In Deutschland ist hingegen bis zum heute gültigen StGB die gemeinnützige Arbeit auf die Möglichkeit beschränkt geblieben, durch sie die Vollstreckung der Ersatzfreiheitsstrafe abzuwenden. Im Laufe der 80er Jahre kam diesem Institut im Zuge einer dahingehenden allgemeinen westeuropäischen Entwicklung verstärkte Bedeutung zu. Deshalb bildete die gemeinnützige Arbeit den Gegenstand einiger kriminologischer Untersuchungen, die sich mit ihrer Anwendung in der Praxis befaßten. Auch diese brachten jedoch das ernüchternde Ergebnis zu Tage, daß für die Erledigung uneinbringlicher Strafen die gemeinnützige Arbeit noch immer eine geringere Rolle spielt als die Ersatzfreiheitsstrafe[1428].

Trotz – oder gerade wegen – solcher Erkenntnisse sprechen sich in neuerer Zeit einige Stimmen für die Einführung der gemeinnützigen Arbeit als eigenständige Sanktion aus[1429].

Von ihren Befürwortern wird angeführt, daß die gemeinnützige Arbeit als eigenständige Strafe mannigfaltige Vorzüge in sich vereint. Im Vergleich zu den bislang existierenden Hauptstrafen bietet die „Arbeitsstrafe" den Vorteil, daß sie nicht nur kostengünstiger als die Freiheitsstrafe ist[1430], sondern auch das Herausreißen des Täters aus seinem sozialen Umfeld, insbesondere aus seinem Arbeitsbereich, vermeidet.

[1422] § 32 Vorentwurf 1909, § 70 E 1913, § 58 E 1919

[1423] v. Hentig, S. 407

[1424] Begründung AE, § 52, S. 99

[1425] vgl. dazu verschiedene Äußerungen in den Niederschriften der Großen Strafrechtskommission, z.B. Fränkel, Band 1, S. 377, Welzel, Band I, S. 102, Fritz, Band IV, S. 249. Schaffstein bezeichnete die Arbeitsstrafe gar als „utopisch", vgl. Günter, Bericht von der Tagung der Strafrechtslehrer in Hamburg vom 20.-23.5.1964, JZ 1965, S. 73.

[1426] Begründung AE, § 52, S. 99

[1427] Jung, S. 165

[1428] Jehle/Feuerhelm/Block, S. 17

[1429] Dölling, DBH, S. 379; Rössner, BewHi 1985, S. 108/109

[1430] so führt die Bundesjustizministerin an, die Gefängnisse seien überfüllt und ein Hafttag koste den Steuerzahler durchschnittlich 200,- DM, vgl. Fn. 1397.

Gegenüber der Geldstrafe ist hervorzuheben, daß die gemeinnützige Arbeit als Sanktion keinerlei Möglichkeit der Abwälzung auf Dritte, speziell die Angehörigen, bietet. Außerdem trifft die Verpflichtung zur Dienstleistung jeden Verurteilten unabhängig von seinen wirtschaftlichen Verhältnissen in gleichem Maße, so daß der Grundsatz der Opfergleichheit gewahrt werden kann. Die Arbeitsleistung stellt ein ähnlich universelles Gut dar wie die Freiheit oder das Vermögen, so daß sie als Anknüpfungspunkt für tatausgleichende Wirkung tauglich erscheint[1431].

Auch in bezug auf den Zweck der Strafe scheint die Arbeitsstrafe geeignet, sowohl einen „Denkzettel" für den Täter als auch eine symbolische Wiedergutmachung[1432] zu bedeuten, was der Herstellung des Rechtsfriedens zuträglich ist. Diese Ambivalenz der sowohl ein punitives als auch ein reparatives Element beinhaltenden Sanktion erhöht auch die Akzeptanz dieser Reaktionsform[1433].

Als Nachteil der Arbeitsstrafe wird zu bedenken gegeben, daß in Zeiten der hohen Arbeitslosigkeit nicht auch noch Arbeitsplätze an Straffällige gegeben werden sollten, die dann auf dem freien Arbeitsmarkt verloren gehen[1434].

Außerdem wird angeführt, daß jemand, der gezwungenermaßen und nur für kurze Zeit eine bestimmte Arbeit verrichtet, mit aller Wahrscheinlichkeit keinen hohen Motivationsgrad aufweisen kann. Dieses Argument ist dabei eins von vielen, die auf die praktischen Organisationsschwierigkeiten abzielen[1435].

Weiterhin wird gegen die gemeinnützige Arbeit als Strafe eingewandt, sie sei nicht mit dem Grundgesetz, namentlich Art. 12, vereinbar[1436]. Gemäß Art. 12 Abs. III GG ist Zwangsarbeit nur bei einer gerichtlich angeordneten Freiheitsentziehung zulässig. Die Aufnahme dieser Bestimmung erschien den Vätern des Grundgesetzes vor dem Hintergrund, daß in jüngster Vergangenheit auch die deutsche Bevölkerung von der Gefahr der Arbeitsversklavung bedroht war, notwendig[1437].

Teilweise wird erkannt, daß eine Änderung des Grundgesetzes vonnöten wäre, um die gemeinnützige Arbeit als eigenständige Strafe einführen zu können[1438], teilweise wird die Vereinbarkeit mit dem Grundgesetz mit der Entscheidung des BVerfG vom 13.1.1987 begründet[1439]. Darin hatte das BVerfG die Vereinbarkeit der Arbeitsweisung nach § 10 Abs. I, Satz 3, Nr. 4 JGG mit dem Grundgesetz bejaht[1440]. Daraus soll sich auch die verfassungsrechtliche Zulässigkeit der gemeinnützigen Arbeit als eigenständiger Sanktion des Erwachsenenstrafrechts ergeben, da die Entscheidung aussage, daß kein Verstoß gegen Art. 12 Abs. II und III GG vorliegt, wenn der Umfang der Arbeit, die mit ihr verfolgten Ziele und ihre Stellung im Sanktionensystem des StGB gesetzlich in einer Weise geregelt wird, die eine schikanöse und ausufernde Anwendung ausschließt[1441].

[1431] vgl. Streng, ZStW, S. 838

[1432] So sieht z.B. Streng in den positiven Leistungen für die Gemeinschaft einen „symbolkräftigen Ausgleich der pönalisierten Rechtsanmaßung", vgl. ZStW, S. 838.

[1433] Jung, S. 168 mit Verweis auf Horst Schüler-Springorum, Kriminalpolitik für Menschen, 1992, S. 195.

[1434] Rössner, BewHi 1986, S. 49/50

[1435] Vgl. Zusammenstellung der wichtigsten Vor- und Nachteile bei Dölling, DBH, S. 365-368.

[1436] Köhler, S. 145 ff.; Schall, DBH, S. 353

[1437] Kommentar zum Bonner Grundgesetz, Band 2 (Art. 6-14), Art. 12, S. 1; bearbeitet von Hans-Jürgen Abraham

[1438] Schall, NStZ, S. 104

[1439] Dölling, DBH, S. 368

[1440] BVerfGE 74, S. 102 ff.

[1441] Dölling, DBH, S. 369

Außerdem wird darauf hingewiesen, daß grundrechtliche Probleme vermieden werden können, indem man –was als kriminalpolitisch wünschenswert eingestuft wird- die Zustimmung des Verurteilten zur Voraussetzung macht[1442].

Die Erschaffung einer neuen, eigenständigen Sanktion macht meines Erachtens jedoch nicht viel Sinn, wenn diese zu ihrer Verhängung des Einverständnisses von Seiten des Delinquenten bedarf. Zwar soll eine Strafe nach moderner Ansicht der Resozialisierung des Täters möglichst förderlich sein, jedoch darf diese Prämisse nicht dahingehend ausgelegt werden, daß sich der Verurteilte seine Wunschstrafe fortan –überspitzt formuliert- frei aussuchen darf.

Verzichtet man auf das Erfordernis der Zustimmung, so sieht man sich mit den oben angesprochenen verfassungsrechtlichen Problemen konfrontiert, die sich meiner Ansicht nach nicht einfach durch das Urteil des BVerfG beseitigen lassen[1443]. Dort ging es schließlich um eine Arbeitsweisung aus dem JGG, deren Zulässigkeit sich aus dem Recht des Staates gemäß Art. 6 Abs. II, Satz 2 GG zur Erziehung Jugendlicher und Heranwachsender ergibt[1444].

Außerdem dürften sich die praktischen Schwierigkeiten der Durchführung der gemeinnützigen Arbeit als unverhältnismäßig hoch darstellen. So ergab auch eine Untersuchung aus den späten 80er Jahren, daß Unzuverlässigkeit und mangelnde Arbeitsdisziplin die Hauptprobleme in der praktischen Anwendung bilden[1445]. Es zeigte sich weiterhin, daß eine sinnvolle Realisierung der gemeinnützigen Arbeit einer relativ umfangreichen Organisation zu ihrer Vermittlung und Betreuung bedarf[1446]. Gerade in Hinblick auf das recht geringe Interesse potentieller Arbeitgeber an vorübergehenden Mitarbeitern, die gemeinnützige Arbeit verrichten[1447], läßt die Einrichtung eines umfangreichen Apparates zur Durchführung der gemeinnützigen Arbeit mit dem damit verbundenen organisatorischen wie finanziellen Aufwand als ein nicht unbedingt lohnendes Projekt erscheinen[1448].

Zudem stellt sich die Einführung einer Arbeitsleistungspflicht für Kriminelle in Zeiten von Spitzenarbeitslosenquoten nicht als das richtige Signal für die Zukunft dar. Ein solches Vorgehen wird innerhalb der von der schlechten Arbeitsmarktlage betroffenen Bevölkerungsgruppen auf Unverständnis stoßen und ist deshalb –jedenfalls unter den aktuellen Bedingungen- ungeeignet zur Kriminalitätsbekämpfung.

In der aktuellen Legislaturperiode wurden jedoch bereits Gesetzesentwürfe vorgelegt, die eine Ausweitung des Anwendungsbereichs der gemeinnützigen Arbeit zu Gegenstand haben, wobei es aber durchaus Unterschiede hinsichtlich der Ausgestaltung und Reichweite gibt.

So hat zum einen der Bundesrat am 26.02.1999 den Entwurf eines Gesetzes zur Einführung der gemeinnützigen Arbeit als strafrechtliche Sanktion beschlossen, der am 14.04.1999 dem Bundestag zugeleitet wurde[1449]. Dieser Entwurf war bereits in der 13. Legislaturperiode vom

---

[1442] Schall, NStZ, S. 108; Dölling, DBH, S. 370; Weßlau, S. 285

[1443] So auch Streng, ZStW, S. 838, der angesichts der Rechtsprechung des BVerfG eine schlicht tatausgleichende Hauptstrafe „gemeinnützige Arbeit" für unzulässig hält.

[1444] BVerfG (Fn. 1440), S. 122

[1445] Jehle/Feuerhelm/Block, S. 16

[1446] Im Vergleich der Fälle, in denen Ersatzfreiheitsstrafe bzw. gemeinnützige Arbeit verbüßt wird, schneiden die Bezirke, in denen Sozialarbeiter beteiligt werden, hinsichtlich der gemeinnützigen Arbeit wesentlich besser ab, vgl. Jehle/Feuerhelm/Block, S. 18.

[1447] siehe oben S. 159; Zweifel daran, daß sich genug geeignete Arbeitsstellen finden lassen, haben auch Streng, ZStW, S. 842 sowie Weßlau, S. 284.

[1448] Daß der erforderliche organisatorische und finanzielle Aufwand erheblich wäre und dies dennoch weitgehend übersehen wird, merkt auch Schaffstein an, S. 1073.

[1449] BT-Drucksache 14/762

Bundesrat in den Bundestag eingebracht worden[1450], konnte jedoch nicht abschließend beraten werden und wurde deshalb zu Beginn der 14. Legislaturperiode erneut vorgelegt[1451]. Danach sollte auf der Grundlage eines neu einzufügenden § 40 a StGB das Gericht anstelle einer Geldstrafe bis zu 180 Tagessätzen unter Berücksichtigung der Persönlichkeit sowie der persönlichen und wirtschaftlichen Verhältnisse des Täters die Ableistung gemeinnütziger Arbeit bis zu einem Volumen von 540 Arbeitsstunden anordnen können[1452]. Mit gleicher Entscheidung sollte das Gericht eine Geldstrafe festsetzen, die wiederum an die Stelle der gemeinnützigen Arbeit treten sollte, wenn diese nicht in angemessener Zeit oder nicht in ordnungsgemäßer Weise erbracht wird[1453].

Nach der Begründung zu dem Entwurf des Bundesrates sollte die gemeinnützige Arbeit der Geldstrafe als Sanktionsalternative im Bereich der leichten und mittleren Kriminalität an die Seite gestellt werden, als Alternative zur Freiheitsstrafe wurde sie allerdings nicht für sinnvoll erachtet[1454]. Indirekt versprach man sich jedoch dennoch eine Verminderung der Freiheitsstrafe durch die gemeinnützige Arbeit, da sie in einem Bereich angeordnet werden kann, in dem eine Geldstrafe zwischen 90 und 180 Tagessätzen tatschuldangemessen wäre. In diesem Bereich neigt nach der Begründung des Bundesrats die Gerichtspraxis dazu, aufgrund der absehbaren Unbeitreibbarkeit der recht hohen Geldstrafe eine kurze Freiheitsstrafe trotz der Subsidiaritätsklausel des § 47 StGB zu verhängen. Es wird angeführt, für solche Fälle biete die gemeinnützige Arbeit eine echte Sanktionsalternative und könne so zur Vermeidung kurzer Freiheitsstrafen und der Profilierung des § 47 StGB beitragen[1455]. Dies sei insbesondere deshalb erforderlich, weil in den letzten Jahren die Zahl der Fälle, in denen Geldstrafen entweder gar nicht oder nur unter erheblichen Schwierigkeiten geleistet werden konnten, wesentlich zugenommen habe[1456].

In ihrer Stellungnahme zu dem Entwurf des Bundesrates erklärte die Bundesregierung, die Einführung der gemeinnützigen Arbeit als Sanktion grundsätzlich für wünschenswert zu halten[1457]. Sie bemängelte aber, der Entwurf werde seinen eigenen Zielen nicht gerecht und nutze die konzeptionellen Vorteile und Potentiale der gemeinnützigen Arbeit als Sanktion nicht in ausreichendem Umfang.

Die Bundesregierung verwies deshalb auf die Arbeit der vom Bundesministerium der Justiz eingesetzten Kommission zur Reform des strafrechtlichen Sanktionensystems, die zu dem damaligen Zeitpunkt ihre Beratungen noch nicht abgeschlossen hatte. Der von der Kommission zu erarbeitende Entwurf werde die gemeinnützige Arbeit (auch) als selbständige Sanktion vorsehen und dieser damit einen deutlich breiteren Anwendungsbereich einräumen als dies im Entwurf des Bundesrates der Fall ist.

Diese Ankündigung hat sich jedoch nicht in vollem Umfang bestätigt. Der nach dem Abschluß der Kommissionsarbeit vom Bundesjustizministerium vorgestellte Entwurf sieht nämlich auch nicht die gemeinnützige Arbeit als selbständige Hauptstrafe vor, sondern erweitert lediglich ihren Anwendungsbereich als Ersatzsanktion[1458]. Danach ist die gemeinnützige Arbeit in folgenden Fällen vorgesehen:

[1450] BT-Drucksache 13/10485
[1451] vgl. Begründung RefE, S. 5
[1452] BT-Drucksache 14/762, S. 3
[1453] vgl. § 40 a Abs. I, Satz 2 des Gesetzesentwurfs; BT-Drucksache 14/762, S. 3
[1454] Begründung A 1.) zum Entwurf des Bundesrats, vgl. BT-Drucksache 14/762, S. 4
[1455] Begründung A 1.) des Gesetzesentwurfs; vgl. BT-Drucksache 14/762, S. 4
[1456] Begründung A 1.) des Gesetzesentwurfs; vgl. BT-Drucksache 14/762, S. 5
[1457] vgl. zum Folgenden Stellungnahme der Bundesregierung, BT-Drucksache 14/762, S. 7
[1458] zusammenfassende Aufführung der Ersetzungsmöglichkeiten siehe Begründung RefE, S. 7

- Im Rahmen einer „Freiheitsstrafen-Ersetzungsregelung" erhält das Gericht die Möglichkeit, dem Verurteilten zu gestatten, die Vollstreckung einer Freiheitsstrafe von bis zu sechs Monaten durch die Leistung gemeinnütziger Arbeit abzuwenden. Es *muß* dies dem Verurteilten gestatten, wenn er das erste Mal zu einer Freiheitsstrafe verurteilt wird und die Erbringung der Arbeitsleistung nicht von vornherein aussichtslos erscheint.

- Eine solche Ersetzungsanordnung ist auch möglich, wenn das Gericht eine Freiheitsstrafe bis zu einem Jahr zur Bewährung aussetzt. Die Strafe ist dann insoweit erledigt, wie der Verurteilte die Arbeitsleistung ordnungsgemäß erbracht hat.

- Gemeinnützige Arbeit wird als primäre Ersatzstrafe für uneinbringliche Geldstrafen vorgesehen. An die Stelle einer uneinbringlichen Geldstrafe tritt mit Zustimmung des Verurteilten gemeinnützige Arbeit. Einem Tagessatz entsprechen dabei drei Stunden gemeinnütziger Arbeit. Erst wenn der Verurteilte die erforderliche Zustimmung verweigert oder die gemeinnützige Arbeit nicht in angemessener Zeit oder in ordnungsgemäßer Weise erbringt, tritt an die Stelle der uneinbringlichen Geldstrafe – wie bisher – Freiheitsstrafe.

- Durch die Öffnung des Auflagenkatalogs in § 59 a Abs. II StGB wird schließlich die Verhängung einer Arbeitsauflage auch im Zusammenhang mit einer Verwarnung mit Strafvorbehalt (§ 59 StGB) ermöglicht.

Dieses restriktive Vorgehen des Referentenentwurfs ist wohl darauf zurückzuführen, daß die Kommission sich im Ergebnis ihrer Beratungen gegen die Einführung der gemeinnützigen Arbeit als eigenständige Sanktion ausgesprochen hatte[1459]. Als Begründung für die ablehnende Haltung wird angeführt, es bestehe kein Regelungsbedürfnis in Form einer Sanktionierungslücke[1460]. Der Ausgestaltung der gemeinnützigen Arbeit als eigenständige Sanktion stehe außerdem ihre fehlende Erzwingbarkeit entgegen. Sie stelle daher weniger eine Strafe als ein Instrument zur Vermeidung von Strafe dar, welches eher dem Verfahrensrecht zuzuordnen ist als dem Sanktionenrecht. Zu bedenken sei auh der große personelle Aufwand, der erforderlich wäre, sowie die Gefahr, nicht genug Einsatzstellen finden zu können[1461].

Es ist nach alledem davon auszugehen, daß eine Ausweitung der gemeinnützigen Arbeit sich auf den Einsatz als Ersatzsanktion beschränken wird und eine Ausgestaltung als eigenständige Sanktion nicht erfolgen wird. Aus den Gründen, die oben bereits ausgeführt wurden[1462], halte ich die gemeinnützige Arbeit nicht für eine taugliche Hauptstrafe. Insbesondere teile ich die Auffassung der Kommission, daß es in Deutschland keinen Anwendungsbereich für eine Hauptstrafe „gemeinnützige Arbeit" und mithin erstrecht keine entsprechende Regelungslükke gibt[1463]. Die Tätergruppen, bei denen im Ausland die gemeinnützige Arbeit zur Anwendung kommt, werden in im Rahmen des deutschen Sanktionensystems aufgrund der vorausgesetzten prognostisch guten Beurteilung zu einer Geldstrafe verurteilt. Eine Freiheitsstrafe scheitert bei diesen Personen in aller Regel an dem Unerläßlichkeitserfordernis des § 47 StGB. In einem System, in dem über 80 % aller Verurteilungen auf Geldstrafe lauten[1464] und Freiheitsstrafen nur verhängt werden, wenn sie unerläßlich sind, bleibt für die gemeinnützige

---

[1459] Abschlußbericht, S. 112 bzw. 123
[1460] Abschlußbericht, S. 111/112
[1461] Diese Argumente wurden im Abschlußbericht auf S. 111/112 dargelegt und konkret auf den vom Bundesjustizministerium vorgelegten Diskussionsentwurf hin, welcher trotz der vorherigen Ablehnung durch die Kommission die gemeinnützige Arbeit zur Hauptstrafe ausgestaltet hatte, erfolgte nochmals eine detaillierte Begründung der ablehnenden Entscheidung, vgl. Abschlußbericht, S. 119 ff.
[1462] vgl. oben S. 163 f.
[1463] siehe oben Fn. 1460
[1464] vgl. zu den Zahlen oben S. 6, Fn. 4 und ausführlich S. 34 f.

Arbeit als eigenständige Sanktion kein Anwendungsbereich, da diese eine positive Prognosebeurteilung des Betroffenen voraussetzt. Anders als im Ausland kann deshalb in Deutschland die gemeinnützige Arbeit nicht der Zurückdrängung der kurzen Freiheitsstrafen dienen[1465]. Eine neben der Geldstrafe existierende Sanktion mit demselben Anwendungsbereich erscheint nicht nur überflüssig, sondern auch in Hinblick auf den Gleichheitsgrundsatz bedenklich. Das Prinzip der Opfergleichheit ist gefährdet, wenn zu viele verschiedene Sanktionsarten für gleich gelagerte Fälle verhängt werden können[1466].

Auch wenn angeführt wird, gerade die Hauptsanktion der Geldstrafe stelle eine sehr unterschiedliche Belastung für jeden Verurteilten dar, rechtfertigt dies nicht die Schaffung einer neuen Strafart. Vielmehr bietet die rechtliche Ausgestaltung der Geldstrafe ausreichend Möglichkeiten, eine dem Einzelfall angemessene Strafe auszusprechen[1467].
Ich halte deshalb die oben beschriebene Entwicklung des Gesetzgebungsverfahrens bzw. den Vorarbeiten zu diesem für begrüßenswert.

III. Elektronisch überwachter Hausarrest

Nicht als eigenständige Sanktion, sondern als besondere Form des Vollzugs der Freiheitsstrafe wurde der sog. „elektronisch überwachte Hausarrest" vorgeschlagen[1468]. Am 16. September 1997 hat das Land Berlin den Entwurf eines Gesetzes zur Änderung des Strafvollzugsgesetzes dem Bundesrat mit der Bitte zugeleitet, seine Einbringung beim Deutschen Bundestag zu beschließen[1469]. Es sollte danach ein § 11 a StVollzG eingefügt werden, nach dem ein Gefangener mit seiner Einwilligung die letzten sechs Monate seiner Haftstrafe zu Hause unter elektronischer Überwachung verbringen kann.

Dieses Vorhaben ist bislang nicht verwirklicht worden, gab jedoch Anlaß zur Diskussion einer solchen neuen Vollzugsform. So nannte z.B. der Abschlußbericht der Arbeitsgruppe „Überlegungen zur Sanktionierung von massenhaft begangenen, geringfügigen Eigentums- und Vermögensdelikten" im Rahmen der 68. Justizministerkonferenz, die vom 11.-12.6.1997 in Saarbrücken stattfand, als möglichen Einsatzbereich der „elektronischen Fessel" neben

[1465] so im Ergebnis auch die Kommission, vgl. Abschlußbericht S. 120; auch Heghmanns kommt zu dem Schluß, daß die Einführung gemeinnütziger Arbeit als Hauptstrafe das zahlenmäßige Verhältnis von Geldstrafen, gemeinnütziger Arbeit und Freiheitsstrafen nicht fühlbar ändern würde, da im deutschen Sanktionensystem der Anwendungsbereich notwendigerweise auf die Substitution der Ersatzfreiheitsstrafe beschränkt wäre, welche allerdings schon nach der bestehenden Rechtslage durch die Ableistung gemeinnütziger Arbeit ersetzt werden kann. Er schlägt darüber hinaus vor, die gemeinnützige Arbeit als Ersatz für eine widerrufene Bewährungsstrafe zuzulassen, wo er „lohnende Dimensionen" vermutet, vgl. Heghmanns, S. 300.

[1466] Ähnlich auch Weßlau, die den Grundsatz der Opfergleichheit dadurch gefährdet sieht, daß das durch die gemeinnützige Arbeit beeinträchtigte Gut „Freizeit" sehr ungleichmäßig verteilt ist. Außerdem weist sie auf den unterschiedliche Stigmatisierungseffekt der Leistung gemeinnütziger Arbeit hin, der zwischen einer anonymen Großstadt und ländlichen Gebieten besteht, vgl. Weßlau, S. 284/285.

[1467] dazu auch unten S. 181 f.; vgl. auch Streng, ZStW, S. 861, der dafür plädiert, die Geldstrafe für alle Bevölkerungsschichten als *die* Sanktionsform für leichtere Delikte zu erhalten und daher lieber die Entschärfung des Geldstrafensystems für sozial Schwache anzustreben, als „auf den bunten Strauß alternativer Sanktionen zu schauen".

[1468] Diese Regelung wollte die Länder zur Schaffung einer entsprechenden Möglichkeit ermächtigen. Voraussetzung sollte allerdings sein, daß der Gefangene nur noch sechs Monate seiner zeitigen Freiheitsstrafe zu verbüßen hat, in den Hausarrest einwilligt und nicht zu befürchten ist, daß er sich dem Vollzug entzieht oder den Hausarrest zu Straftaten mißbraucht; vgl. Sonnen, S. 4.

[1469] BR-Drucksache 698/97

kurzen Freiheitsstrafen, Untersuchungshaft und offenem Vollzug auch die Ersatzfreiheitsstrafe[1470].

Zur Prüfung der Anwendungsmöglichkeiten dieser technischen Vollzugsalternative beschloß die Herbstkonferenz der Justizministerinnen und –minister schließlich am 6. November 1997 die Einsetzung einer länderübergreifenden Arbeitsgruppe, welche die Einführung des elektronisch überwachten Hausarrests unter rechtlichen, organisatorischen und kostenmäßigen Gesichtspunkten prüfen sollte.

Technisch hat man sich unter dem Begriff „elektronisch überwachter Hausarrest" Folgendes vorzustellen: Der Gefangene trägt an seinem Hand- oder Fußgelenk einen Sender. Von diesem gehen Funksignale aus, die ein in der Wohnung angebrachter Empfänger auffängt. Diese Empfangsstation ist mit einer zentralen Überwachungsstelle verbunden, die anhand des Abreißens der Funksignale bemerkt, wenn der Träger des Senders sich außerhalb seines festgelegten Aktionsradius bewegt[1471].

Es liegt auf der Hand, daß die Geschichte der Bestrafung durch elektronisch überwachten Hausarrest nicht sehr weit zurückzuverfolgen ist, da dieser eine hohe technische Entwicklung voraussetzt. Eine Vorreiterrolle kommt dabei – wie so oft im technischen Bereich – den USA zu. Dort wurden schon in den 70er Jahren Vorschläge gemacht, technologische Systeme in den Bewährungsbereich des Strafvollzugs einzuführen[1472]. Die Kriminologen Ingraham und Smith sprachen sich für ein „telemetrisches Überwachungssystem" für Bewährungsprobanden aus, welches die zu überwachende Person nicht nur in Bezug auf ihren Aufenthaltsort, sondern auch hinsichtlich ihres physiologischen Zustandes kontrollieren kann[1473].

Dabei wurde jedoch nicht nur an externe Kontrollvorrichtungen gedacht, sondern auch an interne, wie z.B. zu implantierende Chips, die nicht nur Meß-, sondern auch Steuerungsaufgaben übernehmen können. So wurde von der Übersendung von Signalen bzw. Impulsen gesprochen, die den Träger in seinen Handlungen blockieren könnten, wenn die von seinem Körper übertragenen Meßwerte auf das Bevorstehen krimineller Aktivität schließen lassen[1474].

Als Einsatzbereich wurde die Möglichkeit angeführt, bestimmte Straffällige aus der geschlossenen Haftanstalt entlassen, sie aber weiterhin überwachen zu können. Es wird davon ausgegangen, daß viele der in Frage kommenden Häftlinge das elektronische „monitoring" der Haft vorziehen würden[1475]. Schwerpunkt der Überlegungen war jedoch nicht nur die Überwachung, sondern vielmehr die Verhaltenssteuerung mittels der oben genannten technischen Möglichkeiten[1476].

[1470] Ostendorf, S. 473

[1471] Lindenberg, S. 8

[1472] vgl. zum Folgenden ausführlich Nogala, S. 41 ff.

[1473] Die Funktionsweise des Systems wird dabei wie folgt beschrieben: „A telemetric system consists of small electronic devices attached to a subject that transmit via radio waves information regarding the location and physiological state of the wearer...It also provides long-range, day-to-day, continuous observation and control of the monitored subject, since the data can be fed into a computer which can act as both an observer and a controller..."; vgl. Nogala, S. 41 mit Verweis auf Ingraham/Smith, The Use of Electronics in the Observation and Control of Human Behavior and Its Possible Use in Rehabilitation and Corrections; Issues in Criminology, 1972.

[1474] Nogala, S. 41 mit Verweis auf Ingraham/Smith, S. 42

[1475] Nogala, S. 41 mit Verweis auf Ingraham/Smith, S. 43

[1476] Daß es klar auf Einflußnahme auf das Verhalten des Betroffenen ankam, macht folgendes Zitat deutlich: „The technique of telemetric control of human beings offers the possibility of regulating behavior with precision on an subconscious level, and avoiding the cruelty of depriving man of his subjective sense of freedom"; vgl. Nogala, S. 42 mit Hinweis auf Ingraham/Smith, S. 48.

Es gab sogar in den USA der späten siebziger Jahre noch weitergehende Vorschläge für den Einsatz technischer Mittel im Strafvollzug, wonach zur Vermeidung von Rückfällen eine sog. „incapacitation“ im Sinne eines zeitweisen oder dauernden Entzugs von Verhaltensfreiheiten mittels eines telemetrischen Systems eingesetzt werden sollte. Der zu überwachende Kriminelle sollte, wenn die von ihm gemessenen Daten auf das Bevorstehen krimineller Aktivität schließen lassen, automatisch von einem implantierten Gerät durch direkte elektronische Stimulation der Gehirns oder durch die Freigabe von Substanzen in die Blutbahn an der Durchführung seines Vorhabens gehindert werden[1477].

Als Argument für diese Methoden wurde angeführt, dieses technisierte Überwachungssystem verursache wenig Kosten, weil Haftplätze gespart und der Delinquent sich auch noch außerhalb der Haftanstalt nützlich machen könne. Es werde ihm so ermöglicht, weitgehend das Leben eines normalen Bürgers zu führen, ohne daß er in irgendeiner Form stigmatisiert würde[1478].

Im Jahre 1983 wurde durch den Florida Correctional Reform Act die elektronische Überwachung in den Strafvollzug eingeführt[1479]. Grund dafür waren –wie auch in der gegenwärtigen bzw. früheren deutschen Diskussion um die Einführung elektronischer Überwachungsmaßnahmen für einen „Hausarrest“- überfüllte Haftanstalten[1480]. In seiner Ausgestaltung geht jedoch auch in den USA die elektronische Überwachung im Strafvollzug nicht so weit wie in den oben dargestellten, recht visionär anmutenden Vorschlägen aus den 70er Jahren. Vielmehr ist sie darauf „beschränkt“, die unter Beobachtung stehenden Straffälligen über einen am Hand- oder Fußgelenk befestigten Sender zu kontrollieren, der die Überschreitung eines bestimmten Aktionsradius‘ bemerkt und meldet[1481]. Die Anwendung sog. „interner“ Kontrollvorrichtungen, die der zu überwachenden Person implantiert werden, hat sich beruhigenderweise auch im Land der unbegrenzten Möglichkeiten nicht durchgesetzt. Meines Erachtens ist es jedoch schon recht erstaunlich, daß eine solche Möglichkeit überhaupt außerhalb des Science-Fiction-Genres ernsthaft diskutiert wurde.

Bei der Herstellerfirma der Überwachungselektronik BI Inc. aus Boulder in Colorado war die für die elektronische Fessel notwendige Technik bereits aus einem anderen Einsatzgebiet vorhanden. Sie hatten Kühe auf Milchfarmen mit Minisender ausgestattet, durch die sich die Tiere identifizieren lassen, sobald sie sich der Futterstelle nähern. Diese schüttet dann automatisch die dieser Kuh zugeordnete Futtermenge aus. BI Inc. hat sich mit einer Weiterentwicklung dieser Technologie innerhalb von 10 Jahren zum führenden Anbieter von Geräten zur elektronischen Überwachung von Straftätern entwickelt, und davon bereits von 1984 bis 1997 über 44.000 Stück an die Behörden von sechs Ländern verkauft: neben den USA sind auch Singapur, Kanada, Israel, Schweden und die Niederlande Abnehmer[1482].

Argumente für den elektronisch überwachten Hausarrest sind die Entlastung der Gefängnisse und eine Kostenersparnis durch weniger Bedarf an Haftplätzen. In einem Zeitungsartikel aus

---

[1477]Nogala, S. 42 f. mit Verweis auf Lehtinen, Technological Incapacitation: A Negelcted Alternative, Quarterly Journal of Corrections, 1978, S. 31 ff.

[1478]So wird als Vorteil gegenüber dem Gefängnissystem angeführt: „It incapacitates offenders to various degrees and, thereby, protects society, but still would allow the individual to be a productive, contributing citizen. Such a telemetry system would be neither permanent, stigmatizing, expensive nor cruel“; vgl. Nogala, S. 42 mit Verweis auf Lehtinen, (Fn. 1477), S. 35.

[1479]Ostendorf, S. 474

[1480]Nicht umsonst führen in Deutschland die Bundesländer (Berlin und Hamburg) die Bewegung an, in denen die größten Kapazitätsprobleme bei den Haftplätzen bestehen, vgl. Ostendorf, S. 473.

[1481]Lindenberg, S. 8; s.o. S. 168, Fn. 1471

[1482]Lindenberg, S. 9

dem Jahre 1997 hat Hamburgs Justizsenator Hoffmann-Riem von einer Kostenersparnis von über 85 % gegenüber dem geschlossenen Vollzug gesprochen[1483].

Außerdem wird angeführt, daß die Belastung des Verurteilten im Vergleich zur Gefängnisstrafe geringer ist, da er nicht völlig aus seinem sozialen Umfeld gerissen wird. Außerdem fällt der Stigmatisierungseffekt eines Gefängnisaufenthaltes ebenso weg wie die Möglichkeit zum Knüpfen krimineller Kontakte[1484].

Grundsätzlich besitzen die Freiheitsbeschränkungen des Hausarrests bei näherer Betrachtung eher den milderen Charakter einer Auflage, da der Betroffene die Möglichkeit hat, sie faktisch zu mißachten[1485]. Während beim Vollzug der Freiheitsstrafe die Freiheit des Gefangenen physisch eingeschränkt bzw. aufgehoben ist, ist sie im Falle des Hausarrests nur normativ reguliert. Ob er sich an die Begrenzungen hält oder nicht, kann der Betroffene selber entscheiden. Bei Zuwiderhandlung droht nicht die zwangsweise Durchsetzung, sondern der Widerruf der Maßnahme.

Auch wenn man im elektronisch überwachten Hausarrest nicht ein „Einfallstor für legale Möglichkeiten der elektronischen Totalüberwachung und Ausforschung" erblickt[1486], sprechen nach meinem Dafürhalten die besseren Argumente gegen den elektronisch überwachten Hausarrest:

Fraglich erscheint bereits, ob für den Verurteilten die „elektronische Fessel" tatsächlich das mildere Mittel darstellt. Zwar wird die äußere Freiheit nicht in gleichem Maße beeinträchtigt wie bei einem Gefängnisaufenthalt, jedoch wird der Überwachte seiner inneren Freiheit beraubt, wenn er sich zwar in seinen eigenen vier Wänden in der Gesellschaft seiner Familie aufhalten, an deren aushäusigen Aktivitäten aber nicht teilnehmen kann[1487]. Spannungen in der häuslichen Gemeinschaft erscheinen unausweichlich und können schlimmstenfalls den Nährboden für weitere Straftaten aus oder gegenüber dem Kreis der Angehörigen bilden. So kommt es nach den ausländischen Erfahrungen nicht selten zu Gewalttätigkeiten des Arrestanten gegenüber Familienmitgliedern; man spricht dabei vom sog. „Hauskoller"[1488]. Ursachenbekämpfung als Voraussetzung für Resozialisierung ist jedenfalls durch den elektronisch überwachten Hausarrest nicht gewährleistet, so daß seine Wirkung eine rein sichernde bleibt[1489].

Problematisch stellt sich diese Form des Strafvollzugs auch in Hinblick auf die Grundrechte dar. So wären neben der Unverletzlichkeit der Wohnung (Art. 13 Abs. I GG) und dem Fernmeldegeheimnis (Art. 10 GG) auch die Rechte auf freie Entfaltung der Persönlichkeit und die Menschenwürde zweifelsfrei betroffen, und nach teilweise geäußerter Befürchtung unter den Aspekten von Verhältnismäßigkeit und Übermaßverbot auch das Rechtsstaats- und das Sozialstaatsprinzip[1490]. Bedenken bestehen außerdem hinsichtlich der Freizügigkeit des Art. 11 GG sowie dem Recht auf informationelle Selbstbestimmung aus Art. 2 Abs. I GG[1491]. Zu be-

[1483] Ostendorf, S. 473
[1484] Ostendorf, S. 475
[1485] vgl. dazu Heghmanns, S. 302
[1486] so Kaiser, Kriminologie 1996, § 94, Rn. 20; Streng wertet diese Äußerung als Befürchtung des Näherrükkens eines „totalen Überwachungsstaats nach Orwellschem Muster", ZStW, S. 849.
[1487] vgl. Ostendorf, S. 476, der von einer „psychischen Fessel" spricht.
[1488] Streng, ZStW, S. 849
[1489] Stern, S. 341
[1490] Sonnen, S. 4
[1491] So die leitende Ministerialrätin Barbara Riehe vom Nordrhein-Westfälischen Justizministerium in ihrem Korreferat in der 7. Sitzung der Kommission zur Reform des strafrechtlichen Sanktionensystems.

rücksichtigen ist dabei auch immer, daß nicht nur die Rechte des Verurteilten, sondern auch die seiner Angehörigen bzw. Wohnungsgenossen beeinträchtigt werden. Allein der Hinweis darauf, daß ein Einverständnis der Mitbewohner Voraussetzung für die Anwendung des elektronisch überwachten Hausarrests sein muß, genügt nicht, um diese Bedenken auszuräumen. Wenn die Alternative zu der dem Einverständnis der Familienmitglieder ist, den verurteilten Angehörigen durch die Versagung der Zustimmung dem geschlossenen Strafvollzug zu überantworten, kann wohl kaum mehr von einer freien Entscheidung ausgegangen werden[1492].

Auch die Kommission zur Reform des strafrechtlichen Sanktionensystems, die im Januar 1998 vom damaligen Bundesjustizminister Schmidt-Jortzig eingesetzt wurde[1493] und ihre Arbeit im Februar 2000 abgeschlossen hat, hat in ihren Beschlüssen die Einführung des elektronisch überwachten Hausarrests als selbständige Sanktion einstimmig abgelehnt[1494]. Hauptargument dafür war, daß kein Anwendungsbereich für den elektronisch überwachten Hausarrest gesehen werde[1495].

Wenn man den Hausarrest unter die Voraussetzungen stellt, die sich in anderen Ländern bewährt haben, dann ergibt sich im deutschen Sanktionensystem keine Notwendigkeit für seine Einführung. Nach den im ausländischen Projekten entwickelten Kriterien ist der elektronisch überwachte Hausarrest nämlich nur dann anzuwenden, wenn der Verurteilte eine feste Wohnung mit Telefonanschluß, familiäre und soziale Bindungen und einen Arbeitsplatz hat. Außerdem muß er eine geringe Rückfallwahrscheinlichkeit aufweisen, Verantwortungsgefühl haben und darf nicht alkohol- oder drogenabhängig sein. Wenn der zu überwachende Straftäter die Wohnung mit jemandem teilt, muß dieser Hausgenosse seine Zustimmung zu der elektronischen Überwachung erteilen[1496].

Wenn alle diese Kriterien erfüllt sind, ist jedoch nach deutschem Recht in aller Regel ohnehin der Anwendungsbereich einer Vollzugserleichterung bzw. der Strafaussetzung zur Bewährung eröffnet, so daß kein Bedürfnis mehr für einen weitere Erleichterung besteht[1497]. Die hier zu prüfenden Kriterien sind denen für die Anwendung des elektronisch überwachten Hausarrests so ähnlich, daß es hier zu einer weitgehenden Überschneidung der Anwendungsbereiche kommen dürfte[1498].

Andere Institute wiederum können aufgrund des umgekehrten Zusammenhangs nicht durch den elektronisch überwachten Hausarrest ersetzt werden, so z.B. die kurze Freiheitsstrafe, die nach § 47 StGB nur dann verhängt werden darf, wenn sie zur Einwirkung auf den Täter unerläßlich ist. Ist dies der Fall, muß eine Anwendung des elektronisch überwachten Hausarrests mangels Vorliegens der Voraussetzungen für diesen wohl in aller Regel ausscheiden[1499]. Es dürfte kaum Fälle geben, in denen der Täter Arbeit, Wohnung, soziale Bindungen sowie Suchtfreiheit und geringe Rückfallwahrscheinlichkeit aufweist und trotzdem die Verhängung einer kurzfristigen Freiheitsstrafe unerläßlich ist. Kann die Unerläßlichkeit ausnahmsweise dennoch bejaht werden, muß das Interesse an dem Vollzug einer Freiheitsstrafe so hoch sein,

---

[1492] so auch Streng, ZStW, S. 849

[1493] siehe auch oben S. 51 f.

[1494] Der Abschlußbericht vom März 2000 kann über das Bundesministerium der Justiz aus dem Internet unter http://www.bmj.bund.de heruntergeladen werden; siehe auch oben S. 52, Fn. 457.

[1495] Abschlußbericht S. 171, 180

[1496] Abschlußbericht S. 171

[1497] So stellte auch Streng bereits fest, daß der Hausarrest neben der Freiheitsstrafe zur Bewährung keinen Anwendungsbereich findet, da „die taugliche Zielgruppe der gut Integrierten im deutschen Strafrecht mit der Zielgruppe für eine Strafaussetzung zur Bewährung identisch ist, ZStW, S. 850.

[1498] Abschlußbericht S. 172

[1499] Abschlußbericht S. 172

daß auch die Anwendung des elektronisch überwachten Hausarrests nicht erwünscht sein dürfte.

Ähnlich stellt sich das Verhältnis zwischen elektronisch überwachtem Hausarrest und der Ersatzfreiheitsstrafe bei uneinbringlicher Geldstrafe nach § 43 StGB dar. Die Erfahrungen aus der Praxis zeigen, daß in aller Regel Ersatzfreiheitsstrafen von Geldstrafenschuldnern verbüßt werden, die arbeitslos sind und deren soziales und familiäres Umfeld nicht intakt ist[1500], so daß in diesen Fällen auch eine Anwendung des elektronisch überwachten Hausarrests nicht in Frage käme.

Im Bereich des Jugendstrafrechts wird der Einsatz des elektronisch überwachten Hausarrests mit dem Hinweis darauf abgelehnt, daß dieser keinerlei erzieherische Wirkung aufweise[1501], was diese Art des Vollzugs gerade für das Jugendstrafrecht ungeeignet erscheinen läßt.

Im Zusammenhang mit der mangelnden erzieherischen Wirkung stehen auch die Erfahrungen aus dem Ausland, nach denen der elektronisch überwachte Hausarrest besonders positiv eingestuft wird, wenn er von aufwendiger Bewährungsarbeit begleitet wird[1502]. Auch im Gesetzesentwurf des Landes Berlin[1503] war vorgesehen, daß mit den Gefangenen ein enger Tagesplan ausgearbeitet wird, dessen Einhaltung neben der elektronischen Überwachung auch durch Kontrollbesuche und gelegentliche Entnahme von Blut- und Urinproben überwacht werden sollte[1504]. Bei intensiver persönlicher Betreuung ist allerdings der personelle Aufwand wiederum so groß, daß sich die im Vergleich zu den Haftkosten angestrebte Kostenersparnis egalisiert[1505]. Außerdem drängt sich angesichts des Erfordernisses intensiver Betreuung die Frage auf, ob dann nicht der Einsatz der Technik auch entbehrlich ist[1506].

Nach den Ergebnissen und Beschlüssen der Kommission steht nicht zu erwarten, daß es in Hinblick auf den elektronisch überwachten Hausarrest in der nächsten Zeit zu einer gesetzlichen Regelung kommen wird. In einigen Bundesländern laufen Modellprojekte, die ggf. als Erfahrungsgrundlage für weitere Erwägungen dienen können, jedoch erscheint es angesichts des fehlenden Anwendungsbereichs unwahrscheinlich, daß in diese Richtung größerer Bestrebungen stattfinden werden. In dem nach Abschluß der Kommissionsarbeit vom Bundesjustizministerium erarbeiteten Referentenentwurf eines Gesetzes zur Reform des Sanktionenrechts, der teilweise auf den von der Kommission unterbreiteten Vorschlägen beruht[1507], werden zwar zahlreiche Ergänzungen des bestehenden Sanktionensystems angeregt, jedoch der elektronisch überwachte Hausarrest nicht erwähnt.

[1500] Abschlußbericht S. 172/173

[1501] Abschlußbericht S. 172

[1502] Der Abschlußbericht führt als Beispiel das in Schweden praktizierte Modell an, bei dem auf zehn Probanden ein Bewährungshelfer kommt, vgl. Abschlußbericht S. 173.

[1503] BR-Drucksache 698/97; s.o. S. 167, Fn. 1469

[1504] BR-Drucksache 698/97, S. 4

[1505] Darauf, daß der elektronisch überwachte Hausarrest nicht zu einer Kostensenkung, sondern zu einer Kostensteigerung führen würde, hat auch bereits Streng in seinen Überlegungen zu einem modernen Sanktionensystem hingewiesen, ZStW, S. 850.

[1506] So die Schlußfolgerung Barbara Riehes in ihrem Referat (vgl. Fn. 1491), Abschlußbericht S. 173

[1507] Vgl. S. 5 der Begründung zum Referentenentwurf eines Gesetzes zur Reform des Sanktionenrechts, welche ebenfalls über die Homepage des Bundesjustizministeriums aus dem Internet heruntergeladen werden kann; vgl. S. 52, Fn. 462.

IV. Die Wiedergutmachung als „dritte Spur“ im strafrechtlichen Sanktionensystem

In dem oben bereits erwähnten Alternativ-Entwurf Wiedergutmachung (AE WGM) von 1992[1508] war vorgesehen, die Wiedergutmachung als eine dritte, neben der eigentlichen Strafe und den Maßregeln existierende Sanktionsart auszugestalten, sie sollte die sog. „dritte Spur“ im Rechtsfolgengefüge des Strafrechts bilden[1509].

Die Verfasser des AE-WGM sahen in der staatlichen Reaktionspalette auf Straftaten eine Lücke zwischen den zwei Stufen des völligen Verzichts auf jedwede Reaktion aufgrund sozialer Hinnehmbarkeit bzw. Erträglichkeit einerseits und der Auferlegung einer Kriminalstrafe andererseits. Es wurde als eine Zwischenstufe die Wiedergutmachung vorgesehen, um diese Kluft zu füllen[1510].

Die Bezeichnung als „dritte Spur“ ist daher nur in zeitlicher Hinsicht der Einführung der verschiedenen Sanktionen zu verstehen[1511], so daß die eigentliche Kriminalstrafe die erste Spur darstellt, der ab 1933 mit den Maßregeln der Besserung und Sicherung eine nach und nach erweiterte zweite Spur zur Seite gestellt wurde. Von ihrem Anwendungsbereich her sollte die Wiedergutmachung nach dem AE-WGM allerdings die Funktion einer Primärsanktion erfüllen, indem sie als leichteste Rechtsfolge zwischen dem Reaktionsverzicht, der quasi die „Null-Spur“ darstellt, und der Strafe steht[1512]. Der zwangsweisen Verantwortungsauferlegung soll so die autonome Wiederherstellung des Rechtsfriedens durch freiwillige Verantwortungsübernahme vorgelagert werden[1513]. Insofern wird auch deutlich, daß sich die „dritte Spur“ aus dem Subsidiaritätsprinzip heraus rechtfertigen soll, demzufolge die Strafe als härteste Sanktion unserer Rechtsordnung nur eingesetzt werden darf, wenn und soweit ihre präventiven Zwecke nicht durch weniger repressive Mittel zu erreichen sind[1514].

Nach dem AE-WGM soll daher in Fällen leichterer und mittlerer Kriminalität neben der Wiedergutmachung regelmäßig auf andere Sanktionen verzichtet werden, wenn nicht die Strafe zur Einwirkung auf den Täter oder die Allgemeinheit unerläßlich ist[1515]. Nach § 4 Abs. II AE-WGM sollte erst bei der Verwirkung einer Freiheitsstrafe von mehr als einem Jahr im Regelfall die Unerläßlichkeit einer Strafe angenommen werden.

Die Wiedergutmachung kann nach § 2 AE-WGM namentlich in folgenden Leistungen bestehen:

- Schadensersatz gegenüber dem Verletzten
- Schadensersatz gegenüber Dritten, insbesondere Versicherungen, auf die der Anspruch des Verletzten übergegangen ist

[1508] vgl. oben S. 146
[1509] siehe oben S. 149, Fn. 1327
[1510] AE-WGM, S. 23
[1511] deshalb kritisiert Lee diese Bezeichnung und fordert eine präzisere Systematisierung der Wiedergutmachung bzw. ihrer Stellung im Sanktionensystem, vgl. Lee, S. 30
[1512] Ein ähnlicher Ansatz findet sich auch bei Walther, S. 134 ff., die als „zweite Spur“ (in Hinblick auf den Wirkungsgrad) eine zwischen der Maßregel und der Strafe angesiedelte Schiene der „kriminalrechtlichen Maßnahmen“ einführen möchte. Als Beispiele für mögliche Maßnahmen wird dabei auf die bereits als Auflagen und Weisungen vorhandenen Reaktionen verwiesen, die zur Hauptstrafe aufgewertet werden sollten.
[1513] AE-WGM, S. 24 f.
[1514] Roxin, Baumann-FS, S. 244
[1515] AE-WGM, S. 50 ff.

- anderen materiellen Leistungen wie Geldzahlungen an gemeinnützige Einrichtungen
- Geschenken an den Verletzten oder immateriellen Leistungen wie Entschuldigung oder Versöhnungsgespräch
- Arbeitsleistungen, insbesondere gemeinnützigen Arbeiten.

Die verschiedenen Wiedergutmachungsleistungen können einzeln oder nach § 2 Abs. I , Satz 2 AE-WGM auch nebeneinander erbracht werden.

§ 1 Abs. I, Satz 3 AE-WGM bestimmt, daß die Wiedergutmachung in erster Linie zugunsten des Verletzten erfolgen soll. Wiedergutmachung gegenüber der Allgemeinheit als sog. „symbolische Wiedergutmachung“[1516] kommt subsidiär dazu dann in Betracht, wenn eine Wiedergutmachung gegenüber dem Verletzten nicht möglich ist, keinen Erfolg verspricht oder für sich allein nicht ausreicht.

Die Wiedergutmachung des AE-WGM basiert auf dem Prinzip der Freiwilligkeit der Restitutionsleistungen, was sie von der eigentlichen Kriminalstrafe unterscheidet. Es handelt sich dabei jedoch um ein sanktions- und verfahrensrechtlich modifiziertes Freiwilligkeitsprinzip, da es nicht stets eine ethisch motivierte, autonome Entscheidung des Täters verlangt, sondern eine unter dem Druck des Verfahrens zustande gekommene freiwillige Entscheidung genügen läßt[1517].

Der Grundsatz der Freiwilligkeit ist dabei neben der Einbeziehung symbolischer Wiedergutmachung und dem Prinzip der Erfolgsgarantie, das ein bloßes Leistungsversprechen nicht als Wiedergutmachung ausreichen läßt, einer der drei Leitgedanken, die nach Ansicht der Autoren des AE-WGM die Geeignetheit desselben begründen, die Wiedergutmachungsbereitschaft von Straftätern nachhaltig zu fördern, Opfer von Straftaten effektiver zu entschädigen und Zwangsmittel für die Durchsetzung von Wiedergutmachungsleistungen entbehrlich zu machen[1518].

Nach § 1 AE-WGM ist die Wiedergutmachung definiert als der Ausgleich der Folgen der Tat durch eine freiwillige Leistung des Täters, die der Wiederherstellung des Rechtsfriedens dient. Dabei kann logischerweise ein Ausgleich der Tatfolgen nicht (immer) in der Weise geschehen, daß der Zustand vor der Tat wiederhergestellt wird. Vielmehr ist gemeint, daß eine von dem Täter freiwillig erbrachte, konstruktive Leistung einen Zustand herbeiführt, bei dem sich die Rechtsgemeinschaft und der Verletzte „vernünftigerweise“ beruhigen können[1519]. Der Rechtsfrieden ist dann als wiederhergestellt anzusehen, wenn der Ausgleich zwischen dem Täter und dem Verletzten oder der Rechtsordnung durch Wiedergutmachungsleistungen vollkommen gelungen ist und deshalb keine spezial- oder generalpräventiven Strafbedürfnisse mehr bestehen[1520].

Wurden solche Leistungen erbracht und ist eine vollständige Wiedergutmachung erfolgt, soll dies im Regelfall zu einem Absehen von Strafe bei bloßer Schuldfeststellung führen[1521]. In diesem Regelbereich der Wiedergutmachung soll eine Strafe nach der Idee des AE-WGM nur

---

[1516] AE-WGM, S. 41
[1517] AE-WGM, S.41
[1518] AE-WGM, S. 38 f.
[1519] AE-WGM, S. 38
[1520] AE-WGM, S. 38
[1521] Gemäß § 260 Abs. IV, Satz 4 StPO muß das Absehen von Strafe in die Urteilsformel aufgenommen werden, also erfolgt ein Schuldspruch. An dieser Regelung haben sich die Verfasser des AE-WGM orientiert, so daß unter einem Absehen von Strafe ein Schuldspruch ohne Strafausspruch zu verstehen ist; vgl. AE-WGM, S. 50.

in den wenigen Ausnahmefällen in Betracht kommen, in denen eine solche zur Einwirkung auf den Täter unerläßlich ist[1522].

Die Unerläßlichkeit kann sich dabei entweder aus spezial- oder aus generalpräventiven Gesichtspunkten ergeben. Ein unabwendbares spezialpräventives Bedürfnis kann darin liegen, daß eine Bestrafung zur Einwirkung auf den Täter notwendig ist, z.B. im Falle eines chronisch rückfälligen Zechbetrügers oder eines Wiederholungstäters, der trotz Entziehung der Fahrerlaubnis wegen Trunkenheit im Straßenverkehr zu belangen ist. Hier kommt entgegen der Regelvermutung des § 4 Abs. II AE-WGM eine Strafe als unerläßlich auch dann in Frage, wenn eine geringere als eine einjährige Freiheitsstrafe verwirkt wäre[1523].

Aus generalpräventiven Gründen kann eine Bestrafung dann unerläßlich sein, wenn sie zur Einwirkung auf die Allgemeinheit notwendig ist. Die Abschreckungswirkung für die Allgemeinheit dürfte jedoch in aller Regel nur bei schwereren Delikten notwendig sein, so daß eine Unerläßlichkeit aus generalpräventiven Gründen abgesehen von wenigen Ausnahmefällen nur bei Delikten mit einer Straferwartung von mindestens einem Jahr vorliegen kann. Solche Ausnahmen wären etwa denkbar in Fällen mittelschwerer Straftaten, die in der Öffentlichkeit besonderes Aufsehen erregen und das Vertrauen in die Bestands- und Durchsetzungskraft der Rechtsordnung nachhaltig erschüttern können. Als konkrete Beispiele nennt der AE-WGM in seinen Erläuterungen gewalttätige Ausschreitungen von Fußballrowdies, Verkehrs- und Umweltdelikte mit schweren Folgen und geringer individueller Schuld oder organisierte öffentliche Straftaten von politischen Extremisten[1524].

Diese weitgehende Favorisierung der Restitution und der daraus resultierende breite Anwendungsbereich der Wiedergutmachung stieß auf geteilte Ansichten; so wurde teilweise in den Vorschlägen des AE-WGM eine Rücknahme des Strafschutzes gesehen, die „mit Teilabolitionismus noch vorsichtig umschrieben ist"[1525].

Einer der heftigsten Kritiker des AE-WGM ist der Kölner Professor Hans Joachim Hirsch. Er befürchtet unter anderem, die Einbeziehung des Entschädigungsgedankens in die genuinen Aufgaben des Strafrechts reaktiviere die „einseitig rückwärts gerichtete Sicht der Vergeltungstheorie"[1526]. Außerdem moniert er, daß die Idee der Einbeziehung der Wiedergutmachung in das Strafrecht von einem Mißverständnis der „Integrationsprävention" ausgeht, welches dazu führen müsse, daß alle rechtlichen Auswirkungen einer Straftat strafrechtlicher Natur wären. Dies lasse außer acht, daß „in einer entwickelten Rechtsordnung die strafrechtliche Erfassung eines Falles nur einen Ausschnitt aus dessen rechtlicher Erledigung darstellt" und würde in letzter Konsequenz „den Strafprozeß in seiner auf die spezifisch strafrechtliche Aburteilung des Täters gerichteten Zielsetzung zerstören"[1527]. Weiter stellt Hirsch den praktischen Nutzen der Wiedergutmachung als dritter Spur im Sanktionensystem für das Opfer in Frage, wenn er anführt, eine Verurteilung zur Wiedergutmachung des Schadens könne dieses auch auf zivilrechtlichem Wege bzw. im Adhäsionsverfahren erreichen[1528]. Wenn Hirsch dann weiter fol-

---

1522 AE-WGM, S. 39

1523 AE-WGM, S. 51

1524 AE-WGM, S. 52

1525 Loos, S. 51

1526 Hirsch, ZStW, S. 542

1527 Hirsch, ZStW, S. 541 f.

1528 Hirsch, ZStW, S. 542 f.; interessant in diesem Zusammenhang auch die Ansicht Lüderssens, der sich für eine grundsätzliche Zuordnung der Wiedergutmachung zum Zivilrecht ausspricht und die wachsende Bedeutung der Opferinteressen nicht als eine Abkehr von dem täterorientierten Strafrecht, sondern als eine Abkehr von der Betroffenheit der Staatsraison ansieht, S. 893. Diese Entwicklung hält er deshalb für begrüßenswert, weil er darin einen Prozeß eingeleitet sieht, in dessen Verlauf das Strafrecht nach und nach gert, aus der zwangsweisen Durchsetzung der Wiedergutmachung mit strafprozessualen Mitteln wie der Ersatzfreiheitsstrafe ergebe sich eine „Rückkehr zum Schuldturm“[1529], übersieht er allerdings, daß der AE-WGM für die Wiedergutmachung keine Ersatzfreiheitsstrafe vorsieht, was in ihrer Konstruktion als freiwillige Leistung begründet ist[1530].

Allgemein wurden im Rahmen der Kritik an den Regelungen des AE-WGM die größten Schwachpunkte der Wiedergutmachung in einem Defizit im Bereich der Generalprävention[1531] sowie in der Gefahr der Entstehung eines die Freiwilligkeit der Wiedergutmachung aushebelnden Drucks auf Täter und Opfer erblickt[1532]. Außerdem wurde kritisiert, daß der Täter nach § 6 Abs. II AE-WGM seine Wiedergutmachung bis zur Hauptverhandlung geleistet haben muß, also bevor seine Tatschuld rechtsverbindlich festgestellt worden ist. Bis zum Abschluß des Schuldfeststellungsverfahrens dürfe es jedoch keine „Erfolgsgarantie“ für den Täter geben, sondern müsse dieser die Möglichkeit haben, im Rahmen eines formell ordnungsgemäßen Verfahrens die Notwendigkeit der Vornahme von Wiedergutmachungshandlungen festsetzen zu lassen[1533].

Auch die praktische Bedeutung der im AE-WGM enthaltenen Regelungsvorschläge ist Gegenstand der in der Literatur geübten Kritik. Da nach § 4 Abs. II AE-WGM ein Absehen von Strafe nur dann ausscheidet, wenn der Täter ohne die Wiedergutmachung eine Freiheitsstrafe von mehr als einem Jahr verwirkt hat[1534], und nur ca. 3 % aller Täter zu einer Freiheitsstrafe von mehr als einem Jahr verurteilt werden, würde die Strafbefreiung bei Wiedergutmachung nahezu den gesamten Bereich der leichten und mittleren Kriminalität umfassen[1535].

Schaffstein, der die Ausweitung der Wiedergutmachung dem Grunde nach durchaus befürwortet, weist darauf hin, daß die zu Gebote stehenden Ausgleichsmaßnahmen eingeschränkt sind und in der Praxis nicht ausreichen dürften. So führt er beispielsweise an, daß für die Verrichtung gemeinnütziger Arbeit nicht annähernd so viele geeignete Stellen zur Verfügung stehen, wie gemeinhin angenommen wird[1536]. Soll dann auch noch möglichst eine der staatlichen Strafe annähernd gleichwertige Ausgleichsleistung erbracht werden[1537], wird die Auswahl noch kleiner.

Weiter gibt Schaffstein zu bedenken, daß die symbolische Wiedergutmachung des AE-WGM an sich überflüssig ist; eine Wiedergutmachung an die Allgemeinheit unterscheide sich im Endeffekt schließlich nicht von einer staatlichen Strafe. Deshalb schlägt er vor, etwa bei abstrakten Gefährdungsdelikten den jeweils betroffenen Funktionsträger, also z.B. bei Umweltdelikten die Umweltbehörden oder bei Verkehrsdelikten die Straßenverkehrsbehörden, und

verschwinden wird, weil seine Funktionen vom Zivilrecht übernommen werden, vgl. S. 892, Fn. 33. Er räumt jedoch ein, daß sich diese Entwicklung notwendigerweise über Zwischenschritte vollziehen muß und gibt insofern „pragmatisch“ den Gedanken des AE-WGM bzw. der Theorie von der dritten Spur der Wiedergutmachung recht, S. 893, Fn. 35.

[1529] Hirsch, ZStW, S. 543

[1530] Roxin, Baumann-FS, S. 250

[1531] Auch Schaffstein, der die Ausweitung der Wiedergutmachung grundsätzlich befürwortet, hegt Zweifel hinsichtlich der negativen Generalprävention, wenn sich die zu befürchtende Sanktion in der Leistung von Wiedergutmachung erschöpft, insbesondere gelte dies bei abstrakten Gefährdungsdelikten, S. 1070.

[1532] Loos, S. 51; auch diese Bedenken teilt Schaffstein, S. 1069.

[1533] Lampe, S. 490 f.

[1534] siehe oben S. 173

[1535] Lampe, S. 491

[1536] Schaffstein, S. 1072 f.; siehe auch oben S. 164, Fn. 1448

[1537] Schaffstein, S. 1071

bei im Versuchsstadium steckengebliebenen Taten das anvisierte Opfer als ausgleichsberechtigtes Opfer anzusehen[1538].

In dem Absehen von Strafe „gegen" Wiedergutmachung wird außerdem die Gefahr gesehen, daß sich wirtschaftlich für den Kriminellen seine Tat unerwünschterweise lohnen könnte, wenn dieser lediglich als Wiedergutmachung die Beute zurückgeben und sich entschuldigen muß. Auf einen Versuch könne es der wenig Rechtstreue bei dieser Reaktionsaussicht getrost ankommen lassen, da er schlimmstenfalls wirtschaftlich so gestellt ist, wie ohne die Tat. Dies lasse vermuten, den Verfassern des Alternativentwurfs seien diese möglichen Konsequenzen nicht offenbar gewesen[1539].

Dem läßt sich jedoch entgegen halten, daß bei solchen Tätern, die gewohnheits- bzw. regelmäßig kleinere Delikte begehen, die unter einer Strafdrohung von einem Jahr Freiheitsstrafe angesiedelt sind, dennoch eine Strafe verhängt werden kann, wenn diese aufgrund spezialpräventiver Aspekte geboten ist. Bei dem oben beispielhaft angeführten Kleinkriminellen, der vermehrt Diebstähle begeht, weil er damit nur das Risiko eingeht, die Beute zurückgeben und sich entschuldigen zu müssen, wären diese Voraussetzungen erfüllt. Aus den Erläuterungen zum AE-WGM ergibt sich, daß bei der Ausarbeitung des Verhältnisses zwischen Strafe und Wiedergutmachung an ähnlich gelagerte Fälle gedacht war, wenn die Möglichkeit offen gelassen wurde, auch bei einer Strafdrohung von weniger als einem Jahr Freiheitsstrafe nicht auf eine Kriminalstrafe zu verzichten. So wird als potentieller Anwendungsfall der Unerläßlichkeit der Strafe aus spezialpräventiven Gründen der eines unbelehrbaren Wiederholungstäters genannt[1540]. Die Befürchtung, die Regelungen des AE-WGM könnten Gewohnheitstäter begünstigen, ist daher unbegründet.

Obwohl der AE-WGM auf großes Interesse stieß und ein nicht unerhebliches Echo nach sich zog, fand er nur sehr rudimentären Eingang in die Gesetzgebung. So wurde im Rahmen des Verbrechensbekämpfungsgesetzes vom 28.10.1994[1541] zwar durch dessen Art. 1 Nr. 1 die Regelung des § 46 a in das StGB eingeführt, wonach das Gericht die zu verhängende Strafe mildern kann, wenn das Opfer entschädigt bzw. sich um Wiedergutmachung bemüht[1542]. Diese gesetzliche Ausgestaltung des Täter-Opfer-Ausgleichs bleibt aber erheblich hinter dem zurück, was der AE-WGM für die Wiedergutmachung an Gewicht und Anwendungsbereich vorgesehen hatte[1543]. Auch die Anwendung in der Praxis blieb (zumindest zunächst) hinter den Erwartungen zurück[1544], da die für eine umfassende und sinnvolle Anwendung des Täter-Opfer-Ausgleichs notwendigen organisatorischen Voraussetzungen noch nicht in ausreichendem Umfang geschaffen wurden[1545]. Die sich abzeichnenden Tendenzen lassen jedoch erkennen, daß der Täter-Opfer-Ausgleich in der Zukunft wohl an praktischer Bedeutung gewinnen wird[1546].

Einen über die im AE-WGM enthaltenen Vorschläge hinaus der Wiedergutmachung Gewicht zumessendes Modell hat in jüngster Zeit Susanne Walther in ihrer Habilitationsschrift „Vom Rechtsbruch zum Realkonflikt"[1547] entwickelt. Sie geht dabei von einem vierspurigen Sank-

[1538]Schaffstein, S. 1074
[1539]Lampe, S. 491/492
[1540]vgl. oben S. 175
[1541]BGBl. I, S. 3186
[1542]vgl. zum Täter-Opfer-Ausgleich ausführlich oben S. 144 ff.
[1543]Dölling/Bannenberg/Uhlmann, TOA, S. 35; vgl. oben S. 148, Fn. 1319
[1544]Lackner, § 46 a, Rn. 1; vgl. oben S. 148, Fn. 1320
[1545]Lackner aaO; vgl. oben S. 148, Fn. 1321
[1546]vgl. oben S. 148 aE
[1547]siehe dazu schon oben S. 146, Fn. 1306

tionensystem aus, in dem neben die Maßregelspur die Spur der Wiedergutmachungsmaßnahmen tritt und die Strafe zweispurig ausgestaltet ist[1548]:

Nach diesem Modell ist die herkömmlich als „Strafe" bezeichnete, von Walther „Reprobation" genannte Rechtsfolgenspur in zwei Ebenen aufzuteilen, nämlich der Strafe im weiteren Sinn, die in der Feststellung von Unrecht und Schuld und einer Warnung besteht, sowie der Strafe im engeren Sinn, also der Zufügung eines Übels. Neben diesen beiden Spuren gibt es die der „Reparation", welche Maßnahmen der Wiedergutmachung umfaßt, und die der „Prävention", die der heutigen Maßregelspur entspricht.

Hinsichtlich der praktischen Gewichtung soll nach Auffassung Walthers die Reprobation nach wie vor die erste Spur des Rechtsfolgensystems bleiben, da die Schuldfeststelllung für eine adäquate öffentliche Mißbilligung der Tat sorgt. Dies wiederum stellt ein wichtiges Element der Bewältigung derjenigen Wirkungen der Tat, die im symbolischen und irreparablen Bereich liegen[1549]. Walther spricht sich eindeutig dagegen aus, die Wiedergutmachung als vorrangige kriminalrechtliche Rechtsfolge zu begreifen, da die spezifisch kriminalrechtliche Besonderheit des Sanktionensystems gerade darin bestehe, daß es beim Verbrechen als einer gesteigerten Form des Deliktsunrechts primär der staatlich-hoheitlichen Reprobation bedarf, um eine adäquate Remedur zu bewirken[1550].

Nach den zwei Stufen bzw. Spuren der Reprobation folgt nach Auffassung Walthers als dritte Stufe die Reparation, als vierte Stufe die Prävention, also die Maßregelschiene. Sie geht jedoch auch davon aus, daß in der Anwendungspraxis die Reparation regelmäßig nicht erst die dritte, sondern bereits die zweite Stufe darstellen würde, da sich die Reprobation meist auf die Feststellung und Warnung beschränken und auf Strafe im engeren Sinne einer Übelszufügung verzichtet werden könne[1551]. In dem Zusammenwirken mit den daneben möglichen Reparationsmaßnahmen als Rechtsfolgen könnte so eine umfassende Bewältigung der Tat bzw. ihrer Folgen stattfinden.

Genau dies ist auch der dogmatische Ansatzpunkt, auf den sich das Walther`sche Modell stützt: Um eine umfassende Aufarbeitung der Tat zu ermöglichen, muß die strikte Trennung der strafrechtlichen Folgen einerseits und der zivilrechtlichen Ansprüche andererseits aufgehoben werden. Eine Straftat dürfe nicht nur auf ein Abstraktum wie eine „Normverletzung" oder einen „Rechtsbruch" reduziert werden, vielmehr müsse sie auch als „Realkonflikt" zwischen Menschen in den Blick kommen, um einer Entpersönlichung des Straf(verfahrens)rechts entgegenzuwirken[1552].

Eben diesen Ansatz eines entsprechenden Umdenkens erkennt Walther im AE-WGM, in welchem von der Straftat als einem „Geschehen, das es zu bewältigen gilt", gesprochen wird[1553]. Walther sieht darin einen „Paradigmenwechsel von der Täter-Opfer-Dichotomie zur Perspektive der Beziehungen; von der Recht-Gegenrechte-Dichotomie zur Perspektive der Bedürfnisse"[1554]. Darin spiegele sich der Einfluß sozialwissenschaftlich-kriminologischer Fundamentalkritik an der Abstraktheit des tradierten Strafrechts[1555], zu deren Überwindung das Walther`sche Modell dienen soll.

[1548] Walther, Habil., S. 291 ff.
[1549] Walther, Habil., S. 290
[1550] Walther, Habil., S. 293
[1551] Walther, Habil., S. 293
[1552] Walther, Habil., S. 152
[1553] Walther, Habil., S. 150 mit Verweis auf Baumann, AE-WGM, S. 23
[1554] Walther, Habil., S. 152
[1555] Walther, Habil., S. 153

Im Unterschied zum AE-WGM sieht die Walther'sche Konstruktion für die Wiedergutmachung nicht lediglich ein Anreizmodell vor, in dem eine im Vorfeld erbrachte Wiedergutmachung zur Milderung oder zum Absehen von Strafe führen kann, sondern stellt sie diesem ein sogenanntes „Sanktionsmodell" gegenüber. Dies sieht die Wiedergutmachung idealtypisch als Sanktion im klassischen Sinne der Anordnung und gegebenenfalls zwangsweisen Durchsetzung bestimmter Rechtsfolgen vor[1556] und geht insofern über die im AE-WGM enthaltenen Vorschläge hinaus.

V. Zusammenfassende Stellungnahme zur Reform des Sanktionensystems

Aus den oben angestellten Überlegungen ergibt sich, daß die Einführung einer neuen Hauptstrafe in Form des Fahrverbotes oder der gemeinnützigen Arbeit nicht sinnvoll erscheint.

Bei dem Fahrverbot ergeben sich Ungerechtigkeiten daraus, daß keine auch nur annähernd gleiche Betroffenheit unter den Verurteilten vorliegen wird, da die Nutzung und Abhängigkeit von einem Kfz bzw. der Erlaubnis, ein solches zu führen, stark variiert. Eine Strafe, die ein Rechtsgut beeinträchtigt, das nur in einem Teil der potentiellen Anwendungsfälle überhaupt vorhanden ist, erscheint wenig gerecht.

Die Dienstleistungsstrafe setzt zwar am richtigen Punkt an, nämlich der persönlichen Freizeitgestaltung, die jeder Mensch gleichermaßen für sich in Anspruch nimmt, ihre Durchführung ist aber nicht in großem Stil praktikabel. Selbst wenn die verfassungsrechtlichen Bedenken zerstreut werden könnten, wäre eine solche Strafe in Zeiten großer Arbeitslosigkeit ein Schritt in die falsche Richtung.

Weil in ihren Grundzügen sinnvoll, sollte die gemeinnützige Arbeit weiterhin zur Tilgung uneinbringlicher Geldstrafen möglich sein, ihr Anwendungsbereich aber darüber hinaus nicht erweitert werden.

Auch andere Alternativen zur vollzogenen Freiheitsstrafe wie der elektronisch überwachte Hausarrest empfehlen sich nicht. Abgesehen von Zweifeln an der Vereinbarkeit einer solchen Maßnahme mit den Grundrechten der Menschenwürde und der freien Entfaltung der Persönlichkeit[1557] dürfte es fragwürdig sein, ob man sich in solchem Maße auf die Technik verlassen sollte, die letztlich immer auf irgendeine Art und Weise manipulierbar sein wird.

Zwar schlägt der oben genannte Entwurf zur Änderung des Strafvollzugsgesetzes die elektronische Fessel nicht als selbständige strafrechtliche Sanktion, sondern lediglich als Maßnahme der Vollzugslockerung vor, die nur mit Einverständnis des Verurteilten vorgenommen werden kann[1558], jedoch steht dem entgegen, daß sich der elektronisch überwachte Hausarrest in für den Verurteilten nicht vorhersehbarem Ausmaß als psychische Fessel erweisen kann, welche die innere Freiheit beeinträchtigt und so gegenüber dem Strafvollzug nicht unbedingt ein kleineres Übel darstellt[1559].

[1556] Walther, Habil., S. 297
[1557] Sonnen, S. 4
[1558] Sonnen, S. 4
[1559] Ostendorf, S. 473

Die Einführung der Wiedergutmachung als eine dritte Spur im Sanktionensystem[1560] erscheint etwas zu weit gegriffen. Es ist mit der Regelung des § 46 a StGB eine Möglichkeit geschaffen worden, die Bereitschaft der Betroffenen sowie der Rechtsanwender zum außergerichtlichen Tatausgleich auszuloten. Sollte sich dieser Ansatz in der Praxis nach dem notwendigen Ausbau der organisatorischen Voraussetzungen bewähren, kann eine Ausweitung des Anwendungsbereiches des Täter-Opfer-Ausgleichs bzw. der Wiedergutmachung noch immer erfolgen.

Die weitgehende Übertragung von leichter und mittlerer Kriminalität in den Bereich der weitgehend außergerichtlich abzuwickelnden Restitution erscheint rechtspolitisch schwer durchsetzbar und in der Bevölkerung wenig populär. Es dürfte nicht leicht zu vermitteln sein, daß als Sanktion für eine der Rechtsordnung zuwiderlaufende, schädigende und vorsätzlich begangene Handlung regelmäßig keine andere Rechtsfolge ausgesprochen wird als das, was nach dem „gesunden Rechtsempfinden" des Bürgers ohnehin zu erfolgen hat, nämlich die Wiedergutmachung des angerichteten Schadens[1561]. Es darf nicht außer acht gelassen werden, daß unter Umständen sogar die Drohwirkung eines Strafverfahrens den Täter zur Erfüllung seiner zivilrechtlichen Schadensersatzpflichten veranlaßt.

Insofern erscheint es auch unter generalpräventiven Aspekten ratsam, zunächst die Akzeptanz des noch relativ jungen Projekts „Täter-Opfer-Ausgleich" zu beobachten, bevor dieses Schiene weiter ausgebaut wird. Eine Neuregelung, die von einem Moment auf den anderen einen erheblichen Teil der begangenen Straftaten gewissermaßen gegen Schadensausgleich straffrei stellt, könnte zu Rechtsunsicherheit führen und das Vertrauen in die Rechtsordnung und ihre Durchsetzung durch den Staat erschüttern. Dies könnte wiederum zur Folge haben, daß auch das Rechtsbewußtsein an sich rechtstreuer Bürger leidet und diese aufgrund des erlittenen Vertrauensverlustes ihre Achtung vor der Rechtsordnung verlieren.

Ein Sanktionensystem, das sich zu einem großen Teil darauf verläßt, daß der Täter durch Konfrontation mit dem Opfer und seiner Situation bzw. allgemein mit den Folgen seiner Tat geläutert wird, wird sich gegen den Vorwurf zur Wehr setzen müssen, von blauäugigen und idealistischen Prämissen auszugehen. Es ist menschlich, in dieser Hinsicht mit einem gewissen Mißtrauen anzunehmen, daß es Fälle geben wird, in denen das Vorhandensein einer Einsicht nur vorgetäuscht wird, so daß der Täter nach Ausgleich der angerichteten Schäden unbehelligt davon kommt. Bis aus spezialpräventiven Aspekten nach dem AE-WGM eine Bestrafung dieses Täters offensichtlich unerläßlich wäre, müßte der Betreffende mindestens ein zweites Mal straffällig werden. Es ist jedoch auch nicht ausgeschlossen, daß es geschickten Delinquenten gelingen kann, sich das Absehen von Strafe in mehreren Fällen durch Täuschung zu „erschleichen".

Es erscheint daher auf jeden Fall angemessen, die Wiedergutmachung langsam zu stärken und die Akzeptanz in der Bevölkerung genau zu beobachten. Außerdem müssen die durchführenden Stellen streng darauf achten, daß sie auch wirklich nur in geeigneten Fällen zur Anwendung kommt, damit nicht der besonders schlitzohrige Täter von dieser Möglichkeit zu Unrecht profitiert. Ein Ausbau der Wiedergutmachung zu einer eigenständigen dritten Spur im Sanktionensystem des Strafrechts ist deshalb nicht angebracht.

Neue, das bestehende Sanktionensystem ergänzende Strafarten zu entwickeln, ist meiner Ansicht nach weder unbedingt notwendig noch der richtige Weg, um Mängel der aktuellen Strafpraxis zu beheben. Vielmehr sollte sowohl der Gesetzgeber als auch der Gesetzesanwen-

---

[1560]vgl. oben S. 173 ff.

[1561]so z.B. auch Schaffstein, S. 1069

der bemüht sein, das gegebene Instrumentarium zu optimieren, also im Detail zu modifizieren und in der Anwendung die vorhandenen Möglichkeiten voll auszuschöpfen[1562].

So könnte z.B. der am meisten beklagte Nachteil der Geldstrafe durch eine geringfügige Änderung ausgeglichen werden:

Der Grundsatz der Opfergleichheit würde besser gewahrt, wenn für jeden Verurteilten eine seinem Einkommen angemessene Tagessatzhöhe errechnet werden könnte. Zu diesem Zwekke sollte es dem erkennenden Richter ermöglicht werden, Einsicht in die Steuerbescheide des Delinquenten aus den letzten Jahren zu nehmen, damit er sich nicht allein auf die nicht immer wahrheitsgemäß erteilten Angaben des zu Verurteilenden verlassen muß. Da in der einen Waagschale der Grundsatz der Opfergleichheit erheblich schwer wiegt, ist es nicht einzusehen, warum die „heilige Kuh" Steuergeheimnis nicht zu dessen Gunsten angetastet werden sollte.

Außerdem könnte bei der Zumessung der Geldstrafe nicht nur bezüglich der Höhe der Tagessätze, sondern auch was die Anzahl derselben betrifft, der bestehende gesetzliche Rahmen der Höchststrafen besser ausge-schöpft werden.

Um die Ungleichheiten bei uneinbringlichen Geldstrafen zu umgehen, sollte die oben bereits erwähnte Möglichkeit, gemeinnützige Arbeit zu Tilgungszwecken zu leisten, erweitert werden.
Ein nicht zu verleugnender Vorteil der Geldstrafe als solche ist schließlich auch der Zufluß finanzieller Mittel an den Fiskus, der letztendlich wiederum allen Bürgern zugute kommt.

Der gegen die Geldstrafe vorgebrachte Einwand der starken nachteiligen Auswirkungen auf die Angehörigen vermag die Vorteile dieser Sanktion nicht aufzuwiegen. So wird bei jeglicher Strafe die Familie in Mitleidenschaft gezogen. Man stelle sich nur die Auswirkungen eines Fahrverbotes auf einen Haushalt vor, in dem ein Kfz vorhanden ist: der Verurteilte wird die kostengünstigste Möglichkeit nutzen, seine Mobilität beizubehalten und sich von seinen Angehörigen überallhin chauffieren lassen.

Auch zur Verdrängung der kurzzeitigen Freiheitsstrafe ist die Schaffung einer neuen Reaktionsmöglichkeit von Seiten des Staates keine Notwendigkeit. Zwar kann die kurze Haft keinerlei resozialisierende Effekte erzielen, deswegen muß aber nicht gänzlich auf sie verzichtet werden. Die Tatsache, daß die kurzfristige Freiheitsstrafe den Verurteilten nur aus seinem sozialen Umfeld inklusive Arbeit und Familie zu reißen, aber nicht zu bessern geeignet ist, stellt sich keineswegs als unabänderlich dar.

Eine Möglichkeit, diese Nachteile zu vermeiden, bietet sich in der Vollstreckung der kurzen Freiheitsstrafe als Freizeitstrafe. Könnte der Täter seine Strafe an den Wochenenden und in seinem Urlaub „absitzen", müßte er weder seinen Arbeitsplatz noch seine sozialen Kontakte einbüßen. Auch das Umfeld könnte den Delinquenten nicht ohne weiteres als „Knacki" erkennen und verurteilen, so daß der gefürchtete Stigmatisierungseffekt ausbliebe[1563].

Auch hinsichtlich eines ausreichenden Strafübels bestehen meines Erachtens keine Zweifel, ist doch die Freizeit in der heutigen Gesellschaft als eine Errungenschaft von hohem Stellen-

---

[1562] so auch Generalstaatsanwalt a.D. Kintzi in seinem Referat zum Thema „Änderungen im Bereich der Geldstrafe" im Rahmen der Beratungen der Kommission zur Reform des strafrechtlichen Sanktionensystems (siehe auch oben S. 52, Fn. 461); vgl. Abschlußbericht, S. 86
[1563] vgl. Schaffmeister, S. 1012

wert anzusehen. Außerdem erfüllt eine solche Strafe auch einen präventiven Zweck, denn die Freizeit ist häufig der Rahmen, innerhalb dessen sich vorübergehende kriminelle Gefährdungen aktualisieren[1564].

Zuletzt ist noch festzustellen, daß dem nicht zu verleugnenden Bedürfnis der Opfer bzw. der gesamten Bevölkerung nach Wiedergutmachung dadurch genüge geleistet werden kann, daß die vorhandenen Möglichkeiten des Täter-Opfer-Ausgleichs noch mehr genutzt werden. Angenehmer Nebeneffekt wären in diesem Fall die größeren Besserungschancen für den Täter, der, mit den Auswirkungen seiner Tat auf das Opfer konfrontiert, das Unrecht seiner Handlung leichter erkennen kann.

Die Schöpfung neuartiger Sanktionen stellt sich also als überflüssig dar, wenn man das vorhandene Sanktionensystem im Rahmen seiner Konzeption optimiert und in oben genannter Weise ergänzt. Auf populistische und parteipolitisch geprägte Vorschläge wie Fahrverbot als Hauptstrafe u.ä. könnte dann verzichtet werden und das Strafinstrumentarium in einer Art und Weise zur Verbrechensbekämpfung genutzt werden, die sich als fortschrittlich und in Hinblick auf das Bestimmtheitsgebot unbedenklich darstellt.

[1564]Dolde/Rössner, S. 433; Göppinger, Praxis, S. 131

Literaturverzeichnis

Albrecht, Hans-Jörg: Statistische Angaben über die Geldstrafe in der Bundesrepublik Deutschland, in: Die Geldstrafe im deutschen und ausländischen Recht; Herausgeber: Hans-Heinrich Jescheck und Gerhardt Grebing; Reihe: Rechtsvergleichende Untersuchungen zur gesamten Strafrechtswissenschaft, 3. Folge, Band 1, Baden-Baden 1978; zit.: *Albrecht in Jescheck/Grebing, S.*

Amelunxen, Clemens: Werkschutz und Betriebskriminalität, 4. Auflage, Hamburg 1973; zit.: *Amelunxen, S.*

App, Michael: Verwaltungsvollstreckungsrecht, 2. Auflage, Köln, Berlin, Bonn, München 1992; zit.: *App, Rn.*.

Appelius, H.: Die Beschlüsse der Zweiten Jahresversammlung der Internationalen Criminalistischen Vereinigung (Gruppe Deutsches Reich), Halle 25./26. März 1891 betreffend die Verschärfung der kurzzeitigen Freiheitsstrafe, die Umgestaltung der Geldstrafe und der subsidiären Strafe, Berlin 1891; zit.: *Appelius, S.*

Arndt, Adolf: Private Betriebs-„Justiz"? (GG Art. 92; BGB §§ 138, 242; BetrVG § 56), NJW 1965, S. 26 f.; zit.: *Arndt, S.*

Arnold, Ernst: Die Strafdrohungen im geltenden Strafgesetzbuch und in den einzelnen Entwürfen, Dissertation Universität Giessen 1933; zit.: *Arnold, S.*

Arzt, Gunther: Geldwäscherei – Eine neue Masche zwischen Hehlerei, Strafvereitelung und Begünstigung, NStZ 1990, S. 1 ff.; zit.: *Arzt, S.*

Baumann, Jürgen: Entwurf eines Strafgesetzbuches – Allgemeiner Teil, Reihe: Recht und Staat in Geschichte und Gegenwart, Heft 274/275, Tübingen 1963; zit.: *Baumann, Entwurf, S.*

ders.: Kritische Gedanken zur Disziplinarstrafe, JZ 1964, S. 612 ff.; zit.: *Baumann, JZ 64, S.*

ders.: Der Lichtblick im Disziplinarrecht, JZ 1967, S. 657 ff.; zit.: *Baumann, JZ 67, S.*

ders.: Beschränkung des Lebensstandards anstatt kurzfristiger Freiheitsstrafe, Reihe: Strafrecht. Strafverfahren. Kriminologie, Band 25, Neuwied, Berlin 1968; zit.: *Baumann, Lebensstandard, S.*

ders.: Alternativ-Entwurf eines Strafgesetzbuches, Allgemeiner Teil, 2. Auflage, Tübingen 1969; zit.: *Baumann, AE, S.*

Baumann, Jürgen: Resozialisierungsgedanke und Rechtsgüterschutz im 1. und 2. Strafrechtsreformgesetz, DRiZ 1970, S. 2 ff; zit.: *Baumann, DriZ, S.*

ders.: Über die Denaturierung eines Rechtsinstituts (§ 59 StGB), JZ 1980, S. 464 ff.; zit.: *Baumann, JZ 80, S.*

ders.: Strafrecht, Allgemeiner Teil, 9. Auflage, Bielefeld 1985, zit.: *Baumann, LB, S.*

Baumann, Jürgen, Weber, Ulrich und Mitsch, Wolfgang: Strafrecht. Allgemeiner Teil. Lehrbuch, 10. Auflage, Bielefeld 1995; zit.: *Baumann/Weber/Mitsch, §, Rn.*

Baumann, Jürgen u.a.: Alternativ-Entwurf eines Strafgesetzbuchs, Allgemeiner Teil, Tübingen 1966; zit.: *AE, § bzw. S.*

Baur, Fritz: Betriebsjustiz, JZ 1965, S. 163 ff.; zit.: *Baur, S.*

Beck, Volker, Müller, Kerstin, Schlauch, Rezzo, Such, Manfred und Köhler, Martin: Bürgerrechte erhalten – Kriminalität verhüten – Öffentliche Sicherheit stärken! Kripopapier der Partei Bündnis 90/ Die Grünen
Internet-Fundstelle: http://www.gruenebt.de/aktuell/hotspot/kripo.htm
zit.: *Kripopapier Die Grünen, S.*

Bems, Werner: Die Geldstrafe nach dem Tagessatzsystem und das Verbot der reformatio in peius. Möglichkeiten einer Berücksichtigung nachträglicher Einkommensverbesserungen im Verlaufe des Rechtsmittelverfahrens, Dissertation Universität Münster 1980; zit.: *Bems, S.*

Bendel, Ewald: Rechtspolitische Perspektiven der Konfliktschlichtung, in: Täter-Opfer-Ausgleich – auf dem Weg zur bundesweiten Anwendung? Beiträge zu einer Standortbestimmung. Bericht über das Forum 1993 für Täter-Opfer-Ausgleich und Konfliktschlichtung vom 16.-18. Juni 1993 in Bonn, herausgegeben von Hans-Jürgen Kerner, Elke Hassemer, Erich Marks und Michael Wandrey, Bonn 1994; zit.: *Bendel, S.*

Best, Edmund: Studien über die Anwendung der fakultativ angedrohten Geldstrafe im deutchen Reiche, Dissertation Universität Giessen 1932; zit.: *Best, S.*

Bettermann, Karl August: Beitrag „Die rechtsprechende Gewalt“ (§ 73) in: Handbuch des Staatsrechts, herausgegeben von Josef Isensee und Paul Kirchhof, Band III, Das Handeln des Staates, Heidelberg 1988, S. 775 ff; zit.: *Bettermann, StaatsR-Handbuch, § 73, Rn.*

Blomeyer, Arwed: Unterlassungsanspruch, Unterlassungstitel und die Bestrafung nach § 890 ZPO, Festschrift für Ernst Heinitz zum 70. Geburtstag am 1. Januar 1972, herausgegeben von Hans Lüttger in Verbindung mit Hermann Blei und Peter Hanau, Berlin 1972; zit.: *Blomeyer, S.*

Bötticher, Eduard: Referat zum Thema „Empfiehlt sich eine Neuregelung der Verpflichtung zum Geldersatz für immateriellen Schaden?“ in Verhandlungen des 45. Deutschen Juristentages in Karlsruhe 1964, Band II, S. C 7 ff., Berlin, München 1964; zit.: *Bötticher, 45. DJT, S.*

ders.: Wesen und Arten der Vertragsstrafe sowie deren Kontrolle, ZfA 1970, S. 3 ff.; zit.: *Bötticher, S.*

Boujong, Karl Heinz: Rotberg Ordnungswidrigkeitengesetz Kommentar, 5. Auflage, München 1975; zit.: *Rotberg, §, Rn.*

ders.: Karlsruher Kommentar zum Gesetz über Ordnungswidrigkeiten, München 1989; zit.: *Karlsruher Kommentar/Bearbeiter, §, Rn.*

Brauns, Uwe: Die Wiedergutmachung der Folgen der Straftat durch den Täter. Ein Beitrag zur Neubewertung eines Strafzumessungsfaktors de lege lata und de lege ferenda. Reihe: Kölner Kriminalwissenschaftliche Schriften, Band 19, Berlin 1996; zit.: *Brauns, S.*

Brüggemeier, Gert: Haftungsfolgen – Entwicklungstendenzen im europäischen und deutschen Schadensersatzrecht, in: Die Präventivwirkung zivil- und strafrechtlicher Sanktionen, Beiträge zum VI. Travemünder Symposium zur ökonomischen Analyse des Rechts vom 25.-28. März 1998, herausgegeben von Claus Ott und Hans-Bernd Schäfer; zit.: *Brüggemeier, S.*

Bruns, Hans-Jürgen: Strafzumessungsrecht. Gesamtdarstellung, 2. Auflage, Köln, Berlin, Bonn, München 1974; zit.: *Bruns, Strafzumessung, S.*

Buchwald, F.: Zum Problem der kurzfristigen Freiheitsstrafe, SJZ 1948, S. 211; zit.: *Buchwald, S.*

Bundesrechtsanwaltskammer (Hrsg.): BRAK Mitteilungen, Jahrgänge 1994-1995 und 1996-1997, Verlag Dr. Otto Schmidt, Köln; zit.: *BRAK-Mitt., Jhrg., S.*

Cramer, Peter: Zur Reform von Fahrerlaubnisentziehung und Fahrverbot, Gedächtnisschrift für Horst Schröder, herausgegeben von Walter Stree, Theodor Lenckner, Peter Cramer und Albin Eser, München 1978, zit.: *Cramer, FS, S.*

Creifelds, Carl: Rechtswörterbuch, 14. Auflage, München 1997; zit.: *Creifelds, S.*

Däubler-Gmelin, Herta Meyer, Jürgen u. a.: Entwurf der SPD-Bundestagsfraktion eines Gesetzes zur Reform des strafrechtlichen Sanktionensystems, Bundestagsdrucksache 13/4462 vom 24.04.96; zit.: *SPD-Entwurf, S.*

Deutsch, Erwin: Anmerkung zu OLG Celle, JZ 1970, S. 548 f.; zit.: *Deutsch, S.*

Deutsche Vereinigung für Jugendgerichte und Jugendgerichtshilfen (Hrsg.): Jugend im sozialen Rechtsstaat: Für ein neues Jugendgerichtsgesetz; Dokumentation des 22. Deutschen Jugendgerichtstages vom 26. bis 30. September 1992 in Regensburg. Reihe: Schriftenreihe der Deutschen Vereinigung für Jugendgerichte und Jugendgerichtshilfen, Band 23, Bonn, 1996; zit.: *Autor, 22. JGT, S.*

Dierlamm, Alfred: Anmerkung zu BGH vom 8.2.1995, NStZ 1995, S. 334 f.; zit.: *Dierlamm, S.*

Dietz, Rolf und Richardi, Reinhard: Betriebsverfassungsgesetz mit Wahlordnungen. Kommentar, 5. Auflage, München 1973; zit.: *Dietz/Richardi, §, Rn.*

Dölling, Dieter: Die gemeinnützige Arbeit als eigenständige strafrechtliche Sanktion in: Die 13. Bundestagung. Dokumentation der 13. Deutschen Bundestagung der Deutschen Bewährungshilfe e.V. (DBH), 18.-21. September 1988 in Marburg, Bonn 1990, S. 363; zit.: *Dölling, DBH, S.*

Dölling, Dieter u.a.: Täter-Opfer-Ausgleich in Deutschland. Bestandsaufnahme und Perspektiven. Herausgegeben vom Bundesministerium der Justiz, Bonn 1998; zit.: *Dölling/Autor, TOA, S.*

Dolde, Gabriele und Rössner, Dieter: Auf dem Wege zu einer neuen Sanktion: Vollzug der Freiheitsstrafe als Freizeitstrafe, ZStW 99, S. 424; zit.: *Dolde/Rössner, S.*

Dreher, Eduard und Tröndle, Herbert: Strafgesetzbuch und Nebengesetze. Kommentar, 47. Auflage, München 1995; zit.: *Dreher/Tröndle, §, Rn.*

Eberbach, Wolfram H.: Zwischen Sanktion und Prävention, NStZ 1987, S. 486 ff.; zit.: *Eberbach, S.*

Ebermayer, Ludwig: Gutachten des Herrn Reichsgerichtsrats Ludwig Ebermayer zu Leipzig über die Frage: Welches Strafmittelsystem empfiehlt sich für das künftige Strafgesetzbuch? in: Verhandlungen des 29. Deutschen Juristentages Berlin 1908; zit.: *Ebermayer, S.*

Eickhoff, Rudolf: Das Verhältnis von Fahrerlaubnisentziehung und kurzfristiger Freiheitsstrafe, NJW 1971, S. 272 ff.; zit.: *Eickhoff, S.*

Eisenberg, Ulrich: Kriminologie, 3. Auflage, Köln, Berlin, Bonn, München 1990; zit.: *Eisenberg 1990, §, Rn.*

ders.: Kriminologie, 4. Auflage, Köln, Berlin, Bonn, München 1995; zit.: *Eisenberg 1995, §, Rn.*

Enneccerus, Ludwig und Lehmann, Heinrich: Lehrbuch des Bürgerlichen Rechts, Zweiter Band: Recht der Schuldverhältnisse, 14. Bearbeitung von Heinrich Lehmann, Tübingen 1954; zit.: *Enneccerus/Lehmann, S.*

Erler, Adalbert und Kaufmann, Ekkehard: Handwörterbuch zur Deutschen Rechtsgeschichte (HRG), herausgegeben von Adalbert Erler und Ekkehard Kaufmann, mitbegründet von Wolfgang Stammler, I. Band, Berlin 1971; zit.: *Handwörterbuch zur Deutschen Rechtsgeschichte, S.*

Erler, Adalbert, Kaufmann, Ekkehard und Werkmüller, Dieter: Handwörterbuch zur Deutschen Rechtsgeschichte (HRG), herausgegeben von Adalbert Erler, Ekkehard Kaufmann und Dieter Werkmüller, mitbegründet von Wolfgang Stammler, V. Band, Berlin 1998; zit.: *HRG Bd. V, S.*

Eser, Albin: Neue Wege der Gewinnabschöpfung im Kampf gegen die organisierte Kriminalität?, Beiträge zur Rechtswissenschaft, Festschrift für Walter Stree und Johannes Wessels zum 70. Geburtstag, herausgegeben von Wilfried Küper und Jürgen Welp, Heidelberg 1993; zit.: *Eser, FS, S.*

Eser, Albin, Kaiser, Günther und Madlener, Kurt (Hrsg.): Neue Wege der Wiedergutmachung im Strafrecht. Internationales strafrechtlich-kriminologisches Kolloquium in Freiburg i.Br., Reihe: Beiträge und Materialien aus dem Max-Planck-Institut für ausländisches und internationales Strafrecht Freiburg i. Br., Band S 18, Freiburg i.Br. 1990; zit.: *Eser/Kaiser/Madlener/Autor, S.*

Etzel, Matthias: Die Aufhebung von nationalsozialistischen Gesetzen durch den Alliierten Kontrollrat (1945-1948), Reihe: Beiträge zur Rechtsgeschichte des 20. Jahrhunderts, herausgegeben von Knut Wolfgang Nörr, Bernd Rüthers, Dieter Simon und Michael Stolleis, Band 7, Tübingen 1992; zit.: *Etzel, S.*

Fehl, Elske: Fahrverbot als alternative Hauptstrafe?, DAR 1998, S. 379; zit.: *Fehl, S.*

Felisch, ...: Gutachten des Herrn Landgerichtsrats Dr. Felisch zu Berlin in: Verhandlungen zum 23. Deutschen Juristentag (1895), Band I, S. 277; zit.: *Felisch, S.*

Feuerbach, Anselm Ritter von: Lehrbuch des gemeinen in Deutschland gültigen Peinlichen Rechts, Nachdruck Giessen 1801, Frankfurt/Main 1985; zit.: *Feuerbach, S.*

Feuerhelm, Wolfgang: Gemeinnützige Arbeit statt Ersatzfreiheitsstrafe- Struktur und Anwendung in der Bundesrepublik Deutschland in: Die 13. Bundestagung. Dokumentation der 13. Bundestagung der Deutschen Bewährungshilfe e.V. (DBH), 18.-21. September 1988 in Marburg, Bonn 1990, S. 381; zit.: *Feuerhelm, DBH, S.*

Feuerhelm, Woflgang: Stellung und Ausgestaltung der gemeinnützigen Arbeit im Strafrecht. Historische, dogmatische und systematische Aspekte einer ambulanten Sanktion, Reihe: Kriminologie und Praxis. Schriftenreihe der Kriminologischen Zentralstelle e.V., Band 22, Wiesbaden 1997; zit.: *Feuerhelm, KrimZ 22, S.*

Feuerich, Wilhelm E. und Braun, Anton: Bundesrechtsanwaltsordnung. Recht für Anwälte aus dem Gebiet der Europäischen Union. Kommentar, 3. Auflage, München 1995; zit.: *Feuerich/Braun, §, Rn.*

Fischl, Otto: Der Einfluß der Aufklärungsphilosophie auf die Entwicklung des Strafrechts in Doktrin, Politik und Gesetzgebung und Vergleichung der damaligen Bewegung mit den heutigen Reformversuchen, Reihe: Strafrechtliche Abhandlungen, Heft 169, Breslau 1913; zit.: *Fischl, S.*

Fitting, Karl und Auffarth, Fritz: Betriebsverfassungsgesetz. Handkommentar, 14. Auflage, München 1984; zit.: *Fitting/Auffarth, §, Rn.*

Fleischer, Wolfgang: Die Strafzumessung bei Geldstrafen. Darstellung des Sanktionenmittels Geldstrafe und dessen empirische Überprüfung nach Einführung des Tagessatzsystems, Dissertation, Justus-Liebig-Universität, Gießen 1983 zit.: *Fleischer, S.*

Foucault, Michel: Überwachen und Strafen. Die Geburt des Gefängnisses, 8. Auflage, Frankfurt am Main 1989; zit.: *Foucault, S.*

Frank, Ulrich: Die Neuregelung der Geldstrafe, JA 1976, S. 55; zit.: *Frank, JA, S.*

ders.: Probleme der Tagessatzhöhe im neuen Geldstrafensystem, NJW 1976, S. 2329; zit.: *Frank, NJW, S.*

ders.: Das „Nettoeinkommen" des § 40 II 2 StGB, MDR 1976, S. 626 ff.; zit.: *Frank, MDR, S.*

ders.: Die Höhe des Tagessatzes im neuen Geldstrafensystem, Dissertation Universität Tübingen 1978; zit.: *Frank, Diss., S.*

ders.: Anmerkung zu BayObLG v. 11.1.1977 – Rreg. 1 St 452/76, JR 1978, S. 30 ff.; zit.: *Frank, JR, S.*

Frehsee, Detlev: Schadenswiedergutmachung als Instrument strafrechtlicher Sozialkontrolle. Ein kriminalpolitischer Beitrag zur Suche nach alternativen Sanktionsformen, Berlin 1987; zit.: *Frehsee, S.*

Friedmann, Otto: Gutachten des Herrn Professors Dr. Otto Friedmann zu Wien über die Frage: Sind Änderungen des geltenden Rechts erwünscht in Betreff des Verhältnisses zwischen Geld- und Freiheitsstrafen?, Verhandlungen 22. Deutscher Juristentag 1892, Gutachten Band 2, S. 95 ff.; zit.: *Friedmann, S.*

Fritzweiler, Jochen, Pfister, Bernd und Summerer, Thomas: Praxishandbuch Sportrecht, München 1998; zit.: *Fritzweiler/Pfister/Summerer, Rn.*

Frölich de Frölichsburg, Johann Christian: Commentarius in Kayser Carl des Fünften peinliche Hals-Gerichts-Ordnung, Frankfurt, Leipzig 1751, Reihe: Bibliothek des deutschen Strafrechts, Alte Meister, Band 15, Nachdruck Goldbach 1996; zit.: *Frölich de Frölichsburg, S.*

Fuld, Ludwig: Die kurzzeitigen Freiheitsstrafen und ihr Ersatz, GS 43 (1890), S. 444; zit.: *Fuld, S.*

Gagel, Alexander: Die Betriebsbuße in der privaten Wirtschaft, Dissertation, Ruprecht-Karls-Universität Heidelberg, 1963; zit.: *Gagel, S.*

Geck, Wilhelm Karl: Zweitbearbeitung zu Artikel 102 GG, Kommentar zum Bonner Grundgesetz, Band 8 (Art. 92-104), Art. 102; zit.: *Kommentar zum Bonner Grundgesetz, Art., Rn.*

Gelbhaar, Siegfried: Monetäre Sanktionen als Instrumente staatlichen Handelns – Ökonomik der Geldstrafen und ihre Funktion im umweltpolitisch motivierten Staatshaushalt, Reihe: Schriften zur wirtschaftswissenschaftlichen Analyse des Rechts, Band 20, Berlin 1994, zugleich Dissertation Universität Trier 1992; zit.: *Gelbhaar, S.*

Gensler,...: Theoretisch-praktische Bemerkungen über den Grund, das Objekt und die Gränze, der bei den Injurien vorkommenden aestimatorischen Klage, der Schmerzengeld-Forderung, und der Klage aus dem Aquilischen Gesetz, AcP Heft 1 (1818), S. 143 ff.; zit.: *Gensler, S.*

Geppert, Klaus: StGB, Leipziger Kommentar, Großkommentar, 11. Auflage, 18. Lieferung, Berlin, New York 1995, §§ 44-51, § 44; zit.: *LK/Geppert, §, Rn.*

Ginsberg, ...: Strafrechtspflege im alten und im neuen Reich, DRiZ 1933, S. 298 ff.; zit.: *Ginsberg, S.*

Glauning, ...: Zur „Reform der Geldstrafe", Blätter für Gefängniskunde 1905, S. 277 ff.; zit.: *Glauning, S.*

Göhler, Erich: Ordnungswidrigkeitengesetz, 11. Auflage, München 1995; zit.: *Göhler, §, Rn.*

Göppinger, Hans: Angewandte Kriminologie. Ein Leitfaden für die Praxis unter Mitarbeit von Werner Maschke, Berlin, Heidelberg, New York, Tokyo 1985; zit.: *Göppinger, Praxis, S.*

Grebing, Gerhardt: Probleme der Tagessatz-Geldstrafe, ZStW 88 (1976), S. 1049; zit.: *Grebing, ZStW, S.*

Grebing, Gerhardt: Die Geldstrafe im deutschen Recht nach Einführung des Tagessatzsystems, in: Die Geldstrafe im deutschen und ausländischen Recht; Herausgeber: Hans-Heinrich Jescheck und Gerhardt Grebing; Reihe: Rechtsvergleichende Untersuchungen zur gesamten Strafrechtswissenschaft, 3. Folge, Band 1, Baden-Baden 1978; zit.: *Grebing in Jescheck/Grebing, S.*

Günther, Louis: Die Idee der Wiedervergeltung in der Geschichte und Philosophie des Strafrechts, Abteilung I: Die Kulturvölker des Altertums und das deutsche Recht bis zur Carolina, Neudruck der Ausgabe Erlangen 1889, Aalen 1966; zit.: *Günther, Abt. I, S.*

Gürtner, ...: Das kommende deutsche Strafrecht – Allgemeiner Teil. Bericht über die Arbeit der amtlichen Strafrechtskommission, 2. Auflage, Berlin 1935; zit.: *Bearbeiter/Gürtner, S.*

Gutmann, Hans: Die Natur der Geldstrafe und ihre Verwendung im heutigen Reichsstrafrecht, Leipzig 1909; zit.: *Gutmann, S.*

Hacks, Susanne, Ring, Amelie und Böhm, Peter: Schmerzensgeldbeträge, ADAC-Handbuch, 18. Auflage, München 1997; zit.: *Hacks/Ring/Böhm, Nr.*.

Händel, Konrad: Das Verhältnis der Geldstrafe zur kurzfristigen Freiheitsstrafe – Eine Erwiderung, BA 1970, S. 204; zit.: *Händel, S.*

Hartung, Fritz: Zur Problematik der Geldstrafe, SJZ 1950, S. 102; zit.: *Hartung, S.*

Hassemer, Winfried: Dogmatische, kriminalpolitische und verfassungsrechtliche Bedenken gegen die Kostentragungspflicht des verurteilten Angeklagten, ZStW 1973, S. 651 ff.; zit.: *Hassemer, S.*

Heckmann, Dirk: Die Einziehung verdächtigen Vermögens – Zur Regelung der „Beweislastumkehr“ im Entwurf eines Vermögenseinziehungsgesetzes, ZRP 1995, S. 1 ff.; zit.: *Heckmann, S.*

Heghmanns, Michael: Fahrverbot, Arbeitsstrafe und Hausarrest als taugliche Instrumente zur Vermeidung von unnötigem Strafvollzug?, ZRP 1999, S. 297 ff.; zit.: *Heghmanns, S.*

Heilborn, Paul: Die kurze Freiheitsstrafe; Reihe: Kritische Beiträge zur Strafrechtsreform, Herausgeber: Karl von Birkmeyer und Johannes Nagler, Heft 3, Neudruck der Ausgabe Leipzig 1908, Aalen 1978; zit.: *Heilborn, S.*

Heinitz, Ernst: Der Entwurf des Allgemeinen Teils des Strafgesetzbuches vom kriminalpolitischen Standpunkt aus, ZStW 70 (1958), S. 1 ff.; zit.: *Heinitz, ZStW 70, S.*

Hellmann, F.: Schmerzensgeld und Buße, AcP 78 (1892), S. 1 ff.; zit.: *Hellmann, S.*

Hellwig, Albert: Anmerkung zum Urteil des Reichsgerichts vom 14. Februar 1924, 3 D 1274/ 1923; JW 1924, S. 1725; zit.: *Hellwig, S.*

Hentig, Hans von: Die Strafe, II: Die modernen Erscheinungsformen, Berlin, Göttingen, Heidelberg 1955; zit.: *v. Hentig, S.*

Hering, Rainer-Dieter und Rössner, Dieter (Hrsg.): Täter-Opfer-Ausgleich im allgemeinen Strafrecht. Theorie und Praxis konstruktiver Tatverarbeitung: Grundlagen, Modelle, Resultate und Perspektiven. Schriftenreihe der Deutschen Bewährunghilfe e.V., Band 28, Bonn 1993; zit.: *Hering/Rössner/Autor, S.*

Herschel, Wilhelm: Betriebsbussen – Ihre Voraussetzungen und Grenzen, Köln, Berlin, Bonn, München 1967; zit.: *Herschel, S.*

Hertwig, Volker: Die Einstellung des Strafverfahrens wegen Geringfügigkeit. Eine empirische Analyse der Handhabung der §§ 153, 153 a StPO in der staatsanwaltschaftlichen und gerichtlichen Praxis, Göttingen 1982, zugleich Dissertation Universität Göttingen 1981; zit.: *Hertwig, S.*

Hess, Harald: InsO – Kommentar zur Insolvenzordnung mit EGInsO, Band 1: Insolvenzordnung, Heidelberg, 1999; zit.: *Hess, §, Rn.*

Hill, Herrmann: Verfassungsrechtliche Gewährleistungen gegenüber der staatlichen Strafgewalt, Handbuch des Staatsrechts, Band VI, Freiheitsrechte, § 156; zit.: *Hill, StaatsR-Handbuch, §, Rn.*

Hillenkamp, Thomas: Anmerkung zu BGHSt 37, 226, JR 1992, S. 94; zit.: *Hillenkamp, S.*

Hilpert, Horst: Organisation und Tätigkeit von Verbandsgerichten, BayVBl 1988, S. 161 ff., 198 ff.; zit.: *Hilpert, S.*

Hirsch, Hans-Joachim: Zur Abgrenzung von Strafrecht und Zivilrecht, Festschrift für Karl Engisch zum 70. Geburtstag, herausgegeben von Paul Bockelmann, Arthur Kaufmann und Ulrich Klug, Frankfurt am Main 1969, zit.: *Hirsch, FS Engisch, S.*

ders.: Wiedergutmachung des Schadens im Rahmen des materiellen Strafrechts, ZStW 102 (1990), S. 534 ff.; zit.: *Hirsch, ZStW, S.*

His, Rudolf: Das Strafrecht des deutschen Mittelalters, Teil I: Die Verbrechen und ihre Folgen im allgemeinen, Neudruck der Ausgabe 1920, Aalen 1964; zit.: *His, Strafrecht, S.*

ders.: Deutsches Strafrecht bis zur Karolina, München, Berlin 1928; zit.: *His, Karolina, S.*

Hochtritt, Horst G.: Die Berufsgerichtsbarkeit – Eine verfassungsrechtliche Untersuchung über die Verfassung und das Verfahren der Berufsgerichte, Dissertation Universität Göttingen, 1967; zit.: *Hochtritt, S.*

Hohmann, Walter: „...zur Verteidigung der Rechtsordnung unerläßlich..." Ersatzmöglichkeiten der kurzen Freiheitsstrafe im geltenden und künftigen Recht; Dissertation, Göttingen 1974; zit.: *Hohmann, S.*

Holly, Günter: Geschichte der Ehrengerichtsbarkeit der deutschen Rechtsanwälte, Reihe: Europäische Hochschulschriften, Reihe II, Rechtswissenschaft, Band 853, Frankfurt am Main, Bern, New York, Paris 1989; zit.: *Holly, S.*

Holzhauer, H.: Beitrag „Geldstrafe" in Handwörterbuch der deutschen Rechtsgeschichte, herausgegeben von Adalbert Erler und Ekkehard Kaufmann, Band I, Lieferung 6, 1971, Sp. 1466 ff.; zit.: *Holzhauer, Sp.*

Honsell, Heinrich: Die Funktion des Schmerzensgeldes, VersR 1974, S. 205 ff.; zit.: *Honsell, S.*

Horn, Eckhard: Das Geldstrafensystem des neuen Allgemeinen Teils des StGB und die Ratenzahlungsbewilligung, NJW 1974, S. 625; zit.: *Horn, NJW, S.*

ders.: Alter Wein in neuen Schläuchen?, JZ 1974, S. 287; zit.: *Horn, JZ, S.*

ders.: Zwei Jahre neues Geldstrafensystem – eine Zwischenbilanz JR 1977, S. 95; zit.: *Horn, JR, S.*

ders.: Die Bemessung der Geldauflage nach § 56 b Abs. II Nr. 2 StGB - tatsächlich ein Rechtsproblem, StV 1992, S. 537; zit.: *Horn, StV, S.*

Horschitz, Harald: Vereinsstrafe – Betriebsstrafe – Vertragsstrafe. Dargestellt am Beispiel des deutschen Lizenzfußballspielers, Dissertation Ruprecht-Karl-Universität Heidelberg, 1970; zit.: *Horschitz, S.*

Horstkotte, Hartmuth: Strafen und Maßregeln der Besserung und Sicherung, Bulletin der Bundesregierung, 1974 II, S. 1519; zit.: *Horstkotte, Bulletin, S.*

Immenga, Ulrich und Mestmäcker, Ernst-Joachim: EG-Wettbewerbsrecht. Kommentar, Band II, München 1997; zit.: *Immenga/Mestmäcker/Bearbeiter, Art., Rn.*

Imping, Andreas: Die arbeitsrechtliche Stellung des Fußballspielers zwischen Verein und Verbänden, Dissertation Universität Köln, 1995; zit.: *Imping, S.*

Jakobs, Günther: Strafrecht Allgemeiner Teil. Die Grundlagen und die Zurechnungslehre; Berlin, New York 1983; zit.: *Jakobs, Rn.*

ders.: Strafrecht. Allgemeiner Teil. Die Grundlagen und die Zurechnungslehre, 2. Auflage, Berlin, New York 1991; zit.: *Jakobs LB 91, Abschnitt, Rn.*

Janiszewski, Horst: Verkehrsstrafrecht, 4. Auflage, München 1994; zit.: *Janiszewski, VStrR, Rn.*

Jehle, Jörg-Martin, Feuerhelm, Wolfgang und Block, Petra: Gemeinnützige Arbeit statt Ersatzfreiheitsstrafe. Forschungkolloquium zu einer bundesweiten Untersuchung Reihe: Berichte, Materialien und Arbeitspapiere aus der Kriminologischen Zentralstelle, Heft 4, Wiesbaden 1990; zit.: *Jehle/Feuerhelm/Block, S.*

Jescheck, Hans-Heinrich: Das deutsche Wirtschaftsstrafrecht, JZ 1959, S. 457 ff; zit.: *Jescheck, JZ, S.*

ders.: Die kriminalpolitische Konzeption des Alternativ-Entwurfs eines Strafgesetzbuchs (Allgemeiner Teil), ZStW 80 (1968), S. 54; zit.: *Jescheck, ZStW, S.*

ders.: Die Kriminalpolitik der deutschen Strafrechtsreformgesetze im Vergleich mit der österreichischen Regierungsvorlage 1971, Festschrift für Wilhelm Gallas zum 70. Geburtstag am 22. Juli 1973, herausgegeben von Karl Lackner, Heinz Leferenz, Eberhard Schmidt, Jürgen Welp und Ernst Amadeus Wolff, Berlin, New York 1973, S. 27 ff.; zit.: *Jescheck, Gallas-FS, S.*

ders.: Die Geldstrafe als Mittel moderner Kriminalpolitik in rechtsvergleichender Sicht, Festschrift für Thomas Würtenberger 1977, S. 257 ff.; zit.: *Jescheck, Würtenberger- FS, S.*

ders.: Lehrbuch des Strafrechts. Allgemeiner Teil, 4. Aufl., Berlin 1988; zit.: *Jescheck, StrR, §,*

Jütting, Gerd: Die kurze Freiheitsstrafe und der Begriff „Verteidigung der Rechtsordnung", Dissertation Universität Hamburg 1973; zit.: *Jütting, S.*

Jung, Heike: Sanktionensysteme und Menschenrechte, Reihe: Schweizerische kriminologische Untersuchungen, Neue Folge der Berner kriminologischen Untersuchungen, Band 5, Bern, Stuttgart, Wien 1992; zit.: *Jung, S.*

Kahl, W., v. Liszt, F., v. Lilienthal, K. und Goldschmidt, J.: Gegenentwurf zum Vorentwurf eines deutschen Strafgesetzbuchs, Berlin 1911; zit.: *GE 1911, §*

Kaiser, Eberhard: Fortbildung des Geldstrafenrechts durch die Revisionsgerichte und die Justizverwaltungen, NJW 1976, S. 608; zit.: *Kaiser, E., S.*

Kaiser, Günther: Verkehrsdelinquenz und Generalprävention, Reihe: Tübinger rechtswissenschaftliche Abhandlungen, Band 29 Tübingen 1970; zit.: *Kaiser, VuG, S.*

ders.: Kriminologie, 3. Auflage, Heidelberg 1996; zit.: *Kaiser, Kriminologie 1996, §, Rn.*

Kapellmann, Klaus D. und Langen, Werner: Bemessung von Vertragsstrafen für verzögerte Baufertigstellung in AGB, BB 1987, S. 560 ff.; zit.: *Kapellmann/Langen, S.*

Kern, Bernd-Rüdiger: Die Genugtuungsfunktion des Schmerzensgeldes – ein pönales Element im Schadensrecht?, AcP 1991, S. 247 ff.; zit.: *Kern, S.*

Kerner, Hans-Jürgen, Hassemer, Elke, Marks, Erich und Wandrey, Michael: Täter-Opfer-Ausgleich – auf dem Weg zur bundesweiten Anwendung? Beiträge zu einer Standortbestimmung. Bericht über das Forum 1993 für Täter-Opfer-Ausgleich und Konfliktschlichtung vom 16.-18. Juni 1993 in Bonn, Bonn 1994; zit.: *Autor in Kerner/Hassemer/Marks/Wandrey, S.*

Kilchling, Michael: Opferinteressen und Strafverfolgung; Reihe: Kriminologische Forschungsberichte aus dem Max-Planck-Institut für Ausländisches und Internationales Strafrecht, Band 58, zugleich Dissertation Universität Freiburg, Freiburg i.Br. 1995; zit.: *Kilchling, S.*

Kleber, Hans: Die Ersatzgeldstrafe nach § 27 b Strafgesetzbuch, Dissertation Universität Erlangen 1933; zit.: *Kleber, S.*

Kleinknecht, Theodor und Meyer, Karlheinz: Strafprozeßordnung, Gerichtsverfassungsgesetz, Nebengesetze und ergänzende Bestimmungen, Kommentar, fortgeführt von Lutz Meyer-Goßner, 44. Auflage, München 1999; zit.: *Kleinknecht/Meyer, §, Rn.*

Knoche, Wolfgang: Das Verhältnis der Geldstrafe zur kurzfristigen Freiheitsstrafe, BA 1970, S. 198; zit.: *Knoche, S.*

Köhler, Heinz und Ratz, Günter: BDO – Bundesdisziplinarordnung und materielles Disziplinarrecht. Kommentar für die Praxis, 2. Auflage, Köln 1994; zit.: *Köhler/Ratz, §, Rn.*

Köhler, Michael: Zur Kritik an der Zwangsarbeitsstrafe, GA 134 (1987), S. 145 ff.; zit.: *Köhler, S.*

Köstlin, Christian Reinhold: Geschichte des deutschen Strafrechts im Umriß, Tübingen 1859, Reihe: Bibliothek des deutschen Strafrechts, Meister der Moderne, Band 11, Nachdruck Goldbach 1996; zit.: *Köstlin, Geschichte, S.*

Kornblum, Udo: Vom „Standesrecht" zum Berufsrecht der Freien Berufe, ZRP 1988, S. 465 ff.; zit.: *Kornblum, S.*

Krauß, Ernst-Friedrich: Phänomenologie der Vertragsstrafen, AuR 1975, S. 152; zit.: *Krauß, S.*

Krey, Volker: Anmerkung zu BGHSt 37, 226, JZ 1992, S. 889; zit.: *Krey, S.*

Krieg, Hartmut u.a.: Weil Du arm bist, mußt Du sitzen, MschrKrim 67, S. 25; zit.: *Krieg, S.*

Krohne, ...: Gutachten des Herrn Geheimen Ober-Regierungsrat und Vortragenden Rat im königlich preußischen Ministerium des Innern, Dr. Krohne, Berlin über die Frage: Welches Strafmittelsystem empfichlt sich für das künftige Strafgesetzbuch?; zit.: *Krohne, S.*

Kuhn, Georg und Uhlenbruck, Wilhelm: Konkursordnung. Kommentar, 11. Auflage, München 1994; zit.: *Kuhn/Uhlenbruck, §, Rn.*

Kunkel, Claudia: Zur Problematik des Bestimmtheitsgebotes und des Verbotes der Mehrfachbestrafung im Disziplinarrecht für Beamte (dargestellt anhand der Auswertung sämtlicher eingeleiteter Disziplinarverfahren bei der Hessischen Vollzugspolizei in den Jahren 1979 bis 1988), Dissertation Johann-Wolfgang-Goethe-Universität zu Frankfurt am Main, 1993; zit.: *Kunkel, S.*

Lackner, Karl: Der Alternativentwurf und die praktische Strafrechtspflege JZ 1967, S. 513; zit.: *Lackner, JZ 1967, S.*

ders.: Strafgesetzbuch mit Erläuterungen, 21. Auflage, München 1995; zit.: *Lackner, StGB 1995, §, Rn.*

ders.: Strafgesetzbuch mit Erläuterungen, 22. Auflage, München 1997; zit.: *Lackner, StGB 1997, §, Rn.*

ders.: Strafgesetzbuch mit Erläuterungen, 23. Auflage, München 1999; zit.: *Lackner, StGB 1999, §, Rn.*

Lambrecht, Ute: Strafrecht und Disziplinarrecht – Abhängigkeiten und Überschneidungen, Dissertation Universität Göttingen 1996, Frankfurt am Main 1997, Reihe: Schriften zum Strafrecht und Strafprozeßrecht, Band 27; zit.: *Lambrecht, S.*

Lampe, Ernst-Joachim: Wiedergutmachung als „dritte Spur" des Strafrechts?, GA 1993, S. 487 ff.; zit.: *Lampe, S.*

Langheid, Theodor: Vertragsstrafenvereinbarung in Arbeitsverträgen, DB 1980, S. 1219 ff.; zit.: *Langheid, S.*

Lauer, Hubertus: Die Vereinbarkeit der Betriebsbußen mit dem Grundgesetz, Dissertation, Albert-Ludwigs-Universität Freiburg, 1973; zit.: *Lauer, S.*

Lee, Jin-Kuk: Symbolische Wiedergutmachung im strafrechtlichen Sanktionensystem, Reihe II der Europäischen Hochschulschriften, Band 2890; zugleich Dissertation Universität Marburg, 2000, Frankfurt am Main 2000; zit.: *Lee, S.*

Lemke, Michael: Heidelberger Kommentar zum Ordnungswidrigkeitengesetz, Heidelberg 1999; zit.: *Lemke, §, Rn.*

Lemke, Michael, Julius, Karl-Peter, Krehl, Christoph, Kurth, Hans-Joachim, Rautenberg, Erardo Cristoforo und Temming, Dieter: Heidelberger Kommentar zur Strafprozeßordnung, 2. Auflage, Heidelberg 1999; zit.: *Heidelberger Kommentar StPO/Bearbeiter, §, Rn.*

Lilienthal, Karl von: Gutachten des Herrn Prof. Dr. Karl von Lilienthal zu Marburg über die Frage: Sind Änderungen des geltenden Rechts erwünscht in Betreff des Verhältnisses zwischen Geld- und Freiheitsstrafe?, Verhandlungen des 22. Deutschen Juristentages 1892, Gutachten 2. Band, S. 63 ff.; zit.: *Lilienthal, S.*

Limbach, Anna Caroline: Das Strafrecht der Paulskirchenverfassung 1848/49, Dissertation Universität Münster/Westfalen, Reihe: Europäische Hochschulschriften, Reihe II: Rechtswissenschaften, Band 1805, Frankfurt am Main, Berlin, Bern, New York, Paris, Wien 1995; zit.: *Limbach, S.*

Lindenberg, Michael: Bestrafungs-Industrie, Neue Kriminalpolitik (NK) 4/1996, S. 22; zit.: *Lindenberg, S.*

Linkenheil, Rolf: Bayern will Spitzenplatz als sicherstes Land behaupten – Neues Programm zur Kriminalitätsbekämpfung – „Erhebliche erzieherische Wirkung“ durch Führerscheinentzug?, Stuttgarter Zeitung vom 13.05.1998; zit.: *Stuttgarter Zeitung vom 13.5.98*

Liszt, Franz von: Kriminalpolitische Aufgaben (1889 bis 1892) in: Strafrechtliche Vorträge und Aufsätze, Erster Band, 1875 bis 1891, Berlin 1905, S. 290 ff.; zit.: *v. Liszt, Aufsätze, S.*

ders.: Kriminalpolitische Aufgaben (Fortsetzung), ZStW 9 (1889), S. 737 ff.; zit.: *v. Liszt, ZStW 1889, S.*

ders.: Kriminalpolitische Aufgaben (Fortsetzung), ZStW 10 (1890), S. 51 ff.; zit.: *v. Liszt, ZStW 1890, S.*

Löwe-Rosenberg (Hrsg. Peter Rieß): Großkommentar StPO, herausgegeben von Peter Rieß, 3. Lieferung: §§ 449- 463 d, Bearbeiter: Günter Wendisch, 25. Auflage, Berlin, New York 1997; zit.: *Löwe-Rosenberg/ Bearbeiter, §, Rn.*

Löwe, Walter, Westphalen, Friedrich v. und Trinkner, Reinhold: Großkommentar zum AGB-Gesetz. Gesetz zur Regelung des Rechts der Allgemeinen Geschäftsbedingungen, Band II: §§ 10-30, 2. Auflage, Heidelberg 1983; zit.: *Löwe/v. Westphalen/Trinkner, §, Rn.*

Löwisch, Manfred: Anmerkung zu BAG v. 5.2.1986 (5 AZR 564/84), abgedruckt im Anschluß an AP, Nr. 12 zu § 339 BGB; zit.: *Löwisch, AP*

Löwisch, Manfred und Würtenberger, Thomas: Vertragsstrafe und Betriebsstrafe im Arbeitsrecht, JuS 1970, S. 261 ff.; zit.: *Löwisch/Würtenberger, S.*

Look, Frank van: Vereinsstrafen als Vertragsstrafen. Ein Beitrag zum inneren Vereinsrecht, Reihe: Schriften zum Bürgerlichen Recht, Band 125, Berlin 1990, zugleich Dissertation Universität Mainz 1988/89; zit.: *van Look, S.*

Loos, Fritz: Zur Kritik des „Alternativentwurfs Wiedergutmachung", ZRP 1993, S. 51 ff.; zit.: *Loos, S.*

Lüderssen, Klaus: Opfer im Zwielicht, Festschrift für Hans Joachim Hirsch zum 70. Geburtstag am 11. April 1999, herausgegeben von Thomas Weigend und Georg Küpper, Berlin, New York 1999; zit.: *Lüderssen, S.*

Lukes, Rudolf: Erstreckung der Vereinsgewalt auf Nichtmitglieder durch Rechtsgeschäft, Festschrift für Harry Westermann zum 65. Geburtstag, herausgegeben von Wolfgang Hefermehl, Rudolf Gmür und Hans Brox, Karlsruhe 1974; zit.: *Lukes, Westermann-FS, S.*

Marly, Jochen: Anmerkung zu BGH LM Nr. 94 zu § 847, Urteil vom 29.11.1994; zit.: *Marly, Bl.*

Mattis, Heinz: Die Problematik der Umwandlung der Verkehrsübertretungen in Ordnungswidrigkeiten, ZStW 82 (1970), S. 25 ff.; zit.: *Mattis, S.*

Maurach, Reinhart: Deutsches Strafrecht, Allgemeiner Teil, 4. Auflage, Karlsruhe 1971; zit.: *Maurach, 4. Aufl., §, S.*

Maurach, Reinhart, Zipf, Heinz: Strafrecht. Allgemeiner Teil, Teilband 1: Grundlehren des Strafrechts und Aufbau der Straftat, 8. Auflage, Heidelberg 1992; zit.: *Maurach/Zipf, §, Rn.*

Mayer, Samuel: Geschichte der Strafrechte. Vergleichende Darstellung der strafrechtlichen Gesetze und Bestimmungen aller Kulturvölker, von Moses, Solon und bis zur Gegenwart, als Kommentar zum deutschen Strafgesetzbuche für Juristen, Staatsmänner, Sprach- und Geschichtsforscher, Trier 1876; zit.: *Mayer, S.*

Meier, Bernd-Dieter: Umleitung der Geldstrafe für Zwecke der Wiedergutmachung ZRP 91, S. 68; zit.: *Meier, ZRP, S.*

Merkel, A.: In: Verhandlungen zum 23. Deutschen Juristentag (1895), Band II, S. 385; zit.: *Merkel, S.*

Metzner, Wolfgang und Sandmeyer, Peter: Stern-Titel: Kriminalität, Stern vom 20. 11. 97; Internet-Fundstelle: http://www.stern.de/97/28/mag/deutschland/sterntitel.html zit.: *Stern-Titel „Kriminalität", S.*

Meyer, Dieter: Zu Fragen bei der Festsetzung der Höhe eines Tagessatzes im neuen Geldstrafensystem, MDR 1976, S. 274 ff.; zit.: *Meyer, MDR 1976, S.*

Meyer, Jürgen: Gewinnabschöpfung durch Vermögensstrafe?, ZRP 1990, S. 85; zit.: *Meyer, ZRP 90, S.*

Meyer-Cording, Ulrich: Die Vereinsstrafe, Habil. Universität Köln 1956, Tübingen 1957; zit.: *Meyer-Cording, S.*

Meyer-Hentschel, Gerhard: Berufsgerichtsbarkeit und allgemeine Verwaltungsgerichtsbarkeit, DVBl 1964, S. 53 ff.; zit.: *Meyer-Hentschel, S.*

Mitsch, Wolfgang: Die Geldstrafe, JA 1993, S. 304; zit.: *Mitsch, S.*

Mittelbach, Hans: Zur Bemessung der Geldbuße bei Ordnungswidrigkeiten, DÖV 1957, S. 251; zit.: *Mittelbach, S.*

Mittelstaedt, ...: Gutachten des Herrn Reichsgerichtsrath Dr. Mittelstaedt zu Leipzig über die Frage: Sind Änderungen des geltenden Rechts erwünscht in Betreff des Verhältnisses zwischen Geld- und Freiheitsstrafe?, Verhandlungen des 21. Deutschen Juristentages 1891, Gutachten, Band 2, S. 49 ff.; zit.: *Mittelstaedt, S.*

Mohr, Karl: Die Bemessung der Geldstrafe, Reihe: Strafrechtliche Abhandlungen, Heft 168, Breslau 1913, zit.: *Mohr, S.*

Molitor, Erich: Vereinbarung und Verhängung von Arbeitsstrafen, DB 1951, S. 345; zit.: *Molitor, S.*

Müller-Christmann, Bernd: Die Bezahlung einer Geldstrafe durch Dritte – BGHSt 37, 226, JuS 1992, S. 379; zit.: *Müller-Christmann, S.*

Nehlsen-v. Stryk, Karin: Schmerzensgeld ohne Genugtuung, JZ 1987, S. 119 ff.; zit.: *Nehlsen-v.Stryk, S.*

Neumann, Conny: Bayern für schärferes Jugendstrafrecht – Maßnahmen für 75 Millionen Mark werden durch Privatisierungserlöse finanziert, Süddeutsche Zeitung vom 13.05.1998, S. 46; zit.: *SZ v. 13.5.98*

Neumayer-Wagner, Eva-Maria: Die Verwarnung mit Strafvorbehalt. Ihre Entstehung, gegenwärtige rechtliche Gestaltung, praktische Handhabung und ihr Entwicklungspotential, Reihe: Kriminologische und sanktionenrechtliche Forschungen, Band 9; zugleich Dissertation Universität Tübingen, Berlin 1998; zit.: *Neumayer-Wagner, S.*

Nogala, Detlef: Polizei, avancierte Technik und soziale Kontrolle. Funktion und Ideologie technikbesetzter Kontrollstrategien im Prozeß der Rationalisierung von Herrschaft, Reihe: Hamburger Studien zur Kriminologie, Band 6, Pfaffenweiler 1989; zit.: *Nogala, S.*

N. N.: Mitteilungen vom 59. Juristentag in Hannover vom 15. – 18. 09. 1992, NJW 92, 3008; zit.: *Mitteilungen Juristentag, S.*

Oetker, Friedrich: Die Geldstrafe nach dem Strafgesetzentwurf von 1919, GS 88 (1922), S. 161; zit.: *Oetker, S.*

Ostendorf, Heribert: Die „elektronische Fessel" – Wunderwaffe im „Kampf" gegen die Kriminalität?, ZRP 1997, S. 473 ff.; zit.: *Ostendorf, S.*

Palandt, Otto: Bürgerliches Gesetzbuch. Kommentar, 58. Auflage, München 1999; zit.: *Palandt/Bearbeiter, 1999, §, Rn.*

Park, Tido: Anmerkung zum Urteil des BGH vom 8.2.1995, 5 StR 663/94, JR 1995, S. 340 ff.; zit.: *Park, JR 95, S.*

ders.: Anmerkung zu BGHSt 41, 278, Urteil des BGH vom 20.9.1995 – 3 StR 267/95, JR 1996, S. 380 ff.; zit.: *Park, JR 96, S.*

Perron, Walter: Vermögensstrafe und Erweiterter Verfall, JZ 1993, S. 918 ff.; zit.: *Perron, S.*

Pfeiffer, Christian: Täter-Opfer-Ausgleich im Allgemeinen Strafrecht. Die Ergebnisse der Begleitforschung des WAAGE-Projekts Hannover. Reihe: Interdisziplinäre Beiträge zur kriminologischen Forschung, Band 7, Baden-Baden 1997; zit.: *Pfeiffer/Autor, S.*

Pfeiffer, Gerd (Hrsg.): Karlsruher Kommentar zur Strafprozeßordnung und zum Gerichtsverfassungsgesetz mit Einführungsgesetz, 3. Auflage, München 1993; zit.: *KK/Bearbeiter, §, Rn.*

Pfeiffer, Gerd: Strafprozeßordnung und Gerichtsverfassungsgesetz. Kommentar. 2. Auflage, München 1999; zit.: *Pfeiffer, StPO, S.*

Pfohl, Michael: Entwicklung und Perspektiven der gemeinnützigen Arbeit als strafrechtliche Sanktion, BewHi 1985, S. 111; zit.: *Pfohl, S.*

Pieroth, Bodo und Schlink, Bernhard: Grundrechte, Staatsrecht II, Reihe: Schwerpunkte, 10. Auflage, Heidelberg 1994; zit.: *Pieroth/Schlink, Rn.*

Planitz, Hans und Eckhardt, Karl August: Deutsche Rechtsgeschichte, 2. Auflage, Graz, Köln 1961; zit.: *Planitz-Eckhardt, S.*

Prüfer, Rolf-Dieter: Betriebsjustiz – Die betrieblichen Sanktionen gegenüber den Arbeitnehmern nach deutschen Recht, Dissertation, Hochschule St. Gallen für Wirtschafts- und Sozialwissenschaften, 1972; zit.: *Prüfer, S.*

Quack, Friedrich R.: Strafvollzug und „Verteidigung der Rechtsordnung" bei Verkehrsdelikten, ZRP 1971, S. 30; zit.: *Quack, S.*

Radbruch, Gustav: Entwurf eines allgemeinen deutschen Strafgesetzbuchs (1922), mit einem Geleitwort von Bundesjustizminister Dr. Thomas Dehler und einer Einleitung von Prof. Dr. Eberhard Schmidt, Tübingen 1952; zit.: *E Radbruch, §*

Rauh, Moritz Friedrich: Die Vermögensstrafen des Reichsstrafrechts und ihre Reform, Reihe: Strafrechtliche Abhandlungen, Heft 152, zugleich Dissertation, Breslau 1912, Reprint Frankfurt am Main, Tokyo 1977; zit.: *Rauh, S.*

Rebmann, Kurt, Roth, Werner und Herrmann, Siegfried: Gesetz über Ordnungswidrigkeiten. Kommentar, Band 1, 3. Auflage, 4. Lieferung, Stand April 2000, Stuttgart, Berlin, Köln, 1968, 1998; zit.: *Rebmann/Roth/Herrmann, §, Rn.*

Rebmann, Kurt und Säcker, Franz Jürgen (Hrsg.): Münchener Kommentar zum Bürgerlichen Gesetzbuch, Band 2: Schuldrecht, Allgemeiner Teil, §§ 241-432, Redakteur: Helmut Heinrichs, 3. Auflage, München 1994; zit.: *MüKo/Bearbeiter, §, Rn.*

dies.: Münchener Kommentar zum Bürgerlichen Gestzbuch, Band 5: Schuldrecht, Besonderer Teil III, §§ 705-853, 3. Auflage, München 1997; zit.: *MüKo/Bearbeiter, §, Rn.*

Reichert, Bernhard, Dannecker, Franz J. und Kühr, Christian: Handbuch des Vereins- und Verbandsrechts, 4. Auflage, Neuwied, Darmstadt 1987; zit.: *Reichert/Dannecker/Kühr, Rn.*

Reichs-Justizamt: Vorentwurf zu einem deutschen Strafgesetzbuch bearbeitet von der hierzu bestellten Sachverständigen-Kommission, nebst Begründung Allgemeiner Teil, Berlin 1909; zit.: *(Begründung) E 1909, § bzw. S.*

Reichs-Justizministerium: Entwürfe zu einem deutschen Strafgesetzbuch. Veröffentlicht auf Anordnung des Reichs-Justizministeriums, Dritter Teil: Denkschrift zu dem Entwurf von 1919; zit.: *Denkschrift E 1919, S.*

Reinhart, Michael: Sportverbandsgerichtsbarkeit und Doppelbestrafungsverbot, SpuRt 2001, S. 45 ff.: zit.: *Reinhart, S.*

Remien, Oliver Robert Matthias: Rechtsverwirklichung durch Zwangsgeld. Vergleich – Vereinheitlichung – Kollisionsrecht, Reihe: Beiträge zum ausländischen und internationalen Privatrecht, Band 54, zugleich Dissertation Universität Hamburg 1990; Tübingen 1992; zit.: *Remien, S.*

Reuß, ...: Kleine Mitteilungen: Geldstrafengesetz und Gesamtstrafe, Zeitschrift für Rechtspflege in Bayern, 1922, S. 146; zit.: *Reuß, S.*

Rieß, Peter: Entwicklung und Bedeutung der Einstellung nach § 153 a StPO, ZRP 1983, S. 93 ff; zit.: *Rieß, S.*

Rietzsch, ...: Die Strafen und Maßregeln der Sicherung, Besserung und Heilung, in: Gürtner, Das kommende deutsche Strafrecht, Allgemeiner Teil, 2. Auflage, Berlin 1935; zit.: *Rietzsch/Gürtner, S.*

Rössner, Dieter: Eine konstruktive Alternative zu Geld- und Freiheitsstrafe, BewHi 1985, S. 105; zit.: *Rössner, BewHi 1985, S.*

Ronellenfitsch, Michael: Verfassungs- und verwaltungsrechtliche Vorbemerkungen zur Mobilität mit dem Auto, DAR 1994, S. 7; zit.: *Ronellenfitsch, S.*

Rosenfeld, Ernst: Welche Strafmittel können an die Stelle der kurzzeitigen Freiheitsstrafe gesetzt werden? Reihe: Abhandlungen des kriminalistischen Seminars, herausgegeben von Franz v. Liszt, 2. Band, 2. Heft; zit.: *Rosenfeld, Strafmittel, S.*

ders.: Bericht über die erste Frage. (Die Regelung der Geldstrafe.), Mitteilungen der Internationalen Kriminalistischen Vereinigung 1-3, Dritter Jahrgang, Berlin 1892, S. 135 ff.; zit.: *Rosenfeld, IKV, S.*

Rosenkötter, Günter: Das Recht der Ordnungswidrigkeiten, 4. Auflage, Stuttgart, München, Hannover, Berlin, Weimar, Dresden, 1995; zit.: *Rosenkötter, §, Rn.*

Roxin, Claus, Stree, Walter, Zipf, Heinz und Jung, Heike: Einführung in das neue Strafrecht, Schriftenreihe der Juristischen Schulung, München 1974; zit.: *Roxin/Stree/Zipf/Jung, S.*

Roxin, Claus: Zur Wiedergutmachung als einer „Dritten Spur" im Sanktionensystem, in: Festschrift für Jürgen Baumann zum 70. Geburtstag, 22. Juni 1992, herausgegeben von Gunther Arzt, Gerhard Fezer, Ulrich Weber, Ellen Schlüchter und Dieter Rössner, Bielefeld 1992; zit.: *Roxin, Baumann-FS, S.*

Rudolph, Inge: Das Zwangsgeld als Institut des Verwaltungszwangs, Reihe: Europäische Hochschulschriften, Reihe II, Band 1238, Frankfurt am Main, Berlin, Bern, New York, Paris, Wien 1992, zugleich Dissertation Universität Göttingen 1992; zit.: *Rudolph, S.*

Rudolphi, Hans-Joachim, Horn, Eckhard und Günther, Hans-Ludwig: Systematischer Kommentar zum Strafgesetzbuch (SK-StGB), Band 1, Allgemeiner Teil (§§ 38- 79 b), Neuwied/Kriftel/Berlin 1994; zit.: *SK-Bearbeiter, §, Rn.*

Rüping, Hinrich: Zweitbearbeitung zu Art. 103 GG, Bonner Kommentar zum Grundgesetz, Band 8, Art. 92-104; zit.: *Rüping, BK-GG, Art., Rn.*

ders.: Grundriß der Strafrechtsgeschichte, 3. Auflage, München 1998; zit.: *Rüping, Geschichte, Rn.*

Rüth, Karl: Die ab 1.1.1975 verkehrsrechtlich bedeutsamen Änderungen auf dem Gebiet des Straf- und Ordnungswidrigkeitenrechts, DAR 1975, S. 1 ff.; zit.: *Rüth, S.*

Rupp, Hans Heinrich und Zezschwitz, Friedrich von: Ehrengerichtsbarkeit und Grundgesetz – Kritische Bemerkungen zum Beschluß des BverfG vom 10.11.1964, JZ 1965, S. 399 ff.; zit.: *Rupp/v. Zezschwitz, S.*

Rusche, Georg und Kirchheimer, Otto: Sozialstruktur und Strafvollzug, Frankfurt am Main 1981; zit.: *Rusche/Kirchheimer, S.*

Sauter, Eugen, Schweyer, Gerhard, Waldner, Wolfgang und Röseler, Diana: Der eingetragene Verein. Eine gemeinverständliche Erläuterung des Vereinsrechts unter besonderer Berücksichtigung der neuesten Rechtsprechung, 15. Auflage, München 1994; zit.: *Sauter/Schweyer/Waldner/Röseler, Rn.*

Schädler, Wolfram: Das Projekt „Gemeinnützige Arbeit" - die nicht nur theoretische Chance des Art. 293 EGStGB, ZRP 16 (1983), S. 5 ff.; zit.: *Schädler, S.*

Schäfer, Friedrich: Referat zur Frage: „Empfiehlt es sich, das Beamtenrecht unter Berücksichtigung der Wandlungen von Staat und Gesellschaft neu zu ordnen?", Verhandlungen des 48. Deutschen Juristentages, Mainz 1970, herausgegeben von der ständigen Deputation des Deutschen Juristentages, Band II (Sitzungsberichte), Teil O, S. 10 ff.; zit.: *Schäfer, 48. DJT, S.*

Schaeffer, Ruth-Ellen: Die Bemessung der Tagessatzhöhe unter Berücksichtigung der Hausfrauenproblematik, Reihe: Juristische Studien, herausgegeben von Mitgliedern des Fachbereichs Rechtswissenschaft der Universität Tübingen, Band 61, Tübingen 1978; zit.: *Schaeffer, S.*

Schaffmeister, Dieter: Durch Modifikationen zu einer neuen Strafe, Festschrift für Hans-Heinrich Jescheck zum 70. Geburtstag, zweiter Halbband, Berlin 1985, S. 991 ff.; zit.: *Schaffmeister, S.*

Schaffstein, Friedrich: Überlegungen zum Täter-Opfer-Ausgleich und zur Schadenswiedergutmachung, Festschrift für Claus Roxin zum 70. Geburtstag am 15. Mai 2001, herausgegeben von Bernd Schünemann, Hans Achenbach, Wilfried Bottke, Bernhard Haffke und Hans-Joachim Rudolphi, Berlin, New York 2001; zit.: *Schaffstein, S.*

Schall, Hero: Die Sanktionsalternative der gemeinnützigen Arbeit als Surrogat der Geldstrafe, NStZ 1985, S. 104; zit.: *Schall, NStZ, S.*

ders.: Auf der Suche nach strafrechtlichen Modifikationen und Alternativen. in: Die 13. Bundestagung. Dokumentation der 13. Bundestagung der Deutschen Bewährungshilfe e.V. (DBH), 18.-21. September 1988 in Marburg, Bonn 1990, S.339; zit.: *Schall, DBH, S.*

Schild, Wolfgang: Täter-Opfer-Ausgleich als Strafe, in: Kriminalistik und Strafrecht, Festschrift für Friedrich Geerds zum 70. Geburtstag, herausgegeben von Ellen Schlüchter, Lübeck 1995; zit.: *Schild, Geerds-FS, S.*

Schlosser, Peter: Vereins- und Verbandsgerichtsbarkeit, München 1972; zit.: *Schlosser, S.*

Schmid, Michael J.: Zur Kostenbelastung des verurteilten Angeklagten, ZRP 1981, S. 209 ff.; zit.: *Schmid, S.*

Schmidt, Eberhard: Eröffnungsansprache auf der Tagung der Arbeitsgemeinschaft zur Reform des Strafvollzuges in Wolfenbüttel am 5. April 1951, ZStW 64 (1952), S. 1 ff.; zit.: *Schmidt, ZStW, S.*

ders.: Ein Gegenentwurf zum Entwurf eines StGB 1962 – Kritische Erörterung, MDR 1963, S. 629 ff.; zit.: *Schmidt, MDR, S.*

ders.: Einführung in die Geschichte der deutschen Strafrechtspflege, 3. Auflage, Göttingen 1965; zit.: *Schmidt, Geschichte, S.*

Schoch, Friedrich, Schmidt- Aßmann, Eberhard und Pietzner, Rainer: Verwaltungsgerichtsordnung. Kommentar, Band I, Stand: September 1998, München; zit.: *Bearbeiter in Schoch/Schmidt-Aßmann/Pietzner, §, Rn.*

Schöch, Heinz: Empfehlen sich Änderungen und Ergänzungen bei den strafrechtlichen Sanktionen ohne Freiheitsentzug? Gutachten für den 59. Deutschen Juristentag 1992 in Hannover, München 1992; zit.: *Schöch, DJT, S.*

Schönke, Adolf und Schröder, Horst: Strafgesetzbuch Kommentar, 25. Auflage, München 1997; zit.: *Schönke/Schröder/Bearbeiter, §, Rn.*

Scholz, Rupert: Effektive Wege der Kriminalitätsbekämpfung. Offensive gegen spezielle Formen der Kriminalität. Erklärung als stellvertretender Bundesvorsitzender der CDU/CSU-Bundestagsfraktion vom 6.8.97;
Internet-Fundstelle: http://www.cducsu.bundestag.de/texte/scholz7i.htm
zit.: *Scholz, S.*

Schroeder, Friedrich Christian (Hrsg.): Die Carolina. Die peinliche Gerichtsordnung Kaiser Karls V. von 1532, Reihe: Wege der Forschung, Band 626, Darmstadt 1986; zit.: *Schroeder, CCC, S.*

Schwarz, ...: Landgraf, werde hart!, DRiZ 1933, S. 193 ff.; zit.: *Schwarz, S.*

Segall, Josef: Geschichte und Strafrecht der Reichspolizeiordnungen von 1530, 1548 und 1577, Reihe: Strafrechtliche Abhandlungen, Heft 183, Breslau 1914, Reprint Frankfurt am Main, Tokyo 1977;
zit.: *Segall, S.*

Sessar, Klaus: Wiedergutmachen oder strafen. Einstellungen in der Bevölkerung und der Justiz. Ein Forschungsbericht, Reihe: Hamburger Studien zur Kriminologie, Band 11, Pfaffenweiler 1992; zit.: *Sessar, S.*

Söllner, Alfred: Vertragsstrafen im Arbeitsrecht, AuR 1981, S. 97 ff.;
zit.: *Söllner, S.*

Soergel, Hs. Th.: Bürgerliches Gesetzbuch mit Einführungsgesetz und Nebengesetzen, Band 1: Allgemeiner Teil (§§ 1-240), 12. Auflage, Stuttgart, Berlin, Köln, Mainz 1988;
zit.: *Soergel/Bearbeiter, §, Rn.*

ders.: Bürgerliches Gesetzbuch mit Einführungsgesetz und Nebengesetzen, Band 2: Schuldrecht I (§§ 241-432), 12. Auflage, Stuttgart, Berlin, Köln 1990; zit.: *Soergel/Bearbeiter, §, Rn.*

Sonnen, Bernd-Rüdiger: Elektronische Fessel und Grundgesetz, Neue Kriminalpolitik (NK) 1/1998, S. 4 ff.; zit.: *Sonnen, S.*

Spiegel, Hans-Ulrich Freiherr von: Drittwirkung der Geldstrafe, Dissertation Universität Göttingen 1979, zit.: *v. Spiegel, S.*

Stadler, Hubert: Voraussetzungen und Grenzen von Betriebsbußen, BB 1968, S. 801 ff.; zit.: *Stadler, S.*

Ständige Deputation des Deutschen Juristentages: Empfehlen sich Änderungen und Ergänzungen bei den strafrechtlichen Sanktionen ohne Freiheitsentzug? Verhandlungen des 59. Deutschen Juristentages, Hannover 1992, Band II (Sitzungsberichte) Teil O, München 1992; zit.: *59. DJT, Bd. II, S.*

Stapenhorst, Hermann: Die Entwicklung des Verhältnisses von Geldstrafe zu Freiheitsstrafe seit 1882. Eine rechtshistorische Untersuchung anhand von Kriminalstatistiken, Reihe: Kriminologische und sanktionen-rechtliche Forschungen, Band 4, Berlin 1992; zugleich: Dissertation, Berlin, Freie Universität, 1991/92
zit.: *Stapenhorst, S.*

Statistisches Bundesamt: Rechtspflege, Fachserie 10, Reihe 3: Strafverfolgung, Stuttgart 1993; zit.: *StVSta, Jahr, Tab.*

Staudinger, J. von: Kommentar zum Bürgerlichen Gesetzbuch mit Einführungsgesetz und Nebengesetzen. Zweites Buch, Recht der Schuldverhältnisse, §§ 328-361, 13. Bearbeitung, Berlin 1995; zit.: *Staudinger/Bearbeiter, §, Rn.*

Steffen, Erich: Die Aushilfeaufgaben des Schmerzensgeldes, Festschrift für Walter Odersky zum 65. Geburtstag, herausgegeben von Reinhard Böttcher, Götz Hueck und Burkhard Jähnke, Berlin, New York 1996; zit.: *Steffen, S.*

Stern, Vivien: Ein Auge ist, das alles sieht... Elektronische Überwachung als Alternative zur Bewährungshilfe? Die Erfahrungen in Großbritannien, BewHi 1990, S. 338 ff.; zit.: *Stern, S.*

Stöber, Kurt: Vereinsrecht. Grundriß mit Kurzkommentierung, Rechtsprechung, Beispielen und Formularmustern, Schriftenreihe Recht und Praxis, herausgegeben von Karl Wilhelm Pohl, Köln,6. Auflage, Baden-Baden 1992;
zit.: *Stöber, Rn.*

Stoll, H.: Gutachten für den 45. Deutschen Juristentag zur Frage: „Empfiehlt sich eine Neuregelung der Verpflichtung zum Geldersatz für immateriellen Schaden?“, Verhandlungen des 45. Deutschen Juristentages, Band I, Berlin 1964; zit.: *Stoll, S.*

Sträter, Carl L.: Entwicklungstendenzen im Disziplinarrecht des Bundes, ZBR 1992, S. 289 ff.; zit.: *Sträter, S.*

Stratenwerth, Günter: Strafrecht, Allgemeiner Teil I: Die Straftat, 3. Auflage, Köln,Berlin, Bonn, München 1981; zit.: *Stratenwerth, LB, Rn.*

Streng, Franz: Strafrechtliche Sanktionen – Grundlagen und Anwendung Stuttgart, Berlin, Köln 1991; zit.: *Streng, Grundlagen, S.*

ders.: Modernes Sanktionenrecht?, ZStW 1999, S. 827 ff.;
zit.: *Streng, ZStW, S.*

Thomas, Heinz und Putzo, Hans: Zivilprozeßordnung mit Gerichtsverfassungsgesetz und den Einführungsgesetzen, dem Brüsseler EWG-Übereinkommen und dem Luganer Übereinkommen über die gerichtliche Zuständigkeit und die Vollstreckung gerichtlicher Entscheidungen in Zivil- und Handelssachen sowie dem Anerkennungs- und Vollstreckungsausführungsgesetz, 21. Auflage, München 1998; zit.: *Thomas/Putzo, §, Rn.*

Tilch, Horst (Hrsg.): Deutsches Rechts-Lexikon, Band 2 (G-Q), 2. Auflage, München 1992; zit.: *Deutsches Rechtslexikon, Band 2, S.*

ders.: Deutsches Rechts-Lexikon, Band 3 (R-Z), 2. Auflage, München 1992; zit.: *Deutsches Rechtslexikon, Band 3, S.*

Traeger, L. : Die Geldstrafe als Hauptstrafe – zugleich eine Kritik des Vorentwurfs zu einem deutschen Strafgesetzbuch und des Gegenentwurfs, GS 78 (1911), S. 241; zit.: *Traeger, S.*

Tröndle, Herbert: Die Geldstrafe im neuen Strafensystem, MDR 1972, S. 461; zit.: *Tröndle, MDR, S.*

ders.: Die Geldstrafe in der Praxis und Probleme ihrer Durchsetzung unter besonderer Berücksichtigung des Tagessatzsystems, ZStW 86 (1974), S. 545; zit.: *Tröndle, ZStW, S.*

ders.: Anmerkung zu BayObLG v. 30.7.1975 – Rreg. 1 St 219/75, JR 1976, S. 162 f.; zit.: *Tröndle, JR, S.*

Tröndle, Herbert: Strafgesetzbuch und Nebengesetze, 48. Auflage des von Otto Schwarz begründeten und in der 23. Bis 37. Auflage von Eduard Dreher bearbeiteten Werkes, München 1998; zit.: *Tröndle, StGB 1997, §, Rn.*

Tröndle, Herbert und Fischer, Thomas: Strafgesetzbuch und Nebengesetze. Kommentar, 49. Auflage des von Otto Schwarz begründeten und in der 23. Bis 37. Auflage von Eduard Dreher bearbeiteten Werkes, München 1999; zit.: *Tröndle/Fischer, StGB 1999, §, Rn..*

dies.: Strafgesetzbuch und Nebengesetze. Kommentar, 50.Auflage, München 2001; zit.: *Tröndle/Fischer, StGB 2001, §, Rn..*

Ulmer, Peter, Brandner, Hans Erich und Hensen, Horst-Diether: AGB-Gesetz. Kommentar zum Gesetz zur Regelung des Rechts der Allgemeinen Geschäftsbedingungen, 7. Auflage, Köln 1993; zit.: *Ulmer/Brandner/Hensen, §, Rn.*

Vieweg, Klaus: Normsetzung und –anwendung deutscher und internationaler Verbände. Eine rechtstatsächliche und rechtliche Untersuchung unter besonderer Berücksichtigung der Sportverbände, Reihe: Schriften zum Bürgerlichen Recht, Band 132, Berlin 1990, zugleich Dissertation Universität Münster 1989; zit.: *Vieweg, Diss., S.*

Volckart, B.: Zur Verrechtlichung der Gnade in Strafvollstreckung und Vollzug, NStZ 1982, S. 496 ff.; zit.: *Volckart, S.*

Walther, Susanne: Was soll „Strafe"?, ZStW 1999, S.123 ff.: zit.: *Walther, S.*

dies.: Vom Rechtsbruch zum Realkonflikt. Grundlagen und Grundzüge einer Wiedergutmachung und Strafe verbindenden Neuordnung des kriminalrechtlichen Sanktionensystems, Reihe: Strafrecht und Kriminologie – Untersuchungen und Forschungsberichte aus dem Max-Planck-Institut für ausländisches und internationales Strafrecht Freiburg im Breisgau, Band 15; zugleich Habilitationsschrift Universität Freiburg im Breisgau (1998), Berlin 2000; zit.: *Walther, Habil., S.*

Weber, Hellmuth von: Die Sonderstrafe, DRiZ 1951, S. 153 ff.; zit.: *v. Weber, S.*

Weiss, Hans-Dietrich: Disziplinarrecht des Bundes und der Länder. Erläutert auf der Grundlage des Bundesbeamtengesetzes und der Bundesdisziplinarordnung unter Einbeziehung des entsprechenden Rechts der Länder, Teil 3; Reihe: Gesamtkommentar Öffentliches Dienstrecht, herausgegeben von Walther Fürst, Band II; zit.: *Weiss, §, Rn.*

Weitnauer, Hermann: Vereinsstrafe, Vertragsstrafe und Betriebsstrafe, Festschrift für Rudolf Reinhardt zum 70. Geburtstag, 7. Juni 1972, herausgegeben von Klemens Pleyer, Dietrich Schultz und Erich Schwinge, Köln-Marienburg 1972, S. 179 ff.; zit.: *Weitnauer, S.*

Weßlau, Edda: In welche Richtung geht die Reform des Sanktionensystems?, StV 1999, S. 278 ff.; zit.: *Weßlau, S.*

Wieling, Hans Josef: Interesse und Privatstrafe vom Mittelalter bis zum Bürgerlichen Gesetzbuch, Reihe: Forschungen zur neueren Privatrechtsgeschichte, Band 15, Köln, Wien 1970; zit.: *Wieling, S.*

Wimmer, Klaus (Hrsg.): Frankfurter Kommentar zur Insolvenzordnung; Neuwied, Kriftel 1999; zit.: *FK.-Inso/Bearbeiter, §, Rn.*

Windscheid, Bernhard: Lehrbuch des Pandektenrechts, Zweiter Band, 9. Auflage, Frankfurt am Main 1906; zit.: *Windscheid, §, Abschnitt*

Wiss, Andreas: Verwarnung mit Strafvorbehalt, Jura 1989, S. 622 ff.; zit.: *Wiss, S.*

Wolf, Bernhard und Harr, Rüdiger: Zur Wirksamkeit und Bindungswirkung des „Verwarnungsgeldangebots" nach § 56 OWiG, JR 1991, S. 273; zit.: *Wolf/Harr, S.*

Würtenberger, Thomas: Die Reform des Geldstrafenwesens, ZStW 64 (1952), S. 17; zit.: *Würtenberger, S.*

Wulffen, E.: Die Strafzumessung unserer Gerichte, Archiv für Kriminalanthropologie und Kriminalistik, Band 14 (1904), S. 108-117; zit.: *Wulffen, ArchKrim 1904, S.*

Ziegenhagen, Christina: Die Berufsgerichtsbarkeit der freien Berufe, Dissertation Westfälische Wilhelms-Universität Münster, 1998; zit.: *Ziegenhagen, S.*

Zipf, Heinz: Zur Ausgestaltung der Geldstrafe im kommenden Strafrecht, ZStW 77 (1965), S. 526; zit.: *Zipf, ZStW 1965, S.*

ders.: Abwälzung der Geldstrafe auf einen Dritten und Erreichbarkeit des Strafzwecks, MDR 1965, S. 632/633; zit.: *Zipf, MDR, S.*

ders.: Probleme der Neuregelung der Geldstrafe in Deutschland, ZStW 86 (1974), S. 513 ff.; zit.: *Zipf, ZStW 1974, S.*

ders.: Die Rechtsfolgen der Tat im neuen Strafgesetzbuch, JuS 1974, S. 137 ff.; zit.: *Zipf, JuS, S.*

ders.: Die „Verteidigung der Rechtsordnung“ in Festschrift für Hans-Jürgen Bruns zum 70. Geburtstag, herausgegeben von Wolfgang Frisch und Werner Schmid, Köln, Berlin, Bonn, München 1978, S. 205 ff.; zit.: *Zipf, Bruns-FS, S.*

Zöllner, Wolfgang: Betriebsjustiz, ZZP 1970, S. 365 ff.; zit.: *Zöllner, S.*

Zöllner, Wolfgang und Loritz, Karl-Georg: Arbeitsrecht. Ein Studienbuch. 4. Auflage, München 1992; zit.: *Zöller/Loritz, §, Zf.*